W0039880

Udo Ulfkotte

Verschlußsache

BND

WILHELM HEYNE VERLAG
MÜNCHEN

HEYNE SACHBUCH
Nr. 19/618

Besuchen Sie uns im Internet:
http:// www.heyne.de

Umwelthinweis:
Dieses Buch wurde auf
chlor- und säurefreiem Papier gedruckt.

Vom Autor überarbeitete und aktualisierte Taschenbuchausgabe
im Wilhelm Heyne Verlag GmbH & Co. KG, München
Copyright © 1997 by Koehler & Amelang Verlagsgesellschaft mbH,
München/Berlin
Printed in Germany 1998
Umschlaggestaltung: Atelier Bachmann & Seidel, Reischach
unter Verwendung des Originalumschlags von Marcus Veigel, Münster
Technische Betreuung: Sibylle Hartl
Satz: Adolf Schmid, Freising
Druck und Verarbeitung: Elsnerdruck, Berlin

ISBN 3-453-14143-1

Für meine Frau Doris
und unsere
Perserkatze Lucy

Inhalt

EINLEITUNG

Auf einem Treffen westlicher Geheimdienste in Pullach will man herausfinden, welcher von allen der beste ist. Die Agenten-Teams bekommen die Aufgabe gestellt, ein Wildschwein zu fangen. Alle Teams machen sich auf den Weg. Nach einer Stunde kommen die CIA-Mitarbeiter zurück. Sie haben einen von Kugeln durchlöcherten Klumpen Fleisch dabei, der nach einigen Untersuchungen als Wildschweinkadaver identifiziert wird. »Nicht schlecht«, sagt die Jury, »100 Punkte«. Nach zwei Stunden kommen die Agenten des israelischen Mossad zurück. Sie bringen eine ganze Wildschweinfamilie mit, jedes Tier mit einem einzigen Kopfschuß getötet. »Nicht schlecht«, sagt die Jury, »200 Punkte«. Man wartet weiter. Es wird Abend. Kurz bevor die Sonne untergeht, hört man Lärm aus dem Wald. Dann sieht man die Mitarbeiter des Bundesnachrichtendienstes näherkommen: Vier halten einen sich verzweifelt wehrenden Hirsch fest, während der fünfte auf das Tier einprügelt und es anbrüllt: »Gesteh endlich, daß du ein Wildschwein bist.«

Solche Witze zeigen, daß der Ruf des deutschen Auslandsnachrichtendienstes, des BND, nicht der Beste ist. Doch der BND trägt Mitschuld an dieser Situation. Immer wieder werden Pannen bekannt. Als 1997 zum Sommerfest in Pullach Anstecker mit dem Aufdruck »I like BND« verkauft wurden, geriet diese an sich nett gemeinte Geste fast zu einer Katastrophe für die Sicherheitsinteressen der Bundesrepublik Deutschland. Eigentlich dazu gedacht, um mit den Einnahmen die Kasse für den Aufbau eines eigenen BND-Kindergartens ein wenig zu füllen, boten die lustigen Anstecker, mit denen die Kinder der BND-Mitarbeiter auf den Münchner Spielplätzen herumliefen, feindlichen Agenten einen willkommenen Hinweis darauf, welche Eltern hauptberuflich für den deutschen Auslandsgeheimdienst arbeiten. Spione aller Herren Länder mußten sich nur auf den Spielplätzen in der Umgebung von Pullach herumtreiben, um den Nachwuchs mit den verräterischen Buttons zu entdecken. Dabei legt man doch in Pullach so großen Wert auf Geheimhaltung. Der BND holt seine

Mitarbeiter sogar mit eigenen Buslinien daheim ab; Normalsterbliche kriegen keinen Fahrschein. Und eine eigene »Legendenvermittlung« nimmt Anrufe von Leuten entgegen, die einen Geheimen nur mit dem Klarnamen kennen. Die als »Märchentanten« in der Vermittlungsstelle tätigen Mitarbeiterinnen vergleichen in solchen Fällen die Klar- mit den Decknamen und stellen dann die Verbindung her. Diese Geheimnistuerei hat allerdings nicht viel bewirkt, denn nach der Wende wurde bekannt, daß in östlichen Dateien rund 6500 BND-Mitarbeiter mit ihren Klar- und Decknamen registriert waren.

Ausländische Nachrichtendienste freuen sich über die BND-Pannen. Im März/April 1998 stand sogar der Leiter der BND-Abteilung Sicherheit, der 63 Jahre alte Volker Foertsch (Deckname Flemming), im Zentrum einer gezielten Kampagne der Russen. Er geriet in den Verdacht, für russische Geheimdienste gearbeitet zu haben und wurde vom Generalbundesanwalt dazu vernommen. Foertsch kommandierte 1991 in Berlin eine BND-Spezial-Truppe, die von den aus Ostdeutschland abziehenden russischen Streitkräften möglichst moderne Rüstungsgüter aufkaufte, um sie dann im Verteidigungsministerium auf ihre Schwachstellen zu testen. Dem Geschick von Foertsch ist es zu verdanken, daß der BND wichtige Bauteile des russischen Kampfpanzers t-80 und des Artillerie-Feuerleitsystems des Kampfflugzeuges MiG-29 beschaffen konnte. Ganze Tieflader mit russischem Gerät sollen damals den Besitzer gewechselt haben. Doch die Operation blieb nicht geheim: Zunächst gelangten die Informationen an den britischen Secret Intelligence Service (SIS) und von dort offenbar auch wieder an die Russen. Das versuchte man bei der im Frühjahr 1998 hochgespielten Affäre von interessierter Seite offenbar auch Foertsch anzukreiden. Der ehemalige Leiter wichtiger westdeutscher Spionageoperationen gilt intern als seriös. Man mutmaßte deshalb, die Geheimdienst-Affäre sei nur deshalb konstruiert worden, um einen tatsächlichen Maulwurf der Russen in Pullach zu schützen und zugleich einen erfolgreichen Spitzenagenten in die Öffentlichkeit zu zerren und damit zu »verbrennen«. Das hätte sich Moskau aber sparen können, stand Foertsch doch ohnehin kurz vor seiner Pensionierung. Foertsch galt als der führende Mann des deutschen Auslandsnachrichtendienstes, wenn es darum ging, östlichen Geheimdiensten auf deutschem Boden die Arbeit zu erschweren. Er war noch unter dem legendären BND-Ahnherren Gehlen eingestellt worden und hatte in den vergangenen Jahren zusammen mit dem Bonner Geheimdienstkoordinator Schmidbauer in Moskau ein Kooperationsabkommen mit dem russischen Auslandsgeheimdienst vereinbart. Derartige Erfolge schafften Foertsch Neider – im In- wie im Ausland.

Peinlich geriet auch eine andere Affäre, die im September 1997 wieder einmal die BND-Mitarbeiter der Lächerlichkeit preisgab. Da hatten doch über einen längeren Zeitraum deutsche Spione hochbrisante Erkenntnisse zunächst einmal gewonnen und dann klammheimlich der eigenen Behörde abermals verkauft: Sie hatten die Abkürzung BND wohl als Bundesnebenverdienst interpretiert und die Geheimdienstwelt für ein Perpetuum mobile gehalten, eine Art Recyclinganstalt für Verschlußsachen. Zwei Monate später, im November 1997, wurde dann auch noch bekannt, daß während der Golfkrise 1990/1991 nicht nur Berichte des Bundesnachrichtendienstes über befestigte Stellungen an der iranisch-irakischen Grenze ihren Weg über einen Spion aus Deutschland nach Bagdad fanden, sondern auch französische Satellitenfotos israelischer Raketenstellungen und – eine agentische Meisterleistung – sogar eine geheime Botschaft des damaligen amerikanischen Präsidenten Bush an Bundeskanzler Kohl mitsamt Antwortschreiben in Saddams Hände fiel.

Natürlich sind die Mitarbeiter über den ihnen anhaftenden schlechten Ruf verärgert. Die BND-Telefonzentrale klagt etwa darüber, wer sich alles bemüßigt fühlt, dem BND helfend zur Seite zu stehen: Astrologen bieten – gegen horrendes Honorar – dem BND ihre Dienste ebenso an wie Wahrsager und Ufologen; Kriminelle preisen sich als Einbrecher oder Totschläger an, die man sofort engagieren müsse. Was ist in der Geschichte des BND bloß schief gelaufen?

Sagt man dem israelischen Mossad nicht Unbesiegbarkeit nach? Profitiert nicht der britische Auslandsgeheimdienst vom Ruf eines James Bond? Und gelingt es der amerikanischen CIA nicht immer wieder, mit Heldentum und Allwissenheit gleichgesetzt zu werden? Warum erscheint uns Deutschen der BND vordergründig nur eine Ansammlung schlapphutbewehrter Beamter und engstirniger Knallchargen zu sein, die eine Panne nach der anderen produzieren? Sind die Pullacher Geheimdienstler etwa unfähig, sind sie gar überflüssig? Lautet das Motto dort nur noch: »Legende am Ende«?

KEIN GEHEIMDIENST OHNE GEHEIMNISSE

Das Grundproblem des deutschen Auslandsgeheimdienstes ist die mangelnde Fähigkeit zur Selbstdarstellung. Während andere Geheimdienste Millionen in die Image-Werbung stecken, steckt man in Pullach scheinbar den Kopf lieber in den Sand. Zwar gibt es Anzeichen, die auf Änderungen hoffen lassen, doch von Transparenz ist man immer noch weit entfernt. BND-Chef Geiger hat schnell erkennen müssen, daß die von ihm geleitete Behörde nicht nur ein ideales Mistbeet für Denunziation, sondern auch ein festgefahrener Moloch ist, der sich allen Öffnungsbestrebungen immer wieder erfolgreich widersetzt. Der mit vollmundigen Versprechungen angetretene BND-Präsident steht unter Handlungszwang; sonst wird er in die Geschichte eingehen als einer, der als Tiger gesprungen und als Bettvorleger gelandet ist. Auf Dauer wird auch der BND nicht an einem Mindestmaß von Transparenz vorbeikommen. Immer noch unterliegen aber selbst die Anweisungen zum Waschen von Dienstfahrzeugen oder Bürogardinen in Pullach der Geheimhaltung. Einzig der Speiseplan der Kantine ist nicht mit »VS« (Verschlußsache) gestempelt. Solcherlei Versteckspiel mag in der Zeit des Kalten Krieges für manche seinen Reiz gehabt haben, doch in einer modernen

Informationsgesellschaft wirkt diese übertriebene Geheimhaltung rückständig.

Wie selbstverständlich bewältigen dagegen die Briten den Spagat zwischen Geheimhaltung und Öffentlichkeitsarbeit: Im Januar 1998 erfuhr die staunende britische Öffentlichkeit etwa, daß britische Minister sich in Zukunft wie James Bond fühlen dürfen, erhalten sie doch Aktentaschen, deren Inhalt mit modernster Elektronik vollgestopft ist. Kernstück sei ein Laptop, der Unbefugten den Zugriff auf die geheimen Dokumente der Regierung unmöglich machen solle. Um in die Datenbestände vorzudringen, müßten sich die Minister mit einem elektronisch abgelesenen Fingerabdruck identifizieren. Zudem werde in einem Ring oder Kugelschreiber des Ministers eine sogenannte Smardcard eingefügt, ohne deren Hilfe die elektronischen Geheimnisse verborgen blieben. Damit könne man im Notfall auch »stillen Alarm« auslösen und Hilfe herbeirufen. Die britische Öffentlichkeit hat diese Ankündigung jedenfalls fasziniert aufgenommen.

Häppchenweise probt man dagegen beim BND die von Geiger aufgezwungene, aber gleichwohl nicht eben geliebte neue Offenheit. Am 13. Januar 1998 etwa outete sich der Pressesprecher des BND in einem Fax: »Von daher darf ich Sie darüber informieren, daß ich meinen Decknamen Peter Juchatz abgelegt habe und ab sofort unter meinem Klarnamen Michael Baumann auch zukünftig ihr Ansprechpartner für den Bundesnachrichtendienst sein werde.« Schön so, daß der gefürchtete Hobby-Inline-Skater Juchatz sich nun auch als Herr Baumann auf die Straße wagt, doch es wird wohl noch Jahre in Anspruch nehmen, bis der BND ein ungezwungeneres Verhältnis zur deutschen Öffentlichkeit gefunden hat. Die Heimlichtuerei mit den vielen bizarren Namen mutet heute jedenfalls anachronistisch an, wenn man weiß, wie die BND-Mitarbeiter von unseren »Partnerdiensten« abgehört werden: Das amerikanische Nachrichtenimperium National Security Agency (NSA), 100.000 Mitarbeiter weltweit, hat nahe dem oberbayerischen Bad Aibling ein Riesenohr in die

Landschaft gepflanzt. Dort steht die Steuerzentrale für alle im nahen Orbit kreisenden Spionagesatelliten, die sich über der Bundesrepublik mit elektronischen Signalen vollsaugen. Faxe, Telefonate und der gesamte Computer-Datenaustausch von Firmen werden durchforstet, und wenn Freund »Hortense III.« – so lautet die Tarnbezeichnung des BND für die NSA – lauscht, hilft keine Tarnung mehr. Die NSA betreibt zu Spionagezwecken ein weltweites Abhörsystem namens »Echelon«, das durch Mitlauschen aus Telefon- und Datenleitungen Informationen einholt. Das System erfaßt alle Satelliten-, Mobil- und Richtfunkstrecken sowie Festnetzleitungen. Das Hauptquartier der NSA in Fort George Meade/Maryland unterhält ein Europakommando NCER (NSA/CSS Europe), dessen Stab im Europakommando der amerikanischen Streitkräfte (USEUCOM) in Stuttgart-Vaihingen stationiert ist. Außenstellen der NSA gibt es auch in Augsburg, Berlin, Frankfurt, Langen und Köln sowie in anderen europäischen Staaten. Der amerikanische Stützpunkt in Bad Aibling, zu dessen sechs Stockwerke in das Erdreich führende Bunker deutsche Agenten keinen Zutritt haben, ist Bestandteil des Echelon-Systems der NSA. Das Echelon-System zielt nicht vorwiegend auf militärische Daten, sondern dient der Wirtschaftsspionage in zivilen Unternehmen ebenso wie der politischen Spionage. Nutznießer sind neben Washington auch die Regierungen in Kanada, Neuseeland, Australien und Großbritannien.

Von dem Echelon-Stützpunkt Morwenstow im britischen Cornwall aus werden Europa, der Atlantik und der Indische Ozean und die über diesen Regionen kreisenden Satelliten abgehört. Eine Schlüsselstellung für das Abfangen nicht-satellitengebundener Kommunikation kommt dabei auch dem Posten im britischen Menwith Hill im südenglischen Yorkshire zu. Von hier aus werden alle europäischen Datenleitungen überwacht. Dort arbeiten 1200 Menschen an 21 »Ohren«. Der BND hat keinen Zugang zu den so gewonnenen Erkenntnissen. Das von Briten und Amerikanern im Zweiten Weltkrieg geschlossene Informationsabkommen der Geheimdienste wurde

Grundlage jenes Systems, das 1947/48 als »UK-USA Security Agreement« (UKUSA) bekannt wurde und seit Anfang der achtziger Jahre weitere Commonwealth-Staaten unter dem Stichwort Echelon einbezogen hat. Ersten Zugriff auf die so gewonnenen Daten haben ausschließlich die Vereinigten Staaten, den Zweitzugriff Großbritannien, Australien, Kanada und Neuseeland und die Letztverwertung – der Drittzugriff für »Third Parties« – steht Nato-Partnern wie Deutschland, Dänemark, Norwegen, aber auch Malaysia, Singapur, Südkorea, Israel, Taiwan und Südafrika zu. Für die speziellen Kontakte der NSA nach Großbritannien im Rahmen des UKUSA-Vertrages unterhält die NSA in London das Büro für Sonderverbindungen »Special United States Liaison Office« (SUSLO).

Über die sogenannte »Bundeswehr-Austauschgruppe« koordiniert der BND den Informationsaustausch mit den Geheimdiensten der Vereinigten Staaten und Großbritanniens. Diese Partnerdienstbeziehung ist für den BND jedoch eine Einbahnstraße. So darf der BND zwar immer wieder in Washington brav die Bitte äußern, direkten Zugang zu den vom Echelon-System gewonnenen Rohdaten zu erhalten, ebenso regelmäßig aber klopft man seinem Washingtoner Residenten freundschaftlich auf die Schulter und bedeutet ihm zu warten, bis die Zeit »reif« dafür sei. Verärgert über dieses Verhalten hat sich der BND längst an den französischen Geheimdienst gewandt und mit diesem ein eigenes Aufklärungsprojekt begonnen, das seinen Anfang in der französischen Garnison »Cite Foche« in Berlin-Reinickendorf nahm. Vor dem wenig partnerschaftlichen Verhalten der Vereinigten Staaten verschließt man in Pullach aber weiterhin offiziell die Augen.

Mitarbeiter aus Pullach sind es ohnehin gewohnt, vor der Welt die Augen zu verschließen und diese nur selektiv wahrzunehmen. Sie müssen sogar Dinge geheimhalten, die längst in jedem Kaufhaus zu haben sind. Lehrer, Journalisten und Wissenschaftler haben es bislang nicht fertiggebracht, von der BND-Pressestelle etwa eine Satellitenaufnahmen des Geländes in Pullach zu bekommen. Luftaufnahmen der CIA-Zentrale in Langley oder der NSA im Bundesstaat Maryland werden von der amerikanischen Regierung oder dem seit Juli 1997 amtierenden CIA-Direktor George Tennet kostenlos an jeden Interessenten abgegeben. Die Deutschen aber mauern. Den Pullachern scheint dabei völlig entgangen zu sein, daß die deutsche Software-Firma Topware längst für weniger als fünfzig Mark fünfzehn CD-Roms auf den Markt gebracht hat, auf denen Deutschland aus der Satellitenperspektive betrachtet werden kann. Natürlich fehlt auf diesen Aufnahmen russischer Spionagesatelliten auch nicht das idyllische Bayerndorf Pullach. Die Auflösung von zehn Metern entspricht dabei dem, was auch die Amerikaner deutschen Spionen – für weitaus mehr Geld – zur Verfügung stellen. Pullach ist in der CD-Rom-Sammlung ebenso wie etwa der BND-Horchposten in Bad Aibling oder ein anderer in Schöningen abgebildet. Ein früherer sowjetischer Geheimdienstfachmann, Kozlov, sagte zu dem Produkt: »Wir haben euch 33 Jahre lang beobachtet – hier ist das Ergebnis.« Am BND scheint diese Entwicklung vorbeizuziehen.

Und seit Februar 1998 braucht man nur noch eine Kreditkarte, um von jedem Punkt der Erde eine aktuelle Satellitenaufnahme frei Haus geliefert zu bekommen. Egal, ob man Aufnahmen von geheimen Militärlagern oder Bilder aus Nachbars Garten wünscht, für 450 bis 1200 Mark bekommt man Aufnahmen vom zivilen Satelliten Earlybird. Der Preis richtet sich allein danach, ob die Aufnahmen eigens angefertigt werden müssen oder schon routinemäßig »geschossen« worden sind. Die Auflösung wird dabei im 3-Meter-Bereich liegen, genug, um einen Lastwagen von einem PKW unterscheiden zu können. Auch China, Indien, Rußland und Israel wollen in den kommenden Monaten Aufnahmen eigener Spionagesatelliten auf dem zivilen Markt verkaufen. Beim BND träumt man unterdessen noch immer davon, für mehrere Milliarden Mark einen eigenen Spionagesatelliten ins All schießen zu können, der dann jedoch keine bessere Auflösung als die erwähnten zivilen Satelliten böte.

Im Dezember 1997 kündigte das in Colorado ansässige amerikanische Unternehmen Earthwatch Inc. an, demnächst sogar Fotos von zivilen Satelliten mit einer Auflösung von einem Meter anbieten zu wollen. Damit könnte man dann sogar auf dem Grundstück des Nachbarn einen hinter hohen Hecken verborgenen Whirl-Pool ausfindig machen. Bestellt werden kann direkt über das Internet (www.digitalglobe.com).

In Pullach warnen unterdessen noch immer Schilder an den mit Stacheldraht und Videokameras gesicherten grauen Betonmauern: »Achtung Schutzbereich! Fotografieren verboten! Zuwiderhandlungen werden mit Geldbuße bis zu 10.000 Mark geahndet« etwaige Hobby-Spione vor dem Überschreiten längst obsolet gewordener Grenzen. Das hinter zwei Rolltoren gelegene 740.000 Quadratmeter große BND-Areal erinnert mit Rasenflächen und altem Baumbestand an eine bürgerliche Vorstadtidylle. Fast könnten Besucher vergessen, daß von diesem Gelände aus die gesamte geheimdienstliche Auslandsaufklärung für das Kanzleramt gesteuert wird. Doch in den Fluren der Gebäude verbergen sich hinter manchen Zimmertüren nicht etwa Büroräume, sondern eigentümliche Gefängniszellen. Nun werden hier nicht etwa Menschen festgehalten. Nein, hier lagert in durchsichtigen Plastiksäcken das von einem Aktenvernichter in kleinste Stücke zerrissene Altmaterial. Die winzigen Papierschnipsel werden allwöchentlich von einem Sonderbeauftragten abgeholt und in der hauseigenen Müllverbrennungsanlage vernichtet. Im Eingangsbereich eines jeden Gebäudes gibt es Panzerschränke. Hierin befinden sich mehrere kleine Tresore, in denen die Mitarbeiter beim Verlassen der Büroräume ihre Zimmerschlüssel aufbewahren müssen. Wen wundert es, daß bei all der Abschottung in manchen Abteilungen die Stimmung an eine Totenmesse erinnert?

Auf keinem Stadtplan der Gemeinde Pullach taucht der Bundesnachrichtendienst auf. Und selbst auf dem betriebseigenen Formblatt, das Besuchern die Anfahrt erleichtern soll, steht schlicht »Heilmannstraße. Zentrale Einfahrt«. Allenthalben findet sich eine Mischung aus Abschottung und Desinformation. Als der Pullacher Gemeinderat einst eine Partnerschaft mit dem ukrainischen Städtchen Baryschiwka schloß, verfügte der BND, daß kein Ukrainer Pullacher Boden betreten dürfe. Nichts fürchtete man so sehr wie andere Spione. Das scheint sich nur sehr allmählich zu ändern.

Vier Jahrzehnte dauerte es, bis, mit der Amtseinführung von Präsident Geiger, in der Pullacher Heilmannstraße endlich für jeden Bürger unübersehbar ein Schild mit der Aufschrift »Bundesnachrichtendienst« aufgestellt wurde. Wenige Monate später, am 25. November 1996, durften dann zum ersten Mal in der Geschichte des Dienstes die Angehörigen der Mitarbeiter an einem »Tag der offenen Tür« einen Blick in das Innenleben dieser Behörde werfen. Und auch für die Ukrainer ist die Gemeinde Pullach heute nicht mehr tabu. Nun scheint das Zeitalter der neuen Offenheit zumindest die Außenmauern des BND erreicht zu haben. Doch die Pullacher hinken der Entwicklung immer um mehrere Schritte hinterher. Während man sich entschlossen hat, irgendwann auch einmal farbige Broschüren für wissensdurstige Schüler zu drucken, präsentiert die CIA schon ein CIA-Kochbuch mit dem Titel »Spies, Black Ties & Mango Pies« mit Kochrezepten früherer CIA-Chefs und ihrer Gattinnen. Dem BND spürt man unterdessen die Midlife Crisis an.

Wenn deutsche Agenten in ihrer Freizeit im Internet die Homepage anderer Nachrichtendienste aufsuchen, müssen sie vor Neid erblassen. Es hat sich nicht nur ein findiger Unternehmer die Domaine »www.bnd.de« längst gesichert und den langsamen Schlapphüten eine lange Nase gezogen. Nein, manches, was in Pullach, als angebliches Geheimnis mit dem Stempel »VS« versehen, im Panzerschrank lagert, ist bei anderen Diensten sogar frei zugänglich. Die amerikanische CIA bietet im Internet (http://www.odci.gov/cia) nicht nur eine virtuelle Reise durch ihr Hauptquartier in Langley. Vielmehr listet sie neben Abhandlungen über Arbeitsweise, Auftrag und Ziel auch die aktuellsten CIA-Stellenangebote auf. Diese werden zugleich unter der kostenlosen amerikanischen Rufnummer »1-800-Jobs-CIA« angeboten. Inzwischen verwunden hat man bei der CIA offenbar sogar die bislang herbste Niederlage bei der eigenen Internet-Präsentation: 1996 hatte ein Computer-Hacker das CIA-Logo neu aufbereitet und auf die Homepage in großen Leuchtbuchstaben geschrieben »Central Idiots Agency«. Vier Tage lang stand diese Schande von der CIA unbemerkt im WorldWideWeb. Heute ist eigens eine Gruppe von CIA-Mitarbeitern damit beschäftigt, all jene online zu beäugen, die CIA-Seiten im Internet aufsuchen. Noch einmal will man sich eine solche Schmach nicht zufügen lassen. Doch im Februar 1998 machten wieder einmal Hacker auf sich aufmerksam: Sie brachen in die geheimen Computersysteme des Pentagon ein. Die Hacker hatten aber nicht damit gerechnet, daß man ihre Spuren würde zurückverfolgen können. Schon einen Monat später wurden mehrere junge Israelis verhaftet. Der 18 Jahre alte Ehud Tannenbaum aus der jüdischen Siedlung Hod Hasharon und zwei weitere Teenager standen im Verdacht, in insgesamt 400 Datensysteme der amerikanischen Verteidigungsnetzwerkes eingebrochen zu sein. Mitte April 1998 erfolgte der nächste Hackereinbruch; diesmal in einen Computer des für die Eliteeinheiten der amerikanischen Streitkräfte zuständigen Spezialkommandos (Special Operations Command/Socom).

Neben den britischen, israelischen und japanischen Geheimdiensten ist seit 1997 sogar der jordanische Geheimdienst mit einer Homepage im Internet vertreten. Der BND braucht hier zum Vergleich erst gar nicht anzutreten. Die noch immer weitgehend in den Denkmustern der Abschottung gefangene BND-Presseabteilung hat nicht einmal ein Faltblatt zur Hand, geschweige denn eine gebührenfreie »0130«- oder »0800«-Rufnummer, eine E-Mail-Adresse oder gar Ansätze zur Planung von Image-Werbung im WorldWideWeb.

Kein Geheimdienst der Welt – auch nicht die CIA – gibt im Internet wirkliche Staatsgeheimnisse preis. Die hier vertretenen Briten, Israelis, Japaner, Jordanier, Kanadier und Amerikaner suggerieren ihren Staatsbürgern aber zumindest, vom geheimen Wirken der Geheimdienste ihrer Länder nicht völlig ausgeschlossen zu sein. Zugleich kann die CIA unbemerkt über den Internet-Zugang auch noch in den privaten Dateien der Internet-Surfer schnüffeln. Die Computeranlage des Europäischen Parlaments wurde jedenfalls von den Amerikanern »online« angezapft, um vor internationalen Wirtschaftskonferenzen die Strategien der verschiedenen EU-Staaten ausspionieren zu können. Und die angesehene amerikanische Zeitung »Herald Tribune« warnte ihre Internet-begeisterten britischen Leser am 26. April 1997: »AOL Users in Britain Warned of Surveillance« (AOL-Nutzer in England werden vor Überwachung gewarnt). Nicht erwähnt wurde dabei, daß neben AOL (America Online) auch die CIA Zugriff auf Kundendaten nehmen kann.

Seit dem Zerfall der Sowjetunion haben es alle europäischen Geheimdienste schwer. Die einstmals klar definierten Feinde – Moskau und seine Verbündeten – mußten neuen Spionagezielen weichen: Verhinderung der Verbreitung von ABC-Waffen, Terrorismus und Drogenhandel. Viele stellen sich die Frage, ob die kostspieligen europäischen Auslandsgeheimdienste in der Europäischen Union noch eine Daseinsberechtigung haben. Blickt man in der Zentrale des BND auf die aktuelle Weltkarte der Spionage-Operationen, so sind die EU-Staaten ein weißer Fleck. Hier bestreitet man mit Nachdruck, innerhalb der EU bei verdeckten Operationen Erkenntnisse über die Politik der Partner oder von Unternehmen zu sammeln. Auch der britische Auslandsgeheimdienst MI6 und die französische DGSE behaupten zumindest in der Öffentlichkeit, innerhalb der EU nicht gegen befreundete Regierungen und Wirtschaftsunternehmen tätig zu werden. Beinahe krampfhaft suggeriert man der Bevölkerung, daß jene Nachbarn, mit denen man Außenpolitik und demnächst auch die Währung teilen möchte, vom Wirken der westlichen Geheimdienstmaschinerie ausgenommen seien. Zweifel an dieser Version hat es immer schon gegeben; allein die Beweise fehlten. Wenn französische Wirtschaftsspione etwa im Auftrag des Elyseé in Whitehall wilderten, dann wurde das nicht publik gemacht, sondern diskret »unter Freunden« geregelt.

Doch inzwischen mehren sich die Belege dafür, daß europäische Agenten grenzenlos tüchtig sind und etwa britische Agenten auf deutschem und deutsche Agenten auf britischem Boden spionieren – ohne Billigung des ausspionierten Landes. Die ersten Hinweise darauf hat im Januar 1998 unwissentlich der im britischen Städtchen Cheltenham ansässige technische Geheimdienst Ihrer Majestät, das Government Communications Headquarters (GCHQ), gegeben: Auf seiner Internet-Seite sucht dieser für die Überwachung des Telefon-, Fax- und Datenverkehrs zuständige Geheimdienst weiterhin vor allem Spione mit Sprachkenntnissen in Französisch, Italienisch, Spanisch, Portugiesisch, Griechisch – und Deutsch. Nicht exotisch klingende Sprachen wie Hindi oder Malayisch, sondern europäische Sprachen werden somit von den Briten aufgeklärt. Gewiß wird Deutsch auch in Südwestafrika gesprochen, doch darf man vermuten, daß die deutschsprachigen britischen Spione vorrangig Deutschland, Österreich und die Schweiz im Visier haben sollen. (Ganz anders dagegen die Stellenausschreibungen des belgischen Geheimdienstes: Von 1987 bis 1997 suchte er nicht öffentlich nach neuen Spionen. Dann wurden wieder einmal 33 Stellen ausgeschrieben, doch die Interessenten sollen nicht in fremden Ländern schnüffeln, sondern vorwiegend im Umfeld von Sekten und organisiertem Verbrechen auf belgischem Boden tätig werden. Bewerbungsaufrufe wurden in allen Postämtern ausgelegt.)

Im Januar 1998 sorgte eine Fernsehdokumentation der BBC für Aufsehen, weil nicht nur ehemalige britische Agenten, sondern auch frühere britische Außenminister vor der Kamera eingestanden, von MI6 regelmäßig Informationen über die europäischen Partner bekommen zu haben. Lord Owen, britischer Außenminister von 1977 bis 1979, fügte zwar hinzu, daß er dieses Vorgehen »eigentlich« nicht gebilligt habe; an der Tatsache änderte das jedoch nichts. Einen Tag nachdem Premierminister Blair für ein halbes Jahr die EU-Präsidentschaft übernahm, wurde bekannt, daß Brüssel, Paris und Bonn weiterhin ein vorrangiges Ziel britischer Spionage sind. Der frühere britische Außenminister Hurd nannte die Aufklärungsergebnisse der britischen Agenten »wertvoll«. Die britische Regierung geriet seither innerhalb der EU unter Druck, denn der jetzt für die Auslandsspionage zuständige Außenminister Cook mochte nicht erklären, daß er die Bespitzelung der EU-Partner habe einstellen oder zumindest beschränken lassen.

Doch wer glaubt, daß die Briten Deutschland ausspionieren, der BND aber im Lande Ihrer Majestät Zurückhaltung übt, irrt gewaltig. Deutsche Spione haben den Auftrag, jegliche politisch relevante Aktion der Inselmonarchie möglichst lange im Vorfeld auszukundschaften. In der Praxis bedeutet das vor allem die Aufklärung jener politischen Schritte, die London eher geheim halten möchte. Ein Beispiel für deutsche Spionage auf diesem Gebiet war die Beobachtung der britischen Aktion mit dem Code-Namen »Firestorm« am 18. und 19. November 1995 in der Stadt Manchester. Das Ziel dieser bis heute geheimen britischen Aktion war es, herauszufinden, wie effektiv man auf einen Angriff von Terroristen mit biologischen oder chemischen Waffen würde reagieren können. In Pullach heißt es, der BND habe sich darum bemüht, die 205 Zimmer des Portland-Hotels, in dem der Kommandostab dieser Übung untergebracht war, elektronisch auszuspionieren. Abgehört wurden angeblich auch die britischen Fachleute für biologische und chemische Waffen in Porton Down. Auch in Deutschland beschäftigt man sich seither hinter verschlossenen Türen verstärkt mit der Frage, was zu tun sein wird, wenn plötzlich Unbekannte damit drohen, einen Kanister mit Milzbrand-Erregern (Anthrax) oder aber einfach herzustellenden chemischen Kampfstoffen vom Dach eines Hochhauses in einer Großstadt freizusetzen. Im BND heißt es dazu, daß man die Bevölkerung nicht beunruhigen wolle, aber einen solchen

Angriff für die Zukunft nicht ausschließen könne. »Das wird passieren, und wir werden weitgehend hilflos zuschauen müssen,« heißt es dazu aus Bonner Regierungskreisen.

Das vorrangige Ziel der Spionage Londons in Deutschland ist es angeblich, die Haltung Bonns etwa vor EU-Gesprächen in Erfahrung zu bringen. Dieser Aufgabe widmet sich in Europa unter anderem auch der bereits genannte technische amerikanische Geheimdienst, die National Security Agency (NSA). Es ist bekannt, daß die NSA die Telefon- und Faxleitungen der Europäischen Kommission und des Europaparlaments angezapft hat, etwa um vor Welthandelsgesprächen die Position der Europäer auszuforschen. Das weiß man beim BND ebenso wie bei der DGSE oder dem MI6. In einem Bericht des Arbeitsausschusses für Bürgerrechte und innere Angelegenheiten im Europaparlament heißt es, daß die NSA mit Hilfe des Memex-Systems alle ihn erreichbaren e-mails mitlese. Memex ist eine lernfähige Suchmaschine, die durch Schlüsselworte »interessante« Mails von »uninteressanten« unterscheiden kann. Wer anonym bleiben will, braucht im Internet eine Geisteradresse. Die gibt es etwa über www.anonymizer.com. Und wem nur daran gelegen ist, seine e-mail Adresse zu vertuschen, der findet dafür bei www.pnutsoftware.com das passende. Doch solange Washington diese Spionage in den EU-Staaten nicht offiziell eingesteht – und beweisen läßt sie sich nicht, da beim Anzapfen von Daten- und Telefonleitungen keine Spuren hinterlassen werden –, wird es darüber mit den europäischen Geheimdiensten wohl kein Zerwürfnis geben.

Am 12. Januar 1998 hatte der Autor in der Frankfurter Allgemeinen Zeitung über die Washingtoner Spionage auf europäischem Boden berichtet. Nicht einmal Abgeordneten des Europäischen Parlaments scheint die Spionage, der auch sie ausgesetzt sind, bislang bewußt gewesen zu sein. Der Abgeordnete des Europa-Parlaments Georg Jarzembowski richtete jedenfalls daraufhin unter dem Aktenzeichen P-035/98 eine schriftliche Anfrage an die Kommission, in der er fragte, ob der FAZ-Bericht zutreffend sei. In der Antwort der EU vom

12. März 1998 heißt es: »Der Kommission ist bekannt, daß die Vereinigten Staaten derartige Abhöreinrichtungen unterhalten. Sie weiß jedoch nicht, welche Art von Aufklärungstätigkeiten dort betrieben werden und besitzt nach dem EU-Vertrag diesbezüglich auch keine Zuständigkeit.«

Wichtiger als die politische Spionage ist inzwischen jedoch die Wirtschaftsspionage: Alle europäischen Regierungen lassen ihre Geheimdienste auch dann für sich arbeiten, wenn es darum geht, der heimischen Wirtschaft bei international ausgeschriebenen Großaufträgen einen Vorteil zu verschaffen. Fachleute schätzen, daß allein in deutschen Büros rund 500.000 Wanzen versteckt sind – in Bilderrahmen, Kugelschreibern, Telefonen, Stempeln oder Aschenbechern. Bekannt sind mehr als hundert Abhörtechniken, viele davon sind schwer oder gar nicht nachzuweisen, zum Beispiel die Laserobservation oder das Auswerten der Abstrahlung von Computern. Man schätzt, daß in Deutschland jedes zweite Unternehmen schon einmal heimlich belauscht worden ist, mal um Preisinformationen von Konkurrenten für Ausschreibungen zu bekommen, in vielen Fällen aber auch um neue Produkte oder Produktionstechniken noch vor deren Markteinführung kennenzulernen – und diese dann ohne großen Forschungsaufwand kopieren und günstiger als der Mitbewerber am Markt anbieten zu können. In Zeiten wachsender Arbeitslosigkeit nimmt diese Art der Spionage von Jahr zu Jahr zu. Bekannt für ihre Künste auf dem Gebiet sind vor allem die Franzosen, die mit dem Abhören der Firmentelefone dem Siemens-Konzern im April 1994 einen sicher geglaubten Milliardenauftrag für den Hochgeschwindigkeitszug in Südkorea entrissen haben sollen. Auf dem Gebiet der Geheimdienste ist von dem Geist der EU noch nicht viel zu spüren. Bislang hat man jedenfalls weder über die Verschmelzung noch über die Auflösung der europäischen Geheimdienste nachgedacht.

Ebenso wie die CIA kann auch der mit amerikanischer Hilfe nach dem Zweiten Weltkrieg gegründete BND nicht nur auf Mißerfolge und peinliche Schlappen zurückblicken, sondern mit einer Fülle von Erfolgen aufwarten. Bei näherer Betrachtung wird aber schnell deutlich, daß BND und CIA – ebenso wie die europäischen Geheimdienste untereinander – nicht länger Partner, sondern Konkurrenten sind, die sich oftmals rücksichtslos bekämpfen. Das zeigt sich nicht nur auf dem Gebiet der klassischen Spionage, sondern vor allem auch bei der von Präsident Clinton emsig geförderten Industriespionage. In diesen Tagen werden amerikanische Mitarbeiter amerikanischer Tochterbanken in Deutschland von der CIA mit dem Ziel angesprochen, möglichst alle Kundendaten, Kontobewegungen und vor allem Kreditanträge von Firmenkunden mit beigefügten Investitionszielen den Spionen aus Langley zur Verfügung zu stellen. Das Ziel ist klar: Man sucht Daten über die Konkurrenten amerikanischer Großkonzerne. Vorrangig angesprochen wurden ehemalige Soldaten und jene, die bei sogenannten Fellowship-Programmen in den Vereinigten Staaten eine pro-amerikanische Gesinnung bewiesen hatten. Auch in deutschen Banken sind die Spione der CIA fleißig am Werk. Fast wöchentlich stößt das für die Abwehr zuständige Bundesamt für Verfassungsschutz auf die Spuren westlicher Schnüffler in deutschen Unternehmen. Dennoch bemüht man sich krampfhaft darum, zumindest in der Öffentlichkeit den Schein der Partnerschaft mit der CIA aufrechtzuerhalten. In Wirklichkeit sind CIA und BND mit dem Ende des Kalten Krieges Konkurrenten geworden. Gemeinsame Ziele gibt es in vielen Bereichen nicht mehr. Kid Möchel schreibt in seinem Buch »Der geheime Krieg der Agenten«: »So galt schon in den achtziger Jahren der Spruch: In der amerikanischen Presse stünde mehr zu lesen, als die amerikanischen Nachrichtendienste ihren ›Befreundeten‹ mitteilen würden.«

Es gibt aber auch viele Beispiele dafür, wie sich CIA und BND in der Vergangenheit gegenseitig geholfen haben. Ein weniger bekanntes Beispiel wird in dem 1997 erschienenen Buch »Headquarters Germany« von Klaus Eichner und Andreas Dobbert beschrieben. Dort heißt es auf Seite 41: »In den sogenannten Langemann-Papieren beispielsweise fanden sich Hinweise, daß der BND seine Partnerdienst-Beziehungen zur CIA nutzte, um den CDU-Bundeskanzler Hans Georg Kiesinger (1966–1969) vor möglichen Enthüllungen zu schützen, die seine Tätigkeit im Nazi-Propagandaministerium und seine Kontakte zu Eichmann offenbart hätten. Da man die Dokumente nicht so ohne weiteres beiseite schaffen konnte, manipulierte die CIA die Suchhilfen für das Nationalarchiv der USA in Washington.«

Den heutigen Streit unter Freunden belegt auch der jüngste Protest des deutschen Botschafters in Washington, Chrobog. Dieser beschwerte sich im Auftrag der Bundesregierung ungewöhnlich scharf über eine Operation der CIA auf deutschem Boden im Jahre 1991. Damals hatte die CIA in Berlin den amerikanischen Überläufer Jeffrey M. Carney gekidnapped und in die Vereinigten Staaten gebracht. Carney, ehemaliger Sergeant der amerikanischen Funkaufklärung, war in den Vereinigten Staaten zu 38 Jahren Haft verurteilt worden, weil er für die DDR-Staatssicherheit gearbeitet hatte. Botschafter Chrobog nannte das amerikanische Vorgehen in seiner Demarche »eine Verletzung der deutschen Souveränität«. Kidnapping gehört aber zum Standardprogramm der CIA. Doch manchmal haben Demarchen gegen dieses Verhalten auch Erfolg: In den siebziger Jahren entführten CIA-Agenten den nach Kanada geflohenen Soldaten Ronald Anderson. Sechs Tage später mußte der Deserteur auf diplomatischen Druck hin wieder freigelassen werden und durfte nach Kanada zurückkehren.

Und im Februar 1998 beschwerte sich die Bundesregierung ein weiteres Mal über die rüpelhafte und nicht vom Sinn der vielbeschworenen Partnerschaft gekennzeichnete Art amerikanischer Geheimdienste auf deutschem Boden: Die Deutschen fühlen sich angeschmiert, weil die Amerikaner nach dem Fall der Mauer die brisantesten Daten aus den Stahlschränken der DDR-Spionage an Land gezogen haben, die Deutschen an diesem Wissen aber nicht teilhaben lassen. Der bei der »operativen Registratur« der Hauptverwaltung Aufklärung (HVA) beschaffte Datenbestand enttarnte nahezu das gesamte konspirative DDR-Netz der »inoffiziellen Mitarbeiter« (IM). Die Kundschafter waren mit preußischer Gründlichkeit erfaßt worden, inklusive Klarname, Deckname, Familienstand, Freundeskreis, Wohnort und Einkommen. Nur einmal – 1992 – durften deutsche Sicherheitskreise im CIA-Hauptquartier in Langley einen kurzen Einblick in diese Akten nehmen. Zu sehen bekamen sie aber nur vorab ausgewählte Akten von unbedeutenden Stasi-Spitzeln. Die Hintermänner hielt die CIA verborgen. Heute weiß man in Berlin, Pullach und Bonn, warum die Amerikaner so handeln: Die CIA hat die bislang unentdeckten früheren DDR-Spione in Unternehmen, Parteien, Verbänden und Forschungseinrichtungen vor Enttarnung geschützt, weil sie sie für eigene Einsätze nutzen wollte. »Die Bundesregierung«, so ein deutscher Sicherheitsbeamter, »bleibt weiterhin deren Operationsgebiet. Diesmal werden wir allerdings für die CIA ausspioniert.« Es dürfte nicht mehr allzu lange dauern, bis der Bundesregierung endgültig der Kragen platzt. BND-Mitarbeiter sind jedenfalls nicht länger bereit, mit ergebenem Blick nach Langley zu dackeln, um sich dort mit Brotkrumen abspeisen zu lassen, während sie ihre gesammelten Erkenntnisse regelmäßig kostenlos den amerikanischen »Freunden« zur Verfügung stellen sollen.

Zweifelsohne hat es der BND schwerer als die CIA, sich in der Öffentlichkeit zu präsentieren. Denn die amerikanische Regierung versteht es meisterlich, ab und zu aus innenpolitischen Erwägungen einige Glanzleistungen ihres Auslandsgeheimdienstes in die Öffentlichkeit zu lancieren. In der Bundesrepublik aber wird selten von politischer Seite auch einmal auf die zahlreichen Erfolge des BND hingewiesen. Die Vorgabe lautet in Deutschland vielmehr, die Erfolge des BND um jeden Preis zu verschweigen. Und wenn Pannen bekannt werden, dann wendet man sich von den BND-Mitarbeitern ab.

Wer weiß denn schon, daß der Bundesnachrichtendienst ebenso wie die CIA und MI6 den Serbenführer Karadjic über Monate hin beobachtet hat, während das Internationale

Kriegsverbrechertribunal in Den Haag vergeblich darauf wartete, ihm den Prozeß machen zu können. Die Briten orteten mit Hilfe ihrer Horchposten auf Zypern schon frühzeitig sein Handy, lauschten bei allen seinen Gesprächen und erstellten ein lückenloses Bewegungsprofil. Mit dem Horchposten auf Zypern hatte der frühere britische Außenminister Rifkind auch – nur wenige Minuten zeitversetzt – Kenntnis über die Massaker von Srebrenica erhalten, bei denen Tausende Muslime ermordet worden waren. Gleichwohl hatte er sich wenige Tage später in der Öffentlichkeit überrascht gegeben, als die Greueltaten bekannt wurden. Auch der BND war dem Kriegsverbrecher Karadjic ständig näher, als er uns wissen lassen darf. Denn es war eine politische Entscheidung westlicher Regierungen, Karadjic und die meisten Kriegsverbrecher entkommen zu lassen. Darüber haben sich nicht nur die SFOR-Soldaten, sondern auch UN-Mitarbeiter mehrfach – allerdings eher verhalten – beschwert. Westliche Regierungen konnten sich aber nicht darüber einigen, in welchem Land die Kriegsverbrecher aus dem ehemaligen Jugoslawien nach der Verurteilung über Jahre hin eingesperrt bleiben sollten; jedes Land fürchtete sich vor serbischen Anschlägen. Die Neigung zum Wegsehen war überall verbreitet, bei westlichen Diplomaten wie bei den Militärs. Nur die Geheimdienste schauten genauer hin. Der britische Oberbefehlshaber der damals schon 22.000 Mann starken UN-Truppen in Bosnien, General Rupert Smith, hatte keine Bedenken, von Sarajevo aus über Funk mit dem Kriegsverbrecher Mladic zu verhandeln. Der Brite war damit einverstanden, daß den von Frauen und Kindern getrennten Männern im wehrfähigen Alter der Kriegsgefangenenstatus vorenthalten blieb – ein Freibrief für Mladics Schergen. Später waren die Amerikaner bereit, dem UN-Tribunal in Den Haag ihre Satelliten-Erkenntnisse über die Kriegsverbrecher zu überlassen, doch da weigerte sich der damalige britische Außenminister Rifkind – oberster Dienstherr des Auslandsgeheimdienstes MI6 und der Abhörer vom GCHQ in Cheltenham, die britischen Abhörprotokolle freizugeben, trotz dringlicher Appelle der Haager Richter. Im BND weiß man seit langem, wie gütig die Briten ihre schützende Hand über die serbischen Kriegsverbrecher gehalten haben. Diese sollen sich dankbar dafür erwiesen haben. Glaubt man den Aussagen von BND-Mitarbeitern, so hat Milosevic über eine Firma der britischen Konservativen Partei 96.000 Pfund Wahlkampfhilfe zukommen lassen. Ähnliches berichtet auch die österreichische Zeitung »Die Presse«. Dort heißt es zudem, Rifkind habe sich geweigert, den britischen Truppen in Bosnien-Hercegovina die Verhaftung von Kriegsverbrechern nahezulegen. Beim BND heißt es, der britische Geheimdienst betrachte Serbien noch immer als Kampfgenossen aus dem Zweiten Weltkrieg. Er nutze Belgrad weiterhin als Basis für seine Operationen im Orient. Außerdem sei Belgrad der Drehpunkt für verschwiegene britische Waffengeschäfte mit dem nahen Osten und der Dritten Welt: Die Bauteile für die sogenannte Riesenkanone von Saddam Hussein waren über Belgrad in den Irak geschleust worden.

Auch bei den Massakern in Kongo, dem früheren Zaire, waren die Geheimdienste bestens über die Zahl der Toten unterrichtet. Nachdem der neue Herrscher Kabila Mobutu gestürzt und die Hauptstadt eingenommen hatte (beim Vormarsch hatte ihm die CIA stets mit neuesten Satellitenaufnahmen geholfen, Mobutus Truppen kampflos zu umgehen), hörte die NSA von ihren Stützpunkten in Kinshasa und anderen kongolesischen Städten jenen Funksprüchen zu, mit denen Kabilas Soldaten nach Kinshasa berichteten, wo sie wieder einmal Volksgruppen zusammengetrieben hatten, die sie zu ermorden gedachten. Insgesamt wurden die Horcher der NSA Zeugen, wie mindestens 100.000 Menschen durch die Truppen Kabilas ermordet wurden. Anschließende UN-Untersuchungen wurden von Präsident Kabila behindert. Doch auch der amerikanische Präsident Clinton wurde nur wenige Stunden zeitversetzt über die grauenvollen Massaker unterrichtet. Es dauerte aber fast ein Jahr, ehe er im März 1998 bei seiner Afrika-Reise zugab, Fehler bei der Krisenbewältigung gemacht und nicht schnell genug reagiert zu haben. Die Angehörigen von 100.000 Toten werden es dem amerikanischen Präsidenten wohl kaum nachsehen.

Nicht viel anders als bei der »Jagd« nach serbischen Kriegsverbrechern (kongolesische Kriegsverbrecher werden bis heute unbehelligt gelassen und von westlichen Politikern empfangen) verhielt es sich mit dem irakischen Diktator Saddam Hussein. Während des Kuwait-Krieges kannte vor allem die CIA seinen Aufenthaltsort stets genau. Doch Präsident Bush fürchtete das Auseinanderfallen des Irak in einen kurdischen Nordteil, sunnitischen Mittelteil und pro-iranischen schiitischen Südteil, der sich möglicherweise der Islamischen Republik Iran anschließen würde. Diese Bedenken retteten Saddam Hussein das Leben. Als man in nachfolgenden Jahren mehrfach Geheimoperationen zu seiner Ermordung plante, war es zu spät: Saddam Hussein kannte die gegnerischen Pläne durch eigene Spitzel bis ins Detail. Als die Vereinigten Staaten und Großbritannien im Februar 1998 wieder einmal Vorbereitungen für einen neuen Militärschlag gegen den Irak trafen, war neben ihren Geheimdiensten auch der BND in die Hilfestellung verwickelt. BND-Mitarbeiter, die als UN-Inspektoren getarnt im Irak arbeiten, waren beteiligt, als die Feinabstimmung für die Zielerfassung der Programmdaten der amerikanischen Marschflugkörper überprüft wurde: Sie halfen im Irak bei der heimlichen Plazierung jener tragbaren Kleinst-Sender, die dem Global Positioning System (GPS) der neuen Generation von Marschflugkörpern über einen Satelliten zentimetergenau das Ziel anzeigen. Gegenüber den noch im Kuwait-Krieg verwendeten Marschflugkörpern, die sich nur an der Topographie orientierten und noch nicht die militärische Variante des GPS hatten, ist die neueste Generation dieser Waffen bis zu siebenmal treffsicherer. Die irakische Regierung setzte Deutschland – nicht zuletzt aufgrund der BND-Unterstützung für die neuen Kriegsvorbereitungen der Amerikaner und Briten – auf die Boykottliste: Deutsche Produkte, auch Lebensmittel und Medikamente sind davon nicht ausgenommen, dürfen in den Irak seit Anfang 1998 nicht mehr eingeführt werden.

Es gibt eine Fülle von Beispielen für die hervorragende Arbeit des BND. Die politische Rückendeckung des Dienstes steht dagegen auf einem anderen Blatt. Wer weiß denn schon, daß das Zustandekommen des Berliner Mykonos-Prozesses vor allem ein Erfolg des BND war? Es war eine ranghohe iranische Quelle des BND, die deutsche Ermittler auf die Spur des iranischen Geheimdienstes führte. Ohne die entscheidenden Tips hätte es den Mykonos-Prozeß wohl nie gegeben. Während des ganzen Prozesses arbeitete eine Sondergruppe beim BND auf Hochtouren. Und auch Bundeskanzler Kohl profitiert von deutscher Auslandsspionage. Geheimagenten behaupten gar, daß Kohl dem russischen Staatspräsidenten Jelzin 1996 keinesfalls aus reiner Nächstenliebe einen deutschen Herzchirurgen als Berater für seine Operation zur Verfügung gestellt habe. Was sich im Fernsehen als Akt der Barmherzigkeit gut verkauft habe, sei in erster Linie dazu bestimmt gewesen, mit oder ohne Wissen des Chirurgen, Informationen über den wirklichen Zustand und über die verbleibende Lebenszeit Jelzins zu erhalten, ihn also eventuell auch unbemerkt als Quelle abzuschöpfen. Und als man im Januar 1997 in Zeitungen, Rundfunk und Fernsehen über die angebliche »Lungenentzündung« Jelzins berichtete, wußte Kohl dank der BND-Auswerter längst, wie es in Wahrheit um die Gesundheit von Freund Boris bestellt war: In Wirklichkeit hatte dieser einen weiteren Herzinfarkt erlitten. In Pullach war man ohnehin über die Zähigkeit Jelzins erstaunt. Sein Ableben hatte man im Februar 1997 in mehreren geheimen Unterlagen »binnen eines Jahres« prognostiziert. Obwohl Jelzin in diesen zwölf Monaten mehrfach Anzeichen für neue schwere Krankheiten zeigte, überstand er sie noch jedesmal. Deshalb ist man in Pullach mittlerweile mit derartigen Prognosen vorsichtiger geworden.

Viele dieser Informationen möchte man ungern in der Presse lesen. Dazu gehört beispielsweise auch jener Teil eines

BND-Dossiers, in dem den nordkoreanischen Machthabern bescheinigt wird, ihre Diplomaten im Ausland unter Ausnutzung ihrer Immunität zum Rauschgift- und Waffenhandel anzustiften. Zudem weiß man in Pullach, daß Nordkorea die landwirtschaftlichen Nutzflächen verstärkt für den Opiumanbau nutzt, während die Machthaber zugleich international um Nahrungsmittelhilfe betteln. Nordkorea spielt auch bei den angestrebten Friedensgesprächen mit Südkorea ein übles Spiel. Der stellvertretende Außenminister Kim Gye Gwan machte im April 1997 die Teilnahme an Friedensgesprächen von Hilfslieferungen abhängig: 100.000 Tonnen forderte er dafür, daß sein Land überhaupt zu den Gesprächen erscheint, dann noch einmal 500.000 Tonnen zu Beginn und 900.000 Tonnen während der Verhandlungen. Damit – so hoffte das menschenverachtende Regime – könne man die Lage konsolidieren und die Gespräche gleich wieder abbrechen. Übel aufgestoßen ist der Weltgemeinschaft im Juli 1997 auch, daß Nordkorea trotz Hungersnot Lebensmittel nach Japan exportierte. Geheimdienste wollten nicht ausschließen, daß die Lebensmittelexporte nach Japan aus westlichen Hilfslieferungen stammten. Nordamerikanische und südkoreanische Hilfslieferungen an die vom Tode bedrohten Nordkoreaner sind unterdessen zwar nicht verboten, werden aber nach BND-Informationen von der Regierung in Pjöngjang überwacht und nur schleppend abgefertigt.

Doch nicht nur über Nordkorea weiß der BND Schändliches zu berichten: Im Frühjahr 1998 geriet auch die vietnamesische Botschaft in Bonn in das Visier des BND. Man verdächtigte sie, illegal eingereisten Landsleuten heimlich Personaldokumente für Scheinehen mit Deutschen zu verschaffen. Hinweise darauf soll das Bundeskriminalamt vom BND erhalten haben. Vietnamesische Geschäftemacher verdienen zudem daran, Schlepper-Routen über Osteuropa nach Deutschland zu organisieren.

Erstaunlich gut ist die Bundesregierung vom BND auch über die geheime Aufrüstung Teherans informiert worden. Satellitenaufnahmen und vom BND angeworbene iranische Spione haben die Geheimnisse iranischer Rüstungsfabriken einem kleinen Kreis Privilegierter längst enthüllt. Doch solcherlei gilt als geheim. Natürlich weiß man in Pullach und im Kanzleramt auch längst, daß Israel im Süden des Libanon die Kampfhandlungen mit der Hizbullah vor allem deshalb schürt, weil man noch möglichst lange das Wasser des libanesischen Litani-Flusses aus der sogenannten »Sicherheitszone« für israelische Bedürfnisse ableiten möchte.

BND-Erkenntnisse über schmutzige Geschäfte verschwinden allzu oft in den Panzerschränken. Warum beispielsweise verschweigt man der Öffentlichkeit, daß in der Ukraine im radioaktiv verstrahlten Gürtel um Tschernobyl heute für den Export nach Westeuropa bestimmtes Rauschgift – natürlich mit Wissen der Machthaber – angebaut wird? Die Geheimdienste berichten zudem, die Ukraine erpresse die Europäische Union mit der Forderung nach hohen finanziellen Zuwendungen zur Sanierung Tschernobyls; andernfalls werde noch mehr verstrahltes Haschisch auf den Markt geworfen. Zuletzt im April 1997 forderte der stellvertretende Generaldirektor des Atomkraftwerkes, Waleri Kupnji, die »Hilfe« des Westens. Nur einer nannte den Wert des strahlenden Goldesels bislang auch öffentlich beim Namen. Der Leiter der ukrainischen Tschernobyl-Kommission, Wladimir Ussatenko, sagte dem »Greenpeace-Magazin«: »Tschernobyl ist zu einem gigantischen Futtertrog geworden.« Kaum jemand in der Ukraine habe ein Interesse daran, »den Sarkophag zu sanieren und das radioaktive Material zu entsorgen«. Das Ziel des ukrainischen Umweltministers Jurij Kostenko sei es offenkundig, immer »mehr Geld aus den westlichen Geberländern zu melken«. Ussatenko wurde nach eigenen Angaben selbst bedrängt, Zahlen für Kreditanträge zu fälschen. Und im März 1998 titelte die Zeitung Handelsblatt: »Tschernobyl – Einsturzgefahr als Druckmittel«.

Russische Atomraketen, so heißt es in einem dem BND zur Verfügung gestellten CIA-Dossier, sind in der Vergangenheit wegen gravierender Mängel im Kontroll- und Kommandosystem schon mehrfach in Kampfbereitschaft versetzt worden. Doch die Aktivierung der Raketen, deren Ziele auch in Deutschland liegen, führte nicht automatisch zum Abschuß, weil zuvor noch ein Code eingegeben werden mußte. Der russische Verteidigungsminister Igor Rodjonow hatte im Februar 1997 gewarnt, das russische Atomwaffenprogramm drohe wegen fehlender finanzieller Mittel außer Kontrolle zu geraten. Das aber hört man heute auch in Moskau nicht mehr gern. In Rußland wird Glasnost zunehmend wieder durch Geheimniskrämerei ersetzt. Nachdem im Oktober 1997 ein restriktives Gesetz zum Schutz von Staatsgeheimnissen in Kraft getreten ist, nahm der Geheimdienst FSB mehrere Offiziere wegen freimütiger Äußerungen fest. Wegen angeblicher Spionage wurde in Wladivostok auch Grigorij Pasko, Kapitän bei der Pazifikflotte, verhaftet. Und in St. Petersburg steht der ehemalige Kapitän Alexander Nikitin wegen Hochverrates vor Gericht. Beide hatten den fahrlässigen Umgang mit radioaktivem Abfall in der russischen Flotte beschrieben. Pasko hatte für das japanische Fernsehen einen Film gedreht, der zeigte, wie radioaktiv verseuchtes Wasser aus atomgetriebenen russischen Schiffen im Meer verklappt wird. Nikitin hatte für die norwegische Umweltorganisation Bellona einen Bericht mit dem Thema geschrieben: »Die russische Nordmeerflotte – Quellen radioaktiver Kontaminierung«. Er entnahm seine Informationen russischen Zeitungen und Bibliotheken. Gleichwohl wurde er wegen Spionage verhaftet. Die von Nikitin gesammelten Informationen sind geheim, weil sie angeblich unter zwei Dekrete des Verteidigungsministeriums aus den Jahren 1992 und 1993 fallen. Diese Dekrete aber sind so geheim, daß die Anwälte sie nicht einsehen dürfen – und ihren Mandanten demnach auch nicht verteidigen konnten.

Im Irak fanden deutsche Geheimagenten heraus, daß Saddam Hussein trotz der strengen UN-Sanktionen neueste amerikanische Waffen erhält: von korrupten pakistanischen Militärs über eine jemenitische Firma geliefert. Dieselbe jemenitische Firma fiel den Agenten auch auf, weil sie in iranischem

Auftrag tschechische Waffen an die palästinensische Terrorgruppe Hamas liefern sollte.

Ebenso brisant sind die Erkenntnisse über italienische Spitzenpolitiker. Nur für einen kleinen Empfängerkreis bestimmt ist jenes BND-Dossier, in dem berichtet wird, wie Italien mit allen Mitteln gegen den deutschen Anspruch auf einen ständigen Sitz im UN-Sicherheitsrat kämpft: Schon die frühere, von Ministerpräsident Dini geführte italienische Regierung soll die mittel- und osteuropäischen Staaten mit einem Junktim konfrontiert haben; dieses sieht angeblich die italienische Zustimmung zur EU-Erweiterung nur für den Fall vor, daß die Unterstützung des deutschen UN-Anliegens von den betroffenen Staaten zurückgenommen wird. Im Klartext: Rom erpreßt mehrere Staaten, damit diese nicht für den deutschen Sitz im UNO-Sicherheitsrat stimmen. Neben solch undiplomatischen Mitteln soll man sich mit Hilfe des italienischen Auslandsnachrichtendienstes zudem nach Kräften bemüht haben, den Wunsch Deutschlands nach einem ständigen Sitz im Sicherheitsrat zu torpedieren. Italienische Spione hätten vor allem in Drittweltländern die Haltung der Staatsführer zum deutschen Ratssitz erkundet, und italienische Regierungsstellen hätten, nach BND-Erkenntnissen, auch ihre Entwicklungshilfezusagen mit pro-italienischer Politik in dieser Frage verknüpft, heißt es. Ungern möchte man den deutschen Staatsbürger wohl auch mit einer Facette des Drängens nach Aufnahme osteuropäischer Staaten in die Nato konfrontieren; diese gelten nämlich schlicht als Absatzmärkte für Waffen. In einem BND-Bericht vom 9. Dezember 1996 mit der Kennziffer AN 32B-10 40/96 heißt es: »Aus westlicher Sicht gelten diese Länder insbesondere wegen einer möglichen Ost-Erweiterung der Nato als potentielle Absatzmärkte, weil sie bisher nahezu ausschließlich Rüstungsgerät östlicher Herkunft im Bestand haben, ein Nato-Beitritt allerdings die Integration und Anpassung der Waffensysteme an Nato-Standards voraussetzen würde.« Wer diesen Hintergrund kennt, liest nachfolgende Meldung der Deutschen Presse-Agentur vom

4. April 1997 mit anderen Augen: »Der Krauss-Maffei-Konzern erwägt, mit Rumäniens Armee moderne Panzer auf Nato-Standard zu bauen. Eine entsprechende Machbarkeits-Studie des Rüstungsproduzenten sei am Freitag in Bukarest vorgestellt worden, bestätigte ein Sprecher der Krauss-Maffei Wehrtechnik GmbH (München).« In den Vereinigten Staaten sieht man es offensichtlich ähnlich: »Bei der Debatte um die Nato-Osterweiterung scheint der Rechenschieber das wichtigste Instrument zu sein.« Die Kosten der Nato-Osterweiterung werden zwischen 27 und 220 Milliarden Mark – so amerikanische Schätzungen – betragen, von denen, davon ist auszugehen, die deutschen Steuerzahler einen größeren Teil finanzieren dürfen. Und obwohl die Nato-Osterweiterung noch nicht beschlossen war, hatten die Amerikaner nach Angaben europäischer Geheimdienste schon 1996 erste Panzertürme »zu Demonstrationszwecken« an Polen und andere ehemalige Warschauer-Pakt-Staaten geliefert.

Unter der Überschrift »Waffenschmiede für die Welt« berichtete auch die Zeitschrift »Focus« im April 1998 über das Ziel der Vereinigten Staaten, mit Hilfe der Nato-Osterweiterung die heimische Rüstungsindustrie auf Kosten der Europäer zu sanieren. »Focus« zitierte den demokratischen Senator Tom Harkin aus Iowa, der mitteilte, die Bündniserweiterung komme einem »Marshallplan für die Rüstungshersteller« gleich. In dem Text heißt es weiter: »Um den gewaltigen Markt reißt sich die amerikanische Rüstungswirtschaft derzeit wie ein Rudel hungriger Wölfe um die erlegte Beute. Experten prophezeihen Profite bis zu 35 Milliarden US-Dollar. So soll bereits der Verkauf von Kampfflugzeugen nach Polen, Ungarn und Tschechien zehn Milliarden einbringen … Zudem lockt die US-Regierung potentielle Käuferstaaten mit Trainingsprogrammen für Polizei und Militär. ›Ein simples Rezept‹, meint Geheimdienstexpertin Martha Huggins: ›Damit schafft man neue Freunde und Zukunftsmärkte‹.«

Der BND beobachtete indessen, mit welch brachialer Gewalt sich amerikanische Unternehmen mit Unterstützung der

CIA neue Absatzmärkte für Rüstungsgüter im ehemaligen Ostblock sicherten. Als die Vertreter der französisch-deutschen Firma Eurocopter 1997 in Rumänien anklopften, um Militärhubschrauber zu verkaufen, waren die Amerikaner schon da. So hätte der rumänische Ministerpräsident Victor Ciorbea gerne die preiswerteren europäischen Angebote für einen Kampfhubschrauber berücksichtigt, doch, so ließ er die Europäer wissen, »wir müssen in den Vereinigten Staaten kaufen, sonst unterstützt uns Washington nicht bei der Osterweiterung«. Der Osterweiterungshebel der Vereinigten Staaten wird auch bei anderen Osteuropäern eingesetzt. In BND-Unterlagen aus dem Frühjahr 1998 heißt es, die Militärattachees der Tschechen, Polen, Ungarn und Rumänen in Washington würden systematisch vom Pentagon und der CIA bearbeitet. Zudem hätten die amerikanischen Botschaften im ehemaligen Ostblock den Auftrag, massiv für die amerikanische Rüstungsindustrie zu werben. Die Vereinigten Staaten gehen dabei nach Auffassung des BND wie Drogenhändler vor. Zu geringen Stückpreisen verkaufen sie beispielsweise Rüstungsgüter wie das Kampfflugzeug F-16, um dann über teure Nachrüstung erst richtig ins Geschäft zu kommen. In Washington erwartet man inzwischen dreistellige Milliardenaufträge, um die neuen Nato-Mitglieder auf West-Niveau zu bringen. Doch dieses Geld werden nicht etwa die Vereinigten Staaten oder die Osteuropäer, sondern alle Nato-Mitglieder – also auch deutsche Steuerzahler – aus ihren Haushalten aufbringen müssen. Bislang stehen die Europäer diesen horrenden Summen daher ablehnend gegenüber. Der FDP-Wehrfachmann Jürgen Koppelin sagte dazu etwa: »Wir bauen mit deutschem Geld den Polen einen Flughafen, und die kaufen die teure Elektronik bei den Amerikanern.«

Im Gegensatz zum Normalbürger erfährt das Kanzleramt aus Pullach auch, mit welch harten Bandagen London und Paris derzeit versuchen, deutsche Firmen auf dem Gebiet der Rüstungselektronik ein für allemal als Konkurrenten auf dem Weltmarkt abzudrängen. Seitdem nach dem Ende des Kalten

Krieges der Wettlauf um das Überleben der westeuropäischen Rüstungsindustrien eingesetzt hat, wollen Frankreich und Großbritannien – auf Kosten von Arbeitsplätzen und Technologieentwicklung in Deutschland – eines Tages die europäische Sicherheits- und Außenpolitik mit dem Argument dominieren, daß Deutschland wehrtechnisch den Anschluß versäumt habe.

Der BND berichtete dem Kanzleramt auch rechtzeitig über einen Unfall mit biologischen Waffen in der ehemaligen Sowjetunion, von dem die Öffentlichkeit bis heute keine Kenntnis hat. In der Industriestadt Swerdlowsk brach 1979 eine Milzbrand-Epidemie aus, an der 68 Menschen starben. Swerdlowsk im Ural heißt heute wieder Jekaterinburg. Gewebeproben von Opfern des B-Waffen-Unglücks wurden von westlichen Geheimdiensten aus der Stadt geschmuggelt. So konnte auch der BND dem Kanzleramt berichten: Es war ein Betriebsunfall in der Waffenfabrik. Und der BND wußte längst, bevor es die Öffentlichkeit erfuhr, daß russische Diplomaten in Norwegen emsig politische und wirtschaftliche Spionage betreiben. Im März 1998 wiesen dann beide Länder Diplomaten – Spione – aus.

Die Nato-Anwärter Polen, Tschechien und Ungarn spionieren derweilen ungeniert weiter das westliche Bündnis aus. Die westliche Spionageabwehr ist irritiert, entspricht es doch nicht den Gepflogenheiten, außerhalb des offiziellen Umgangs Agenten bei den Partnern zu plazieren. Das aber ist nach BND-Erkenntnissen der Fall: Die zukünftigen Nato-Staaten im Osten schrecken nicht einmal davor zurück, ihre Spitzel im Nato-Hauptquartier in Brüssel einzuschleusen. Das Geheimdienstgremium der Nato (»Special Comittee«) mußte sich schon mehrfach hinter verschlossenen Türen mit dieser unangenehmen Frage befassen. Verfassungsschutzpräsident Peter Frisch soll vor allem die Wühlarbeit Polens bei der Nato übel aufgefallen sein. Deutschland scheint immer mehr zum Eldorado östlicher Spione zu werden. Dabei scheint es weiterhin alte Seilschaften zwischen polnischen, tschechischen und ungarischen Geheimdienstkadern zu russischen Spionagezirkeln zu geben. Und darin liegt nach Auffassung des BND die große Gefahr. Nach dem Abzug der Westgruppe der russischen Streitkräfte aus Deutschland im August 1994 können die russischen Agenten nicht mehr aus dem Bereich der ehemaligen DDR heraus agieren. Statt dessen haben sie in der Botschaft die Zahl der Spione vervielfacht und greifen auch auf die alten Freundschaften mit Polen, Tschechen und Ungarn zurück. In östlichen Hauptstädten wird das zwar dementiert, doch liegen fast allen westlichen Geheimdiensten derartige Erkenntnisse vor.

Neben der Nato-Osterweiterung wird auch die EU-Osterweiterung ungeahnte Milliardenbeträge erfordern. Im April 1998 wurde bekannt, daß die EU-Osterweiterung den deutschen Steuerzahler vom Jahr 2000 bis 2006 etwa 43,2 Milliarden Mark kosten wird. Diesen Betrag soll Deutschland für die Aufnahme von Estland, Lettland, Litauen, Polen, Tschechien, die Slowakei, Ungarn, Rumänien, Bulgarien, Slowenien und Zypern in die EU-Kasse einzahlen. Die gesamten Kosten der geplanten EU-Erweiterung, so ein BND-Papier, werden zwischen 158 Milliarden und 222 Milliarden Mark betragen. Deutschland muß davon 27,3 Prozent bezahlen. Der CSU-Politiker Erich Riedel erwartet auch nach dem Jahr 2006 in Zusammenhang mit der EU-Osterweiterung jährliche Mehrkosten für den deutschen Steuerzahler in Höhe von 35 bis 40 Milliarden Mark. Diese Beträge werden auch beim BND für realistisch gehalten. Die Öffentlichkeit aber wird darüber – offenbar bewußt – im Unklaren gelassen.

Um heute in der Geheimdienstwelt bestehen zu können, muß man über die modernsten Spionagetechniken verfügen können. Das ist kostspielig. Aber nur mit dem Einsatz aller Mittel hat man die Gewißheit, bei der Auslandsaufklärung auch die besten Resultate zu erzielen. Wer sich heute einen Überblick über die Überwachungselektronik verschafft, wird schnell feststellen, daß vieles, was man noch vor einem Jahrzehnt für unmöglich hielt, heute zumindest bei den Geheimdiensten der

Welt alltägliche Praxis ist. Die Hauszeitschrift »Com« der Deutschen Telekom sieht jedenfalls für ihre Leser nur noch eine Möglichkeit, sich vor den modernsten Methoden der elektronischen Schnüffelei zu schützen. Sie empfahl im Mai 1997: »Ziehen Sie immer das Telefonkabel Ihrer ISDN-Karte oder des Modems ab, wenn Sie nicht online sind.« Com und die Telekom erfuhren im Frühjahr 1998, wie verwundbar online-Dienste sind: Zwei 16 Jahre alte Schüler verschafften sich als Hacker Zugang zum größten deutschen Online-Dienst. Dabei brachten sie mit einem manipulierten Programm, dem »Trojanischen Pferd«, die Zugangsdaten von mehr als 600 T-Online-Kunden in ihren Besitz, berichtet das Computermagazin »c't«. T-Online-Chef Eric Danke sprach von einem »sehr ernstzunehmenden Vorfall«. Einer der beiden Hacker, Aron Spohr, sagte im April 1998 der Zeitschrift Focus: »Das war ein Kinderspiel. Jeder meiner Schulkameraden schafft das mit ein paar Tips in einer Woche. Den Code hatte ich nach 20 Minuten raus, die Paßwortsperre für das Homebanking in einer Stunde.« Mit den geknackten Paßwörtern wäre es möglich gewesen, auf Kosten der betroffenen Kunden Rechnungen von 10.000 Mark und mehr zu verursachen. T-Online führt mit rund zwei Millionen Kunden den deutschen Online-Markt an. Da viele Kunden den Dienst als Plattform für Homebanking oder elektronischen Handel benutzen, wird der Hackerangriff wohl weitreichende Konsequenzen haben. Man darf annehmen, daß der BND über ähnlich gute Hacker verfügt. T-Online gelobte Besserung und brachte zehn Tage später eine neue Zugangssoftware auf den Markt, die nun angeblich absolut sicher war. Doch nach Angaben des Computermagazins »c't« benötigte der jugendliche Hacker nicht einmal drei Stunden, um auch in diese Version einzudringen …

Fachkräfte der technischen Aufklärung des BND lassen sich nicht gern in die Karten schauen. Sie behaupteten allen Ernstes, gegenwärtig könne kein Geheimdienst der Welt Telefongespräche mit Hilfe von Computern und Wortbanken wie ein »Staubsauger im Äther« zielgerichtet abhören. Zu ihrem Bedauern seien Spracherkennungscomputer dazu noch nicht in der Lage. Sollte der BND über schlechteres Arbeitsgerät verfügen als die Philips-Forschung in Aachen? Vielleicht hätten die Geheimniskrämer der Abteilung II einmal die Rufnummer 0241-604020 wählen sollen, bevor sie die Desinformationsversuche zum Thema »Staubsauger im Äther« starteten. Unter dieser Rufnummer arbeitet ein »Fräulein vom Amt« mit elektronischem Ohr. Der Spracherkennungscomputer findet für den Anrufer die Zugverbindungen zu tausend deutschen Bahnhöfen heraus. Er findet sich auch mit Umgangssprache und Dialekten zurecht.

Und auch die Wetterprognose für beliebte Urlaubsziele gibt es längst vom Sprachcomputer. Unter der Rufnummer 0190-577577 sollte sich der BND einmal anhören, daß Kommandos an unbelebte Gesprächspartner längst zum Alltag gehören. Ohne zu erröten, behauptet man aber beim BND, Spracherkennungscomputer seien noch nicht ausgereift. Doch wenn schon im zivilen Bereich Computer wie der von Philips entwickelte eingesetzt werden, darf man gewiß sein, daß im militärischen wie auch nachrichtendienstlichen Bereich wesentlich Fortgeschritteneres zum Einsatz kommt. Das aber zählt zu den Dingen, die man unbedingt für sich behalten möchte. Auch der »Voiceman 2.0«, der von der Dasa entwickelt wurde und für 5700 Mark aus jedem PC eine vollautomatische Telefonzentrale macht und mehr als 10.000 Kommandoworte beherrscht, scheint dem BND unbekannt zu sein. Die neueste zivil erhältliche Software auf diesem Gebiet, so etwa »Dragons Natural Speeking« oder »Terratecs Smart-Word« verfügt sogar über einen sprachgesteuerten Korrekturmodus, das heißt, man muß auch Korrekturen des Geschriebenen nicht mehr über die Tastatur eingeben. Zudem verkauft Philips schon seit längerem das erste D-Netz-Handy der Welt, das auf Zuruf den Gesprächspartner anwählt. AEG hatte bereits auf der Cebit '97 das neue Handy »Teleport 9080« vorgestellt: Es gehorcht seinem Benutzer aufs Wort. Im integrierten Telefonbuch nach Namen gespeicherte Rufnummern werden angewählt, indem der Nutzer einfach den Namen des gewünschten Gesprächsteilnehmers in das Handy-Mikrofon spricht. Die Cebit '98 zeigte dann weitere Verbesserungen der automatischen Spracherkennung. In der Zeitschrift »Connect« heißt es auf Seite 75 der Ausgabe Juni 1997: »Wie bei Spracherkennungssystemen üblich, verstanden die Systeme der ersten Generation immer nur die Eingaben ihres eigenen Besitzers. Moderne Telefone erkennen dagegen die Namen sprecherunabhängig.«

Schon jetzt sind die neuesten Spracherkennungssysteme so zuverlässig, daß Standard-Computer weniger geübte Schreibmaschinenschreiber beim Textdiktat übertreffen. Auch die Sprachsteuerung von Haushaltsgeräten (Fernseher, Mikrowellenherd, Radio, Kühlschrank etc.) ist nur noch eine Frage von wenigen Jahren. Etwa alle drei Jahre halbiert sich dank intensiver Forschung und Entwicklungsleistung die Fehlerrate der Spracherkennungsmethoden. Im gleichen Zeitraum vervierfacht sich aber die Rechnerleistung von Computern. Die Systeme werden damit immer effektiver. Schon heute arbeiten in hundert deutschen Krankenhäusern Röntgenärzte mit Spracherkennungstechnologie. »SpeechMagic« heißt das System, das wie ein Diktiergerät das Gesprochene aufzeichnet und die computergerechte Textdatei auf Wunsch auch sogleich ausdruckt. Die Patienten können den schriftlichen Befund gleich mit nach Hause nehmen. Möglich macht das alles israelische Spracherkennungstechnologie. Natürlich arbeitet der BND – der über weitaus bessere als die hier beschriebene Spracherkennung verfügen dürfte – bei solcherlei Technik mit den Israelis zusammen. Doch gegenüber der Öffentlichkeit zieht man es auf dem Gebiet der Spracherkennung offenbar vor, sich taub zu stellen. Diese Art der (Des-) Informationspolitik seitens des BND zeigt, wie unbeholfen und tapsig man im »Dienst« noch mit der sich abzeichnenden neuen Offenheit umgeht.

Dabei ist es nicht nur die Spracherkennung, die den Telefonverkehr für den BND interessant macht. Die immer beliebter werdenden Mobilfunktelefone (Handys) eignen sich zudem hervorragend, um Bewegungsprofile ihrer Benutzer zu erstellen. Die Mobilfunkgesellschaften haben Deutschland flächendeckend mit Sende- und Empfangsmasten überzogen. Sobald ein Handy eingeschaltet ist, meldet es sich mit seiner Kennung beim nächstgelegenen Sender. Verläßt es dessen Einzugsbereich, sendet es erneut ein Signal und wird von der nächsten Station übernommen. Je enger das Funknetz geknüpft ist, desto präziser läßt sich der Aufenthaltsort bestimmen, in manchen Gegenden bis auf 100 Meter genau. In der Schweiz werden diese Bewegungsdaten sechs Monate lang gespeichert, und auch in Deutschland haben alle Ermittlungsbehörden Zugriff auf die Bewegungsdaten der rund 8,5 Millionen Handy-Besitzer. Auch die Gesprächsdaten (wer telefoniert wann mit wem), die ebenfalls gespeichert werden, können für Geheimdienste interessant sein.

Leider läßt sich der BND immer wieder beim Zurechtbiegen von Halbwahrheiten erwischen. Einerseits behauptet man in Pullach problemlos, daß man täglich nur 600 Telefonate abhöre. Andererseits berichtete BND-Chef Geiger in einem Zeitungsinterview, der BND höre »weniger« als ein Hundertstel aller Auslandstelefonate ab. Pro Minute werden aber in Deutschland rund 2000 Auslandstelefonate geführt. Wenn der BND also »weniger« als ein Hundertstel davon abhört, sind das in 24 Stunden »weniger« als 28.000 Telefonate, die abgehört werden. Das dürfte etwa die Zahl jener Gespräche sein, die mit großem technischen Aufwand durchgescannt werden. Es mag sein, daß – statistisch gesehen – nur 600 Gespräche am Tag nach dem Scannen derart ergiebig sind, daß sie in Echtzeit von einem Menschen abgehört werden müssen. In Wirklichkeit aber werden weitaus mehr Gespräche beobachtet, als man zugeben möchte.

Beinahe mit nostalgischer Wehmut blickt man im BND auf jene Jahre zurück, in denen deutsche Spione noch mit Geheimtinte und winzigen Kameras arbeiten mußten. Der deutsche Spion der Gegenwart lächelt längst auch über jene Kryptografie genannten Verschlüsselungstechniken, die eigentlich der Sicherheit dienen sollen. Auch hier ist man in Pullach schon einen Schritt weiter: Nicht Kryptografie, sondern Steganografie heißt das Zauberwort. Nicht in aufschraubbaren Spraydosen, sondern verborgen in den Bits der Datensammlungen werden heute von Geheimdienstlern Informationen durch die Welt geschmuggelt.

Die online-Spionage, das Abzapfen von Daten aus Computernetzen, ist eine der größten technischen Herausforderungen der Gegenwart für den BND. Wer heute glaubt, Spione des BND müßten mit hochgeschlagenem Mantelkragen nachts auf dunklen Friedhöfen heimlich Unterlagen tauschen, irrt. So etwas gibt es nur in James-Bond-Filmen. Mit der Wirklichkeit hat das alles nichts zu tun. Dabei hat die Wirklichkeit in manchen Dingen die Phantasie längst überholt: Geheimdienste und Wirtschaftsspione können die Datenströme von Computernetzwerken längst mit speziellen Antennen und Empfängern anzapfen. Diese Profi-Ausstattung ist teuer und kompliziert, also nichts für Privatleute. Immer dann, wenn ein Computernetzwerk online über die Telefonverbindung mit dem weltweiten Datennetz oder einem anderen Rechner verknüpft ist, haben Spione nicht nur des BND leichtes Spiel. Am einfachsten ist das Anzapfen, wenn der Auszuspionierende ein Modem verwendet. Jeder, der die betroffene Telefonleitung dann anzapft, kann in Echtzeit auf seinem Computer dann jeden Mausklick auf dem Bildschirm des Auszuspähenden mitverfolgen. So erlangen die ungebetenen Zuschauer, die keine Spuren hinterlassen, auch Kenntnis von Kennworten oder vertraulichen E-Mails. Und wenn die Modems von Firmencomputern – oft ohne Wissen der Firmenleitung – zufällig auf automatische Rufannahme geschaltet sind, können sich nicht nur Geheimdienste in diese Computer einwählen und die Firmendaten anzapfen.

Man sollte auch davon ausgehen, daß bei jedem Auslandstelefonat mindestens zwei Nachrichtendienste mithören. Der Telefon-, Fax- und E-Mail-Verkehr wird in Europa systematisch überwacht – nicht nur vom BND, sondern auch von den Amerikanern, Franzosen, Briten und Russen. Diese Dienste betreiben in Europa mindestens dreißig große Horchposten. Wortdatenbanken, die mit Zehntausenden sogenannter »Hit-Wörter« gespeist sind, fischen allein in Deutschland täglich 4000 verdächtige Mitteilungen aus Telefongesprächen. Diese Rechner aber können nicht nur Englisch, Französisch, Spanisch oder Deutsch, sondern etwa auch Russisch, Arabisch oder Chinesisch. Fällt in einem Gespräch ein »Hit-Wort« wie »Kalaschnikow« oder »MiG«, so läuft ein Band an. Bei Datenübertragungen, so bei verdächtigen Auftragsnummern, wird schlicht eine Faxkopie angefertigt. Immer wichtiger wird es, aus der Fülle des so gewonnenen Material die wirklich wichtigen Erkenntnisse herauszufiltern. Immer mehr Technik bedeutet daher nicht zwangsläufig auch immer bessere Auslandsaufklärung. Die Erwartungen in die Arbeit des BND aber steigen beständig.

In Pullach ist man nicht eben glücklich mit der Ausbeute der technischen Überwachung. Seit 1994 darf der BND im Rahmen der Verbrechensbekämpfung den »nicht leitungsgebundenen« Telefon-, Fax- und Fernschreibverkehr mit dem Ausland mitschneiden. In einer ersten Bilanz an das Kanzleramt heißt es, man habe nicht einmal ein Dutzend Hinweise auf mögliche Terroristen und Waffen- oder Drogenhändler bekommen, obwohl Zehntausende Gespräche abgehört worden seien.

Kein Zweifel, der BND steht seit der Auflösung des kommunistischen Weltsystems mit dem Rücken zur Wand. Man hat Angst vor kritischen Veröffentlichungen. Immer lauter werden die Stimmen derjenigen, die den deutschen Auslandsnachrichtendienst am liebsten abschaffen würden. Zu teuer, nicht effektiv und schlicht überflüssig lauten die Begründungen. Mehr als 700 Millionen Mark verschlingt die geheime Superbehörde alljährlich. Kann man dieses Geld nicht sinnvoller ausgeben? In Zeiten knapper Kassen können Politiker aller Parteien mit solchen Äußerungen auf Zuspruch hoffen.

Im Juli 1997 überraschte die Bundesregierung mit der Ankündigung, die Ausgaben für den BND künftig ganz dem Kanzleramt zuzuordnen. Bislang waren die Aufwendungen aus Geheimhaltungsgründen auf das Kanzleramt und andere Ressorts wie etwa das Verteidigungsministerium verteilt worden. Die genaue Höhe der jährlichen Aufwendungen für den BND sollen aber auch weiterhin geheim bleiben.

Es gibt immer wieder erschreckende Beispiele dafür, wie schlampig der BND arbeitet. Harald Roth etwa, ein Bad Sodener Fachanwalt für Ausfuhrkontrollen, fühlt sich vom BND für dumm verkauft: Roth hatte dem Eschborner Bundesausfuhramt in einem Gutachten dargelegt, warum ein von einem Mandanten produzierter »Vakuum-Induktionsofen« in Libyen keinesfalls zum Bau von Rüstungsgütern eingesetzt werden könnte. Als dennoch der Export abgelehnt wurde, suchte Roth das Bonner Wirtschaftsministerium auf. Dort kam er aus dem Staunen nicht mehr heraus. Man hielt ihm einen angeblich streng geheimen BND-Bericht unter die Nase, in dem begründet wurde, warum der »Vakuum-Induktionsofen« nicht nach Libyen exportiert werden dürfe. Doch der streng geheime BND-Bericht entpuppte sich als wörtliche Abschrift des zuvor von Roth eingereichten Gutachtens. Nur in dem letzten Satz, »aus vorgenannten Gründen für die Rüstungsproduktion nicht geeignet«, hatte man in Pullach einfach das »nicht« gestrichen.

Schlampig arbeitet der BND auch dann, wenn er seine Mitarbeiter in internationalen Wahlbeobachtergruppen oder anderen multinationalen Einsätzen unterzubringen versucht. Bei den palästinensischen Wahlen im Januar 1996 enttarnten die europäischen Wahlbeobachter den ihnen untergeschobenen BND-Mann binnen weniger Stunden. Das aber scheint in Pullach kein Anreiz dafür gewesen zu sein, die Tarnung zu verbessern. Schon im Sommer des gleichen Jahres wurde ein BND-Spion in den Reihen der EU-Beobachter in Bosnien ausgemacht. Und am 27. April 1997 lachten 150 internationale Wahlbeobachter bei den jemenitischen Parlamentswahlen über den BND. Dieser hatte wieder einmal vergeblich versucht, einen deutschen Auslandsspion in die Reihen »echter« europäischer Wahlbeobachter einzuschleusen.

Wenig ruhmreich waren auch die Berichte des BND über das fundamentalistische Regime im Sudan. Wie sonst könnte man es erklären, daß erst Journalisten auf den folgenden Fall hinweisen mußten: Obwohl alljährlich Zehntausende Sudaner vom Hungertod bedroht sind, exportiert das Regime in Khartum – gleiches gilt auch für die äthiopische Regierung – mehrere hunderttausend Tonnen Nahrungsmittel und kauft für die so erzielten Devisen Waffen. Während Sudan im Jahr 1992 rund 335.000 Tonnen internationale Nahrungsmittelhilfe erhielt, führte es in die Europäische Union 98.000 Tonnen Hirse, im Sudan ein Grundnahrungsmittel, zu Vorzugsbedingungen als Viehfutter aus und exportierte zugleich noch Tausende Tonnen Fleisch in den Irak. Die Frage, warum Europa einerseits – finanziert aus öffentlichen Mitteln der EU – Getreide nach Sudan liefert und andererseits Getreide aus Sudan – subventioniert aus der EU-Kasse – einführt und damit dem Khartumer Regime beim Waffenkauf hilft, hatte wohl beim BND niemand gestellt, bis Journalisten darüber berichteten.

Doch immer dann, wenn es wenig ruhmreiches über den BND zu berichten gibt, sollte man sich in Pullach daran erinnern, daß es anderen Geheimdiensten der Welt ähnlich ergeht. Auch dort werden immer wieder Pannen bekannt. Im Juli 1997 wurde etwa ein streng geheimer Bericht des australischen Geheimdienstes über unfähige Eliten in den pazifischen Inselstaaten veröffentlicht. In dem Bericht wird dargestellt, welche Politiker der Region alkoholabhängig oder korrupt sind. Die australische Regierung hat sich nach dem Bekanntwerden des Berichtes nicht etwa entschuldigt, sondern diplomatisch mitgeteilt, Minister könnten die Berichte ihrer Beamten nicht kontrollieren. In Südkorea ist man dagegen in jüngster Zeit anders mit Geheimdienstpannen umgegangen. 28 der 38 Abteilungsleiter des Geheimdienstes wurden ebenso entlassen wie 1000 der 10.000 Mitarbeiter.

Zudem wurde im März 1998 der Name von Agentur für nationale Sicherheitsplanung in Nationale Informationsbehörde umgetauft. Der Grund für diese Maßnahmen: Der Geheimdienst hatte im Dezember 1997 versucht, den Wahlkampf zu beeinflussen. Der südkoreanische Geheimdienst hatte in vergangenen Jahren auch versucht, den heutigen Staatspräsidenten Kim Dae-Jung zu entführen und zu ermorden. Auch in Slowenien gab es einen spektakulären Fall: Der Verteidigungsminister Tit Turnsek mußte im Frühjahr 1998 wegen einer Spionageaffäre zurücktreten. Er war in jenen Vorfall verwickelt, bei dem zu Jahresbeginn an der slowenisch-kroatischen Grenze zwei slowenische Offiziere des militärischen Geheimdienstes von kroatischen Behörden festgenommen worden waren, weil ihr Fahrzeug mit Abhörelektronik gespickt war.

Dem BND fällt es nicht leicht, sich an die neuen Herausforderungen zu gewöhnen. Mit dem Zusammenbruch des Warschauer Paktes war dem BND das Feindbild abhanden gekommen. Er suchte neue Strukturen, neue Ziele. Nun soll er verstärkt gegen den internationalen Waffen- und Rauschgifthandel eingesetzt werden, außerdem im Kampf gegen Geldwäsche und Nuklearschmuggel. Neuer Schwerpunkt ist auch die Aufrüstung im Nahen und Mittleren Osten; gerade Iran versucht, möglichst unbemerkt seine Rüstungsindustrie zu erweitern und Mittelstreckenraketen zu produzieren. Arbeit gibt es also genug für den BND.

Wer den im April 1997 verfaßten BND-Bericht »Proliferation von Massenvernichtungsmitteln und Trägerraketen« zur Hand nimmt, bekommt einen Eindruck davon, wie umfangreich die neuen Herausforderungen für den BND allein auf diesem Gebiet sind. Hier nennt der BND die Namen derjenigen Unternehmen, die im schmutzigen Geschäft der Aufrüstung von Drittweltstaaten mit ABC-Waffen weltweit keine Skrupel kennen. Der Bericht führt aus: »Insgesamt hat die bisherige Entwicklung gezeigt, daß zahlreiche Länder versuchen, deutsche Firmen in proliferationsrelevante Beschaffungsaktionen einzubeziehen ... Angesichts der Leistungsfähigkeit der deutschen Anlagen- und Maschinenbau-Industrie muß auch in Zukunft mit solchen Beschaffungsversuchen gerechnet werden. 1995 und 1996 erkannte libysche Beschaffungen für das libysche Programm zur Produktion chemischer Kampfstoffe zeigen, daß sich die Beschaffungsmethoden verfeinert haben: Die Durchführung der Beschaffung über die Firmen Decote (Schweiz) und SIM (Belgien), die beide von deutschen Staatsbürgern geführt werden, haben der Änderung der deutschen Exportkontrolle bereits Rechnung getragen. Es wurde über ein vorgeschaltetes komplexes Netz von Tarnfirmen beschafft; der wahre Endempfänger trat zunächst überhaupt nicht in Erscheinung. In beiden Fällen gelang es Libyen, vor Aufdeckung der Beschaffungswege wesentliche Komponenten für den Bau von Kampfstoff-Fabriken zu beschaffen.«

Neue Herausforderungen mit weniger Geld und weniger Agenten zu meistern, das ist für den BND keine leichte Aufgabe, vor allem, wenn die Bundesregierung in entscheidenden Situationen die Hilfestellung versagt beziehungsweise den BND »auflaufen« läßt. Für die Mitarbeiter des BND muß es frustrierend gewesen sein, als Bundeskanzler Kohl öffentlich behauptete, vom Bau einer Giftgasfabrik in Libyen nichts gewußt zu haben. Dies, obwohl entsprechende Berichte des BND dazu seit langem – auch im Kanzleramt – vorlagen.

Von Kohl ist bekannt, daß er die Lagebesprechungen der Geheimdienste im Kanzleramt meidet und sich lieber auf die Lektüre von Zeitungen verläßt. Doch dem Kanzler kann man die BND-Berichte ruhigen Gewissens zur abendlichen Lektüre empfehlen. Dann wird wohl auch er erkennen, daß der BND trotz vieler berechtigter Vorwürfe nicht überflüssig ist. Nie zuvor haben die Ministerien mehr Geheimdienstberichte angefordert. Und nie zuvor waren deutsche Minister besser darüber informiert, wessen Einladung man besser ausschlagen sollte, wer in den internationalen Rauschgifthandel verwickelt ist, wo mit Nuklearmaterial gehandelt wird oder welche Raketen mit chemischen Sprengköpfen das deutsche Staatsgebiet erreichen könnten.

Trotz vielerlei berechtigter Kritik benötigt Deutschland, eine der führenden Industrienationen der Welt und künftig wohl auch mit einem ständigen Sitz im Weltsicherheitsrat vertreten, einen Auslandsnachrichtendienst. Keine deutsche Regierung wird die Auflösung des BND in absehbarer Zeit ernsthaft in Angriff nehmen. Statt seine Mitarbeiter aber unablässig mit der Frage der eigenen Existenzberechtigung zu konfrontieren, wäre es sinnvoller, ihn bei der Gefahrenabwehr zu unterstützen und sich auch bei »Pannen« hinter ihn zu stellen. Die Bevölkerung muß einsehen, daß in unserer Demokratie vom Auslandsgeheimdienst BND keine Gefahren ausgehen, er vielmehr selbst über Gefahren aufklärt. Seit den Frühzeiten demokratischer Gesellschaften hat es Bestrebungen gegeben, Geheimdienste daran zu hindern, ihre Macht möglicherweise zu mißbrauchen. In Deutschland gibt es ein überschaubares System parlamentarischer Kontrolle der Geheimdienste. Weil das Grundprinzip der Geheimhaltung eine völlig zuverlässige Überwachung letztlich nicht zulassen kann, hat man Kompromisse machen müssen. Viele Staaten der Welt, z.B. Großbritannien, sehen die deutsche Geheimdienstkontrolle mittlerweile als vorbildlich an. Anders als etwa der britische SIS verfügt der BND nicht über eine »Lizenz zum Töten« und anders als die britischen Kollegen werden BND-Mitarbeiter für illegale Aktionen rechtlich zur Verantwortung gezogen. Auch deshalb verdient die deutsche Geheimdienstgemeinde – trotz vielerlei berechtigter Kritik – die Unterstützung der Öffentlichkeit. Und spätestens wenn der BND auch in der Bevölkerung mehr Vertrauen genießt, wird er sich von selbst in angemessener Weise dem Informationsbedürfnis öffnen.

Den Schleier des Geheimnisvollen ein wenig zu lüften, ist das Ziel dieses Buches. Wie werden BND-Agenten heute angeworben und in der hausinternen Spionageschule auf ihre

Aufgaben vorbereitet? Was passiert hinter den Türen der sechs BND-Abteilungen? Warum arbeitet man heute mit 200 anderen Geheimdiensten der Welt zusammen? Was ist dran an den Affären, die den BND immer wieder ins Zwielicht bringen? Und vor allem: Welche geheimnisvollen Erkenntnisse verbergen sich in den Aktenkellern des BND? Was dabei nach jahrelangen Recherchen zu Tage gekommen ist, fügt sich nicht zu einem sensationellen, sondern oftmals allzu menschlichen, manchmal aber auch enttäuschenden Bild des Treibens deutscher Geheimagenten. Nicht nur die Pannen, auch bislang nicht bekannte Erfolge des BND werden nachgezeichnet.

Manche Geheimnisse müssen der Öffentlichkeit angeblich vorenthalten werden, weil ihr Bekanntwerden für viele Menschen schwerwiegende Folgen haben würde. Ein Beispiel dafür ist wohl der Tod des früheren schleswig-holsteinischen Ministerpräsidenten Uwe Barschel. Barschel wurde am 11. Oktober 1987 in der Badewanne seiner Suite im Genfer Hotel Beau-Rivage tot aufgefunden. Ergebnis der Schweizer Ermittlungen: Selbstmord durch Medikamente. Seit Ende 1994 hat die Lübecker Staatsanwaltschaft eine eigene »Ermittlungsgruppe Genf«. Die Ermittlungsakte trägt die Signatur 705Js33247/87.

Geheimdienste kennen die Hintergründe des Barschel-Todes. Barschel wurde ermordet. Wer auch immer die Täter waren, sie machten Fehler: Von einem Weinglas, aus dem Barschel vor seinem Tod getrunken haben muß, wischten sie die Fingerabdrücke, auch die des Kellners, der das Glas gebracht hatte. Nun könnte Barschel die Fingerabdrücke ja selbst abgewischt haben, doch es fand sich noch ein halber Fingerabdruck des Ringfingers an diesem Glas in einer Stellung, in der Barschel das Glas unmöglich gehalten haben konnte. Der Abdruck muß nachträglich angebracht worden sein. Und auch einer von Barschels Schuhen wurde offenkundig nicht von diesem, sondern von einem Unbekannten im Hotelzimmer gereinigt. Wer immer diesen Schuh gereinigt hat, müßte davon angefärbte Finger gehabt haben, befand ein Ingenieur des Reutlinger Lederinstituts am 7. April 1997; Barschel aber hatte saubere Finger.

Doch die Geheimdienste halten ihre Erkenntnisse weiterhin unter Verschluß. Der BND hat sich in diesem Zusammenhang jedenfalls nicht mit Ruhm bekleckert. Im Gegenteil: Dem Lübecker Oberstaatsanwalt Wille, der in Zusammenhang mit den Barschel-Ermittlungen und einer Spur zum internationalen Waffenhandel BND-Erkenntnisse über den saudischen Waffenhändler Kaschoggi anforderte, wurde schriftlich mitgeteilt, Kaschoggi sei in Pullach unbekannt. Das bestätigte mir Wille in einem Gespräch am 18. April 1997. Der ARD hatte er schon zuvor auf die Frage, ob er zufrieden sei mit der Unterstützung des BND bei der Aufklärung des Barschel-Todes, geantwortet: »Kein Kommentar.« Man muß kein Prophet sein, um zu erkennen, daß der Lübecker Oberstaatsanwalt Wille mutmaßt, der BND enthalte ihm wichtige Informationen vor. Nun, Wille hat recht, denn in der Mordnacht soll sich nach Angaben eines ranghohen Bonner Beamten mindestens ein BND-Mitarbeiter der Abteilung I (operative Aufklärung) in Barschels Hotel aufgehalten haben, möglicherweise sogar mehrere. Es muß somit eine Barschel-Akte beim BND über die Vorkommnisse in der Mordnacht geben. Jenem ranghohen deutschen Beamten, der in diesem Zusammenhang Aussagen machen könnte, würde im Falle, daß er dies täte, der Verlust seiner Pension und seines Arbeitsplatzes drohen, denn er ist zur Verschwiegenheit verpflichtet. Zudem erhielt er einen Anruf, in dem schlicht auf »die hohe Zahl der Verkehrstoten in Deutschland« hingewiesen wurde. Dann verschaffte sich auch noch ein Unbefugter Zutritt zu seiner Wohnung. Dieser durchsuchte die Wohnung nicht, sondern legte ganz offenkundig ausschließlich Wert darauf, einen deutlichen Hinweis für sein Eindringen zu hinterlassen, und plazierte eine von dem Beamten abonnierte Zeitschrift aus dem Briefkasten deutlich sichtbar auf einem Tisch in der Wohnung. Da der ranghohe Beamte und seine Frau beruflich außer Haus waren und kein anderer Zutritt zur Wohnung hatte, verstand das Ehepaaar dies als eine »Mahnung an die Beamtenpflichten«.

Auch andere Geheimdienste waren im Genfer Hotel Beau-Rivage präsent. Doch die CIA teilte am 9. Dezember 1996 zum Fall Barschel schriftlich mit: »Aus grundsätzlichen Erwägungen wird die CIA irgendwelche Behauptungen über geheime Beziehungen weder bestätigen noch dementieren.« Wenn der BND wirklich trotz seiner Zusammenarbeit mit 200 Geheimdiensten der Welt und mindestens einem eigenen Mann vor Ort keine Anhaltspunkte dafür hätte, wer Barschel wirklich ermordete, wäre er sein Geld nicht wert. Auch wenn man es vielleicht dementieren wird: Beim BND gibt es eine »Akte Barschel«. Es ist höchst fraglich, ob der Fall Barschel ähnlich wie der Kennedy-Mord über Jahrzehnte, zumindest für die Öffentlichkeit, ein Geheimnis bleiben kann.

Es gibt allerdings auch Dinge, die wirklich geheim bleiben sollten: Zehntausende Amerikaner leben seit dem Golfkrieg als Zivil- oder Militärpersonal im sittenstrengen islamischen Saudi-Arabien. In jenem vom Westen mit Milliardenaufwand verteidigten Land werden Christen weiterhin verfolgt, Bibeln sind verboten, und schon das Tragen eines Kreuzes an einer Halskette genügt, um ohne Gerichtsverfahren im Kerker zu verschwinden. Damit aber auch die nichtmuslimischen amerikanischen Soldaten in Saudi-Arabien gemeinschaftlich beten können, reisen amerikanische Militärpfarrer mit einem Diplomatenpaß, als »Lehrer« getarnt, regelmäßig in das puritanische Land und bieten ihre Dienste an; auch die im Lande lebenden amerikanischen Zivilisten werden mitbetreut: Ihren Familien bietet man von der Taufe bis zur Kommunion und Konfirmation jeglichen Service. Kaum auszudenken, was passieren würde, wenn dies in Saudi-Arabien öffentlich bekannt würde: Verhaftungen, Massenausweisungen und vielleicht sogar Hinrichtungen wären die Folge. Verschlüsselte Einladungskarten, auf denen es beispielsweise heißt, »treffen wir uns zu unserer beliebten Veranstaltung«, werben deshalb unter den in Dhahran stationierten Soldaten ebenso unauffällig für christliche Messen wie in den Belegschaften amerikanischer Firmen. Das ist dem saudischen Geheimdienst zwar seit langem bekannt und wird sogar gefördert, aber eben nur solange, wie alle Beteiligten den Mund halten. Ebenso »geheim« ist der Inhalt jener Container, die das amerikanische Militär als »canned food« nach Saudi-Arabien einführt: Alkohol. »Canned food«-Rationen, in Blechdosen eingeschweißt, sind auch bei den Saudis beliebt.

Andere Tatsachen sind irgendwann einmal aus vermeintlicher Not heraus mit dem Schleier der Desinformation versehen worden und haben heute längst als angebliche »Wahrheiten« Eingang in die Geschichtsbücher gefunden; so fehlt in wohl keinem Lexikon der Hinweis, der amerikanische Band-Leader Glenn Miller sei wenige Tage vor Weihnachten 1944 bei einem Flugzeugabsturz über dem Ärmelkanal ums Leben gekommen. Die wahre Todesursache, laut Geheimdienst-Archiven ein Herzinfarkt beim Bordellbesuch, war in der stimmungsvollen Vorweihnachtszeit wohl eher unpassend, und so wurde der Geheimdienst beauftragt, eine stilvolle Legende um das Ableben des allseits beliebten Musikers zu stricken. Natürlich lagern in den Tresoren der Geheimdienste unzählige weitaus brisantere Erkenntnisse. Der britische Fernsehsender BBC veröffentlichte im Oktober 1997 einen Beitrag, in dem die These des Flugzeugabsturzes in Frage gestellt wurde. Wenige Wochen später wartete ein amerikanischer Fernsehsender mit der Nachricht auf, er habe jenen Mann gefunden, der im Vorzimmer des damaligen Präsidenten die Nachricht über den Tod Millers in einem Bordell entgegengenommen habe.

Über einen anderen Fall von Desinformation wird früher oder später wohl auch die Öffentlichkeit aufgeklärt werden müssen: Beim BND weiß man jedenfalls schon längst um die wahren Hintergründe jener angeblich rätselhaften Vorfälle, bei denen immer wieder Gruppen von Walen an der Küste stranden und um keinen Preis ins Meer zurückkehren wollen. Die Tiere verenden dann unter dem Druck ihres eigenen Gewichtes am Strand. Vielen erscheint das Verhalten rätselhaft und dennoch ist es einfach zu erklären: In allen Weltmeeren erproben Militärs Sonarsysteme, die einen infernalischen Lärm erzeugen. Als etwa am 12. Mai 1996 an der Westküste des griechischen Peloponnes zwölf Cuvier-Schnabelwale strandeten, testete die Nato genau dort ein Niederfrequenzsonar, das U-Boote aufspüren soll. Es erzeugt 230 Dezibel Lärm. Schon ein Hunderttausendstel dieses Schalldrucks ist für Menschen schmerzhaft. Beim BND ist man daher davon überzeugt, daß der Unterwasserlärm die Tiere zum Stranden gebracht hat. Die Meere der Welt sind voll von umstrittenen Schallprojekten. Die amerikanische Marine erprobt 1998 vor der Küste von Hawaii ein Niederfrequenzsonar und zugleich testen amerikanische Wissenschaftler die Verbreitung von Schallwellen unter Wasser, indem sie tiefe Töne quer durch den Pazifik über mehrere tausend Kilometer senden. Das sind nach Auffassung des BND die wesentlichen Gründe für das Stranden von Walen, nicht obskure Theorien über Störungen des Erdmagnetfeldes oder angeblichen Wurmbefall der Tiere. Dergleichen Wissen darf der deutsche Auslandsgeheimdienst aber nicht der Öffentlichkeit mitteilen, weil er zur Verschwiegenheit verpflichtet ist.

Sigmund Freud hat die Psychoanalyse einmal mit einem Eisberg verglichen und behauptet, nur ein kleiner Teil der Psyche sei offen erkennbar; drei Viertel seien verborgen. Dergleichen läßt sich auch auf die Welt der Geheimdienste übertragen: Den größten Teil ihres Wissens werden sie für sich behalten.

OFFENHEIT MIT MAULKORB

Zum ersten Mal hat der BND sich, im Zusammenhang mit den Recherchen für dieses Buch, ausführlich hinter die Kulissen blicken lassen. Langjährige Mitarbeiter berichten bis ins Detail über ihre Tätigkeit und sparen dabei auch nicht mit Kritik. Sie erklären, wie man heute ohne Wanzen Räume überwacht, Telefone von jedem Ort der Welt aus anzapft, ganze Datensammlungen – ohne eine Spur zu hinterlassen – aus Computern kopiert und mit Hilfe von Mobiltelefonen Bewegungsprofile von Zielpersonen erstellt.

Dieses Wissen ist nicht ausschließlich dem BND vorenthalten: Mit Hilfe der Verbindungsdaten seines Mobiltelefones wurde etwa im März 1998 nach zwei Jahre während der Suche auch der Reemtsma-Entführer Thomas Drach in Argentinien aufgespürt. Nicht immer haben die BND-Mitarbeiter es bei den Gesprächen mit der Wahrheit ganz genau genommen. Vor allem die Fachkräfte der technischen Aufklärung haben sich nach Kräften darum bemüht, ihre Fähigkeiten herunterzuspielen.

Manchen in Pullach war es wohl schon zuviel der Offenheit, einen Journalisten hinter die Kulissen schauen zu lassen. Obwohl bei allen Gesprächen auf dem BND-Gelände der Pressesprecher des Dienstes nebst einem leitenden Mitarbeiter der Abteilung V (Sicherheit) zugegen war, um nur ja jeglichen Anflug von Geheimnisverrat im Ansatz ersticken zu können, bemühte man sich unmittelbar vor der Veröffentlichung – vergeblich – darum, das Manuskript in die Hände zu bekommen. An dieser Stelle ist ein Warnhinweis an den Leser angebracht: Achtung! Dieses Buch wurde nicht vom BND autorisiert! Nach mehrfachen vergeblichen telefonischen Aufforderungen, das fertige Manuskript in Pullach »gemeinsam durchzugehen«, folgten in einem mit dem Bundesadler geschmückten BND-Brief vom 15. Mai 1997 die Hinweise, »im eigenen Interesse« – »schließlich geht es auch um die Seriosität Ihres Buches« – das bislang nicht autorisierte Manuskript der BND-Zentrale zur Verfügung zu stellen. Dem Wunsch wurde nicht entsprochen. Schon Gehlen hatte eingestehen müssen, daß sein Resident in Hamburg den Auftrag erhalten hatte, einen geplanten »Spiegel«-Artikel über den BND zu beschaffen, um Abänderungs»vorschläge« anbringen zu können. Dieses besondere Interesse gegenüber Journalisten besteht fort.

Im Gegensatz dazu waren die Mitarbeiter des für die Koordinierung der Geheimdienste im Kanzleramt zuständigen

Staatsministers Bernd Schmidbauer stets um Fairneß bemüht. Sie haben mir oftmals unbürokratisch Rat und Hilfe gewährt. Schmidbauer selbst zog einen versprochenen Buchbeitrag mit dem Titel »Spionage – Die Wachstumsbranche des nächsten Jahrtausends« kurzfristig zurück, offenbar, weil es Unstimmigkeiten mit Pullach gab.

Der frühere BND-Präsident Heribert Hellenbroich, wie es heißt im August 1985 angetreten, um einen »Saustall« in der Abteilung I (operative Aufklärung) auszumisten, und Gad Shimron, intimer Kenner des israelischen Mossad, haben dankenswerterweise zu diesem Buch mit eigenen Gedanken über die Arbeit des BND beigetragen. Der frühere BND-Präsident und jetzige Bundesaußenminister Kinkel schrieb mir dagegen nach reiflicher Überlegung: »Ich fand es immer falsch, daß Nachrichtendienstchefs über ihre Tätigkeit schreiben.« Andere, die zunächst – wie die amerikanischen und britischen Auslandsnachrichtendienste – Beiträge angeboten hatten, zogen ihre Zusagen kurzfristig zurück. Man war verunsichert. Wieviel hatte man in Pullach über die Zusammenarbeit ausgeplaudert? Vor allem die Amerikaner versuchten statt dessen, sich das Buchmanuskript auf vielerlei Wegen noch vor der Veröffentlichung zu beschaffen. Der technische Geheimdienst National Security Agency (NSA) zog über den Internet-Zugang im Winter 1996/97 aus meinem Computer – unbemerkt – Kopien mehrerer Kapitel, während ich nichtsahnend auf den Homepages amerikanischer Geheimdienste surfte. Erst als es telefonische Nachfragen der Amerikaner zu bis dahin nur mir bekannten Formulierungen und Kapiteln gab, wurde ich hellhörig – und zog den Stecker zur Internet-Verbindung. Herrn Dr. Kersten, dem ehemaligen Leiter der Abteilung II des Bundesamtes für Sicherheit in der Informationstechnik, danke ich dafür, daß er mir die Vorgänge erklärt hat, obwohl er in seinem Büroraum zum gleichen Zeitpunkt nachweisbar abgehört wurde. Dr. Kersten hat in Zusammenhang mit seiner Offenheit mir gegenüber eine neue Erfahrung gemacht: Er sollte auf einen unbedeutenderen Posten in einer fremden

Stadt versetzt werden und kam Schikanen durch die eigene Kündigung zuvor. Er hat jeden Druck gelassen hingenommen und ist jetzt in der freien Wirtschaft an leitender Stelle tätig. Auch die CIA-Vertreter an der amerikanischen Botschaft in Bonn – so erfuhr ich im Juni 1997 aus Bonner Regierungskreisen – waren nicht sonderlich über das Erscheinen dieses Buches begeistert, mußten sie doch in Überstunden den kompletten Text übersetzten.

Mit der ausdrücklichen Bitte, es keinesfalls weiterzugeben, übermittelte ich dem Washingtoner Residenten des Bundesnachrichtendienstes am 1. März 1997 jenen Teil des Manuskripts, der sich mit den einzelnen BND-Abteilungen befaßt. Er hatte sich angeboten, das Manuskript auf sachliche Richtigkeit hin durchzusehen. Ihm danke ich für seine »Verschwiegenheit«: Schon drei Tage nach unserem letzten Treffen flog er nach Deutschland. Das Washingtoner BND-Büro ließ BND-Präsident Geiger dem BND-Mann anvertrauten Teil des Manuskriptes zukommen. Als ich wenige Tage später zu einem Treffen mit dem BND-Residenten in der saudi-arabischen Hauptstadt Riad fuhr, hatte man diesem – zu seinem aufrichtigen Bedauern – aus Pullach einen Maulkorb erteilt. Und aus Pullach versuchte man auch, im Gegensatz zum Kanzleramt, immer wieder Einfluß auf das Manuskript zu nehmen. Wollte sich der Washingtoner BND-Repräsentant mit seinem Verhalten vielleicht an einem anderen Journalisten dafür rächen, daß in jenen Tagen »Focus«-Redakteur Dietl in seinem Buch »Staatsaffäre« der Washingtoner BND-Resident beim BND flächendeckend unpopulär und eher unauffällig genannt hatte und über ihn schrieb: »dessen Fehlentscheidungen werden noch heute als BND-interne Präzedenzfälle diskutiert« (Dietl, Staatsaffäre, S. 228 und 265)? Und am 24. Februar 1997, wenige Tage vor unserem Treffen in Washington, hieß es in einem niederschmetternden Bericht über seine Verwicklung in das Libanon-Geiseldrama von 1987: »Ein Sachbearbeiter des BND aus jenen Tagen sieht es heute so: ›der Resident erhielt Strübig und Kemptner während seines

Besuches in Damaskus auf dem Tablett serviert. Die beiden wären etwa zwei Jahre eher freigekommen, wenn die deutschen Behörden zugegriffen hätten‹« (Focus 9/1997, S. 56). Es sind immer wieder führende BND-Mitarbeiter, die zum schlechten Ruf des Dienstes in der Öffentlichkeit beitragen.

Der BND-Resident wurde nach dem Bekanntwerden seiner vaterländischen Diensttreue in Zusammenhang mit dem Manuskript dieses Buches zunächst einmal aus Washington abgezogen. Er scheint eine Reihe von Feinden zu haben, denn die CIA schnitt Anrufe von Iranern mit, die den BND-Residenten bedrohten. Nach Geheimdienst-Operationen in den achtziger Jahren im Iran haben offenbar noch viele Mitarbeiter des Mullah-Regimes Rechnungen mit dem deutschen Superagenten offen, der in Teheran – so heißt es zumindest dort im Erschad-Ministerium – einen dauerhaften Eindruck als »Wichtigtuer« hinterlassen haben soll.

Mit allen Mitteln versuchte man in Pullach auch den Anschein zu erwecken, daß dieses Buch unseriös sei. Am Tage des Erscheinens hieß es in einer offiziellen Stellungnahme des BND, der Autor gefährde Leib und Leben deutscher Spione, schädige das außenpolitische Ansehen der Bundesrepublik Deutschland und mache langjährige Aufklärungsarbeit des BND zunichte. Doch die Frankfurter Allgemeine Zeitung, für die ich seit zwölf Jahren arbeite, die FAZ-Herausgeber und der Verleger Dr. Siebler stellten sich demonstrativ hinter mich und stärkten mir den Rücken. Ermittlungsverfahren bei den Staatsanwaltschaften Bonn und München wegen Geheimnisverrates verliefen im Sande. Im BND wurde das Manuskript unterdessen auf »wunde Punkte« untersucht. Später erfuhr ich, daß alle meine Fernsehauftritte und Radiointerviews Wort für Wort von BND-Mitarbeitern analysiert werden mußten. Endlich wurde man »fündig«. Bei einer vom NDR ausgestrahlten Talkshow hielt ich zum Beweis meiner Aussagen stapelweise Originaldokumente des BND – allesamt Verschlußsachen – in die Kamera. Leider hatte ich auf einem Dokument die handschriftliche Signaturnummer nicht unkenntlich gemacht, so daß einer meiner Informanten anschließend unliebsamen Fragen ausgesetzt war. Im BND bemühte man sich, undichte Stellen ausfindig zu machen und zu stopfen. Doch die am Ende dieses Buches plazierte Aufforderung, dem Autor weiteres Geheimmaterial zur Verfügung zu stellen, zeigte unerwartet große Resonanz: Sogar Abteilungsleiter des BND signalisierten mir schriftlich ihre Unterstützung und ihre Bereitschaft zu einem vertraulichen Gespräch. Zum ersten Mal erhielt ich sogar Fotos von geheimen Einrichtungen des BND im In- und Ausland. Doch es galt, gefälschtes Material von echtem zu unterscheiden. Im Zweifel habe ich mich aber trotz aller Verlockungen für die Seriosität entschieden.

Manche der in diesem Buch erwähnten Geschichten wurden inzwischen dementiert, obwohl das Dementi nicht sehr glaubhaft klang. Dazu gehört die Geschichte über eine angebliche »Negativ-Kartei« deutscher Abgeordneter. Aufgrund der Zusammenarbeit mit 200 Geheimdiensten der Welt verfügt man in Pullach angeblich über eine »Negativ-Kartei« deutscher Abgeordneter. Deutsche Abgeordnete, die fern der Heimat sexuelle Abenteuer mit Prostituierten suchen, dürfen sich freuen: Viele von ihnen werden angeblich von den örtlichen »Partnerdiensten« des BND heimlich beobachtet und oftmals auch fotografiert oder gefilmt. Das Material lande dann im Austausch mit deutschen Erkenntnissen über Politiker jener Länder in Pullach, heißt es. Ein langjähriger Mitarbeiter behauptet: »Ein theoretisches Beispiel dafür wäre unser Angebot an Moskau: Tausche Schirinowski gegen Gysi.« Es seien Politiker aller Parteien, die nach Angaben eines BND-Mannes solchermaßen, zum Teil auch mit Knaben, auffällig geworden seien. Ein Abgeordneter, der sich 1996 in einem östlichen Land offenbar allzu heimisch fühlte, soll dabei ebenso in die Fänge des BND geraten sein wie ein Abgeordneter, der im Frühjahr 1997 mehrfach die arabische Welt besuchte und in Dubai mit zwei – russischen – Gelegenheitsprostituierten die arabisch-deutsche Völkerfreundschaft gefeiert haben soll. Offiziell gibt es derartige Erkenntnisse und

Karteien in Pullach natürlich nicht. Beim BND bestreitet man die Behauptungen. Glaubt man langjährigen Geheimagenten und Residenten, so sind in diesem Zusammenhang nur einige wenige Mitarbeiter der Abteilung I unterrichtet. Nicht bekannt ist ebenfalls, was in Pullach mit dem brisanten Material geschieht. Vielleicht landet es ja auch zuerst im Reißwolf und dann, wie die hinter Stahltüren täglich eingesammelten Papierschnipsel, in der hauseigenen Müllverbrennungsanlage ...

In Tschechien zumindest scheint es beim Geheimdienst Karteikarten über die Abgeordneten zu geben. Unter der Überschrift »Macht der Geheimdienst Wahlkampf in Tschechien?« berichtete das Handelsblatt am 23. März 1998: »Wieder einmal steht der Verdacht im Raum, der tschechische Geheimdienst BIS gieße kompromittierendes Material wie Öl ins Wahlkampffeuer.« Auffällig ist jedenfalls, daß immer jene tschechischen Abgeordneten mit angeblichen Skandalen überhäuft werden, die eine stärkere Kontrolle des tschechischen Geheimdienstes verlangen. Vieles deutet darauf hin, daß der tschechische Geheimdienst Vorwürfe konstruiert, die bei näherem Hinsehen keiner Überprüfung standhalten.

Udo Ulfkotte
Frankfurt, im Juni 1998

KAPITEL 1

KLEINE GESCHICHTE DER SPIONAGE

Das zweitälteste Gewerbe der Welt

Spionage ist so alt wie die Geschichte. Neueren Datums sind allenfalls die Geheimdienste. Oft hat man die Spionage als »das zweitälteste Gewerbe der Welt« bezeichnet. Für die Herrschenden war der Einsatz von Agenten stets ein wichtiges Instrument zum Schutz vor innerer und äußerer Bedrohung. Sie wollten keinem blinden Schicksal ausgeliefert sein, sondern Gefahren rechtzeitig erkennen und abwehren können.

Gelehrte mögen weiterhin darüber streiten, wann und wo die Spionage ihren Anfang genommen hat. Bis diese Frage geklärt ist, müssen wir uns mit den ältesten Überlieferungen dieses Gewerbes begnügen. Sie sind rund viertausend Jahre alt und stammen aus Mesopotamien, also dem heutigen Irak. Bannum, der Führer einer Wüstenpatrouille, übermittelte seinem Herrscher auf einer Tontafel Alarmierendes: »Die Grenzdörfer der Benjamiten tauschen Feuerzeichen aus.« Im ältesten überlieferten Spionagebericht der Welt empfahl Bannum seinem Herrscher, die Wachen an den Stadtmauern zu verstärken. Wir wissen nicht, wie Bannums Herrscher auf diesen Bericht reagierte. Nur bruchstückhaft sind uns aus jener Zeit auch weitere Teile der Spionagegeschichte überliefert.

Das alte Ägypten unterhielt als Söldner eine Polizeitruppe namens »Matoi«, deren Aufgaben einerseits die Unterdrückung von Aufständen während der Fronarbeiten beim Pyramidenbau und andererseits Erkundungen für Feldzüge in Nubien waren. Im antiken Sparta gab es ein Geheimkorps junger Männer, »Krypteia« genannt. Dieses war mit der Überwachung und oft grausamen Unterdrückung der Heloten, also der Unterworfenen, betraut. Solcherlei Tätigkeit würde man heute nicht mit dem Begriff Geheim-, sondern Sicherheitsdienst umschreiben, »Dienste«, die ihren spartanischen Vorläufern in anderen Teilen der Welt (Iran, Irak, Libyen, Nordkorea, Myanmar etc.) nacheifern.

360 vor Christus gab der griechische Militärschriftsteller Aineias Empfehlungen zum Transport vertraulicher Nachrichten. Er befand, man müsse einem Boten heimlich ein Schriftstück in das Leder seiner Sandalen stecken und diese wieder zunähen. Empfehlenswert seien Notizen auf Zinnplättchen, damit die Buchstaben nicht von Wasser verwischt würden. Aineias scheint mit seinem Vorschlag außerordentlich erfolgreich gewesen zu sein, denn bis in die Gegenwart werden Schuhe von manchen Zeitgenossen noch immer gern als Geheimverstecke genutzt. Der römische Dichter Ovid empfahl Eselsmilch als Geheimtinte, mit deren Hilfe man unsichtbare Informationen aufschreiben und diese später mit Holzkohleasche wieder sichtbar machen konnte.

Oft hat die Arbeit der Spione den Lauf der Geschichte nachhaltig beeinflußt. Es waren die Berichte israelischer Späher, die Moses dazu veranlaßten, das Volk Israel in das Gelobte Land zu führen; ein Entschluß, der die Menschen zwischen Jordan und Nil – wie die politische Lage noch heute zeigt – selten zur Ruhe kommen ließ. In der Heiligen Schrift, Viertes Buch Moses, Kapitel 13, Verse 1 und 2, steht: »Also sprach der Herr zu Moses: Sende Männer aus, daß sie das Land Kanaan erkunden, welches ich den Israeliten geben will … « Etwa um 1220 vor Christus berichteten ihm die zwölf Kundschafter nach ihrer Rückkehr aus Kanaan über ein Land, in dem angeblich Milch und Honig flössen: Palästina. Auch am Anfang des modernen Staates Israel standen Agenten: Die zionistische Untergrundorganisation Haganah hatte im britischen Mandatsgebiet Palästina von 1940 an einen eigenen Geheimdienst, der Briten und Araber unterwandern und die Gründung eines unabhängigen Staates Israel vorbereiten sollte. Es waren somit die Kundschafter Moses', die den Keim für einen Zwist säten, der die Welt noch heute bewegt, denn noch immer streiten sich Juden und Palästinenser um das Land.

Andererseits gab es auch Zeiten, in denen sich gerade auch der Mangel an Spionagetätigkeit folgenschwer auf den Verlauf der Geschichte auswirkte: Hätte Julius Cäsar (100 bis 44

v. Chr.) sein politisches Umfeld genauso intensiv erkunden lassen wie Gallien und Britannien vor den Eroberungsfeldzügen, so wäre Brutus wohl sein Gefangener und nicht sein Mörder geworden. Dabei war es nicht der erste Anschlag auf das Leben des mächtigsten Mannes von Rom gewesen. Um so erstaunlicher war die Sorglosigkeit des Bedrohten. Cäsar ging regelmäßig zu Fuß durch Rom und lehnte es ab, sich von Senatsdelegationen begleiten zu lassen. Einen Monat vor seinem Tod entließ er sogar seine spanische Leibwache. Die Folgen des Mordes waren ein dreizehn Jahre währender Bürgerkrieg, an dessen Ende nicht die Wiederherstellung der Republik stand, sondern die Monarchie, wenn auch zunächst noch unter Wahrung republikanischer Formen. Zumindest seine militärischen Erfolge hat Julius Cäsar nicht nur seinen Leistungen als Feldherr zu verdanken, sondern auch dem Einsatz von Spähern, zumeist reisenden Kaufleuten. Er versäumte es aber, seine politischen Rivalen mit derselben Intensität beobachten zu lassen wie seine militärischen Gegner. Erst Kaiser Augustus führte zur Festigung seiner Herrschaft auch ein innenpolitisches Überwachungssystem ein.

Von den Germanen ist schließlich überliefert, daß ein gewisser Herzog Ebrachar seine Wachen mit dem beauftragte, was wir heute Spionageabwehr nennen würden.

DAS GEHEIMNIS DER SEIDENRAUPEN

Nach Auffassung von Archäologen scheint die Wirtschaftsspionage noch älter als die Militärspionage zu sein. Schon in vorgeschichtlicher Zeit haben die Menschen offenbar versucht, die wirtschaftlichen Geheimnisse anderer zu erkunden, so etwa die Bearbeitung von Feuersteinen. Den ersten schriftlichen Hinweis auf Wirtschaftsspionage bietet uns die chinesische Chronik »Tang Shu« (Geschichte der Tang) aus dem 5. Jahrhundert nach Christus. In ihr wird beschrieben, wie vor rund 1500 Jahren eine chinesische Prinzessin Seidenraupen, damals die Quelle unermeßlichen Reichtums, nach Indien schmuggelte. Unter der Kopfbedeckung der Prinzessin gelangte das viele Jahrhunderte bewahrte Staatsgeheimnis der Seidenproduktion, auf dessen Verrat die Todesstrafe stand, zum erstenmal über die chinesische Grenze nach Indien. Doch auch das Oströmische Reich schielte sehnsüchtig auf die immensen Gewinne aus dem Seidenhandel. In Byzanz, dem heutigen Istanbul, sann man darauf, den Seidenhandel an sich zu reißen. Kaiser Justinian ermutigte daher einige in Indien tätige Mönche, als Wirtschaftsspione das Geheimnis der Seidenproduktion nach Byzanz zu schmuggeln. Im Jahre 553 gelang es den gottesfürchtigen Männern, Eier der Seidenraupen und einen Beutel mit Maulbeersamen, versteckt in hohlen Wanderstäben aus Bambus, in die Hauptstadt des Oströmischen Reiches zu bringen. Sie schufen damit den Grundstock für die byzantinische Seidenindustrie.

Während man sich in den folgenden Jahrhunderten an europäischen Herrscherhöfen weiterhin einzelner Kundschafter zur Beschaffung von Geheiminformationen bediente, entwickelte im fernen China in der Mitte des 11. Jahrhunderts ein gewisser Wang An-Shih ein System der totalen Bespitzelung. Aus heutiger Sicht erinnert es an George Orwells Roman »1984«. Auch Chiang Kai-shek und Mao Tse-tung diente es als Vorbild für ihre totalitären Überwachungsorganisationen.

Etwa von dieser Zeit an finden sich immer mehr Hinweise auf den Einsatz von Spionen. Der im 13. Jahrhundert entstandene Städtebund der Hanse hätte ohne ein dichtes Netz von Kundschaftern wohl nicht zur ersten europäischen Wirtschaftsgemeinschaft aufsteigen können. In nicht einmal hundert Jahren seit der Gründung Lübecks hatte sich die Hanse sämtliche nord- und westeuropäischen Märkte erschlossen, hatten sich Lübecker, Hamburger, Bremer, westfälische, rheinische und preußische Kaufleute in allen nord- und westeuropäischen Hafenstädten niedergelassen und übten an vielen Orten Waren- und Handelsmonopole aus. Es war die Zeit, in der eine alte Königsfamilie (die Staufer) sich verabschiedete und eine neue Königsfamilie (die Habsburger) zwar schon am

Horizont auftauchte, sich aber noch lange nicht durchsetzen konnte. Es war auch die Zeit des Interregnums und des wachsenden Raubrittertums, in der die ersten Städtebünde entstanden, die sich gemeinsam der Raubritter erwehren wollten. Von all dem scheinbar unberührt, trieb die Hanse ihren Handel quer über die Ostsee und Nordsee, quer durch Norddeutschland. Von ihren Agenten hofften die Führer dieses Wirtschaftsbundes möglichst frühzeitig zu erfahren, wann es Blockaden geben und welche Waren zukünftig knapp sein würden und daher mit Gewinn veräußert werden konnten.

Auch der Mongolenherrscher Dschingis-Khan hätte seine Eroberungszüge wohl nicht ohne ein Heer von Kundschaftern und Spähern durchführen können, die, zumeist als wandernde Bettler und Musikanten getarnt, Informationen über Befestigungen, Versorgungsmöglichkeiten und Flußfurten sammelten. Als der Mongolensturm Europa immer näher rückte, sandte auch Papst Gregor IX. (1227–1241) seine Predigermönche als Kundschafter unter die fremden Völker, um deren Absichten zu erkunden. In den folgenden Jahrhunderten bemühte sich der Heilige Stuhl, maßgeblichen Anteil an der Erkundung fremder Länder zu haben, um auch durch Handelsspionage auf die wirtschaftliche Entwicklung des Abendlandes Einfluß nehmen zu können. Die Kirche brachte allmählich einen der mächtigsten Geheimdienste der Welt hervor.

DIE KUNST DES CHIFFRIERENS

Zur gleichen Zeit erreichte die Kunst des Chiffrierens im Handelsimperium der Dogen von Venedig Weltruhm. Doch je mehr vertrauliche Nachrichten verschlüsselt übermittelt wurden, um so mehr wuchs auch das Bedürfnis anderer, diese Nachrichten zu entziffern. So entstand nach und nach an allen europäischen Herrscherhöfen der gutbezahlte Berufsstand des Chiffrierers und Dechiffrierers. Venedig, die erste europäische Stadt, die ihre Interessen im Ausland durch Botschafter vertreten ließ, war auch der erste Staat, der einen Aufbewahrungsort für alle Staatsdokumente einrichtete und sich, zeitgleich mit dem Vatikan, um den Aufbau eines umfangreichen Geheimarchivs bemühte, in dem alle Verträge, Berichte, Abkommen und Briefe aufbewahrt wurden. Die Spionage wurde in der Folgezeit mehr und mehr zu einem systematisch angewandten Werkzeug von Diplomaten und Regierungen.

DIPLOMATEN ALS SPITZEL

Viele wichtige Strukturen der modernen Spionage stammen aus der Renaissance, der kulturellen Erneuerungsbewegung im Europa des 15. und 16. Jahrhunderts. In den Künsten und Wissenschaften begann ein neues, aufgeklärtes Zeitalter. Im öffentlichen Leben gab es erbitterte Kämpfe um Macht und religiöse Autorität und dementsprechend Intrigen, Verrat und Spionage. Bis zur zweiten Hälfte des 16. Jahrhunderts hatten Staaten wie Frankreich, England und Spanien ein dichtes Netzwerk von Informationsbeschaffern geknüpft. Diplomaten und Botschafter wurden verpflichtet, neben ihrer offiziellen Tätigkeit auch Spionage zu betreiben.

Nicht nur Kardinal Richelieu (1585–1642), unter Ludwig XIII. Gründer eines gut organisierten politischen Spionagedienstes in Frankreich und erster bedeutender französischer Meister des diplomatischen Ränkespiels, überzog sein Land mit einem Netz von Spitzeln und Spionen; Richelieus Geheimdienstchef war der Kapuzinermönch Pater Joseph, der für den Machtpolitiker viele verschlungene, nicht sehr fromme Fäden zog. Auch in England schuf Sir Francis Walsingham (1537–1590) einen gut durchorganisierten Geheimdienst. 1587 deckte Walsingham eine Verschwörung gegen die protestantische Königin Elisabeth I. (1533–1603) auf. Sie sollte durch die katholische schottische Königin Maria Stuart abgelöst werden. Maria Stuart wurde daraufhin geköpft. Walsingham erweiterte die damals bekannten Spionagemittel um eine ganze Reihe nützlicher Spionagepraktiken. Auf seine Anordnung hin wurden Siegel der Briefe vor dem Aufbrechen in eine weiche Amalgampaste gedrückt, damit sie später wieder unbemerkt verschlossen werden konnten – man hatte ja den richtigen Siegelabdruck. Nicht die geringste Spur verriet, daß ein Brief geöffnet worden war. Walsingham verfügte über Spitzel in Nantes, Rouen, Le Havre, Krakau, dem Vatikan, Brüssel, Leyden, Dänemark und vor allem auch Spanien. Dort ließ er den Bau der Armada von Männern, die als Händler getarnt Hafen für Hafen bereisten, beobachten. Aufgrund der so gewonnenen Erkenntnisse hatte er genügend Zeit, um die zahlenmäßig weit unterlegene englische Flotte auf die Schlacht mit 129 spanischen Schiffen und 30.000 Mann vorbereiten lassen zu können. Im Schicksal der spanischen Armada sah die protestantische Welt ein Gottesurteil; in Wahrheit war der englische Sieg 1588 vor allem auch auf die Spionage der Kundschafter Ihrer Majestät zurückzuführen.

In Deutschland ließ unterdessen das Haus Thurn und Taxis die von ihm beförderte Post in geheimen Postüberwachungsstellen öffnen. In Frankfurt/Main, Regensburg, Augsburg, Nürnberg und Eisenach wurden alle Briefe aussortiert und gelesen, die wichtig erschienen. Manche der damit befaßten Spione wurden später sogar geadelt. Ein planmäßig arbeitender staatlicher deutscher Geheimdienst konnte jedoch infolge der Kleinstaaterei und der Abwesenheit einer Zentralgewalt seit dem Dreißigjährigen Krieg (1618–1648) nicht entstehen. Erst der Deutsche Bund (1815–1866) unternahm zaghafte Schritte, einen zentralen Nachrichtendienst zu schaffen.

EIN NEUER TYP DES SPIONS

War Daniel Defoe (1650–1731), der Autor des weltberühmten Romans »Robinson Crusoe«, noch ein Agent, der aus nationalistischen Gründen handelte und seine eigentliche Arbeit immer geschickt mit dem Argument tarnte, er als Schriftsteller sei stets auf der Suche nach neuen Themen, so entstand Mitte des 18. Jahrhunderts ein neuer Typ des Spions: der Abenteurer aus gehobenen Kreisen. Er vereinte Weltläufigkeit mit Allgemeinbildung, Intelligenz und Sprachkenntnissen und erweckte zumindest den Schein, dem Adelsstand anzugehören.

Zu diesem neuen Agententypus gehörte etwa der Frauen-held, Philosoph und Diplomat Giacomo Girolamo Casanova (1725–1798). Casanova spionierte im Auftrag Frankreichs in Dünkirchen Kriegsschiffe aus und sammelte dort Details über Ausrüstung und Zahl der Matrosen. Daniel Defoe arbeitete demgegenüber als Meisterspion im Dienste Ihrer Majestät Anna Stuart. Im schottischen Feindesland erkundete er die Haltung der Bevölkerung zu einer Vereinigung des englischen und des schottischen Parlaments. Zudem verfaßte Defoe eine Theorie der Spionage, in der er der Regierung die Spitzelmethoden des Polizeistaates empfahl.

Auch Friedrich der Große, ein Meister in der Kunst der Geheimhaltung, nutzte die Spionage, um seine Feldzüge vorzubereiten. Der polnische Spionagefachmann Janusz Piekalkiewicz schreibt dazu in seinem Standardwerk »Weltgeschichte der Spionage«, der König habe selbst erklärt, er brauche im Felde nur einen Koch, dafür aber hundert Spione. Es sei leichter und dienlicher, einen Bauern zum Spion auszubilden, als Generäle und Marschälle in der Maske von Bauern spionieren zu lassen.

SCHILDKRÖTENEIER UND DAMPFMASCHINEN

Die Überwindung des Feudalismus, die Einführung großer Manufakturen im Merkantilismus, der auf Mehrung von Macht und Wohlstand des jeweiligen Landesherrn ausgerichtet war, bot naturgemäß auch den Wirtschaftsspionen dieser Zeit ein großes Aufgabengebiet. Der in China als Missionar tätige französische Jesuitenpater d'Entrecolles war wohl der erste Europäer, der den Sitz der kaiserlichen chinesischen Porzellanmanufaktur besuchte und damit das den Europäern über Jahrhunderte rätselhaft erscheinende Verfahren zur Porzellanherstellung aufdeckte. Der Wert chinesischen Porzellans bestand solange fort, wie es niemand außerhalb Chinas nachahmen konnte. Gips, Schildkröteneier, Austernschalen und ähnliche Substanzen hatten westliche Gelehrte immer wieder erfolglos zu mischen versucht: Porzellan konnten sie dennoch nicht herstellen. 1712 trafen die ersten Berichte des französischen Missionars mit der Rezeptur zur Herstellung des begehrten Materials in Paris ein. Gestützt auf die Informationen des Paters gelang es den Franzosen, ein dem chinesischen gleichwertiges Porzellan herzustellen. Doch weil nicht nur Frankreich Wirtschaftsspionage förderte, sollte es nicht lange dauern, bis auch englische, österreichische und sächsische Spione sich die Rezeptur für das neue technische Verfahren besorgt hatten und auch in diesen Ländern Porzellanmanufakturen entstanden.

Wie unverhohlen zur damaligen Zeit Werksspionage gefördert wurde, belegt ein französisches Gesetz aus dem Jahre 1791. Dieses schützte die Rechte der Erfinder, allerdings in einer anderen Form als heute. Es gewährte jedem, der als erster ein ausländisches Produkt nach Frankreich schaffte, die gleichen Rechte wie dem eigentlichen Erfinder. So verwundert es kaum, daß dem Konstrukteur der ersten atmosphärischen Dampfmaschine, dem englischen Schmied Thomas Newcomen – er hatte 1711 die erste »Feuermaschine« gebaut – Werksspione schnell auf den Fersen waren. Als Arbeiter in den Werkstätten von Birmingham getarnt, fertigte auch ein Deutscher, Emanuel Fischer von Erlach, Skizzen der neuen Maschine an und war dadurch in der Lage, selbst eine »Feuermaschine« zu konzipieren, die 1722 in einem südslowakischen Bergwerk Wasser aus den Schächten abpumpte. Ähnliche Erfahrungen mit Wirtschaftsspionen machten später die Baumwollspinnereien und zu Beginn dieses Jahrhunderts die für die Reifenproduktion so wichtige Kautschukindustrie.

Als Napoleon 1806 die Kontinentalsperre verhängte, die England mit einer Seeblockade beantwortete, kam kein Zuckerrohr mehr aus Übersee auf das europäische Festland. Napoleon, Süßigkeiten nie abgeneigt, beorderte seine besten Spione zu sich und befahl ihnen, einen Ausweg aus der »Zuckerkrise« zu finden. Bei ihrer Suche stießen sie auf Chemiker, die nicht aus dem klassischen Zuckerrohr, sondern aus Zuckerrüben Zucker gewannen (1802 war in Schlesien die erste Zuckermanufaktur auf Rübenbasis gegründet worden). Letztlich verdankt die Zuckerrübe damit Napoleon und seinen Spionen ihre Erfolgsgeschichte in Europa.

DAS »CENTRAL-NACHRICHTEN-BUREAU«

Der britische Geheimdienst erwies sich zu Beginn des 19. Jahrhunderts gegenüber dem allmächtigen Spitzel- und Agentensystem Frankreichs als durchaus ebenbürtig, ja oft sogar als überlegener Gegner. Nicht zuletzt der erfolgreichen Tätigkeit des Secret Service war es zu verdanken, daß dem Expansionsdrang Napoleons Einhalt geboten und er 1815 bei Waterloo besiegt werden konnte.

Im zaristischen Rußland indessen herrschte zu Beginn des 19. Jahrhunderts die Geheimpolizei über fast alle Lebensbereiche. Dennoch konnte sie die Ermordung des unpopulären Zaren Paul I. in der Nacht vom 11. auf den 12. März 1801 durch mehrere angetrunkene Offiziere nicht verhindern. Von den achtzehn Zaren der Romanow-Dynastie starben fünf eines unnatürlichen Todes. Die Attentäter hatten es freilich nicht nur auf die gekrönten Häupter abgesehen. Auch die Verwandten des Kaisers, Höflinge und Spitzenbeamte mußten jederzeit mit ihrem Ableben rechnen. Der Geheimdienst der Zaren, Ochrana, beschäftigte um 1900 etwa 100.000 Agenten, war aber von Revolutionären durchsetzt.

Als in Preußen 1866 ein Anschlag auf den Wagen des Ministerpräsidenten Otto von Bismarck verübt wurde, gründete man in Berlin unter dem Tarnnamen »Central-Nachrichten-Bureau« eine Geheimpolizei, die vor allem sozialistische Umtriebe überwachen und im Kriegsfalle feindliche Armeen unterwandern sollte. Das »Central-Nachrichten-Bureau« trug wesentlich zu den Erfolgen im Feldzug von 1870/71 gegen Frankreich bei. Deutsche Spitzel hatten das Nachbarland zuvor strategisch auskundschaftet.

Im Jahre 1905 wurde in Großbritannien im Rahmen einer Heeresreform auch der militärische Nachrichtendienst neu gegliedert. So entstanden aus dem bisherigen Military Intelligence Department (MID) zwei neue Organisationen: Die für Spionage im Ausland zuständige Abteilung erhielt die Bezeichnung Military Intelligence 6 (MI6), und Military Intelligence 5 (MI5) übernahm von 1909 an die Spionageabwehr im Inland. Der heute 1800 Mitarbeiter zählende Geheimdienst MI5 war lange Zeit so geheim, daß die britische Regierung nicht einmal seine Existenz bestätigen wollte. Im November 1997 gab die Labour-Regierung im Zuge der neuen Offenheit erstmals Dokumente aus der Gründungszeit des MI5 frei. Sie betreffen die Jahre 1909 bis 1919. Geschaffen wurde der Geheimdienst vor allem als Abwehr gegen das kaiserliche Deutschland. Oberstleutnant James Edmonds suchte 1909 seine Landsleute vor den Kundschaftern des deutschen Kaisers Wilhelm II. zu warnen und berichtete: »Nahezu jeder Deutsche in London verbringt seine freien Tage damit, zu Fuß oder per Rad die Grafschaften im Osten zu erkunden.« Für den Fall eines Krieges sei das ein tödliches Handicap und deshalb müsse man einen Geheimdienst schaffen, der die Deutschen beobachte. Der erste Chef des neuen Abwehrdienstes wurde ein 36 Jahre alter Astmathiker, der Offizier Vernon Kell. Am ersten Kriegstag 1914 konnte Kell 21 gegnerische Spione festnehmen lassen. Kell entrüstete sich, daß die Deutschen sogar Geheimtinte für die Übermittlung von Nachrichten benutzten. Schnell fand man heraus, daß es sich dabei um Zitronensaft handelte, dem zuweilen Formalin zugesetzt war. Nun entwickelte auch Kell Geheimschriften und schrieb sogar Anweisungen, wie noch bei leichtem Trab Berichte im Sattel abgefaßt werden könnten. Es war auch Kell, der vorschlug, britische Pfadfinder im Ersten Weltkrieg als Überbringer von geheimen Botschaften zu verwenden. Viele Pannen aus dieser Zeit wurden erst jetzt bekannt. Amüsant ist etwa jener Fall, bei dem die Hitzköpfe von MI5 einen Spion entlarvt zu haben glaubten, dessen Namen sie mit »Toe Knee Oh« angaben. Eine nähere Überprüfung brachte zu Tage, daß der mysteriöse Mann in Wirklichkeit ein harmloser Italiener war und Antonio hieß.

Inzwischen hat MI5 viel von seinem Geheimnisschleier eingebüßt und wirbt (ebenso wie der 2000 Mitarbeiter zählende MI6) sogar mit Stellenanzeigen um Nachwuchs. Ein bißchen Geheimniskrämerei darf aber auch da nicht fehlen: »Versuchen Sie zu vermeiden, Ihren Freunden von der Bewerbung zu erzählen«, heißt es in den Zeitungsinseraten. Öffentlich in Erscheinung trat der MI5 in den vergangenen Jahren vor allem dann, wenn sich Londoner Kaufhausbesitzer über ihn beschwerten, weil die jungen Spione im Gewühl der Kaufhäuser Verfolgungsjagden übten.

GEHEIMDIENSTFOLKLORE: MATA HARI

Ein bislang ungeahntes Ausmaß erreichte die Spionagetätigkeit im Ersten Weltkrieg. Zum ersten Mal boten Funkgeräte die Möglichkeit, Nachrichten schnell über eine größere Distanz zu übermitteln. Es entstand die Heeresfunkaufklärung, ein neuer Bereich der Spionage. Zudem erhielt die Kryptoanalyse (das Codeknacken) die geheimdienstliche Bedeutung, die es noch heute hat. In dieser Zeit erlangten Spione wie etwa Thomas Edward Lawrence (1888–1935) – genannt Lawrence of Arabia – und Margaretha Gertruda Zelle (1876–1918) – genannt Mata Hari – Weltruhm. Lawrence of Arabia half, die arabischen Stämme zu einen, und ließ sie gemeinsam in den Kampf gegen die türkischen Unterdrücker ziehen. Die rechtzeitige Nachrichtengewinnung und genaue Erkenntnisse über den Feind waren für Lawrence die ersten Voraussetzungen, um mit dem von ihm geförderten Aufstand Erfolge zu erzielen. Unter seiner Führung sprengten die Araber 79 Brücken und Züge in die Luft und durchtrennten immer wieder die Telegraphenleitungen der Türken. Von den Briten wurde Lawrence später enttäuscht: Während des Ersten Weltkrieges hatte er sich den Arabern gegenüber für ihre spätere volle Unabhängigkeit verbürgt, ohne zu wissen, daß schon 1916 das Sykes-Picot-Abkommen geschlossen und damit die Aufteilung des Osmanischen Reiches zwischen Frankreich und England vereinbart worden war.

Mata Hari, die wohl bekannteste »Spionin« aller Zeiten, scheint mit ihrer geheimdienstlichen Tätigkeit weit weniger erfolgreich gewesen zu sein als bislang angenommen. In Wirklichkeit handelt es sich bei den um ihr Leben gestrickten Legenden wohl eher um Geheimdienstfolklore, die ihren Nährboden im Zwielicht der Nachrichtendienste hatte. Mata Hari hatte zu ihrer Zeit etwa das Charisma der Popsängerin Madonna. Zeitweilig besaß sie zehn Rennpferde, wohnte auf einem Schloß und gab sich als Tochter einer indischen Prinzessin aus. Ihre Servietten ließ sie mit zwei Krönchen besticken. In Wirklichkeit war sie die Tochter eines friesischen Hutmachers, eine mittelmäßige Schülerin und Offiziersfrau. Nach ihrer Scheidung stand sie mit fast dreißig Jahren vor dem Nichts.

Die Nachrichtendienste Deutschlands, Frankreichs und Großbritanniens verdächtigten sie allesamt, eine Spionin zu sein, hatten aber, abgesehen davon, daß sie in ihrer zweiten Lebenshälfte mit deutschen Offizieren und wenigstens einem französischen Minister schlief, keine Beweise gegen sie. Unter dem Künstlernamen Mata Hari arbeitete sie als »javanische Tempeltänzerin«; sie wurde im Oktober 1917 in Casernes de Vincennes von einem französischen Erschießungskommando hingerichtet. Erst ihr tragisches Ende begründete, zusammen mit immer neuen Gerüchten über ihre Agententätigkeit, ihren legendären Ruhm. Aufgebauschte Berichte verleiteten die Öffentlichkeit zu dem Irrglauben, die »Meisterspionin« sei eine romantische Heldin gewesen, die den Kriegsverlauf außerordentlich beeinflußt habe.

Der Erste Weltkrieg war, was die Spionage angeht, vor allem von der Fehleinschätzung wohl aller Geheimdienste geprägt, die einen begrenzten, kurzen Krieg, nicht aber einen verlustreichen und Jahre währenden Stellungs- und Abnutzungskrieg vorausgesagt hatten. Unterdessen gründeten die Bolschewisten nach der russischen Revolution 1917 mit der Tscheka ihre eigene Geheimpolizei, den Vorläufer des KGB. Ihr Name besteht aus den Anfangsbuchstaben ihrer russischen

Bezeichnung: Allrussische Außerordentliche Kommission zur Bekämpfung von Konterrevolution, Spekulation und Sabotage. Ursprünglich sollte die Tscheka nur ein Fahndungsapparat sein, und Strafverfolgung sowie Bestrafung sollten Volksgerichten obliegen. Das aber änderte sich während der Zeit des Roten Terrors. Die zunächst von Felix Dserschinski, einem gebürtigen Polen, geleitete Tscheka war das grausame Vorbild für alle späteren sowjetischen Geheimdienste. Extreme Brutalität, Geiselnahmen, die Errichtung von Konzentrationslagern für Andersdenkende, Folter und Desinformation gehörten zum Arbeitsalltag dieses heute fast vergessenen Geheimdienstes.

JAGD AUF DIE ENIGMA

Die Hauptkriegsparteien des Zweiten Weltkrieges schufen ihre Geheimdienste mit unterschiedlichem Erfolg. Bei Kriegsbeginn in Europa 1939 hatten die Sowjetunion, Deutschland, Japan und England im Gegensatz zu den Vereinigten Staaten, deren CIA erst 1947 gegründet wurde, gut funktionierende Auslandsnachrichtendienste. Der erste amtliche britische Geheimdienst war zu Beginn des Jahrhunderts ins Leben gerufen worden, Deutschland folgte 1913, Rußland 1917, und Frankreich erst 1935. Franklin D. Roosevelt, 32. Präsident der Vereinigten Staaten, war von der Welt der Spionage ebenso fasziniert wie Winston Churchill. Roosevelt hatte als stellvertretender Marineminister im Ersten Weltkrieg angeblich selbst spioniert, und als er amerikanischer Präsident wurde, erwachte sein Interesse an diesem Metier erneut. Obwohl es einen zentralen Nachrichtendienst der Amerikaner zu Beginn des Zweiten Weltkrieges nicht gab, verfügte Washington dennoch über Informationsdienste, die Erkenntnisse liefern konnten. Seit 1882 gab es die Nachrichtenabteilung der Navy, seit 1885 die der Gesamtstreitkräfte, und seit 1910 das FBI. Roosevelt ist es zu verdanken, daß die Idee der Schaffung eines zentralen Nachrichtendienstes auch in Washington Auftrieb erhielt. Doch erst unter seinem Nachfolger, Truman, wurden die von der Army, der Navy und dem Außenministerium beschafften Informationen 1946 von einem Koordinierungsbüro der »Central Intelligence Group«, dem Vorläufer der ein Jahr später gegründeten CIA, zusammengefaßt.

Den stärksten Einfluß auf den Ausgang des Krieges hatten wohl die Codeknacker der Alliierten. 1974 veröffentlichte der frühere Leiter der britischen SIS-Luftabteilung, Oberstleutnant Winterbotham, ein Buch mit dem Titel »The Ultra Secret« (Das Ultra-Geheimnis). Nachdem eine ganze Generation geschwiegen hatte, gab er das bestgehütete Geheimnis des Zweiten Weltkrieges preis: Die Alliierten hatten die Codes der Deutschen geknackt und während des Krieges ihre Gespräche belauscht. Ein solcher Einbruch in die Kommunikation des Gegners war in der Militärgeschichte ohnegleichen. Britische Kryptologen dechiffrierten die deutsche »Enigma« und ihr verwandte Chiffrier-Apparate, die Amerikaner die japanische »Purpur«-Maschine. Die Enigma, ursprünglich von dem Berliner Ingenieur Arthur Scherbius zum Schutz von Geschäftsgeheimnissen gebaut, hielten die Deutschen für nicht entschlüsselbar. Den Code konnte nur derjenige knacken, der auch die ständig wechselnde Einstellung der Walze der sendenden Enigma kannte. Der britische Geheimdienstfachmann Phillip Knightley schreibt in seinem Buch »Die Spionage im 20. Jahrhundert« über die Enigma: »Sie hatte eine Schreibmaschinentastatur und, darüber, das Alphabet mit einer kleinen Glühbirne unter jedem Buchstaben. Wenn der Bediener eine bestimmte Taste drückte, löste er eine Reihe von Stromimpulsen aus, die damit endete, daß einer der Buchstaben beleuchtet wurde. Wenn er das erstemal die P-Taste drückte, leuchtete beispielsweise das K auf. Wenn er aber noch einmal auf das P drückte, leuchtete vielleicht das Q auf. Auf diese Weise verwandelte die Maschine einen Satz in eine scheinbar unsinnige Folge von Buchstaben. Nach Empfang des Satzes brauchte man die andere Maschine nur so einzustellen, daß sie dieselben elektrischen Impulse benutzte wie der Sender, und dann die Mitteilung einzutippen. Sie kehrte den Prozeß um, und die aufleuchtenden Buchstaben bildeten den ursprünglichen Satz. Ein Dritter, der die Nachricht abfangen und entschlüsseln wollte, benötigte zweierlei: die Enigma-Maschine selbst und den aktuellen elektrischen Code, den Sender und Empfänger für die Nachricht benutzt hatten« (Phillip Knightley, Die Spionage im 20. Jahrhundert, S. 153).

Erst mit Hilfe von »Colossus«, dem ersten elektronischen Computer der Welt, gelang es den Briten, von 1940 an regelmäßig die wechselnden Codes der Enigma zu knacken. Dadurch erhielten die Alliierten genaue Kenntnisse über die feindlichen Angriffspläne. Das garantierte ihnen zwar nicht den Sieg, wirkte sich aber auf ihre Kriegführung aus. So konnten sie 1943 die deutsche U-Boot-Flotte schlagen, die sonst wichtige alliierte Schiffahrtsrouten im Nordatlantik blockiert hätte.

Deutschland hatte im Zweiten Weltkrieg zwei Geheimdienste: die lange Zeit von dem im April 1945 hingerichteten Admiral Canaris geleitete Abwehr und den Sicherheitsdienst. Während die Abwehr die für den Nachrichtendienst und die Geheimaktionen zuständige Abteilung der Wehrmacht war, wurde der Sicherheitsdienst von der Schutzstaffel (SS) kontrolliert, einem Arm der NSDAP.

Viele Legenden ranken sich um die deutschen Dienste vor und während des Zweiten Weltkrieges. Unrichtig ist vor allem die öfter anzutreffende Behauptung, deutsche Spione hätten dafür gesorgt, daß die Luftwaffe 1939 kriegsbereit gewesen sei. Zwar waren Hauptziele deutscher Geheimoperationen auch wirtschaftliche und technische Informationen, die für Hitlers Militärprogramm relevant waren; deutsche Agenten konnten auch Konstruktionsunterlagen von Militärgütern im Ausland beschaffen, doch vieles wurde ihnen, entgegen der Legende, von ausländischen Unternehmen – auch während des Krieges – zur Verfügung gestellt. So sorgten nach Angaben von Phillip Knightley Kartellabsprachen zwischen amerikanischen und deutschen Unternehmen für den ungehinderten Austausch neuer Erfindungen. Anfang der dreißiger Jahre tauschte der amerikanische Chemiekonzern Dupont mit deutschen Firmen Informationen über Sprengstoffe aus, und »Sperry Gyroscope erteilte der Askania Co. Lizenzen zum Nachbau von Blindfluggeräten und Horchgeräten in Deutschland. Pratt & Whitney verkaufte dem Deutschen Reich Motoren, Propeller und Ersatzteile und lieferte den Bayerischen Motorenwerken Einzelheiten über seine Forschungs- und Entwicklungsvorhaben in den Vereinigten Staaten.« Standard Oil verkaufte den IG Farben ein neues Verfahren für die Herstellung von Sprengstoffen, und noch 1940 – ein Jahr vor dem Kriegseintritt der Amerikaner – lieferte Bendix Aircraft der Firma Robert Bosch Konstruktionsunterlagen für Anlasser von Flugzeugmotoren und durchbrach dabei sogar die Blockade, die die Briten gegen Nazideutschland verhängt hatten.

Doch nicht nur die Vereinigten Staaten halfen Hitlers Rüstungsindustrie. Schweden, das als neutrales Land während des Zweiten Weltkrieges enge Handelsbeziehungen zu Hitler-Deutschland unterhielt, belieferte die nationalsozialistische Kriegsmaschinerie mit Eisenerz für die deutschen Munitionsbetriebe und soll – wie erst Anfang 1997 bekannt wurde – auch Bauteile für V-2-Raketen gefertigt haben. In Großbritannien töteten die deutschen V-2-Raketen 1944 nach Angaben des damaligen Premierministers Churchill mehr als 2700 Menschen. Außerdem gestattete Schweden den deutschen Truppen, über schwedisches Territorium ins besetzte Norwegen zu gelangen. Nicht erfolgreiche Agenten, sondern Wirtschaftsinteressen versorgten Hitler-Deutschland also in vielen Fällen mit Unterlagen, die von der Propaganda später dem Erfolg der eigenen Spionage zugeschrieben wurden. Erst allmählich erfahren die Schweden, wie umfassend die hochgeachtete »Elite« ihres Landes in Politik, Wirtschaft und Kultur in den dreißiger und vierziger Jahren für die deutsche Nazi-Ideologie eintrat. Das ging bis zur Forderung nach dem Ausschluß jüdischer Künstler aus ihren Berufsverbänden. Auch die Wallenbergs, Schwedens in diesem Jahrhundert unangefochten mächtigste Industriellen-Familie, geriet wegen ihrer vielen Geschäfte mit den Nazis bis kurz vor Kriegsende in die Schlagzeilen.

Schweden sah Hitler-Deutschland ohnehin offenbar als Vorbild an. Die Öffentlichkeit reagierte im August 1997 schockiert auf die Nachricht, daß zwischen 1935 und 1976 rund 60.000 Schweden zwangssterilisiert worden waren, um eine »reine« schwedische Rasse zu schaffen. Solche Zwangssterilisierungen gab es in jener Zeit auch in Dänemark und Norwegen. Es waren diese skandinavischen Staaten, die in den zwanziger Jahren der pseudowissenschaftlichen Rassenlehre folgend, Frauen sterilisierten, um das Entstehen von als minderwertig angesehenem Leben zu verhindern. Auch in der Schweiz hat es bis vor zwanzig Jahren unter Berufung auf die Rassenlehre noch Zwangssterilisationen gegeben. (In Großbritannien hat man sich in der Geheimdienstwelt der Rassenideologie jüngst aus einem ganz anderen Grund besonnen: Seit Oktober 1997 wendet die britische Armee bei Rekruten Gentests an, mit deren Hilfe herausgefunden werden soll, welches Gen für besonders gute physische Leistungen verantwortlich ist. So will man herausfinden, wie man für die Elitetruppe SAS eine eigene Rasse von Supersoldaten schaffen kann. Darüber berichtete am 5. Oktober 1997 die »Sunday Times«.)

Schweden hat sich auch in einem anderen Fall sehr kooperativ dem Hitler-Regime gegenüber gezeigt und dies anscheinend heute vergessen: Die schwedische Regierung kaufte während des Zweiten Weltkrieges aus Deutschland eingeführtes Gold, das zuvor Juden geraubt worden war. Darüber berichteten der schwedische Fernsehsender SVT und die Nachrichtenagentur TT Mitte April 1997. Kooperativ verhielt sich offenbar auch das Internationale Komitee vom Roten Kreuz (IKRK): Als einzige internationale Organisation hatte es Zutritt zu den Konzentrationslagern der Nazis. Über den Holocaust war das IKRK nach erst im Mai 1997 in der amerikanischen Zeitung »USA Today« veröffentlichten Dokumenten bestens unterrichtet. »Das Rote Kreuz wußte Bescheid und hat sich nicht zu Wort gemeldet«, sagt der Historiker Alan Kraut von der American University in Washington. IKRK-Präsident Sommaruga gestand »Fehler« ein. Man habe die Information über Massenhinrichtungen nicht veröffentlicht, um den Zugang zu den Lagern nicht zu gefährden, und sich an die selbstauferlegte Neutralität gebunden gefühlt. Der Archivdirektor des IKRK, George Willemin, entschuldigte sich am 7. Oktober 1997 in Jerusalem für das Versagen des IKRK im Zweiten Weltkrieg.

Kaum entschuldigt hat sich bislang dagegen die katholische Kirche für ihr Verhalten während der Hitler-Diktatur. Papst Pius XII. hat fast nichts getan, um die Judenheit zu retten. Ein einziges Mal nur hat er öffentlich protestiert. Und als Hitler im Mai 1940 Holland, Belgien und Luxemburg überfallen ließ, drückte der Papst den Regierungen sein Bedauern aus. Die Täter aber benannte er nicht. Gegenüber den kriegswilligen deutschen Bischöfen rechtfertigte er sich damit, die drei überfallenen Staaten seien bei ihm akkreditiert gewesen.

Scheibchenweise wurden wir in den vergangenen 12 Monaten Zeugen einer neuen Sicht der Zusammenarbeit mit dem Hitler-Regime. Am 1. Dezember 1997 berichtete etwa die »New York Times«, in den Vereinigten Staaten sei nach dem Zweiten Weltkrieg Gold eingeschmolzen worden, das von den Opfern des Nazi-Regimes gestammt habe. Die so entstandenen Goldbarren seien dann den neu geschaffenen europäischen Zentralbanken zur Verfügung gestellt worden. Insgesamt habe es sich nicht um eine große Menge gehandelt, aber allein für das Jahr 1952 seien 40 Goldbarren nachweisbar, die ursprünglich jüdischen Familien gehört hätten. Wenige Tage zuvor hatte auch die spanische Zeitung »El Pais« darüber berichtet, daß Spanien aufgrund der guten Beziehungen seines damaligen Diktators Franco zu Hitler angeblich dreimal soviel Raubgold aus Nazi-Deutschland erhalten habe, als bisher zugegeben. Danach erhielt Spanien aus Deutschland Gold im damaligen Wert von 140 Millionen Dollar. Mehr als zwei Drittel davon sei entweder Juden geraubt worden oder aus besetzten Staaten entwendet worden. Die Nazis bezahlten mit dem Gold spanisches Wolfram, das man zur Herstellung von Panzern und Kanonen benötigte.

Bis zum Ende des Zweiten Weltkrieges fand das Nazi-Gold unter den heutigen Verbündeten großes Interesse. Am 6. April 1945 bediente sich der amerikanische Generalmajor Manton S. Eddy im Kalischacht »Kaiseroda« bei Merkers in der Ost-Rhön aus den Reichsbank-Reserven. Goldzähne, Schmuck, 4500 Barren 24-karätiges Feingold, Reichsmark und Devisen im protokollierten Wert von mehr als einer Milliarde Dollar nach damaligem Wert wurden von dort angeblich unter strengster Bewachung nach Fort Knox transportiert, und vieles davon könnte noch heute dort lagern.

Auch die amerikanischen Geheimdienste profitierten von Nazi-Deutschland: Sie verhalfen schwerbelasteten Nazis zur Flucht oder nutzten sie ohne Skrupel für Spionage und Subversion gegen die Sowjetunion aus. Deutsche Wissenschaftler, die unter Hitler linientreu und belastet waren, wurden vom Geheimdienst dazu überredet, in der amerikanischen Waffenproduktion tätig zu werden. Allein die genauen Kenntnisse der deutschen V-2-Rakete soll der amerikanischen Waffenentwicklung 50 Milliarden Dollar und fünf Jahre Forschungsarbeit erspart haben (auch die Sowjetunion bediente sich deutscher Wissenschaftler). Nach dem Zusammenbruch der DDR scheute die CIA auch nicht den Kontakt zu den Mitarbeitern des Ministeriums für Staatssicherheit. Dem Leiter der »USA-Abteilung« der HVA wurde für die Offenbarung des IM-Bestandes der HVA in den Vereinigten Staaten eine Million Dollar geboten. Mehrere hundert Ehemalige des MfS arbeiten heute – nach inoffiziellen Angaben des BND – für die CIA.

FEHLEINSCHÄTZUNGEN: DIE ATOMBOMBE
Alle Geheimdienste der Welt haben wohl aus dem wichtigsten Ereignis des Jahres 1949 ihre Lehren gezogen: Am 29. August 1949 erhob sich eine riesige pilzförmige Wolke in den

morgendlichen Himmel über Kasachstan. Vier Jahre, nachdem die Amerikaner die erste Atombombe der Welt gezündet hatten, wurde die Sowjetunion entgegen allen Dossiers und Berichten der damals kaum zwei Jahre alten CIA ebenfalls zu einer Atommacht. Der amerikanische Präsident Truman war so sehr von der Richtigkeit der CIA-Dossiers überzeugt, daß er den ersten Berichten über die sowjetische Atombombe auch dann noch keinen Glauben schenkte, als Regenwasserproben längst die Wahrheit bestätigt hatten. Die CIA hatte ihm damals versichert, es werde mindestens noch zehn bis fünfzehn Jahre dauern, bis die Sowjetunion über eine Atombombe verfüge. Diese Fehleinschätzung der CIA war allen Nachrichtendiensten der Welt eine gewaltige Lehre: Seither werden überall die Geheimdienst-Dossiers dergestalt formuliert, daß man entweder verschiedene Szenarien entwickelt oder sich sonstwie in den Formulierungen für jedwede theoretisch mögliche Entwicklung absichert. Wenn Geheimdienstberichte dennoch eindeutige Fehleinschätzungen beinhalten, werden sie als Beleg dafür herangezogen, daß die finanzielle Ausstattung des Dienstes zu gering sei und verbessert werden müsse.

Pawel Sudoplatow, ein früherer KGB-General, schreibt in seinen Lebenserinnerungen über die Entwicklung der sowjetischen Atombombe: »Im Dezember 1943 unterzeichnete Stalin ein Dekret, durch das ein Sonderausschuß eingesetzt wurde, der sich mit der Entwicklung der Atomenergie zu militärischen Zwecken befaßte« (Sudoplatow, Enthüllungen eines KGB-Generals, S. 230). Alle russischen Mitarbeiter des neuen Atomprojekts erhielten nach seinen Angaben »Zugang zu einer besseren Verpflegung und einer ausgezeichneten medizinischen Versorgung. Sie bekamen Wohnungen, Datschas und Gutscheine für den Einkauf in besonderen Geschäften. In der Zwischenzeit führten wir mit unterschiedlichem Erfolg zahlreiche geheimdienstliche Aktionen durch. Hauptsächlich versuchten wir, Zugang zu Los Alamos, zu dem Reaktor in Oak Ridge, Tennessee, und zu Forschungslabors, die mit Los Alamos zusammenarbeiteten, zu gewinnen. Außerdem bemühten wir uns, Agenten in die Firmen einzuschleusen, die Regierungsaufträge ausführten« (ebenda, S. 231). Glaubt man der Darstellung Sudoplatows, so hat der heute hochgerühmte »Vater der ersten amerikanischen Atombombe«, Robert Oppenheimer, der Sowjetunion damals insgeheim sein Wissen zukommen lassen.

KGB-Mann Sudoplatow berichtet: »Über Katherine konnten wir Elizabeth Sarubina und Cheifetz Oppenheimer überreden, keine Aussagen zu machen, die als Sympathieerklärungen für linke oder kommunistische Gruppen verstanden werden könnten, um nicht die Aufmerksamkeit des FBI auf sich zu ziehen ... So trug Oppenheimer gemeinsam mit Fermi und Szilard dazu bei, daß wir in den drei Labors in Tennessee, Los Alamos und Chicago wissenschaftliche Assistenten unterbringen konnten, die für uns als Maulwürfe tätig waren ... Die Berichte von Oppenheimer und seinen Freunden über die Fortschritte des Manhattanprojekts kamen einerseits mündlich in Form von Kommentaren und Randbemerkungen und andererseits schriftlich in Form von Dokumenten, die insgeheim weitergeleitet wurden, obwohl die Wissenschaftler wußten, daß dieses Material nach Moskau geschickt werden würde. Insgesamt erhielten wir von Oppenheimer fünf Berichte, die offiziell der Geheimhaltung unterlagen und in denen die Fortschritte beim Bau der Atombombe beschrieben wurden ... Zwölf Tage, bevor die erste Atombombe in Los Alamos zusammengesetzt wurde, erhielten wir sowohl aus Washington als auch aus New York eine Beschreibung der Waffe ... Insgesamt war das Material, das wir aus Amerika und Großbritannien erhielten, qualitativ und quantitativ so hervorragend, daß wir in der Lage waren, unser eigenes Atomprojekt zu entwickeln. In den detaillierten Berichten befanden sich genaue Anweisungen zur Konstruktion und zum Betrieb eines Atomreaktors sowie für die Gewinnung von Uran und Plutonium ... Stalin war fasziniert von den Möglichkeiten, die sich mit der Atombombe ergaben ... Von Fuchs erfuhren wir, daß die Amerikaner 100 Kilogramm U-235 und

20 Kilo Plutonium pro Monat produzierten. Diese Information war deshalb so bedeutsam, weil sie uns Rückschlüsse auf die Anzahl der Atombomben ermöglichte, die im Besitz der USA waren. Daher wußten wir, daß die Amerikaner Ende der vierziger und auch Anfang der fünfziger Jahre für einen Atomkrieg gegen uns nicht gerüstet waren ... Mit Beginn des Kalten Krieges steuerte Stalin einen harten Konfrontationskurs gegen die USA. Er wußte, daß er durch Atomwaffen nichts zu fürchten hatte, zumindest nicht bis gegen Ende der vierziger Jahre« (ebenda, S. 234 ff.).

Aufgrund dieser Informationen sorgte die Sowjetunion angeblich 1947 und 1948 dafür, daß die Kommunisten den chinesischen Bürgerkrieg gewannen. Glaubt man Sudoplatow, so wurde die Berlin-Krise von Stalin (der von 1906 bis 1910 selbst als Informant der zaristischen Geheimdienste tätig gewesen war) einzig herbeigeführt, um den chinesischen Kommunisten zum Sieg zu verhelfen: Während des chinesischen Bürgerkrieges »inszenierte Stalin 1948 die Berlinkrise, indem er die westlichen Sektoren der Stadt durch Blockade einschloß. In der westlichen Presse erschienen Berichte, die darauf schließen ließen, daß Truman und Clement Attlee, der britische Premierminister, bereit waren, Atomwaffen einzusetzen, um Berlin gegen die Kommunisten zu verteidigen. Wir aber wußten, daß die Atomwaffen der Amerikaner nicht ausreichten, um mit beiden Krisen fertig zu werden. Da die amerikanische Regierung die Bedrohlichkeit der Situation in Berlin überschätzte, ließ sie sich die Chance entgehen, die chinesischen Nationalisten durch die Drohung mit Atomwaffen (gegen die Kommunisten um Mao Tse-tung – d. Verf.) zu unterstützen. Stalin hatte die Berlinkrise ganz bewußt provoziert, um die Aufmerksamkeit von dem entscheidenden Ringen um die Macht in China abzulenken« (ebenda, S. 241 f.).

Als im August 1949 die Sowjetunion die erste Atombombe zündete, war nicht nur der amerikanische Präsident Truman entsetzt. Stalin erging es ebenso, da Moskau über den Atomtest keine Informationen an die Öffentlichkeit gegeben hatte.

Stalin glaubte aufgrund der amerikanischen Presseberichte, seine Testanlagen seien von amerikanischen Agenten unterwandert worden. Er beruhigte sich erst, als ihm Wissenschaftler erklärten, daß überirdische Atomexplosionen auch von Flugzeugen, die an der Grenze zur Sowjetunion Luftproben nahmen, nachgewiesen werden konnten. In der Sowjetunion belohnte man daraufhin alle Mitarbeiter dieses geheimen Projektes mit Orden, Urkunden, Geldgeschenken und dem Status von Ehrenbürgern. Außerdem erhielten sie auf Lebenszeit das Recht auf freies Reisen, bekamen Datschas, und ihre Kinder konnten ohne besondere Prüfung höhere Bildungseinrichtungen besuchen und mit Auszeichnung abschließen.

Eine bis heute in der amerikanischen Geschichtsschreibung fortgesetzte Fehleinschätzung ist in diesem Zusammenhang wohl auch die weit überschätzte Rolle der »Atomspione« Julius und Ethel Rosenberg. Sudoplatow schreibt: »Paradoxerweise wird in den Berichten der amerikanischen Spionageabwehr der Anschein erweckt, als hätten die Rosenbergs bei der Übermittlung der Atomgeheimnisse an die Sowjetunion eine Schlüsselrolle eingenommen, doch tatsächlich spielten sie nur eine unbedeutende Rolle. Sie hatten keinerlei Verbindung zu den Agentennetzen, die Atomgeheimnisse ausforschten ... Die Rosenbergs waren Opfer des Kalten Krieges ... Wir hatten während der Kriegsjahre vier Agentennetze in den Vereinigten Staaten. Drei der Netze operierten von unserem Konsulat in San Francisco, der sowjetischen Botschaft in Washington und der Handelsgesellschaft AMTORG in New York aus. Das vierte Netz wurde von unserem leitenden Geheimagenten Isak Akmerow geleitet ... Nach geheimdienstlichen Gesichtspunkten ist es verständlich, daß es dem FBI nicht gelang, unsere Spionageringe aufzudecken. Die Mitarbeiter des Manhattanprojekts waren unter Zeitdruck ausgewählt worden, und unter ihnen befanden sich viele Ausländer. Da die Organisationsphase des Projekts nur eineinhalb Jahre umfaßte, hatte das FBI nicht die Zeit, unter dem wissenschaftlichen Personal eine schlagkräftige Spionageabwehr – sprich Informanten und Agenten – aufzubauen. Doch dies wäre die Grundvoraussetzung gewesen, um eine Unterwanderung durch Maulwürfe aufzuspüren« (ebenda, S. 43 ff.).

So konnte die Legende entstehen, die Rosenbergs seien die eigentlichen sowjetischen Atomspione gewesen, während man die Beteiligung des Nationalhelden Robert Oppenheimer an diesem geheimen amerikanisch-sowjetischen Wissenstransfer verschweigt.

Es gibt viele weitere Fälle, in denen Nachrichtendienste kläglich versagt haben. Das war beispielsweise der Fall, als Anfang 1979 der Schah von Persien gestürzt wurde. Nicht nur die CIA, auch andere westliche Nachrichtendienste hatten noch wenige Wochen zuvor auf Anfragen ihrer Regierungen übereinstimmend mitgeteilt, es gebe in Persien keine Anzeichen für eine Revolution. Zum zweiten Mal nach dem Ende des Zweiten Weltkrieges wurde den Geheimdiensten hier deutlich vor Augen geführt, daß Analysen alle denkbaren Möglichkeiten beinhalten sollten.

Immer aufwendiger werden daher auch die Arbeitsmethoden der Geheimdienste. Reichte es in früheren Jahrhunderten noch aus, einen reisenden Händler oder das fahrende Volk als Quelle abzuschöpfen, so werden heute extreme Anstrengungen unternommen, um an die vermeintlichen Geheimnisse anderer Staaten zu kommen. Ein Beispiel dafür ist der »Berliner Tunnel«, eine der ehrgeizigsten Geheimdienstoperationen des Kalten Krieges. Er wurde 1954 in Berlin von der CIA und vom britischen MI6 in Auftrag gegeben. Von einem als amerikanische Radarstation getarnten Gebäude aus ließ man einen 450 Meter langen Tunnel unter den sowjetischen Sektor der Stadt graben, bis zu einer Kammer, wo sowjetische Militärtelefonleitungen, die das Militärhauptquartier in Ostberlin mit Moskau verbanden, angezapft wurden. Ein Jahr lang erfüllte der Tunnel seinen Zweck, bis er von ostdeutschen Reparaturarbeitern entdeckt wurde. Das jedenfalls glaubten die westlichen Geheimdienste, die nicht merkten, daß ihre östlichen Gegenspieler den Tunnel längst entdeckt hatten und fingierten Telefonverkehr in die Leitungen einspeisten. Es war der für die Sowjetunion arbeitende »Kundschafter« im SIS, George Blake (er verriet auch 400 britische Spione an den KGB), der den Tunnelbau schon beim ersten Spatenstich verraten hatte. Peter Wright, ein ehemaliger ranghoher britischer MI6-Verbindungsoffizier zur amerikanischen CIA, schreibt in seinem autobiografischen Buch »Spy Catcher«, diese Operation habe unerwartet zu so vielen Gesprächsaufzeichungen geführt, daß man bei der MI6 noch sieben Jahre nach der Entdeckung des Tunnels mit der Übersetzung der Telefongespräche beschäftigt gewesen sei (Peter Wright, Spy Catcher, S. 46 f.). Westliche Medien stilisierten den »Berliner Tunnel« zu einem Sensationserfolg der CIA. Die »Washington Post« feierte ihn gar als Beweis der »amerikanischen Genialität«. Tatsächlich aber war es eine brillante Desinformationsorgie. Im September 1997 wurde beschlossen, Teile des »Berliner Tunnels« auszugraben und in einem Museum auszustellen.

Gelegentlich greifen Geheimdienste auch zu andernorts längst gängigen Spar- und Rationalisierungsmethoden: Nach Angaben der »New York Times« vom 1. Dezember 1996 baut die CIA ihre Spionagenetze in Saudi-Arabien aus, um nicht von einer »Entwicklung wie in Iran zu Zeiten des Schah überrascht zu werden«. Nach dem Anschlag islamischer Fundamentalisten vom 25. Juni 1996 wurde auf der amerikanischen Basis in Dhahran eine Sonderabteilung von Fachleuten gebildet. Weil jedoch für solche notwendigen Operationen oft nicht genügend Geld zur Verfügung steht, ist, auf Bitten der CIA, der örtliche BND-Repräsentant seit Ende 1996 den Amerikanern bei der Aufklärung der Hintergründe der Attentate behilflich. In diese gemeinsame Operation sind auch als »Geschäftsleute« getarnte deutsche Agenten einbezogen. »Nicht neben-, sondern miteinander!« ist der Grundgedanke solcher inzwischen seltener »Joint ventures«.

HORCHPOSTEN IN CHILE

Immer wieder mußten sich die Geheimdienste der Welt mit drastischen Einsparungen arrangieren. Oftmals erwies sich das als verhängnisvoll: Als im April 1982 Argentinien die Falkland-Inseln besetzte, zeigte sich die britische Regierung überrascht. In Zusammenhang mit den Etatkürzungen der siebziger Jahre hatte London auch die Agentennetze ausgedünnt, um Geld zu sparen. Das aber war verhängnisvoll, denn der folgende Krieg kostete die Steuerzahler Ihrer Majestät drei Milliarden Pfund und zudem kostete er 350 jungen Männern das Leben – von den gefallenen oder ertrunkenen argentinischen Soldaten ganz zu schweigen. Wenn nur ein einziger Agent im argentinischen Generalstab für die Briten gearbeitet hätte, hätte dieser London warnen können; ein Aufwand von wenigen tausend Pfund Sterling.

Nick Barker, ehemaliger Kapitän des britischen Antarktis-Forschungsschiffes Endurance, hatte schon im November 1981 und Januar 1982 den britischen Geheimdienst vor einer möglichen Invasion der Falkland-Inseln gewarnt. Irgendwie nahm man seine Warnungen ohne die Bestätigung einer – nicht vorhandenen – ranghohen Quelle nicht ganz ernst. Trotzdem warnte MI6 Ende Februar die Regierung. Man schenkte dem keine Beachtung. Die MI6-Residentur in Buenos Aires verfügte spätestens seit dem 26. März 1982 über entsprechende Hinweise, leitete diese aber aufgrund von Reibereien mit der Botschaft und dem Außenministerium nur zögerlich weiter, so daß sie erst fünf Tage später in London eintrafen. Schlechter hätte der Informationsfluß nicht sein können. Doch der Falkland-Krieg hatte für die britischen Geheimdienste auch etwas Gutes, trug er doch dazu bei, die seit der Besetzung der amerikanischen Botschaft in Teheran (1979–1981) gespannten bilateralen Geheimdienstbeziehungen wieder zu intensivieren. (Sechs amerikanische Botschaftsangehörige waren der Besetzung zunächst entkommen und hatten in der britischen Botschaft Zuflucht suchen wollen. Dort aber waren sie abgewiesen worden; s. Stephen Dorril, The Silent Conspiracy, S. 390.)

Im Verlauf des Falkland-Krieges lieferte die amerikanische NSA den Briten ihre über Horchposten in Chile gewonnenen Erkenntnisse ebenso wie die CIA die Berichte ihrer Quellen im argentinischen Generalstab. Zudem erhielten britische Agenten in einer bühnenreifen Nacht- und Nebelaktion auf einem Washingtoner Parkplatz amerikanische Stinger-Luftabwehr-raketen. Natürlich gab es einen Preis für diese Hilfsbereitschaft: Die Amerikaner forderten britische Unterstützung im subversiven Kampf gegen die sowjetischen Besatzer in Afghanistan.

AFGHANISTAN: DER BUMERANG DER TERROR-SCHULUNG

Immer öfter werden aus den Freunden westlicher Geheimdienste irgendwann einmal Feinde. Das zeigte sich besonders deutlich nach dem Afghanistan-Krieg. Dieser bot den Amerikanern die willkommene Gelegenheit, ohne großen Aufwand Rüstungsgüter zu beschaffen, die sonst nur in den Warschauer-Pakt-Staaten zu finden waren. In amerikanischen, britischen, französischen und deutschen Waffenschmieden wurden die in Afghanistan von den Mudschahedin erbeuteten sowjetischen Waffen auf ihre Schwachstellen hin geprüft. Aber vor allem ist der Afghanistan-Krieg ein Beispiel dafür, daß die heute von Geheimdiensten Ausgebildeten schon morgen zu Feinden werden können.

Die afghanischen Mudschahedin waren von westlichen Geheimdiensten, vor allem der CIA, und von dem pakistanischen ISI (Inter-Services Intelligence Directorate), einem der besten Geheimdienste der Welt, ausgebildet, bewaffnet und finanziert worden. Sie sollten einen »heiligen Krieg« gegen die sowjetischen Besatzer führen. Doch nach deren Abzug aus Afghanistan wandten sich die Zöglinge der CIA gegen ihre einstigen Beschützer und Lehrmeister. Sie stellten ihre Fertigkeiten in den Dienst von Terroristen in aller Welt.

Es gab Gruppen aus Afghanen, Pakistani und Tausenden von ausländischen muslimischen Freiwilligen, die aus arabischen Staaten, Iran, der Türkei und sogar aus weit entfernten muslimischen Gemeinschaften, von den Philippinen und aus Malaysia, zur CIA-Ausbildung kamen. Sowohl der ISI als auch die CIA drückten in Afghanistan ein Auge zu, als später ein – bis heute andauernder – lukrativer Handel mit Opium und Heroin begann, um den Krieg zu finanzieren. Dieser Handel überschwemmt nach wie vor Westeuropa und das Gebiet der ehemaligen Sowjetunion mit Rauschgift.

Ausgebildet wurden die Mudschahedin von der CIA und Sondereinheiten der amerikanischen Armee für Guerilla-Kader. Im CIA-Camp »Perry« in Virginia lernten die Mudscha-hedin das Erdrosseln mit einem Halseisen, den Gebrauch schallgedämpfter Schnellfeuerwaffen sowie den Bau von Bomben und mit diesen zu verübende Sabotageakte. Auch im Sultanat Oman und in Saudi-Arabien wurden die Mu-dschahedin in geheimen Lagern von der CIA und ehemaligen SAS-Kämpfern ausgebildet. Doch nach dem Abzug der Rus-sen aus Afghanistan erkannten weder die CIA noch die mit ihr in Afghanistan verbündeten Nachrichtendienste (BND, Mossad und SIS), daß die muslimischen Kriegsfreiwilligen aus aller Welt auch wieder demobilisiert werden mußten. So konnte es geschehen, daß palästinensische »Afghanis« in ih-rer Heimat die palästinensische Terrorgruppe Hamas organi-sierten. Sie hat seither viele blutige Anschläge gegen Israelis verübt. Andere Kämpfer kehrten zurück nach Algerien, Ägyp-ten und Sudan und bildeten dort wiederum Jüngere in den Fertigkeiten aus, die sie selbst von der CIA gelernt hat-ten. Jordanische »Afghanis« sprengten nach ihrer Rückkehr ein Kino in die Luft und planten ein Attentat auf König Hussein.

Ägyptische und algerische »Afghanis« sind heute die Anführer der radikalen islamistischen Bewegungen GIA und Dschihad. Ebenso wie der Bruder des Mörders von Sadat hat-ten auch die Söhne des blinden Scheichs Omar Abdel Rahman, der in den Vereinigten Staaten eine lebenslange Freiheitsstrafe wegen Beteiligung am Bombenanschlag auf das New Yorker

World Trade Center (1993) verbüßt, in Afghanistan gekämpft. Sie hatten dort neben der militärischen Ausbildung die Ziele des fundamentalistischen Islam in sich aufgesogen und verüben nun in aller Welt Anschläge, um ihr Weltbild durchzusetzen. Immer öfter werden nun die einstigen Förderer der »Afghanis« zu deren Opfern: Sowohl in einen Anschlag in Saudi-Arabien 1995, bei dem fünf Amerikaner getötet wurden, als auch in das Attentat in Dhahran, bei dem im Juni 1996 19 Amerikaner getötet wurden, waren »Afghanis« verwickelt. Die »Afghanis«, ein Produkt der CIA, sind heute zum Bindeglied, ja zu Schaltstellen des islamischen Terrors in der arabischen Welt geworden.

SCHEINERFOLGE: DER KUWAIT-KRIEG

Der Kuwait-Krieg offenbarte deutlich das Versagen westlicher Regierungen bei der Einschätzung von Geheimdienstberichten. Washington, ein Verbündeter der in Kuwait herrschenden Sabah-Dynastie, zeigte sich nicht nur vom irakischen Überfall, sondern auch vom bislang unbekannten Arsenal des irakischen Diktators an ABC-Waffen überrascht. Merkwürdig: Die CIA unterrichtete Präsident Bush anhand von Satellitenaufnahmen schon Tage vor dem Überfall über die Truppenkonzentration, doch dieser wischte die Bedenken vom Tisch. Der amerikanische Geheimdienstfachmann Ronald Kessler schreibt dazu in seinem 1994 erschienenen Bestseller »Inside the CIA«: »Schon seit November 1989 berichtete die CIA dem Präsidenten regelmäßig, daß Saddam Hussein aggressive Absichten verfolge und daß er die Vorherrschschaft im Nahen Osten anstrebe. Die CIA hob in diesen Berichten aber auch hervor, daß es etwa drei Jahre dauern werde, bevor sich der irakische Führer vom iranisch-irakischen Krieg und dessen Kosten erholt haben würde und wieder handlungsfähig wäre. Dann, am 23. Juli 1990, berichtete die CIA, daß Saddam Hussein seine Truppen in Richtung kuwaitischer Grenze bewege und daß eine Invasion bevorstehe.« Behauptungen, die amerikanische Regierung sei vom irakischen Vorgehen überrascht worden, sollen daher nachträglich nur die Untätigkeit der Administration im Angesicht des Aufmarsches kaschieren.

Und der britische MI6 hatte schon 1977 die Regierung Ihrer Majestät über das irakische Chemiewaffenprogramm informiert. Das aber schien niemanden zu stören und geriet in Vergessenheit. Erst als 1987 der Versuch Saddam Husseins, Nuklearwaffen zu entwickeln, bei CIA, Mossad und MI6 aktenkundig wurde, horchte man kurz einmal auf, verfiel dann aber wieder in routinemäßige Geschäftigkeit. Man nahm an, daß Saddam Hussein noch mindestens zehn Jahre benötigen würde, um eine Atombombe zu entwickeln.

Merkwürdig ist auch die Vergeßlichkeit der Amerikaner, wenn es um offizielle amerikanische Rüstungsexporte in den Irak geht. Während öffentlichkeitswirksam immer die Bundesrepublik Deutschland als »Handlanger des Todes« im Irak angeprangert wird, hält man sich gegenüber amerikanischen Unternehmen zurück: Mit amerikanischer Ausfuhrlizenz im irakisch-iranischen Krieg an Saddam Hussein gelieferte amerikanische Elektronenstrahl-Schweißgeräte, mit denen Bagdad Raketenhülsen zusammenschweißte, wurden ausschließlich zur Änderung der Spannung von 110 auf 220 Volt vor der Endauslieferung nach Deutschland gebracht. Doch während das deutsche Unternehmen später angeklagt und auch in amerikanischen Zeitungen angeprangert wurde, gab es an die Adresse des amerikanischen Produzenten nicht einmal einen mahnenden Brief. Das ist durchaus kein Einzelfall. Man erinnert sich heute in Washington auch nur noch äußerst ungern daran, daß es amerikanische – und nicht etwa deutsche – Unternehmen waren, die Mitte der achtziger Jahre (1985 bis 1989) mit offiziellen Ausfuhrgenehmigungen die ersten Kulturen für biologische Waffen (Anthrax und Botulin) in den Irak lieferten. Und man vergißt ebenfalls, daß es die CIA war, die im irakisch-iranischen Krieg (1980 bis 1988) die Ziele für irakische Giftgasangriffe im Iran auswählte. Die CIA richtete zu diesem Zweck eigens ein Büro in Bagdad ein und übergab dort regelmäßig die neustesten Satellitenaufnahmen von der irakisch-iranischen Front.

Noch im Mai 1990 war Saddam Hussein für das Pentagon ein ganz gewöhnlicher nahöstlicher Diktator gewesen, der seine politischen Gegner, zum Beispiel aufständische Kurden wie im Dorf Halabschah, eben mit Giftgas umbrachte. Die amerikanische CIA, der israelische Mossad, der britische MI6 und natürlich auch der deutsche BND arbeiteten routinemäßig und freundschaftlich mit den irakischen Sicherheitsdiensten zusammen. MI6 war ebenso wie die Amerikaner aus eigenen Quellen rechtzeitig über den irakischen Angriff unterrichtet, doch vereinzelte Warnungen gingen unter, galt Saddam doch als Freund des Westens. Eine ranghohe Quelle der Briten in Oman, die den britischen Botschafter über Saddams bevorstehende Absicht, Kuwait zu besetzen, unterrichtete, brüskierte der Botschafter mit den Worten: »Unsinn, Blödsinn!« Der britische Botschafter erhielt trotzdem wenig später für seine heldenhaften Verdienste ums Vaterland von Ihrer Majestät den Ritterschlag.

Von einem Tag auf den anderen stellten die amerikanische Regierung und das Pentagon dann Saddam Hussein nach dem Einmarsch als das beispiellose teuflische nahöstliche Gegenstück zu Adolf Hitler hin. Nicht der Irak, sondern Kuwait hatte zu dieser Zeit in den Vereinigten Staaten ein »Imageproblem«. Um dieses zu lösen, lancierten wenige Tage nach dem irakischen Überfall auf Kuwait am 2. August 1990 kuwaitische und amerikanische Geheimdienste unter anderem das Gerücht, die Iraker hätten bei ihrem Einmarsch in den kuwaitischen Krankenhäusern wehrlose Babys aus Brutkästen gerissen und achtlos auf die Steinböden geworfen. Auf angeblich unter Todesgefahr aus Kuwait herausgeschmuggelten und verschwommenen Fotos, die in Wirklichkeit Puppen zeigten, sah man kleine Körper auf dem Boden liegen. Weltweit gab es wohl keine Zeitung, die diese Geschichte nicht auf der Titelseite druckte. Erst drei Jahre nach dem Kuwait-Krieg wurde bekannt, daß die britische Werbeagentur Hill und Knowlton

10,8 Millionen Dollar für diese »gute Arbeit« erhalten hat. Die CIA half fleißig dabei, Geschichten zu erfinden, die die Iraker als Unmenschen und Barbaren darstellen und die westliche Welt psychologisch auf den Krieg gegen den Irak einstimmen sollten.

In diesem Zusammenhang revidierte man auch seine Erkenntnisse über den Bau einer irakischen Atombombe. Obwohl man in Wirklichkeit kaum Erkenntnisse hatte, behauptete man zunächst, Saddam sei weniger als zwei Jahre von einer eigenen Atombombe entfernt, drei Wochen später reduzierte man diese Zeit auf sechs Monate und im Oktober 1991 auf »weniger als zwei Monate«. All das hatte rein psychologische Gründe und sollte die Weltgemeinschaft auf den Krieg vorbereiten. Frank Barnaby, Direktor des Stockholmer Friedensforschungsinstitutes SIPRI, sagte nach dem Ende des Krieges, die Äußerungen der Geheimdienste seien »mehr als Propaganda« gewesen. Fünf oder vielleicht zehn Jahre hätte der Bau einer irakischen Atombombe demnach noch mindestens gedauert.

Besonders dreist belog man die Öffentlichkeit auch, als das Pentagon behauptete, in Kuwait stünden 250.000 irakische Elitesoldaten, die angeblich nur darauf warteten, angreifende amerikanische Soldaten niederzumetzeln. John McArthur, der früher für die »New York Times« und das »Wall Street Journal« arbeitete, berichtet: »Wie schon im Fall der Brutkasten-Story wurden auch die Behauptungen von dem riesigen Menschenpotential, das hinter Saddams Gebietsanspruch stand, von den Medien fast einhellig akzeptiert. Einzig die ‚St. Petersburg Times', eine angesehene unabhängige Tageszeitung aus Florida, stellte die offiziellen Angaben in Zweifel.« In einem Aufmacher, der am 6. Januar 1991 erschien, berichtete diese Zeitung unter Berufung auf sowjetische Satellitenaufnahmen, daß es keine Anhaltspunkte für eine massive irakische Truppenpräsenz in Kuwait gebe. Solcherlei Informationen gingen aber in der aufgepeitschten Atmosphäre unter. Die amerikanische Zeitschrift »Newsday« schrieb nach dem Krieg rückblickend: »Die kampfbereiten alliierten Soldaten, die mit Hubschraubern auf dem Schlachtfeld niedergingen, in kanonenbewehrten Panzern durch den Sand rasten und aus hochmodernen Kampfflugzeugen Bomben abwarfen, bekämpften am Ende einen Phantomfeind. Der größte Teil der mächtigen irakischen Armee, der in Kuwait und im südlichen Irak angeblich über 500.000 Mann zählte, war nicht zu finden.« Die CIA-Propagandaabteilung hatte gute Arbeit geleistet, denn die Stimmung der Weltgemeinschaft wurde durch ihre angeblichen Erkenntnisse nachhaltig beeinflußt.

Auch die von der amerikanischen Propagandamaschinerie geschönten militärischen Erfolge der Amerikaner im Kuwait-Krieg mußten inzwischen längst auf ihren Wahrheitsgehalt reduziert werden: So ist trotz vieler schöner, von CNN weltweit verbreiteter Luftaufnahmen in Wirklichkeit im Bodenkrieg nicht eine mobile Scud-Rampe von den Amerikanern zerstört worden. Der Grund ist leicht nachzuvollziehen: Die Amerikaner hatten den Irakern im ersten Golfkrieg (1980 bis 1988), damals waren die beiden Staaten noch miteinander befreundet, beigebracht, ihre Scud-Rampen perfekt zu tarnen und Gegner in die Irre zu führen. Das aber konnte man dem erwartungsvollen Fernsehpublikum im Kuwait-Krieg doch so deutlich kaum mitteilen. Daher erfand man Erfolgsmeldungen und untermauerte sie mit angeblich authentischen Satellitenaufnahmen.

Zynisch war vor allem die Bombardierung des Amiriyah-Bunkers in Bagdad. Hunderte Zivilisten kamen dabei ums Leben. Weltweit glaubte man amerikanischen Geheimdiensten, die behaupteten, dieser Bunker sei ein Geheimdienstbunker und Zufluchtsort der Führungsclique mit geheimem Kommandostand gewesen. Nichts davon war wahr. Man hatte mit Präzisionswaffen vorsätzlich hunderte Zivilisten getötet – nur um Saddam Hussein zu zeigen, daß man ihn auch in einem Bunker töten könnte, wenn man es denn wollte.

Eine andere Bewandtnis hat es mit dem sogenannten Golfkriegs-Syndrom. Zehntausende amerikanischer Soldaten, die im Frühjahr 1991 am Kuwait-Krieg teilgenommen hatten, klagen noch immer über gesundheitliche Folgeschäden. Im Pentagon wiegelte man ab und behauptete, die Soldaten hätten den Krieg wohl psychisch nicht verkraftet. Die Übernahme der Arzt- und Krankenhauskosten für Tausende Soldaten lehnte man ab. Nur durch eine gezielte Indiskretion erfuhr die Öffentlichkeit Jahre später, daß möglicherweise 20.000 amerikanische Soldaten das Opfer von irakischem Giftgas geworden waren. Amerikanische Soldaten hatten im März 1991 – ohne die erforderlichen Sicherheitsvorkehrungen – ein irakisches Giftgasdepot in Kamisijah gesprengt. Sechs Monate später berichtete die CIA an das Pentagon, bis zu 20.000 amerikanische Soldaten könnten durch eine Giftgaswolke bei der Sprengung mit Sarin, einem Nervengas, kontaminiert worden sein; eine der größten Pannen in der Geschichte der amerikanischen Streitkräfte. Mehr als vier Jahre hielt man den CIA-Bericht im Pentagon unter Verschluß und stellte die Kriegsveteranen als Psychopathen hin. Erst unter dem Druck der Öffentlichkeit rückte man, im Jahr 1997, scheibchenweise mit der Wahrheit heraus. Im April 1997 entschuldigte sich CIA-Sprecher Robert Walpole bei den Golfkriegsveteranen für die Nachlässigkeit der CIA, durch die wahrscheinlich Tausende amerikanischer Soldaten mit chemischen Kampfstoffen verseucht worden waren. Erst jetzt kam heraus, daß die CIA schon sieben Jahre vor dem Golfkrieg über die irakischen Chemiewaffenlager bestens unterrichtet war, diese Erkenntnisse aber selbst im Golfkrieg »versehentlich« unter Verschluß gehalten hatte. Und erst am 22. Dezember 1997 erfuhr die amerikanische Öffentlichkeit, daß achttausend amerikanische Soldaten im Kuwait-Krieg ohne ihr Wissen für Impfexperimente mißbraucht worden waren. Die illegalen Impfungen, an deren Folgen die Soldaten noch heute leiden, wurden vorgenommen, obwohl Sachverständige der Armee ausdrücklich davor gewarnt hatten. Die Opfer leiden an Muskelschwäche, eingeschränkter Sehkraft und Atemproblemen. In manchen Fällen führen die Vergiftungserscheinungen auch heute noch zum Tod.

Noch schlimmer muß für die amerikanische Regierung der fehlgeschlagene Putschversuch der CIA gegen Saddam Hussein im Herbst 1996 gewesen sein. Es war einer der größten Fehlschläge in der Geschichte der CIA. Im Januar hatte der amerikanische Präsident Clinton einer unbedeutenden irakischen Oppositionsgruppe 6 Millionen Dollar zukommen lassen. Sie sollte in Zusammenarbeit mit der CIA Saddam Hussein stürzen. Mehr als 1000 Kurden wurden im Norden des Irak angeworben und auf die Gehaltsliste der CIA gesetzt. Insgesamt – so berichtete »Newsweek« am 23. März 1998 – wurden für die Operation 120 Millionen Dollar zur Verfügung gestellt. Das blieb den Geheimdiensten Saddam Husseins nicht verborgen. Er schlug im Juni 1996 zuerst zu, ließ 200 Iraker – unter ihnen 80 Offiziere – zu Tode foltern und den CIA-Mann in der jordanischen Hauptstadt Amman anrufen. Die Botschaft lautete: »Packt eure Sachen und zieht wieder ab. Wir sind über jeden Schritt der CIA unterrichtet.« Doch die CIA gab nicht auf. Zwei Monate später rückte Saddam mit seinen Truppen in Kurdistan ein. Die CIA aber hatte ihre Mitarbeiter nicht gewarnt. Mehr als 100 wurden ermordet. Tausende Kurden, die für die CIA gearbeitet hatten, mußten außer Landes gebracht werden und erhielten Asyl in den Vereinigten Staaten. Von diesem Fehlschlag hat sich die CIA bis heute nicht erholt. Seit dem Beginn der fünfziger Jahre hat die einst legendäre CIA in nicht einem Falle mehr eigenständig einen erfolgreichen Staatsstreich inszenieren können. Der Irak ist der einzige Fall, in dem das in den siebziger Jahren verhängte Verbot für die CIA, ausländische Staatsoberhäupter zu ermorden, bislang durchbrochen worden ist; denn seit 1991 sind die im Irak operierenden CIA-Mitarbeiter in bezug auf Saddam Hussein – so Newsweek im März 1998 – mit der Anweisung »lethal finding« (dem amerikanischen Gegenstück zu James Bonds »licence to kill«) ausgerüstet.

Sechs einst vom amerikanischen Geheimdienst zum Sturz des irakischen Präsidenten Saddam Hussein 1996 angeheuerte Iraker sollten 1998 aus den Vereinigten Staaten ausgewiesen werden. Ihnen droht die Abschiebung in den Irak und dort die Todesstrafe, berichtete die »New York Times« im März 1998. In einem weitgehend geheim geführten Verfahren in Los Angeles habe eine Richterin der Einwanderungsbehörden die Iraker zu einer Gefahr für die nationale Sicherheit der Vereinigten Staaten erklärt und ihre Abschiebung angeordnet. Ihre Entscheidung beruhe vornehmlich auf geheimgehaltenen Aussagen von FBI-Agenten, berichtete die Zeitung. Damit seien auch große Teile der Urteilsbegründung geheim und könnten nicht einmal von den Anwälten der sechs Männer gelesen werden. Nach Darstellung der Zeitung gehörten die sechs zu zwei von der CIA finanzierten irakischen Widerstandsgruppen, deren Umsturzpläne aber 1996 von irakischen Behörden aufgedeckt wurden und scheiterten. Sie hätten mit anderen Oppositionellen in die Türkei fliehen können und seien mit Hilfe der CIA in die Vereinigten Staaten gelangt. Wie umstritten diese Entscheidung selbst in den Vereinigten Staaten war, zeigt eine Meldung der Deutschen Presseagentur vom 29. März 1998, in der es heißt, der ehemalige CIA-Direktor Woolsey habe selbst die Verteidigung der von der Abschiebung bedrohten ehemaligen irakischen CIA-Mitarbeiter übernommen. Woolsey hat die Berechtigung, Einsicht in geheime Akten zu nehmen. Er sagte: »Meinen Mandanten werden in den Vereinigten Staaten die grundlegendsten Verfassungsrechte vorenthalten. Im Falle ihrer Abschiebung droht ihnen im Irak die Todesstrafe.«

Britische und amerikanische Zeitungen berichteten übereinstimmend, Clinton habe die Operation im Irak angeordnet, um das durch den lange unentdeckt für die Russen arbeitenden Spion Aldrich Ames beschädigte Image der CIA aufzupolieren. (Aldrich Ames war 1996 wegen schweren Landesverrates in den Vereinigten Staaten verurteilt worden.) Statt dessen endete die Operation in einem Desaster. Zudem wurden allein 1996 mit finanzieller Hilfe der CIA im Irak mehr als 100 Zivilisten – unter ihnen viele Kinder – von der Opposition bei Bombenanschlägen getötet. Die Opposition wollte mit diesen Bombenanschlägen auf Kinos und Zeitungen der CIA beweisen, daß sie im Irak aktiv war. Zugang zu Saddam Hussein aber hatte sie nicht.

Die Vereinigten Staaten verlassen sich seither verstärkt auf die Ergebnisse der technischen Aufklärung im Irak. Zum Einsatz kommen vor allem Flugzeuge des Typs U-2, die in Saudi-Arabien und der Türkei stationiert sind. Die U-2 fliegt in 27.000 Meter Höhe und agiert damit außerhalb der Reichweite feindlicher Raketen. Aus 12.000 Meter Höhe kann die U-2 mit modernsten Radarsystemen ein Gebiet von rund 110 Kilometern Durchmesser überwachen und dabei selbst Objekte mit einem Durchmesser von weniger als einem Meter erkennen. In dieser Höhe könnten sie aber von russischen SA-2-Raketen abgeschossen werden, die bis 24.000 Meter Höhe reichen und sich noch im Waffenarsenal der Iraker finden. Die U-2 kann auch mit modernsten Lauschanlagen ausgerüstet werden, die jedes Radarsystem erkennen und alle Funk- und Telefonverbindungen von Bodentruppen abhören können.

DESINFORMATION – SPEZIALITÄT DER GEHEIMDIENSTWELT

Propaganda und Desinformation sind im Metier der Geheimdienste fest verwurzelt. Ebenso wie der Erste Weltkrieg war auch der Zweite Weltkrieg trotz aller Dechiffrierungserfolge nicht unbedingt ein Ruhmesblatt der Spione. Viele Legenden aus dem Zweiten Weltkrieg bestehen noch heute fort, so die unrichtige amerikanische Behauptung, als Faktum in jedem Lexikon aufgeführt, nach der Pearl Harbor im Dezember 1941 angeblich »unerwartet und überraschend« von den Japanern angegriffen worden sei. In Wirklichkeit war der amerikanische Präsident Roosevelt dank der Spionage über den bevorstehenden Angriff japanischer Kampfbomber auf Pearl Harbor schon Wochen zuvor unterrichtet worden. Er untersagte aber die Weiterleitung dieser Erkenntnisse, weil der Angriff zum Vorwand für den Kriegseintritt Washingtons genommen werden sollte, das zuvor versucht hatte, sich mit Japan zu verständigen. Der Amerikaner Ernest Volkman schreibt in seinem 1995 erschienenen Buch »Espionage – The greatest spy operations of the 20th century«, der Geheimdienst der amerikanischen Marine habe nicht nur genau gewußt, daß der Angriff bevorstehe, er habe auch alle geheimen Übermittlungen der japanischen Spione in Pearl Harbour mitgelesen. Volkman belegt, daß Roosevelt wußte, daß ein japanischer Angriff auf einen amerikanischen Hafen im Pazifik bevorstand.

Seither hat es auch in den Vereinigten Staaten immer wieder Beispiele dafür gegeben, daß Regierungen – trotz anderslautender Informationen ihrer Spione – ihrer Bevölkerung das Weltgeschehen bewußt falsch dargestellt haben. Jüngstes Beispiel dafür ist der Abschuß eines koreanischen Passagierflugzeuges im August 1983 durch ein sowjetisches Kampfflugzeug. Erst am 3. September 1996 wurde bekannt, daß Washington den Abschuß, bei dem 269 Menschen getötet worden waren, bewußt falsch dargestellt hat, obwohl der eigene Geheimdienst die Regierung korrekt unterrichtet hatte. Der frühere Leiter der Fernsehabteilung der amerikanischen Informationsbehörde, Snyder, sagte der »Washington Post«, entgegen offiziellen Verlautbarungen habe die amerikanische Regierung aufgrund von Geheimdienstinformationen in Wahrheit gewußt, daß der sowjetische Pilot das koreanische Flugzeug für ein militärisches Aufklärungsflugzeug gehalten habe. Snyder teilte mit, er habe im Auftrag der amerikanischen Regierung einen für den Sicherheitsrat der Vereinten Nationen bestimmten Film fälschen müssen, indem nur ein Teil der abgefangenen Funksprüche gezeigt worden sei. Mit dem so vermittelten gefälschten Bild habe man die Sowjetunion als eine »unberechenbare Macht« erscheinen lassen wollen, gegen die man aufrüsten müsse«.

Auch die amerikanischen Umsturzpläne früherer Jahrzehnte in Kuba lassen tief blicken. Erst im November 1997 durfte die CIA Dokumente mit dem Hintergrund der mißglückten Invasion in der Schweinebucht von 1961 veröffentlichen. Nach dieser mißglückten Landung hatte die Regierung in Washington die Vortäuschung eines kubanischen Angriffes auf den amerikanischen Stützpunkt Guantanamo erwogen, um eine geplante Invasion der kommunistischen Insel vor der Öffentlichkeit zu rechtfertigen. Das geht aus geheimen Regierungsunterlagen der Jahre 1962 bis 1964 hervor. Das 1500 Seiten starke Dossier liefert neue Belege dafür, mit welchem Eifer amerikanische Beamte und Militärs damals über Plänen zum Sturz des kubanischen Staatschefs Fidel Castro brüteten. So wurde etwa darüber nachgedacht, über Kuba massenhaft gültige Flugscheine der Gesellschaften PanAm und KLM mit den Zielorten Caracas und Mexiko-Stadt abzuwerfen, um Unruhe zu schüren. Ein weiteres Projekt bestand darin, kubanische Benzinvorräte mit Bakterien zu verseuchen, um Mißtrauen gegen den aus der Sowjetunion importierten Treibstoff zu wecken. Auch wurde der Abwurf von gefälschten Fotos vorbereitet, auf denen Castro als fettleibiger Prasser zu sehen gewesen wäre.

Das Zurückhalten von Informationen gehört ebenfalls zum Repertoire der Geheimdienste. Erst mit einem Jahr Verzögerung gestand das amerikanische Militär beispielsweise 1997 ein, daß man bei einem Manöver in der Nähe von Okinawa »versehentlich« radioaktive Munition verschossen hatte. Flugzeuge des Typs AV-8B Harrier seien bei der Schießübung Ende 1995 bis Anfang 1996 »versehentlich« mit 1520 Geschossen uranhaltiger Munition beladen worden, sagte ein Militärsprecher: »Es handelt sich um konventionelle Waffen, der Schießplatz liegt isoliert, und wir waren der Meinung, daß es keine unnötige Sorge geben solle.« Urangeschosse werden benutzt, um Panzerungen zu durchschießen. Jede der verschossenen 25-Millimeter-Granaten enthielt 145 Gramm Uran. Das Militär bestätigte damit einen Bericht der Zeitung »Washington Times«. Die verzögerte Unterrichtung der Öffentlichkeit nannte der Sprecher »bedauernswert«. Die CIA hatte der amerikanischen Regierung empfohlen, die Wahrheit über die Vorkommnisse geheimzuhalten.

Welch schlimme Folgen das Verschießen radiokativer Munition haben kann, zeigte der Kuwait-Krieg. Heute wissen wir, daß in jenen Gebieten, wo die Alliierten Uran-Munition verschossen haben, fünfmal soviele irakische Kinder an Leukämie erkranken wie vor dem Kuwait-Krieg. Bis zu diesem Zeitpunkt war die Uran-Munition noch nie in großen Mengen eingesetzt worden. Abgereichertes Uran ist fast dreimal so dicht wie der härteste Stahl und daher besonders gut geeignet, um Panzerplatten zu durchschlagen. Die verseuchten Kriegstrümmer im Irak sind nie beseitigt worden. Eine Fürsorgepflicht gegenüber der irakischen Zivilbevölkerung gibt es weder bei den Alliierten noch bei der Regierung. Das Pentagon hat in einem Falle aber 16 Abrams-Panzer zurück in die Vereinigten Staaten verschifft, die irrtümlich im Kuwait-Krieg mit Uran-Munition beschossen worden waren. Die Wracks waren so stark verseucht, daß sie weiterhin in einem Lager für radiokative Abfälle in South Carolina aufbewahrt werden müssen. Im Januar 1998 hieß es in einem Bericht des Büros zur Untersuchung von Golfkriegskrankheiten in Washington, möglicherweise seien Tausende von Soldaten den radioaktiven Strahlen ausgesetzt gewesen. Über die irakische Zivilbevölkerung aber schweigt man sich weiterhin aus und hält die Informationen über die tatsächlichen Gefahren der zum ersten Mal unter Kriegsbedingungen getesteten Munition zurück. Die Wahrheit wird in diesem Falle wohl erst scheibchenweise an die Öffentlichkeit dringen.

Eine andere Wahrheit hat mittlerweile den Gang einer Bewegung genommen. Die Mitglieder dieser Bewegung, die Ufologen, wissen wahrscheinlich gar nicht, daß sie ihre angeblichen Erkenntnisse einer Desinformationskampagne amerikanischer Geheimdienste verdanken: Es waren die Anfänge des Kalten Krieges, als Berichte über Besuche Außerirdischer ein weites Publikum beunruhigten. Diese Ufo-Hysterie machte sich die CIA fortan zunutze. Das streng geheime Aufklärungsflugzeug U-2, das eine silbern glänzende Außenhaut hatte und weitaus höher als zivile Flugzeuge flog, wurde von vielen Beobachtern für ein Ufo gehalten. Schon in den sechziger Jahren wußte die CIA, daß 96 Prozent der »Ufo-Beobachtungen« in Wirklichkeit Aufklärungsflugzeuge des Typs U-2 waren. Stützpunkte der U-2 aber gab es nicht nur in den Vereinigten Staaten, sondern auf fast allen Kontinenten. Und so lassen sich rückwirkend fast alle angeblichen Beobachtungen von Außerirdischen mit dem Sichten streng geheimer Spionageflugzeuge erklären, deren Existenz man öffentlich nicht zugeben wollte. So gesehen, kam die Ufo-Hysterie der CIA über Jahrzehnte hin sehr gelegen.

Über Jahrzehnte hat auch die französische Regierung Informationen über einen geheimen Stützpunkt in Algerien zurückgehalten. Nach offiziellen französischen Angaben verließ der letzte französische Soldat 1967 Algerien, fünf Jahre nach der Unabhängigkeit. Diese Geschichtsschreibung wird man wohl korrigieren müssen, denn der französische Geheimdienst unterhielt zusammen mit der Armee noch bis 1978 den Stützpunkt »B2 Namous« in der Sahara nahe dem Dorf Beni-Wadif. Unter dem Eindruck des Vietnamkrieges ließen die Franzosen dort seit 1965 Chemiewaffen erproben. Angeblich war es außerhalb der Sowjetunion das größte Testzentrum der Welt für chemische Waffen. Getarnt war das Lager als angeblicher ziviler Betrieb des französischen Thomson-Konzerns.

Nicht immer halten sich Regierungen an die Empfehlungen ihrer Spionagedienste. So hatte ein für die Israelis arbeitender Spion den Yom-Kippur-Krieg 1973 vorausgesagt: Er hatte nach Israel gemeldet, daß der ägyptische Staatspräsident Sadat bereit sei, zehntausend seiner Soldaten zu opfern, um die Frage nach der Zukunft des Sinai wieder ins politische Spiel zu bringen. Der Agent, der später in Kairo gehängt wurde, hatte zunächst einen Überraschungsangriff für Mai 1973 gemeldet. Israel versetzte seine Streitkräfte in erhöhte Alarmbereitschaft, doch nichts geschah. Die arabischen Staaten griffen mit Rücksicht auf ein russisch-amerikanisches Gipfeltreffen nicht an. Einige Wochen später erneuerte der Spion seine Warnung. Abermals erhöhte man die Alarmbereitschaft der israelischen Soldaten, doch wieder geschah nichts. Als der Spion dann für den Oktober seine Warnung wiederholte, fand er in Israel keinen Glauben mehr. Statt dessen wurde der sich abzeichnende Truppenaufmarsch jenseits der israelischen Grenzen als Vorbereitung für die üblichen Herbstmanöver gedeutet. Der damalige israelische Verteidigungsminister Mosche Dayan und der Mossad versagten kläglich.

Der israelische Geheimdienst hat es auf dem Gebiet der Desinformation zur Meisterschaft gebracht. Zwanzig Jahre lang ließ er die Menschheit in dem Glauben, die israelische Armee und der Mossad hätten 1976 auf dem ugandischen Flughafen Entebbe eine der größten Geiselbefreiungsaktionen der Geschichte im Alleingang erfolgreich durchgeführt. Selbst der israelische Elite-Offizier Muki Betser, der lange Zeit die Elitetruppe »Sayeret Matkal« leitete und an der Geiselbefreiungsaktion beteiligt war, schönt in seinem 1996 erschienenen Buch »Soldat in geheimem Auftrag« die Geschichte. Nachdem die Legende von der großartigen israelischen Leistung in Entebbe mehr als zwei Jahrzehnte verbreitet wurde, könnte man sie fast glauben. Geschönt ist diese Legende allerdings, weil sie den erheblichen deutschen Beitrag vergißt. Neben dem Bundesnachrichtendienst war es vor allem der deutsche GSG-9-Gründer Ulrich Wegener, der erst als Undercover-Agent die Grundlagen für die Geiselbefreiung schuf und auch während dieses Einsatzes sein Leben riskierte. Im kleinen Kreis gestand der frühere israelische Ministerpräsident Peres 1996 ein: »Wegener reiste schon Tage vor der Geiselbefreiung nach Uganda, kundschaftete den Flughafen aus und nahm selbst an der erfolgreichen Aktion teil.« Auch die Auslandsagenten aus Pullach riskierten bei der Aktion Kopf und Kragen. Doch solcherlei öffentlich hervorzuheben, paßt wohl nicht zum Image des Mossad. Und so wird die geschönte Legende fleißig weiterverbreitet.

Immer wieder haben die Geheimdienste ihr Versagen zu kaschieren versucht, so auch im Falle des Lockerbie-Anschlages. Seit dem 8. Dezember 1988 lagen Geheimdiensten konkrete Hinweise auf den Anschlag vor. In London am 12. Dezember eingegangene Hinweise auf den bevorstehenden Anschlag wurden erst am 23. Dezember weitergeleitet – zwei Tage nach dem Attentat. Aus der Desinformationsperspektive interessant ist aber der Schlingerkurs gegenüber den Verdächtigten: CIA-Terrorbeauftragter Cannistraro teilte 1989 mit, aus der Sicht der Geheimdienste sei der Fall Lockerbie gelöst: Iran und Syrien seien die Urheber. Als Saddam Hussein dann im August 1990 Kuwait überfiel, brauchte man Syrien auf Seiten der Golfkriegsallianz und hoffte zudem, daß Iran im Kriegsverlauf neutral bleiben werde. Seither bezichtigt man Libyen, der Urheber des Anschlages gewesen zu sein.

Immer öfter enthüllen Journalisten heute, wie Geheimdienste mit Falschinformationen den Gang der Geschichte zu beeinflussen suchen. So erschien Anfang der achtziger Jahre eine Geschichte über kubanische Soldaten, die einige angolanische Mädchen vergewaltigt hatten und dann erwischt, verurteilt und hingerichtet wurden, zusammen mit einem Bild des Hinrichtungskommandos in vielen europäischen Zeitungen. Erst im Jahr 1985 gestand ein damaliger Mitarbeiter der CIA-Propagandaabteilung, John Stockwell, daß die Geschichte erfunden und das Foto getürkt war.

Und im Oktober 1997 berichtete die Zeitschrift »Newsweek«, der ehemalige amerikanische Präsident Nixon habe neben dem Watergate-Skandal auch noch andere krumme Dinge geplant, zum Teil auch mit Hilfe der CIA. So habe er 1971 eine Gruppe ehemaliger CIA-Mitarbeiter damit beauftragt, Material zu beschaffen, das belege, die demokratischen Vorgänger Roosevelt und Kennedy seien politische Versager gewesen. Die früheren Agenten der CIA sollten in diesem Zusammenhang jegliches Material über den japanischen Angriff auf Pearl Harbour 1941 und über die Kubakrise 1962 beschaffen.

DIE KUNST DES TÖTENS

Peter Wright ist einer der wenigen ranghohen Insider westlicher Geheimdienste, die nach ihrer Pensionierung eingestanden haben, daß während ihrer Dienstzeit Morde geplant wurden. In »Spy Catcher« heißt es, zu Beginn der Suez-Krise 1956 habe MI6 in London einen Plan zur Ermordung des ägyptischen Präsidenten Nasser »mit Nervengas« entwickelt. Premierminister Eden habe dem Mordkomplott zugestimmt. Doch weil man mehrere Kanister mit Nervengas in das Lüftungssystem von Nassers Hauptquartier hätte schmuggeln müssen und dabei auch viele andere Menschen getötet worden wären, habe man den Plan verworfen. MI6 hat dann zumindest als Vorbild für spätere James-Bond-Drehbücher gedient, als man in Ermangelung einer lautlosen und dennoch einfachen Tötungsmethode in der Entwicklungsabteilung eine Zigarettenschachtel konstruierte, aus der vergiftete Dart-Pfeile abgeschossen werden konnten. Peter Wright war einer der ersten Zeugen, die an »Probeeinsätzen« dieser neuen Waffe teilnehmen durften: Der Entwicklungsingenieur Dr. Ladell zog eine Zigarette aus der Schachtel, während sich gleichzeitig ein vergifteter Pfeil in das Fell eines Versuchsschafes bohrte, das binnen Sekunden starb. Peter Wright berichtet nicht, wie oft die später auch der CIA überlassenen vergifteten Dart-Pfeile an Menschen zum Einsatz kamen.

Die meisten Geheimdienste schrecken vor Morden nicht zurück. Doch ihre Morde werden nur in den seltensten Fällen bekannt. Berühmt wurde der sogenannte Regenschirm-Mord an dem in London lebenden bulgarischen Oppositionellen Georgi Markov. Im September 1978 schoß ein bulgarischer Geheimdienstagent mit einem vom sowjetischen KGB bereitgestellten Regenschirm-Gewehr dem Exil-Bulgaren eine winzige vergiftete Patrone in den Körper, an der er drei Tage später starb. Sein Mörder, Kalugin, der das Gift vom sowjetischen Geheimdienst erhalten hatte, wurde für seine »Verdienste« von der bulgarischen Regierung mit einem Orden und einer Browning-Automatikpistole belohnt. Markov ahnte wohl, daß er getötet werden könnte: Der »bulgarische Solschenizyn« hatte ein Buch mit dem Titel »The Truth that killed« verfaßt. Auch in Paris wurde ein bulgarischer Dissident Opfer eines solchen Regenschirm-Mordes. Seit dem Beginn der neunziger Jahre wurden Regenschirm-Morde östlicher Geheimdienste nur noch in der Schweiz registriert.

Vor allem während des Kalten Krieges hatten Agenten häufig Gift im Gepäck. Alexander Ogorudnik, ein früherer russischer Außenamtsmitarbeiter und CIA-Agent, nahm sich 1977 während seiner Inhaftierung mit Gift das Leben. Zuvor hatte er auch seine Freundin vergiftet, da er fürchtete, sie könnte ihn auffliegen lassen. In der Sowjetunion geht die Gründung eines toxikologischen Labors, das einzig daran arbeitet, neue Gifte zum Morden zu entwickeln, auf eine Anweisung Lenins zurück. 1937 wurde das Labor der politischen Geheimpolizei, dem NKWD, eingegliedert. Heute wird es als »toxikologisches Labor Nr. 12« des Moskauer Forschungsinstituts für Hochtechnologie, eines Geheimdienstablegers, geführt. Alle sowjetischen Herrscher, auch Breschnew und Gorbatschow, sollen Kenntnis von diesem Labor gehabt und sich für seine Arbeit interessiert haben.

Auch die Stasi ließ morden. So schwärmten Agenten nach Westdeutschland aus, um Fluchthelfer zu »liquidieren«. Der ehemalige DDR-Häftling Michael Gartenschläger, der vom Westen aus Selbstschußanlagen an der innerdeutschen Grenze demontierte, lief 1976 in die Falle eines Stasi-Mordkommandos. Wenige Jahre nach der deutschen Wiedervereinigung scheint weitgehend vergessen, daß zehntausende Ostdeutsche ihr Brot damit verdienten, Methoden zum Bespitzeln, Unterdrücken oder Ermorden von Menschen zu ersinnen und umzusetzen.

Eindrucksvollstes unschönes Beispiel dafür, daß Menschenleben auch bei der Durchführung von Aufträgen westlicher Geheimdienste manchmal keine Rolle spielen, war die von französischen Geheimdienstagenten der Direction Générale de la Sécurité Extérieure (DGSE) – Nachfolger des Service de documentation extérieure et de contre espionnage (SDECE) – im neuseeländischen Hafen Auckland durchgeführte Versenkung des Greenpeace-Schiffs »Rainbow Warrior I« mittels einer Magnetmine. Dabei kam am 10. Juli 1985 ein Besatzungsmitglied ums Leben. Als »oft brutal, gelegentlich übertrieben in der Wahl der Mittel« charakterisierte der frühere französische Geheimdienstchef Pierre Marion die Arbeit der DGSE. Während des algerischen Unabhängigkeitskrieges hatte der französische Auslandsgeheimdienst Hunderte getötet – im Namen des französischen Staates. Seine Agenten fühlen sich als Elitetruppe, von 500 Bewerbern werden höchstens drei ausgewählt. Ein Berater des früheren Verteidigungsministers Chevènement sagt: »Ob man den Dienst schätzt oder nicht, wir brauchen Typen, die zulangen.« Und der frühere DGSE-Chef Claude Silberzahn hebt hervor: »Gelegentlich müssen wir uns die Hände schmutzig machen.« (Greenpeace geriet auch ins Visier britischer Geheimdienste. In Suffolk glaubte man, eine geheime Kommandooperation der Umweltschützer ausgemacht zu haben. Man verdächtigte Greenpeace, dort ein U-Boot zu bauen, mit dem die Ölförderung im Nordatlantik gestört werden sollte. Geheimdienstler fotografierten dort etwas, das gelb und zylindrisch war. War es ein gelbes U-Boote? In Wirklichkeit war es eine zylindrische Schwimmkapsel, mit deren Hilfe bei Aktionen im Meer Besatzungsmitglieder gesunkener Schiffe gerettet werden sollten. Das aber fand nicht der britische Geheimdienst, sondern die britische Zeitung »Independent« heraus, die darüber am 27. August 1997 berichtete.)

Doch während Frankreich lange Zeit im flinken Schlauchboot-Protest der Umweltschützer von Greenpeace die größte Bedrohung für die nationalen Atomtests in der Südsee sah, entging dem Land die eigentliche Gefahr von innen über lange Zeit: Der Atomspion, der Frankreichs geheimste Geheimnisse an den KGB verriet, saß, von zehn Reihen elektrischem Stacheldraht umgeben, inmitten des am besten gesicherten französischen Forschungskomplexes. In Saclay, nicht weit vom

Königsschloß Ludwig XIV. in Versailles entfernt, arbeitete er als Nuklearphysiker bei der staatlichen Atomenergiekommission (CEA). Francis Temperville war häufig am Fotokopierer seiner Abteilung tätig. Doch der Verrat fiel niemandem auf. Der begabte Junggeselle fühlte sich mit seiner Arbeit nicht ausgelastet und träumte davon, eine eigene Elite-Hochschule zu eröffnen. Anfang 1987 hatte er per Kleinanzeige Nachhilfeschüler in Physik und Mathematik gesucht und ihm fiel nicht auf, daß der Mann, der sich ihm als »Serge« vorstellte, KGB-Offizier und sowjetischer Diplomat war. Serge interessierte sich sehr für die geheimen Studien des begabten Franzosen. Insgesamt vier Jahre lang lieferte Temperville Moskauer Agenten brillantes Material über den Stand der französischen Atomrüstung. Nun sitzt er im Gefängnis und gibt seinen Wärtern Nachhilfestunden in Physik und Mathematik.

In keinem anderen Staat der Welt sind Geheimdienst-Aktionen so selbstverständlich wie in Frankreich. Eine Weltmacht, so die weitverbreitete Überzeugung, müsse ihre Interessen schützen. Und das notfalls eben auch mit Gewalt und Morden. Es war Charles de Gaulle, der den Mordeinsätzen seiner Agenten immerhin gewisse Grenzen verpaßte: Er ordnete an, daß Morde nicht französische Staatsbürger treffen und auch nur im Ausland verübt werden dürften. In Deutschland durfte und darf die DGSE also morden. Im März 1959 tötete sie in Frankfurt/Main Georges Puchert, der der algerischen Unabhängigkeitsbewegung FLN militärische Güter geliefert hatte. Ein Jahr zuvor, im Oktober 1958, war im Hamburger Hafen der Frachter »Atlas« von französischen Kampfschwimmern versenkt worden: Er hatte angeblich Waffen für die FLN geladen. Heute sind die Tötungsmethoden der DGSE verfeinert, doch es gibt keinen Zweifel, daß dieser Dienst – wenn aus Gründen der französischen Staatsraison erforderlich – auch weiterhin in Deutschland mordet.

Die CIA ist von solcherlei Taten nicht ausgenommen. Der frühere kongolesische Präsident Patrice Lumumba starb ebenso von CIA-Hand wie der südvietnamesische Machthaber Ngo Dinh Diem und der dominikanische Diktator Rafael Trujillo. Andere Politiker hatten Glück: Fidel Castro überlebte bislang acht Mordkomplotte der CIA. Im Juli 1997 wurde bekannt, daß die CIA 1961 der Mafia 150.000 Dollar für die Ermordung Castros angeboten hatte. Neben dem damaligen CIA-Sicherheitsdirektor Edwards war nur der Bruder des 1963 ermordeten Präsidenten Kennedy in den Plan eingeweiht. Die über einen Privatdetektiv in Florida angesprochenen Mafia-Bosse nahmen zwar den Auftrag an, lehnten aber die Bezahlung ab. Doch der in Kuba gedungene Attentäter verschwand mit seiner Anzahlung von 10.000 Dollar. Nach dem Desaster der mißglückten Invasion in der Schweinebucht von 1961 sagte die CIA die Operation dann ab. Zuvor hatte es auch Versuche gegeben, Castro mit Hilfe vergifteter Zigarren und mit tödlichen Giften versehenen Kugelschreibern zu töten. Jedoch ließ man die CIA-Fachleute darüber nachdenken, wie man Castro vor aller Welt lächerlich machen könne. Die Spione aus Langley regten an, ihm bei seiner nächsten Auslandsreise ein starkes Enthaarungsmittel in die Schuhe zu streuen, damit er erst seinen Bart und dann seine Macht verlöre. Die Gebrüder Kennedy glaubten allen Ernstes an die Wirksamkeit dieses Vorschlages, doch er wurde nicht in die Tat umgesetzt.

1954 unterstützte die CIA einen Militärputsch in Guatemala, bei dem einer der wenigen frei gewählten Präsidenten des Landes, Jacobo Arbenz, gestürzt wurde. Damit begann der Niedergang des Landes. Viele der guatemaltekischen Militärs standen auf den Gehaltslisten der CIA. Und die CIA bezahlte bis in die jüngste Zeit Guatemalteken dafür, daß sie Menschen entführten, folterten und ermordeten. Vor wenigen Monaten erst veröffentlichte die CIA Verschlußsachen, die belegten, daß der amerikanische Geheimdienst selbst vor mehr als 40 Jahren Politiker in Guatemala ermorden sollte. Die 1952 begonnene CIA-Aktion zum Sturz des Kommunismus-freundlichen Präsidenten Arbenz ist zwar seit langem bekannt. Erstmals gestand die CIA jedoch ein, daß auch Morde erwogen wurden.

Menschenleben zählen für die CIA nichts. Das gilt vor allem, wenn es sich um Nicht-Amerikaner handelt. Das Fernsehmagazin »Kontraste« berichtete im Januar 1998, die CIA habe in der DDR zwei ihrer Agentinnen nach deren Verurteilung fallengelassen. Obwohl der CIA das Schicksal seiner Mitarbeiterinnen bekannt gewesen sei, habe es keine Bemühungen gegeben, die Frauen auf Listen für den Agentenaustausch zu setzen. Der damals für den Agentenaustausch zuständige DDR-Rechtsanwalt Wolfgang Vogel sagte dem Fernsehmagazin, die Vereinigten Staaten hätten sich in den sechziger Jahren bei den DDR-Behörden nur für die Freilassung eigener Staatsbürger eingesetzt, seien dabei allerdings mit großer Energie vorgegangen.

Die CIA stützte den Militärputsch des zairischen Diktators Mobutu 1965 ebenso wie den Vormarsch des zairischen Rebellenführers Kabila auf Kinshasa, der sich am 17. Mai 1997 nach der Einnahme der Hauptstadt selbst zum Präsidenten des nun »Demokratische Republik Kongo« heißenden Landes ernannte, obwohl Kabila zuvor mit Rückendeckung der CIA aus strategischen Gründen Zehntausende ruandische Flüchtlinge in den Hungertod getrieben hatte. Robert von Lucius, langjähriger Afrika-Korrespondent der »Frankfurter Allgemeinen Zeitung«, berichtete am 15. März 1997: »Dabei gibt es Anzeichen dafür, daß das Erscheinen Kabilas ein Plan der CIA war … In kurzer Zeit war die Zahl der CIA-Mitarbeiter in Kinshasa von zwei auf fünfzehn erhöht worden.« Zaire/Kongo aber ist aus französischer Sicht französisches Einflußgebiet. Und so kämpften französische und amerikanische Geheimdienste gegeneinander. Verärgert über die Haltung Washingtons soll der französische Geheimdienst nach Informationen der »New York Times« heimlich über die Firma Geolink Waffen an Mobutu Sese Seko (der Name bedeutet »mächtiger Hahn, der alle Hennen besteigt«) geliefert haben. Großbritannien, ebenfalls um mehr Einfluß in der rohstoffreichen Region bemüht, ließ zugleich Soldaten Kabilas von SAS-Kämpfern in Uganda trainieren. Der Zaire-Konflikt wurde damit Anfang 1997 auch zu einem Geheimdienstkonflikt zwischen Washington, Paris und London. Als Verlierer im Rennen um die Rohstoffe Zaires/Kongos erwies sich vor allem Frankreich, das auf Kabila keinen Einfluß hat und in Zaire/Kongo endgültig seine Vormachtstellung und damit auch den privilegierten Zugriff auf die Bodenschätze verlor. Statt dessen erhielten bereits während des Vormarsches von Kabilas Truppen auf Kinshasa amerikanische Bergbaukonzerne erste Konzessionen in der kupferreichen Shaba-Provinz. Aus amerikanischer Sicht hatte man ein Hauptziel erreicht: Nicht das Schicksal der unter Mobutu ums Überleben kämpfenden Zairer, sondern einzig der strategische Zugriff auf die zairischen Rohstoffe für amerikanische Konzessionäre waren Beweggrund für die Unterstützung Kabilas, der in der Vergangenheit ebensowenig wie Diktator Mobutu als Freund der Menschenrechte aufgefallen war. Die Frage, ob der von Washington geförderte Kabila nun die Demokratie in Zaire/Kongo einführen werde, beantwortete der Kommentator der »Welt am Sonntag«, Siegmar Schelling, am 18. Mai wie folgt: »Nichts spricht dafür bei einem Mann, der in den eroberten Gebieten Verträge zur Ausbeutung der reichen Bodenschätze an internationale Konzerne vergibt, als gehöre ihm das Land schon persönlich.« Börsenfachleute rieben sich jedenfalls verwundert die Augen: Waren noch im November 1996 die Kupferpreise permanent gestiegen, so fielen sie nach der Machtergreifung Kabilas.

Auch ein zweites – strategisches – Ziel hatten die Amerikaner mit Kabila erreicht: Die Schaffung eines Abwehrgürtels gegen den Islamismus aus dem fundamentalistischen Sudan. Von Kenia über Eritrea, Äthiopien, Uganda, Burundi, Ruanda und Zaire/Kongo ist nun ein pro-amerikanischer Riegel gegen die islamischen Expansionsgelüste auf dem ärmsten Kontinent der Welt geschaffen worden. Nicht nur unterhalten in Uganda amerikanische Geheimdienste Militärbasen, von denen aus sie die christlichen sudanischen Rebellen in ihrem Kampf gegen das Regime in Khartum mit Geld, Waffen und Ausbildung unterstützen. Auch moderne Geheimdiensttechniken werden im Kampf gegen die Washington verhaßten Führer Sudans erprobt.

Bei der Berichterstattung über diese Region kommt die Wahrheit manchmal zu kurz. Als ich für die Frankfurter Allgemeine Zeitung im Sommer 1997 aus Kongo-Kinshasa und Kongo-Brazzaville berichtete, hätte den Wiesbadener Fotografen Marcus Kaufhold und mich die Berichterstattung des amerikanischen Fernsehsenders CNN beinahe das Leben gekostet. Weil eine Reporterin von CNN angeblich – so suggerierte es der Sender – noch aus dem umkämpften Brazzaville berichtete, entschlossen sich Fotograf und Autor ebenfalls, von Kinshasa aus mit einer gecharterten Cessna nach Brazzaville zu fliegen. Eine Stunde, nachdem CNN zuletzt vom Flughafen Brazzaville berichtet hatte, setzte die kleine Maschine unter Beschuß auf dem Flughafen von Brazzaville auf. Zu sehen waren nur kongolesische Kämpfer und französische Fremdenlegionäre, die sich selbst zu retten suchten. CNN war nirgendwo vor Ort und die Fremdenlegionäre berichteten, daß die Mitarbeiter des amerikanischen Fernsehsenders schon vor zwei Tagen abgereist waren. Als ich mit dem Fotografen Marcus Kaufhold am Abend wieder nach Kinshasa zurückflog und im Hotel CNN einschaltete, berichtete der Sender immer noch »live« über die Kämpfe am Flughafen in Brazzaville. Das änderte sich auch am kommenden Tag nicht.

Wie nützlich modernste Geheimdiensttechniken sein können, zeigte sich im April 1997 bei der Erstürmung der japanischen Botschaftsresidenz in der peruanischen Hauptstadt Lima. In den vier Monaten der Geiselnahme hatten amerikanische Geheimdienste den Peruanern geholfen, das von 14 schwerbewaffneten Tupac-Amaru-Rebellen verminte Gebäude in eine »gläserne Villa« zu verwandeln. Winzige Mikrofone, Periskope und Aufklärungsflüge mit einem Spionageflugzeug unterrichteten das Befreiungskommando über jeden Schritt der Besatzer. Aus einem CIA-Flugzeug wurden alle Bomben und Minen geortet, die die Rebellen in Haus und

Garten verlegt hatten. Über Periskope erhielten die Sicherheitskräfte Einblick in das erste Stockwerk der Residenz. In den für die Geiseln bestimmten Thermoskannen, Bibeln und Krücken wurden winzige Abhörgeräte in das Gebäude geschmuggelt, so daß man vor der Erstürmung über jeden Schritt der Terroristen unterrichtet war. Die von der CIA in einem maßstabsgetreuen Nachbau der Residenz außerhalb Limas über mehrere Wochen hin trainierten peruanischen Elitesoldaten konnten so binnen weniger Minuten alle 14 Terroristen töten und die Geiseln befreien.

Auch der britische Auslandsgeheimdienst MI6 hat seine wichtigsten Mitarbeiter mit der berüchtigten »licence to kill« ausgestattet. Britische Geheimdienstmorde lassen sich bis in die Zeit der Mandatsherrschaft in Palästina nachzeichnen. Allein beim Mau-Mau-Aufstand in Kenia wurden Dutzende Kenianer von britischen Agenten erschossen oder mit Klaviersaiten erwürgt. Derart Unappetitliches möchte man natürlich geheimhalten. Das aber gelingt nicht immer. Peinlich wurde es für Ihre Majestät, als bekannt wurde, daß ein britischer SAS-Trupp 1988 in Gibraltar drei Menschen auf offener Straße ermordet hatte: Zwei von ihnen waren ranghohe IRA-Führer. Zum Umfeld der britischen Geheimdienste gehören auch jene ehemaligen SAS-Mitglieder, die mit Wissen und Duldung der britischen Regierung in Söldnertruppen im Ausland morden oder einheimischen Truppen ihre Tötungstechniken beibringen. Weil Rücksichten auf Indien – die »Tamil Tigers« sind Protégés Indiens – ein direktes Eingreifen ausschlossen, wurden solche Geheimdienst-Söldner beispielsweise in Sri Lanka gegen die aufständischen Tamilen eingesetzt. Der frühere britische SAS-Major Brian Baty schulte mit seinen Leuten srilankische Sondereinheiten. Die für derartige Dienste eigens gegründete Firma »Keeni Meeni Services« (KMS) trainierte afghanische Mudschahedin und war auch in die Iran-Contra-Affäre verwickelt. Glaubt man Geheimdienstfachmann Stephen Dorril, so machen sie »die dreckigen Jobs« für die britische Regierung. Zudem soll bis in die jüngste Zeit eine

»Gruppe 13« genannte Sondereinheit bestanden haben, die angeblich einzig dann zum Einsatz kommt, wenn es darum geht, jemanden professionell zu ermorden und das ganze dann als Selbstmord zu tarnen. Robert Scott, ehemaliger SAS-Kämpfer, wurde im April 1997 von einem britischen Gericht zu drei Jahren Haft verurteilt, weil er illegal Waffen verkauft hatte. Am Rande des Prozesses berichtete Scott, der in Nordirland und im Sultanat Oman an SAS-Untergrundoperationen teilgenommen hatte, über die Verletzungen seiner Dum-Dum-Geschosse in menschlichen Körpern: »Wenn sie einen Menschen treffen, gibt es ein schreckliches Loch.«

Eines der dunkelsten Kapitel britischer Geheimdienstgeschichte muß erst noch aufgearbeitet werden: Die militärische Unterstützung des Pol-Pot-Regimes in Kambodscha. Von 1985 bis 1989 sollen 250 SAS-Angehörige in Thailand und Malaysia die Kämpfer des gefürchteten Massenmörders im Gebrauch moderner Waffen geschult haben. Während die britische Premierministerin Thatcher vor dem Parlament die Verwicklung der SAS verneinte, mußte Verteidigungsminister Hamilton im Juni 1991 die Ausbildungshilfe in den Geheimlagern eingestehen.

Beim russischen Geheimdienst stand schon am Beginn die Order von Lenin, »Zweifler« nötigenfalls zu erschießen, später dann ein von Stalin jährlich vorgegebenes Mordsoll. Seit der russischen Revolution hat sich der Name des russischen Auslandsdienstes zwar bislang dreizehnmal geändert, die brutalen Tötungsmethoden aber kaum: Zuletzt im Tschetschenien-Krieg führten Sondereinheiten des russischen Geheimdienstes der Welt vor, wie man ganze Dörfer auslöscht, weil deren zivile Bewohner Autonomie fordern. 1992 legte General Dmitrij Wolkogonow dem amerikanischen Kongreß eine Liste mit Namen von Amerikanern vor, die in der Sowjetunion während des Zweiten Weltkriegs und während des Kalten Krieges umgekommen waren, und drückte im Namen Präsident Jelzins sein Bedauern über ihren Tod aus.

Manchmal dienen Menschen den Geheimdiensten auch als Versuchskaninchen. Die spanische Zeitung »El Mundo« berichtete im September 1996 unter Berufung auf Geheimdienstdokumente, der spanische Geheimdienst CESID habe drei Bettler bei Betäubungsmitteltests als »Versuchskaninchen« mißbraucht. CESID-Agenten hätten die drei im Madrider Stadtteil Malasana entführt. Man habe an den Bettlern jene Betäubungsmittel getestet, die der Geheimdienst bei der geplanten Entführung eines Anführers der baskischen Separatistengruppe ETA in Frankreich einsetzen wollte. Wegen einer anderen Affäre wurde im März 1998 die frühere »Nummer Zwei« des CESID, Oberst Juan Alberto Perote, vom Obersten Gerichtshof zu sieben Jahren Haft verurteilt.

Dem montenegrinischen Präsidenten Momir Bulatovic wuchs Anfang 1997 das Wüten seiner Geheimdienste über den Kopf. Er bezichtigte öffentlich den eigenen Staatssicherheitsdienst – zu dem auch der BND freundschaftliche Beziehungen unterhält – die Verfassung und Menschenrechte zu mißachten. Er verlangte die Ablösung des Geheimdienstchefs Vuksin Maras.

Israel hält wahrscheinlich zusammen mit dem Teheraner Regime den »Weltrekord« an Geheimdienst-Morden. So wurde beispielsweise Fathi Schakaki, Chef der radikalen palästinensischen Untergrundorganisation Islamischer Dschihad, im Oktober 1995 von einem Mossad-Agenten vor einem Hotel auf Malta ermordet. Mossad-Agenten ermordeten auch Attentäter der palästinensischen Terrorbewegung Schwarzer September, die 1972 während der Olympischen Sommerspiele in München das Olympische Dorf überfallen und elf Juden getötet hatten.

Den 1951 gegründeten Mossad schert es offenbar auch wenig, wenn er die Falschen erwischt: Der marokkanische Kellner Ahmed Buschki wurde am 21. Juli 1973 im norwegischen Lillehammer von einem Mossad-Team ermordet. Es war eine von vielen Verwechslungen, denn Buschki hatte nie mit Politik oder Geheimdiensten zu tun gehabt. Erst 1996 erklärte sich die israelische Regierung bereit, der Familie Buschki, die ihren Ernährer 23 Jahre zuvor durch den Mord verloren hatte, finanziell unter die Arme zu greifen. Eine offizielle israelische Entschuldigung oder gar die Anerkennung der Tat stehen aber weiterhin aus.

Dennis Eisenberg, Autor des Buches »Mossad«, schreibt über diese israelische Aktion: »Die Operation mißglückte jedoch auf katastrophale Weise. Die Angehörigen des Teams, unter denen einige Dilettanten waren, töteten den falschen Mann und ließen sich außerdem noch festnehmen. Während des Prozesses berichteten die Agenten alle Einzelheiten des Einsatzes. Damit geschah genau das, was der Mossad am meisten fürchtete: Seine Aktionen wurden Gegenstand der Schlagzeilen. In den Zeitungen der ganzen Welt erschienen Berichte über den illegalen ›skrupellosen Rachefeldzug des Mossad.‹

Der Mossad spioniert und mordet in den Vereinigten Staaten ebenso ungeniert wie in Großbritannien, Frankreich oder Deutschland. In Amerika wurde der Mossad-Agent Pollard nach seiner Verhaftung weltbekannt. Und 1987 ließ die britische Premierministerin Thatcher gleich eine ganze Reihe angeblicher israelischer Diplomaten ausweisen, die nicht nur gefälschte britische Pässe verteilt, sondern auch Waffenlager mit Sprengstoff und Handgranaten für den Mossad in London angelegt hatten. Unter solchen Aktionen hat der früher legendäre Ruf des israelischen Auslandsgeheimdienstes spürbar gelitten. Doch damit nicht genug: Amnesty International berichtete 1996 darüber, daß palästinensische Häftlinge in Israel »nach den Ratschlägen von Ärzten des israelischen Geheimdienstes« gefoltert werden. Israel ist weltweit der einzige Staat, der die Folterpraktiken seiner Geheimdienste offiziell unterstützt. Im Mai 1997 brandmarkte ein Bericht der Vereinten Nationen diese Praktiken Israels. Professor Bent Sorensen, der an dem UN-Bericht mitarbeitete, wies nach, daß allein der ermordete israelische Staatspräsident Rabin als Regierungschef die Mißhandlung von 8000 palästinensischen

Häftlingen angeordnet hatte. Laut UN starben in den vergangenen zehn Jahren mindestens 20 Palästinenser an den Folgen der Folter durch israelische Geheimdienste. Auch andere Geheimdienste sind vor dem Mossad nicht sicher. Im April 1997 durchsuchte der Mossad in zwei palästinensischen Dörfern im Westjordanland palästinensische Geheimdienstbüros.

Der Mossad ist längst nicht so unfehlbar, wie es scheint. Im September 1997 schlug in Jordanien ein Mossad-Attentat auf einen Führer der Palästinensergruppe Hamas, Maschaal, fehl. Der Mann sollte mit einer Giftspritze hingerichtet werden. Doch die beiden Israelis ließen sich erwischen. Trotz langwieriger Beschattung der Zielperson wußten die Mossad-Agenten nicht einmal, daß ihr Opfer einen Bodyguard hatte. Die Affäre geriet zur peinlichsten Geheimdienstschlappe Israels der vergangenen Jahrzehnte, denn es war der israelische Ministerpräsident Netanjahu höchstpersönlich, der den Mord in Jordanien gebilligt hatte. Der jordanische König Hussein war außer sich vor Wut. Ähnlich ging es den Kanadiern, hatten die Israelis doch mit gefälschten kanadischeen Pässen gearbeitet. Daß Geheimdienste Pässe befreundeter Staaten für verdeckte Aktionen benutzen, gilt in diesem Gewerbe als normal. Doch Israel hatte den Kanadiern zuvor schon mehrfach versprochen, keine kanadischen Pässe mehr für Operationen zu verwenden. 1981 waren israelische Agenten bei einer Aktion in Zypern mit kanadischen Pässen verhaftet worden und auch 1991 fiel der Judenstaat bei einer weiteren Operation wieder mit den gefälschten Reisedokumenten des nordamerikanischen Staates auf. Im März 1996 verständigten sich Israel und Kanada auf engere Zusammenarbeit der Geheimdienste, vorausgesetzt, Israel werde keine kanadischen Pässe mehr für Geheimoperationen verwenden. Doch dann kam der vereitelte Mordanschlag in Amman. Israel mußte umgehend mit einem Hubschrauber ein Gegengift nach Jordanien fliegen und zur Besänftigung der aufgebrachten Palästinenser mehrere Inhaftierte freilassen.

Wenige Monate später – im Februar 1998 – ließen sich sechs Mossad-Mitarbeiter abermals im Ausland bei einer geheimen Operation erwischen. Diesmal versuchten sie, in der Schweiz in die Wohnung eines 32 Jahre alten Libanesen einzubrechen und eine Telefonleitung anzuzapfen. Das Mossad-Team wurde festgenommen. In der Schweiz ist man sicher, daß der Mossad weitere illegale Aktionen im Land plante, denn sonst – so die Auffassung der Eidgenossen – hätte er nicht sechs Mitarbeiter allein zum Abhören einer Telefonleitung in die Nähe von Bern entsandt. (Von 1980 bis 1995 wurden in der Schweiz insgesamt 115 Spionagefälle aufgedeckt. In 78 Fällen waren osteuropäische Staaten betroffen. Der Mossad soll Anfang der neunziger Jahre auf eine Schweizer Maschinenbaufirma Anschläge verübt haben, damit diese ihre Technologie nicht an Feinde des Staates Israels verkaufe.) Der einst glänzende Ruf des Mossad hat nicht nur Schrammen bekommen; nein schlimmer noch, er ist verblaßt. Zu allem Überfluß verkündete der israelische Falke Scharon am 15. März 1998 in einem Fernsehinterview, der Mossad werde abermals versuchen, auch den Hamas-Führer Maschaal zu ermorden. Die Mission des Mossad sei »noch nicht beendet«. Vergessen scheinen die großen Erfolge der Vergangenheit: der Fall Eichmann, bei dem ein Mossad-Kommando den SS-Mann in Argentinien aufspürte und nach Israel entführte, wo er 1962 hingerichtet wurde, oder etwa die Schnellbootaffäre, bei der israelische Agenten es 1969 schafften, fünf Raketenschnellboote aus dem französischen Hafen Cherbourg nach Israel zu entführen. Ende Februar 1998 trat deshalb der 52 Jahre alte Mossad-Chef Danny Yaton nach zwei Jahre währender Dienstzeit zurück. Der israelische politische Analyst Amir Oren spottete: »Der Mossad hatte einmal den Ruf, so genau zu sein wie Schweizer Uhren. Nun stellt er sich eher dar wie Schweizer Käse.«

Nachfolger von Danny Yatom wurde Efraim Halevy. Er soll nun nach den zahllosen Pannen als Retter des Mossad in die Geschichte eingehen. Der zum Zeitpunkt seines Amtsantrittes 64 Jahre alte Halevy – er ist in der Geschichte des Mossad der erste Chef ohne eine militärische Laufbahn und wird deshalb von manchen als »Zivilist« verspottet – will dem demoralisierten Haufen zu neuem Ruhm verhelfen. Aufgewachsen im Londoner Nordend, zog es Halevy 1948 im Alter von vierzehn Jahren in die neue Heimstätte des jüdischen Volkes nach Israel. Dort wollte er eigentlich in der Haganah für die Unabhängigkeit Israels kämpfen. Doch ein Herzfehler verhinderte seine dauerhafte Aufnahme in die Armee. Statt dem Kriegshandwerk widmete er sich dem Studium der Gesetze. Wenige Jahre später wurde 1961 der zehn Jahre zuvor gegründete Mossad auf den talentierten jungen Mann aufmerksam und rekrutierte diesen. In den folgenden Jahren begann Halevy eine zivile Karriere im sonst meist militärisch geprägten israelischen Auslandsgeheimdienst. Im Gegensatz zu vielen anderen Agenten sagt man ihm nach, erst zu denken und dann zu handeln. Nie hat er Verbindungen zur Mossad-Abteilung »Caresarea« gesucht, die für Auftragsmorde und Attentate zuständig ist. Auch von der »Tsomet« (Knotenpunkt), die auf der ganzen Welt zum Wohl des jüdischen Volkes den Telefonverkehr überwacht sowie für die Anwerbung ausländischer Agenten zuständig ist, soll er sich immer ferngehalten haben. Der Zivilist Halevy hat es sich zum Ziel gesetzt, in einer Übergangsphase zunächst die Bürokratie im Mossad zu bekämpfen. Zugleich aber will er diesen auch aus den Schlagzeilen bringen. Dann – so heißt es aus israelischen Geheimdienstkreisen schon heute – solle wieder ein militärischer Haudegen, möglicherweise General Amiram Levine sein Nachfolger werden.

Im April 1998 gab es wieder einen ersten kleinen Erfolg für die israelische Geheimdienstgemeinde zu feiern. Elf Jahr nach der Ausweisung aller Mossad-Agenten aus Großbritannien durften die von sich selbst so überzeugten jüdischen Elite-Spione in die Weltstadt London zurückkehren. Die ehemalige britische Premierministerin Thatcher hatte die Mossad-Leute 1987 des Landes verwiesen, weil sie ihr Wissen über die Pläne zur Ermordung des palästinensischen Karikaturisten Naji Ali britischen Dienststellen nicht mitgeteilt hatten. Vereinbart wurde die Rückkehr der Agenten am Rande der Vorbereitungsgespräche für den Besuch des britischen Ministerpräsidenten Blair in Israel im Frühjahr 1998. Eingefädelt hatte diesen Schritt der neue Mossad-Chef Halevy. Und obwohl die Mossad-Truppen schon seit Jahrzehnten auch auf deutschem Boden agieren, erhielten sie im Frühjahr 1998 auch noch offiziell die Erlaubnis der Bundesregierung, Deutschland als Einsatzgebiet zu nutzen, »wenn der Verdacht besteht, daß von hier aus terroristische Aktivitäten vorbereitet werden, die gegen Israel gerichtet sind«.

HAFTBEFEHL GEGEN EINEN IRANER

Die meisten Morde insgesamt dürften jedoch auf das Konto der Sicherheitsdienste totalitärer Staaten gehen. So hat die Islamische Republik Iran die unrühmliche Tradition des Schahs übernommen, Geheimdienstmitarbeiter mit einer Lizenz zum Töten auszustatten. Seit der Machtübernahme 1979 wurden mehr als 220 Oppositionelle im Ausland ermordet. In Zusammenhang mit dem Berliner Mykonos-Prozeß wurde im März 1996 in Deutschland sogar ein Haftbefehl gegen den iranischen Geheimdienstminister Fallahian erlassen; ein in der bundesdeutschen Geschichte wohl einmaliger Beleg dafür, wie unverhohlen manche ausländischen Geheimdienste in Europa töten. Und ein Jahr später ermittelte der Generalbundesanwalt auch gegen den iranischen Außenminister Welajati. Der außenpolitische Fachmann der SPD, Günter Verheugen, warf den in Bonn Regierenden daraufhin medienwirksam vor, sie habe Kontakte zum iranischen Geheimdienst unterhalten, obwohl dieser auch für Morde verantwortlich gewesen sei. Verheugen scheint dabei verdrängt zu haben, daß die Geheimdienste unserer engsten Bündnispartner in Washington, London und Paris ebenfalls morden; dies allerdings wesentlich diskreter.

Geheimnisvolles über die Welt der Geheimdienste brachte der Mykonos-Prozeß, in dem zum ersten Mal die Verwicklung der iranischen Führung in Terroranschläge von einem Gericht bestätigt wurde, auch auf ganz anderem Gebiet zu Tage: Der frühere iranische Geheimdienstmitarbeiter Adolghassem Mesbahi, im Mykonos-Prozeß nur »Quelle C« genannt, enthüllte zum Staunen der Zuhörer, daß er in den achtziger Jahren im Falle des im Libanon verschleppten deutschen Managers Cordes einen Tauschhandel vorgeschlagen habe: Mesbahi behauptete, er habe seinerzeit im Auftrag Teherans mit den SPD-Politikern Vogel, Eppler, Koschnick und Wischnewski verhandelt. Dabei habe es ein Tauschgeschäft Cordes gegen den in Deutschland inhaftierten libanesischen Terroristen Hamadi gegeben. Die genannten Politiker bestätigten ihre Kontakte mit Mesbahi in dieser Angelegenheit, wenngleich die Bundesregierung immer öffentlich behauptet hatte, daß man sich von Terroristen nicht habe erpressen lassen. Der verurteilte libanesische Terrorist Abbas Hamadi wurde freigelassen. Geheimdienstler Mesbahi ließ die Richter des Mykonos-Prozesses gleich noch wissen, vorher habe Präsident Rafsandschani die »allgemeinen Bedingungen« der Geiselbefreiung mit Bundesaußenminister Genscher in einem direkten Gespräch geklärt. Damals sei »verschlüsselt« zu verstehen gegeben worden, daß die deutschen Geiseln im Libanon im Austausch gegen den Terroristen Hamadi freikommen könnten. Hamadi war 1993 entlassen worden, nachdem er nur wenige der dreizehn Haftjahre verbüßt hatte, zu denen die deutsche Justiz ihn verurteilt hatte.

Neben Iran mordete auch der libysche Sicherheitsdienst auf deutschem Boden. Fast elf Jahre dauerte es, bis ihn im Februar 1997 die Berliner Staatsanwaltschaft als Urheber des Bombenanschlages auf die Berliner Diskothek »La Belle« vom April 1986 ermittelte. Die Bombenexplosion in der Diskothek, die vorwiegend von Angehörigen der amerikanischen Streitkräfte besucht wurde, tötete zwei amerikanische Soldaten und eine Türkin; mehr als zweihundert Besucher wurden verletzt. Der Befehl für den Anschlag kam vom libyschen Geheimdienst in Tripolis; mit der Organisation des Anschlages waren

Mitglieder der libyschen Botschaft in Ost-Berlin, des sogenannten libyschen Volksbüros, betraut worden.

Doch wieso ermordete der libysche Sicherheitsdienst amerikanische Staatsbürger in Deutschland? Anfang 1986 hatten sich die Spannungen zwischen den Vereinigten Staaten und Libyen verschärft, nachdem die Amerikaner Libyen für zwei Anschläge der extremistischen Abu-Nidal-Gruppe in Rom und Wien verantwortlich gemacht hatten. Die Vereinigten Staaten reagierten mit der Verhängung eines Handelsembargos und Flottenmanövern vor der libyschen Küste. Am 26. März 1986 übermittelte der libysche Sicherheitsdienst den Befehl des Präsidenten Gaddafi an die libysche Botschaft in Ost-Berlin, einen Terrorakt gegen eine Einrichtung der amerikanischen Streitkräfte in Europa zu verüben. Der Funkspruch wurde vom Bundesnachrichtendienst abgefangen, allerdings ohne Hinweise auf Ort und Zeitpunkt des geplanten Anschlags. Zu dieser Zeit lagerten in der libyschen Botschaft in Ost-Berlin Waffen und Sprengstoff für terroristische Zwecke, darunter eine mit Eisennägeln gefüllte Bombe. Libyen wollte amerikanische Staatsbürger für das Vorgehen der amerikanischen Regierung »bestrafen«. Der alternde Frauenheld Gaddafi war schlicht zu feige, die Amerikaner direkt herauszufordern. Statt dessen glaubte er, ungestraft auf deutschem Boden morden lassen zu dürfen.

Doch während die Vereinten Nationen nun alljährlich die gegen Tripolis verhängten Sanktionen verlängern, hat Papst Johannes Paul II. im März 1997 insgeheim, zum Ärger Washingtons, mit dem libyschen Diktator Gaddafi diplomatische Beziehungen aufgenommen. Der Vatikan – er verfügt seit dem Mittelalter über einen der effizientesten Geheimdienste der Welt – kann nun, im Gegensatz zu den Amerikanern, in Libyen gleichsam offiziell die Absichten des Führungsapparates ausspionieren. Die Verwicklungen der Kirche, nicht nur der katholischen, in Geheimdienstaktivitäten – Pullach zahlt nach Angaben von BND-Mitarbeitern »Informationshonorare« an den Vatikan – würden ohnehin viele Bücher füllen. Im Zweiten

Weltkrieg verkaufte der Vatikan sein Geheimwissen sowohl an die Vereinigten Staaten als auch die Sowjetunion. Von 1933 bis 1947 war es etwa Monsignore Eduardo Prettner-Cippico, der als Archivar im päpstlichen Staatssekretariat die Beziehungen zu den sowjetischen Geheimdiensten pflegte. Zwischen der CIA und dem Vatikan gibt es seit der Gründung dieses amerikanischen Geheimdienstes 1947 eine enge Beziehung. Im italienischen Wahlkampf 1948 etwa stellte die CIA den christlichen Demokraten, dem Vatikan und der Katholischen Aktion enorme Finanzmittel zur Verfügung, um einen Sieg der Kommunisten zu verhindern. Robert Hutchison schreibt dazu in seinem 1996 erschienenen Buch »Die heilige Mafia des Papstes«: »Mit CIA-Geldern, die bei der vatikanischen Bank, dem IOR (Instituto per le Opere di Religione), eingezahlt worden waren, inszenierte man im ganzen Land zugkräftige Kundgebungen ... Nach dem Sieg der Christdemokraten entwickelte der Vatikan eine Strategie zur Bekämpfung des Kommunismus, bei der das Opus Dei mit seinen wachsenden finanziellen Ressourcen eine Rolle spielen sollte ... Diese Strategie wurde von der CIA unterstützt und bildete den Beginn der Zusammenarbeit zwischen Opus Dei und CIA.« Der frühere CIA-Direktor Colby soll diese Zusammenarbeit mit finanzieller Unterstützung der Rockefeller-Familie ausgebaut haben. Angeblich , so Hutchinson, stellt das Opus Dei der CIA heute weltweit seine Einrichtungen zur Verfügung. Und in den »Orientierungszentren« dieser erzkonservativen katholischen Einrichtung, heißt es, fänden auch BND-Agenten Zuflucht.

Alle Päpste waren das Ziel von geheimdienstlichen Aktivitäten. Unter dem Codenamen »POP« plante der sowjetische Geheimdienst KGB eine Abhöraktion, in deren Zentrum Papst Johannes Paul II. stand. Ziel war es, mit dem so gesammelten Wissen die katholische Kirche in der Öffentlichkeit zu diskreditieren. Neben dem Papst wurde auch der damalige vatikanische »Außenminister« Kardinal Agostino Casaroli abgehört. Seine Gemächer waren wie auch die des Papstes mit Wanzen versehen worden, die von der für den tschechischen Geheimdienst arbeitenden Ehefrau eines Neffen von Casaroli angebracht worden waren. Die Mikrofone waren in Holzschnitzereien untergebracht, die auf den für die Präsentation von Geschenken vorgesehenen Schränken abgestellt wurden. Nach italienischen Geheimdienstberichten, die im Frühjahr 1998 veröffentlicht wurden, währte diese von Moskau gesteuerte Abhöraktion von 1981 bis 1990. In diesem Zusammenhang wurde immer wieder auch darüber spekuliert, daß der KGB den Auftrag für das Attentat auf Johannes Paul II. gegeben hatte, bei dem dieser schwer verletzt wurde. Der Attentäter Ali Agca hatte das zwar behauptet, später jedoch widerrufen. Belege für diese Theorie hat man bis heute nicht gefunden.

Nur manchmal gestehen kirchliche Würdenträger ein, für Geheimdienste gearbeitet zu haben. Jüngstes Beispiel dafür ist der rumänische orthodoxe Metropolit des Banat, Corneanu, der 1997 als erster ranghoher rumänischer Geistlicher eingestand, früher im Auftrag der gefürchteten kommunistischen Geheimpolizei Securitate an der Verfolgung oppositioneller Priester mitgewirkt zu haben. Er half zudem während der Zeit des Kommunismus, die Gemeinden der orthodoxen Rumänen im Ausland zu kontrollieren. Außerdem sollen von den rund 6000 Geistlichen der protestantischen und der katholischen Kirche in der ehemaligen Tschechoslowakei rund 800 für den Geheimdienst gearbeitet haben. Darüber berichteten im Sommer 1997 Prager Zeitungen unter Berufung auf Regierungsangaben.

Zumindest sächsische evangelische Pfarrer sollen zukünftig nach dem Willen der Landeskirche nicht mehr für in- und ausländische Geheimdienste arbeiten. Die Synode beschloß am 15. April 1997 in Dresden ein Kirchengesetz, das Pfarrerinnen und Pfarrern eine Tätigkeit im Auftrag von Nachrichtendiensten verbietet. Die Anwendung nachrichtendienstlicher Mittel sei mit dem Pfarrdienst unvereinbar, heißt es in dem Kirchengesetz. Glaubt man deutschen Geheimagenten, so stehen viele Kirchenvertreter auf den Gehaltslisten von Bundesamt für Verfassungsschutz oder Bundesnachrichtendienst.

BEETHOVEN – EIN AGENTENFÜHRER?

Den fast schon amüsantesten Beweis dafür, daß Geheimdienste nicht immer mit Wissen gesegnet sein müssen, lieferte den Deutschen 1995 – unfreiwillig – der iranische Nachrichtendienst Vevak. Im April 1994 hatte er einen deutschen Staatsbürger türkischer Herkunft, Kubilay Memili, unter dem Vorwurf der Spionage auf einer Urlaubsreise verhaftet. In Memilis Brieftasche fand man auch eine Euroscheckkarte mit dem Hologramm Beethovens. Die Euroscheckkarte hielt man im Iran für seinen Spionageausweis, das Hologramm mit dem Konterfei Beethovens für das geheime Antlitz seines Agentenführers. Statt einer kurzen Studienreise verbrachte der für diese Reise von der Bundeswehr beurlaubte Memili, der mir dieses Abenteuer unmittelbar nach seiner Rückkehr in langen und spannenden Kamingesprächen berichtete, neun Monate und elf Tage in verschiedenen iranischen Gefängnissen. Der Kommentar der iranischen Botschaft in Bonn lautete: »Herr Memili wurde festgehalten, weil wir seine Identität überprüfen mußten.«

Kurioses ereignete sich auch im sittenstrengen muslimischen Ägypten: Dort stand am 24. April 1997 ein israelischer Textilingenieur vor Gericht, weil er im Auftrag des israelischen Geheimdienstes Mossad mit unsichtbarer Tinte Geheiminformationen auf Damenunterwäsche aus dem Land geschmuggelt haben soll. Der Israeli war technischer Leiter einer Dessousfabrik im Norden von Kairo und hatte offenbar einige Schnittmusterbögen mit nach Israel geschickt.

Und im Mai 1997 hätte eine Falschübersetzung fast zu größtem Ärger zwischen israelischem und amerikanischem Geheimdienst geführt: Die amerikanische NSA hatte ein Telefonat zwischen zwei Mitarbeitern des israelischen Geheimdienstes Mossad abgehört. In diesem Gespräch berichtete der in Washington tätige Mossad-Mann seinem Vorgesetzten in Israel, der israelische Botschafter in Washington, Eliahu Ben-Elissar, habe ihn gebeten, den Dienst von »Mega« zu nutzen, um den Inhalt eines bestimmten an den PLO-Vorsitzenden Arafat gerichteten Schreibens zu erfahren. Die Amerikaner mutmaßten schnell, bei »Mega« müsse es sich um einen ranghohen Mitarbeiter der amerikanischen Regierung handeln, einen von den Israelis eingeschleusten Spion. Doch der angebliche Regierungsbeamte konnte trotz enormer Anstrengungen nicht enttarnt werden, weil »Mega« nicht ein Mensch, sondern ein Computer war: »Mega« ist in Wirklichkeit ein Informationspool der CIA, zu dem einige wenige befreundete Geheimdienste – unter ihnen der Mossad – Zugang haben. Das aber scheinen die Übersetzer und Auswerter der CIA nicht gewußt zu haben.

Amüsantes ist auch über das Ministerium für Staatssicherheit der DDR und das KGB überliefert. Spionage-Chef Markus Wolf ließ seinen Agenten James-Bond-Filme als Unterrichtsmaterial über die angebliche Arbeitsweise westlicher Agenten zeigen. Wolf sagte in einem Gespräch mit der Zeitschrift »Playboy« 1995: »Wenn es um einen ersten Eindruck von fernen Ländern ging, waren die Bond-Filme tatsächlich auch Lehrmaterial für unsere Mitarbeiter.« Seine größten Bewunderer fand der britische Superagent aber offenbar in der früheren Sowjetunion. Das KGB ließ in mehreren Sonderabteilungen die in den Filmen entwickelten »Wunderwaffen« nachbauen. Der ehemalige KGB-Oberst Oleg Gordjewski sagte der britischen Zeitung »Observer«, man habe in Moskau geglaubt, daß einige der Film-Waffen tatsächlich zum Arsenal westlicher Geheimdienste gehörten. So ließ der russische Geheimdienst eine Zigarette nachbauen, die in dem Film »Man lebt nur zweimal« tödliche Pfeile verschoß, dann eine Laserwaffe, die im »Geheimdienst Ihrer Majestät« Fahrzeuge zerschnitten hatte, später sogar ein Fahrzeug, das in dem Film »Der Spion, der mich liebte« zum U-Boot verwandelt werden konnte, und auch jenen Füllhalter, der dem Agenten 007 in »Feuerball« das Atmen tief unter Wasser erlaubte. James-Bond-Filme waren in der früheren Sowjetunion verboten – nur KGB-Agenten durften sie zu Schulungszwecken sehen.

Nachahmungsbedarf hatte die KGB-Zentrale auch im Falle der deutschen Anti-Terror-Truppe GSG-9. Nach GSG-9 Vorbild schuf man im KGB 1974 die geheime Abteilung »Alpha«. So wichtig wie die körperliche Kondition, das Schießen und das Fahren von gepanzerten Autos war dort »das Vorhandensein des Kopfes«, die Fähigkeit, operativ zu denken. Alpha-Mitglieder kämpften in Afghanistan und erwarben sich im Libanon unter den weltweiten Geheimdiensten einen legendären Ruf. Als es Anfang der achtziger Jahre in Beirut »modern« wurde, europäische Diplomaten zu entführen oder zu ermorden, schlug ein Alpha-Kommando zu: Zwei sowjetische Diplomaten der Beiruter Botschaft waren in der Hand libanesischer Geiselgangster. Alpha entführte kurzerhand Familienangehörige der Geiselnehmer, schnitt einigen Männern den Penis ab und ließ diese Körperteile in Plastiktüten verpackt den Familien mit der Aufforderung zukommen, binnen weniger Stunden die Moskauer Diplomaten freizulassen; ansonsten werde man weiter Familienmitglieder aufsuchen. Nun, die entführten Sowjets kamen so schnell frei wie sonst wohl nie wieder Terroropfer. Und im Gegensatz zu westlichen Diplomaten – deren Regierungen den Entführern insgeheim immer wieder Geld boten – wurden sowjetische Diplomaten in der gesamten arabischen Welt seither nicht mehr belästigt. Nur im Libanon lebende Italiener wurden damals ebenfalls vom libanesischen Terror verschont. Den Grund dafür teilte der syrische Verteidigungsminister Tlass erst im Frühjahr 1998 öffentlich mit. Er, so Tlass, sei schon lange in die italienische Schauspielerin Gina Lollobrigida verliebt gewesen und habe verhindern wollen, daß »diese schöne Frau eine Träne« für einen gefallenen Italiener vergieße. Deshalb habe er die libanesischen Gruppen wissen lassen, sie dürften jeden töten und entführen, »nur keine Italiener«. Diese unglaublich klingende

Geschichte ist mittlerweile nicht nur von der Lollobrigida, die immer wieder teure Geschenke von Tlass erhielt, sondern auch von Historikern bestätigt worden.

Vorläufer des BND – die Organisation Gehlen

Im Jahre 1866 hatte Preußen in Zusammenhang mit dem Deutschen Krieg (Preußen gegen Österreich) beim General- stab ein »Central-Nachrichten-Bureau« eingerichtet, eine mi- litärische Institution, die 1917 in »Abteilung Fremde Heere« umbenannt und am Ende des Ersten Weltkrieges aufgrund der Bestimmungen des Versailler Vertrages aufgelöst wurde. Doch nur für kurze Zeit, denn schon 1919 entstand bei der heeresstatistischen Abteilung des Truppenamtes das Referat »Abwehr«; 1931 auch wieder die Abteilung »Fremde Heere«.

Am 1. April 1942 übernahm der 1902 in Erfurt geborene Reinhard Gehlen, Sohn eines preußischen Offiziers, die Ab- teilung »Fremde Heere Ost«. Gehlen war in der Geschichte der Spionage eine einzigartige Gestalt. Nachdem er zunächst Hitler bis zur Kapitulation Deutschlands 1945 gedient hatte, diente er sich den Amerikanern an und wurde unter der demo- kratisch gewählten Regierung Adenauer der Leiter des Bun- desnachrichtendienstes. Dabei hatte Gehlen zu keiner Zeit eine geheimdienstliche Ausbildung erfahren. Seinen Leitungs- stab bildeten dieselben Offiziere, die mit ihm schon unter Hitler gedient hatten. Das alles wäre nicht möglich gewesen ohne die Unterstützung der Vereinigten Staaten, die der »Or- ganisation Gehlen« als Taufpate zur Seite gestanden hatten.

Beim Zusammenbruch des Dritten Reiches war es Gehlen gelungen, seine gesammelten und archivierten Unterlagen in den bayerischen Bergen zu vergraben und dadurch unversehrt über das Kriegsende zu retten. Janusz Piekalkiewicz schreibt dazu in seiner »Weltgeschichte der Spionage«: »Gehlen weiß, daß Süddeutschland als amerikanische Besatzungszone vorgesehen ist, und er läßt unauffällig das gesamte Archiv der Abteilung Fremde Heere Ost, rund 50 Stahlkisten, aus dem Hauptquartier des Heeresgeneralstabs im Lager Maybach I bei Zossen nach Bayern transportieren. Kurz bevor die Sowjets zur Einschließung Berlins rüsten, befinden sich Gehlen, sein Nachfolger Wessel und eine Gruppe von Generalstabsoffizieren auf dem Weg in die sogenannte Alpenfestung. Bei Schliersee in Oberbayern endet die Fahrt in der Nähe des Spitzingsees. Hier erklettern sie einen bewaldeten Hang und erreichen die Elendsalmhütte. Die FHO-Offiziere wollen sich in dieser einsamen Gegend von der Front überrollen lassen und den Einmarsch der Amerikaner abwarten. Erst zwölf Tage nach der Kapitulation der deutschen Wehrmacht, am Sonntag, dem 20. Mai 1945, rückt ein Kommando der US-Militärpolizei bis zur Alm vor, angeführt von dem Senner Kreidl, der in den versteckten Offizieren höhere SS-Chargen wittert. Nun geht der Weg ins Kriegsgefangenenlager. Nach etwa anderthalb Monaten gelingt es Gehlen, mit dem obersten Nachrichtenchef der amerikanischen Besatzungszone, Brigadier General Edwin L. Sibert, zu sprechen. ›Sie wissen viel über die Russen, General‹, stellte der Amerikaner fest.«

Gehlen hatte sich über den Verlauf des Krieges keine Illusionen gemacht. Er hatte schon seit Monaten gewußt, daß dieser verloren war. Wahrscheinlich fragte er sich, wie er nach der Kapitulation überleben und eine neue Zukunft aufbauen könne. Die Antwort lag in seiner Überzeugung, daß die Westmächte ihren Kriegsverbündeten Sowjetunion sehr bald als den eigentlichen Feind erkennen würden. Dann aber wären sie mit einem Mal auf etwas angewiesen, was möglicherweise nur er ihnen bieten könnte: Fachwissen, Geheimdienstkenntnisse über die sowjetische Truppenstärke, ihre Führer und ihre Absichten gegenüber dem Westen.

Nachdem sich die Amerikaner einen ersten Überblick über die Kenntnisse Gehlens verschafft hatten, wurde dieser 1945 nach Washington und 1946 zum Verhör in das Vernehmungszentrum Fort Hunt im Bundesstaat Virginia geflogen. Gehlen kam zu dieser Zeit ein von den Amerikanern nicht erwarteter Schachzug Stalins zugute: Moskau widerrief das mit den Verbündeten geschlossene Abkommen über den Abzug sämtlicher Truppen aus Nordpersien zum März 1946 und verlegte statt dessen weitere Truppen dorthin. Schlagartig wurde Washington klar, daß Stalin nicht bereit war, sich an irgendwelche Abmachungen zu halten, und möglicherweise auch Westeuropa bedrohte. Die Serie von höchst provokanten Zwischenfällen in Europa riß nicht ab. Doch die Unkenntnis über die Pläne Stalins war bei den Amerikanern weiterhin groß. Sie wußten nicht, wie kriegsbereit die Sowjets waren. Plötzlich waren die Erkenntnisse Gehlens gefragt. Im Juli 1946 schickten sie ihn aus Virginia nach Deutschland zurück und führten ihn nahe Oberursel mit Angehörigen seiner früheren Dienststelle »Fremde Heere Ost« zusammen. Ende 1946 wurde zwischen Gehlen und dem amerikanischen Militärnachrichtendienst die Anstellung Gehlens und seiner früheren Mitarbeiter vereinbart. Das war die Geburtsstunde der Organisation Gehlen. Die Details dieser Vereinbarung lauteten angeblich:

1. Es wird eine deutsche nachrichtendienstliche Organisation geschaffen, die nach Osten aufklärt bzw. die alte Arbeit im gleichen Sinne fortsetzt.
2. Diese deutsche Organisation arbeitet nicht »für« die oder »unter« den Amerikanern, sondern »mit den Amerikanern zusammen«.
3. Die Organisation arbeitet unter ausschließlich deutscher Führung, die ihre Aufgaben von amerikanischer Seite gestellt bekommt, solange in Deutschland noch keine neue deutsche Regierung besteht.
4. Die Organisation wird von den USA finanziert. Dafür liefert die Organisation alle Aufklärungsergebnisse an die Amerikaner.
5. Sobald wieder eine souveräne deutsche Regierung besteht, obliegt dieser Regierung die Entscheidung darüber, ob die Arbeit fortgesetzt wird oder nicht.

6. Sollte die Organisation einmal vor einer Lage stehen, in der amerikanische und deutsche Interessen voneinander abweichen, so steht es der Organisation frei, die deutschen Interessen zu vertreten.

So steht es jedenfalls in den bisherigen Abhandlungen über Gehlen. Doch in Wirklichkeit war die Organisation Gehlen vom Gründungstag an völlig von den Amerikanern abhängig. Man sollte sich auch nicht der Illusion hingeben, die Organisation Gehlen habe keinesfalls etwas unternommen, was deutschen Interessen hätte schaden können. Derartige Forderungen abzulehnen, war Gehlen in den ersten Jahren gewiß nicht möglich.

Gehlen brachte in die neue Organisation Know-how, Mitarbeiter und Ostinformationen ein. Die Amerikaner bezahlten – im ersten Jahr 3,4 Millionen Dollar für 50 Mitarbeiter – und organisierten den Mitarbeitern im kriegszerstörten Deutschland ein angenehmes Leben. Ein späterer ranghoher Mitarbeiter der CIA sagt rückblickend: »Es mußte so sein. Sie haben das Fachwissen und das Personal gestellt, und wir haben die Forderungen gestellt, für die Logistik gesorgt und das Produkt erhalten.« Washington wollte militärische Erkenntnisse, und man machte sich daran, diese zu beschaffen. Agenten wurden in den Osten geschickt, wo sie Truppenbewegungen ausspähten und mit Ortsansässigen Kontakt aufnahmen.

Mary Ellen Reese, eine amerikanische Journalistin, hat in ihrem Buch »General Reinhard Gehlen – The CIA-Connection« auch Anekdoten aus den Anfängen von Gehlens Arbeit zusammengetragen: »Potsdam liegt am Ostufer des Glienicker Sees; das gegenüberliegende Ufer lag im Westsektor, und hinüber führt eine Brücke, die damals von russischen Soldaten bewacht wurde. Der Wechsel von einem Ufer zum anderen war für einen Spion auf konventionelle Weise riskant – man wurde angehalten, befragt, mußte seine Ausweispapiere vorzeigen und einen glaubhaften Grund für die Reise nennen, und das in beiden Richtungen. Deshalb dressierten

Gehlens Leute einen der ortsansässigen Schwäne, gravitätisch von einem Ufer zum anderen zu paddeln und in vornehmer Haltung die Brotbrocken anzunehmen, die ihm von den Russen auf der Brücke zugeworfen wurden; die Soldaten hatten keinen blassen Schimmer, daß unter seinen Flügeln Plastikbeutel voller geheimer Botschaften steckten« (Reese, General Reinhard Gehlen – The CIA-Connection, S. 139).

In dem gleichen Buch finden sich Passagen, die eindrucksvoll die Finanzierung der Organisation Gehlen darlegen: »Die Organisation, deren Umfang Gehlen enorm schnell erweiterte, steckte ständig in Geldnöten; was ihr von der US-Armee zugesteckt wurde, reichte vorn und hinten nicht, und der Schwarzmarkt wurde zu ihrer Haupteinnahmequelle. Das System war ebenso effektiv wie skrupellos: Die Armee gab ihr Geld für Versorgungsgüter aus, die Sonderkommandos der Organisation auf dem Schwarzmarkt verhökerten. Nach getätigtem Verkauf konfiszierte die Criminal Affairs Division die Waren unter dem Vorwurf, sie seien illegal auf den schwarzen Markt gebracht worden, und überführte sie wieder in ihr Eigentum – das anschließend prompt wieder auf den Schwarzmarkt geworfen wurde. Dieser profitable Kreislauf wurde nach der Währungsreform vom Juni 1948, als die neue Deutsche Mark ausgegeben wurde, zu einer regelrechten Überlebensfrage – Gehlen zufolge hatten sie danach 70 Prozent weniger Kaufkraft zur Verfügung« (ebenda, S. 146).

UMZUG NACH PULLACH

Nachdem das Lager in Oberursel bald zu klein geworden war, beschloß man Mitte 1947 den Umzug auf das früher Rudolf Heß gehörende Gelände in Pullach. Dort residiert die Zentrale des deutschen Auslandsnachrichtendienstes noch heute. Der Zwang zur Geheimhaltung ließ hier ein autarkes Dorf entstehen, mit eigener Schule, Geschäften, Kindergärten und einer Krankenstation. In jener Zeit, so schreibt der langjährige BND-Mitarbeiter Waldemar Markwardt in seinen Erinnerungen »Erlebter BND«, war in der Nähe des Pullacher BND-Geländes nicht nur für die sonntäglichen Münchner Spaziergänger die Welt zu Ende: »Große Warntafeln in deutsch und englisch forderten zum Halt auf und geboten, bei Dunkelheit das Licht aus- und im Wageninnern einzuschalten« (Markwardt, Erlebter BND, S. 50). Auch Markwardt sammelte in der Nachkriegszeit als BNDler seine Erfahrungen auf dem Schwarzmarkt: »Im Außenbereich allerdings gab es für die Gefolgsleute Gehlens den Reallohn in der damals üblichen Zigarettenwährung. Wurde ein so bezahlter Außenmitarbeiter beim Umtausch in Sachwerte von der MP erwischt, war es kein Unglück. Er hatte eine sog. Notnummer, die er der Militärpolizei nur zu nennen brauchte.«

In jener Zeit, als die »russische Gefahr« von den Amerikanern sehr ernst genommen wurde, verschaffte die Organisation Gehlen den Amerikanern wertvolle operative Erkenntnisse, die sie anders nicht bekommen hätten. 1947 ging die Aufsicht über die Organisation Gehlen von der amerikanischen Armee auf die neu gegründete CIA über. Der erfahrene Geheimdienstler Gehlen, dessen beherrschende politische Motivation stets sein ausgeprägter Antikommunismus war, erwies sich in der Zeit des Kalten Krieges als gefragter Ost- und Spionagefachmann. Hatten seine Mitarbeiter zunächst nur die aus der Sowjetunion nach Deutschland zurückgekehrten Kriegsgefangenen befragt, so dehnte sich die Organisation schnell auch auf die sowjetische Besatzungszone aus.

Weitgehend unbekannt ist bis heute, daß Gehlen neben den Amerikanern auch den Vatikan mit Informationen versorgte. Gehlen selbst reiste mehrfach in beruflichen Angelegenheiten nach Rom. Überhaupt ziehen sich die Aktivitäten der katholischen Kirche wie ein roter Faden durch das Gewebe der jüngeren Spionagegeschichte. (Auch der gegenwärtige Repräsentant des Bundesnachrichtendienstes in Washington wies dem Autor gegenüber im Gespräch auf seine Beziehungen zum Vatikan hin.) Gehlen, selbst nicht katholisch, tat es nur den anderen Geheimdiensten gleich: Er richtete sein Augenmerk auch auf den Vatikan. Als Gehlen eine Privataudienz bei Papst Pius XII. haben wollte, wurde sie innerhalb eines Tages für ihn arrangiert. Gehlens Halbbruder, Deckname Giovanni, bekam den Posten eines Sekretärs beim Direktor des Malteserordens (Reese, S. 138). Damit wurde an die Zusammenarbeit der Nazis mit dem Vatikan angeknüpft. Diese hatten beispielsweise einem Chiffrierer im Vatikan wöchentlich 100 Dollar (in damaliger Zeit eine horrende Summe) dafür bezahlt, daß er ihnen die Zusammenfassungen der weltweiten Geheimberichte des päpstlichen Nuntius weitergab. Auch heute, so heißt es in Pullach, stehen Mitarbeiter des Vatikan auf der Gehaltsliste des BND.

Bei Kriegsende hatten die Alliierten 7,5 Millionen Zwangsarbeiter aus einem Dutzend Länder und unzählige halbverhungerte Kriegsgefangene in Deutschland vorgefunden. Obwohl innerhalb weniger Wochen mehr als drei Millionen Franzosen, Italiener, Holländer, Belgier, Dänen, Norweger, Jugoslawen und Polen aus den Westzonen in die Heimat gebracht wurden, lebten weiterhin Hunderttausende mit ihren Familien in deutschen Lagern, als die Finanzmittel der internationalen Flüchtlingshilfe 1952 erschöpft waren. Diese Lager stellten ein Rekrutenreservoir für die geplanten amerikanischen Spionageeinheiten dar; Washington versprach diesen »displaced persons« vergleichsweise paradiesische Lebensbedingungen. Innerhalb von zwei Jahren wurden 5000 Ukrainer, Weißrussen, Polen, Litauer und Esten angeworben und in Lagern in Bad Wiessee und Kaufbeuren ausgebildet. Diese Einheiten bildeten den Kern einer mit deutscher Hilfe gegründeten CIA-Armee, die später in Vietnam als »Green Berets« Berühmtheit erlangte.

Von 1951 bis 1957 ließ Gehlen auch immer wieder V-Männer über Rumänien, der Ukraine oder der Tschechoslowakei abspringen und per Funk Berichte liefern. Viele dieser Verbindungsleute wurden erkannt und inhaftiert. Etwa die Hälfte aller V-Leute kam nicht mehr zurück. Der letzte große Erfolg der Organisation Gehlen war die Beschaffung des Textes der Rede, die Chruschtschow auf dem XX. Parteitag der KPdSU im Februar 1956 in Moskau gehalten hatte. Darin verdammte Chruschtschow Stalin und den Stalinismus. Weil die Rede hinter verschlossenen Türen gehalten worden war und weder die CIA noch die Briten den Text beschaffen konnten, wurde Gehlen um Unterstützung gebeten und lieferte mit israelischer Hilfe innerhalb weniger Wochen: Die Veröffentlichung des Textes durch das amerikanische Außenministerium am 4. Juni 1956 war eine Weltsensation.

PANNEN, VETTERNWIRTSCHAFT

Am 1. April 1956 wurde die Organisation Gehlen von der seit 1949 bestehenden Bundesregierung unter dem Namen »Bundesnachrichtendienst« (BND) übernommen. Reinhard Gehlen, Deckname Dr. Schneider, wurde zum ersten BND-Präsidenten ernannt. Für seine der CIA erwiesenen Dienste erhielt er von den Amerikanern gleichzeitig 250.000 Mark und erwarb damit 15 Kilometer von Pullach entfernt ein Haus.

Mit der von der Regierung Adenauer vollzogenen Eingliederung des Auslandsnachrichtendienstes in das Gefüge der Bundesbehörden wurde das verwirklicht, was der vorausschauende deutsche Agentenchef schon vor Kriegsende vorausgeplant hatte. Gehlen gebot jetzt über 1245 Mitarbeiter, unter ihnen 540 Beamte, 641 Angestellte und 64 Arbeiter. Der erste Haushalt des BND betrug 23,1 Millionen Mark, aber die Ausgaben waren in Wirklichkeit höher. Innerhalb von zwei Jahren verdoppelte sich der BND-Haushalt. Zu dieser Zeit entstanden auch in afrikanischen, asiatischen und lateinamerikanischen Staaten die ersten Auslandsresidenturen des BND.

Gehlens blütenweiße Weste wurde stockfleckig, als »sein« Bundesnachrichtendienst immer mehr unter politisches Feuer geriet. Der konservative Generalmajor betrieb Aufklärungsarbeit unter antikommunistischen Vorzeichen. Wie selbstverständlich gerieten ihm alsbald auch Westdeutsche, die er marxistischer Umtriebe verdächtigte, vor die Linsen und in die Dossiers. Der Ostaufklärer aus Leidenschaft hatte für das Studium des Grundgesetzes wenig Zeit übrig. Weil Gehlen gute Beziehungen zu Adenauer und dem Kanzleramt pflegte, war der Dienst auch noch angesehen, als sich die Pannen häuften.

Der DDR-Spion Heinz Felfe arbeitete zehn Jahre lang in der Pullacher Zentrale. Felfe fügte Gehlen und damit dem BND letztlich mehr Schaden zu als alle anderen gegen ihn arbeitenden Kräfte zusammen. Wie andere frühere SS-Leute auch, war Felfe von einem »alten Kameraden« für die Organisation Gehlen angeworben worden. Niemandem fiel offenbar auf, daß Felfe sich bei einem Monatsgehalt von 1700 Mark für 100.000 Mark ein Zehnfamilienhaus kaufen und einen aufwendigen Lebensstil leisten konnte. Felfes rascher Aufstieg im BND schien durch seine Leistungen gerechtfertigt: Niemand enttarnte so viele kommunistische Agenten wie er. Während Felfe Gehlen und die Amerikaner täuschte, vernachlässigte er seinen eigentlichen Auftrag nicht: Mehr als 15.000 Aufnahmen fertigte er mit seiner Minox-Kamera von streng vertraulichen Unterlagen und ließ sie dem KGB zukommen. Zu den verratenen Informationen gehörten Listen der Gehlen-Agenten im In- und Ausland, Deckadressen von Informanten, interne Berichte über laufende Operationen, Abhörberichte sowie die monatlich erstellten Gegenspionage-Berichte. Die Enttarnung Felfes am 6. November 1961 war nicht nur für Gehlen ein schwerer Schlag. Felfe wurde zu 14 Jahren Zuchthaus verurteilt (und im Februar 1969 gegen 21 westliche Agenten ausgetauscht).

Gehlen ging am 1. Mai 1968 in Pension. Sein Nachfolger, Gerhard Wessel, mußte gegen den Ruf des BND ankämpfen, dieser sei mit früheren Nazis durchsetzt, eine Hochburg von Sowjetspionen und ein moralischer Sumpf. Wessel wurde damit zum zweiten Mal Nachfolger von Gehlen, denn 23 Jahre zuvor hatte er von Gehlen die Leitung der Abteilung »Fremde Heere Ost« übernommen, während Gehlen in die Alpen geflohen war, um mit dem beiseitegeschafften Material auf das Kriegsende und die Amerikaner zu warten.

Eines hängt dem BND noch heute an: Die von Gehlen praktizierte Vetternwirtschaft. Gehlen brachte Söhne, Brüder, Schwäger und Freunde in »seinem« Dienst unter, SS- und SD-Männer wie Felfe sowieso. Vom BND wurde diese Traditionspflege der Organisation Gehlen getreulich übernommen, was sich nicht gerade positiv auf seinen Ruf auswirkt. Darüber hinaus beging Gehlen den Fehler, Journalisten Geld für Berichte zu zahlen, die ein strahlendes Bild »seines« Dienstes zeichneten. Viel geholfen hat es offenbar nicht, denn Adenauer zum Beispiel erwähnt Gehlen in seinen Memoiren mit keinem Wort. Gehlen selbst gestand einmal ein, daß sein Resident in Hamburg den Auftrag erhalten hatte, einen geplanten »Spiegel«-Artikel zu beschaffen, um Abänderungsvorschläge des BND anzubringen.

Einer der berühmtesten Sätze Gehlens, die er jedem Neuling einschärfte, lautete: »Merken Sie sich, mein Lieber, ein guter Nachrichtendienst-Mann schreibt nie über seine Arbeit, seine Organisation beziehungsweise seinen Dienst, und schon gar nicht seine Memoiren. Gerade weil er viel weiß, nimmt er sein Wissen mit ins Grab.« Gehlen selbst, 1968 mit dem Großen Bundesverdienstkreuz mit Stern und Schulterband für seine Verdienste geehrt, hat sich nicht daran gehalten und gleich drei Bücher veröffentlicht. Gerade seine Bücher zeigen, daß seine Einschätzungen oftmals überbewertet wurden oder schlicht nicht stimmten. Im ersten Buch, »Der Dienst«, hatte er auf Schelepin statt auf Breschnew als neuen Generalsekretär der KPdSU gesetzt; im zweiten, »Zeichen der Zeit«, auf die Einordnung Chinas in den sowjetisch geführten Weltkommunismus bis zum Jahre 1980. Liest man das erst ein Jahr nach seinem Tode erschienene dritte, »Verschlußsache«, wundert man sich, wie sicher sich Gehlen war, daß es im sowjetischen Machtbereich nach dem »Prager Frühling« niemals mehr zu einer Auflehnung kommen könne. Ernst-Otto Maetzke, der Gehlen und den Bundesnachrichtendienst über Jahrzehnte hin für die »Frankfurter Allgemeine Zeitung« kritisch beobachtete, schrieb dazu: »Wenn Nachrichtendiensten daran liegt, mit ihren Analysen auf den Kurs von Regierungen korrigierend einwirken zu können – das kann mitunter nötig sein –, dann dürfen es ihre Direktoren, Chefs und Präsidenten nicht so machen wie der alte Gehlen.«

DER EISERNE VORHANG UND DAS MfS

Der französische Schriftsteller Alexis de Tocqueville, der ja noch nichts vom Marxismus-Leninismus wissen konnte, scheint prophetische Gaben besessen zu haben. Er schrieb in der ersten Hälfte des 19. Jahrhunderts: »Es gibt auf der Erde heute zwei große Völker, die, von verschiedenen Ausgangspunkten aus, sich auf dasselbe Ziel zuzubewegen scheinen. Es sind dies die Russen und die Anglo-Amerikaner. Jeder scheint durch einen geheimen Entwurf der Vorsehung dazu bestimmt, eines Tages die Schicksale der halben Welt in seinen Händen zu halten.«

Mit dem Ende des Zweiten Weltkrieges war, in Churchills Worten, ein »eiserner Vorhang« quer über den europäischen Kontinent niedergegangen. Es war der Beginn des Kalten Krieges, der bis zur Entspannungspolitik mit einer Serie gefährlicher Konfrontationen vor allem den Geheimdiensten der Welt reichlich Betätigungsmöglichkeiten eröffnete. Die erste der großen Ost-West-Konfrontationen setzte ein, als die Sowjets am 24. Juni 1948 mit der Sperrung aller Zufahrtswege nach Berlin durch ihre Zone die totale Blockade über Westberlin verhängten. Groß-Berlin wurde damals noch von den vier Siegermächten regiert. Am Ende der Blockade, die elf Monate, 322 Tage, dauerte und die an der amerikanischen Luftbrücke scheiterte, wurde die einheitliche Verwaltung Groß-Berlins durch die sowjetische Besatzungsmacht (und die SED) gespalten. Die Spaltung Berlins war Vorläufer der Teilung Deutschlands durch die Verwandlung der westlichen drei Zonen in die Bundesrepublik Deutschland und der sowjetischen Zone in die Deutsche Demokratische Republik. Dem sowjetischen Diktator Stalin gelang mit der Berlin-Krise ein gewaltiges Täuschungsmanöver: Erfolgreich lenkte er damit die

Alliierten vom entscheidenden Ringen um die Macht im chinesischen Bürgerkrieg ab.

Das geteilte Berlin war die Frontstadt der Spionage-Operationen im Kalten Krieg. Umgeben von der DDR, wurde sie ein internationales Zentrum der Geheimdiensttätigkeit. Die Einnahme Berlins 1945 hatte dem sowjetischen Geheimdienst auch die Kontrolle über Nazi-Akten verschafft, mit deren Hilfe der KGB Westdeutsche dazu erpressen konnte, für ihn zu arbeiten. Zudem hatten die sowjetischen Sicherheitsapparate bis zum Spätsommer 1946 einen geheimdienstlichen Apparat in der SBZ und im sowjetischen Sektor von Berlin eingerichtet. Der Aufbau des Ministeriums für Staatssicherheit erfolgte unter Anleitung des sowjetischen Ministeriums für Staatssicherheit.

Während die Organisation Gehlen aus den drei Westzonen heraus arbeitete, schuf der Ministerrat der DDR am 8. Februar 1950 den Staatssicherheitsdienst. Den Auftrag der »Stasi« beschrieb der damalige DDR-Innenminister Carl Steinhoff so: »Die hauptsächlichsten Aufgaben dieses Ministeriums werden sein, die volkseigenen Betriebe und Werke, das Verkehrswesen und die volkseigenen Güter vor Anschlägen verbrecherischer Elemente sowie gegen alle Angriffe zu schützen, einen entschiedenen Kampf gegen die Anschläge feindlicher Agenturen, Diversanten, Saboteure und Spione zu führen, einen energischen Kampf gegen Banditen zu führen, unsere demokratische Entwicklung zu schützen und unserer demokratischen Friedenswirtschaft eine ungestörte Erfüllung der Wirtschaftspläne zu sichern.«

Der sächsische Innenminister Wilhelm Zaisser wurde zwei Wochen später zum ersten Minister für Staatssicherheit berufen, Erich Mielke zu seinem Stellvertreter. Offizieller Auftrag der Staatssicherheit war fortan, wie es in der Präambel zu zahllosen Dienstanweisungen und Befehlen aus dem MfS (Ministerium für Staatssicherheit) stand, »die Gewährleistung der Sicherheit in unserer Deutschen Demokratischen Republik«, vor allem der Schutz volkseigener Betriebe und des Verkehrswesens gegen »Spionage, Sabotage und Diversion« sowie der Kampf gegen die Tätigkeit feindlicher Agenten. Bis Mitte 1952 wurde die DDR-Staatssicherheit faktisch ausschließlich von sowjetischen Generalen und Offizieren geführt. Struktur und Tätigkeit des MfS waren seit seiner Gründung am Vorbild der sowjetischen »Tschekisten« orientiert.

Die Berichte des Bundesnachrichtendienstes über die DDR wurden von den Partnerdiensten nicht immer zustimmend aufgenommen. In den siebziger Jahren und Anfang der achtziger Jahre berichteten die Agenten Pullachs, daß in vielen Bereichen der DDR-Wirtschaft selbst die notwendigsten Ersatzinvestitionen unterblieben und die DDR-Wirtschaft damit zunehmend an Wettbewerbsfähigkeit verliere. Britische und französische Dienste sahen das offenbar anders und beurteilten Berichte über die schlechte Wirtschaftslage der DDR als »zu pessimistisch«. 1986 hieß es in einem BND-Bericht, daß die DDR mit ihrem Kombinatsystem und der beschleunigten Entwicklung von sogenannten Schlüsseltechnologien gescheitert sei. Die kostspielige Entwicklung einer eigenen Mikroelektronik sei reiner Selbstzweck. Obwohl sich die Liquiditätslage der DDR zunehmend verschlechterte, teilten die Partnerdienste die BND-Einschätzung der DDR-Wirtschaftslage lange Zeit nicht.

Die Methoden der Ost-Berliner Staatssicherheit waren mit denen des BND nicht zu vergleichen. Das MfS, das – wie im März 1998 bekannt wurde – in den alten Bundesländern über rund 20.000 Spitzel verfügte, setzte vielmehr im Osten die totalitären Überwachungspraktiken der Nazis fort. Eines der eindrucksvollsten Beispiele für das menschenverachtende Vorgehen der ostdeutschen MfS-Mitarbeiter war die sogenannte Strahlenkanone. Der »Spiegel« berichtete 1996 darüber: »Millionen Reisende hat die Ost-Berliner Staatssicherheit von 1979 bis 1989 an den Grenzkontrollstellen der DDR heimlich mit radioaktiven Gammastrahlen überprüft. 17 Strahlenkanonen an den Grenzübergangsstellen in und um Berlin sowie an den Autobahnkontrollpunkten zwischen Ost- und

Westdeutschland sollten DDR-Flüchtlinge aufspüren, die sich im Kofferraum von Autos oder zwischen der Ladung von Lastwagen versteckt hielten. Strahlenquelle war radioaktives Cäsium 137 aus der Sowjetunion. Die Gammastrahlen durchdrangen Kraftfahrzeuge wie Insassen und machten Menschen als dunkle Flecken auf einem Monitor sichtbar. Die Geräte wurden von der Operativ-Technischen-Sicherung der Stasi-Hauptabteilung VI entwickelt. Durchleuchtet wurden auch Kinder, Säuglinge und Schwangere. Die Strahlenkanonen wurden auf den sogenannten Beschaubrücken der Kontrollstellen versteckt. Der erste Gammastrahler ging 1979 am Berliner US-Übergang Checkpoint Charlie in Betrieb. Am 9. November 1989 um 22 Uhr wurde die Cäsium-Quelle am Grenzübergang Marienborn zwischen Hannover und Berlin ausgeschaltet – als gerade die Mauer gefallen war.« Viele Reisende, die in diese Strahlenfallen des MfS gerieten, werden wohl nie erfahren, daß sie einem erhöhten Krebsrisiko ausgesetzt waren.

Das aber war nicht der einzige Fall, bei dem die DDR Strahlen einsetzte. Auch bei der Bespitzelung ihrer Opfer arbeitete die Stasi mit radioaktiv verseuchten Materialien. Im Dezember 1978 hatte die »Objektdienststelle« der Stasi im Kombinat Carl-Zeiss-Jena »operativ präpariertes Material« der Spezialeinheit »32« aus Berlin erhalten. Dabei handelte es sich um Schriftstücke, die mit einem radioaktiven Mittel behandelt waren und zur Überprüfung der Loyalität von Zeiss-Mitarbeitern eingesetzt werden sollte. Man hoffte, daß potentielle Spione die radioaktiv präparierten Akten anfassen würden und so überführt werden könnten. In ähnlichen Fällen hatte sich das schon früher in der DDR bewährt. So hatte man etwa chemische Kontaktmittel auf streng geheime Unterlagen und auch auf die Schubladengriffe unsichtbar aufgetragen.

Seltsam mutet aus heutiger Sicht die Geruchsprobensammlung des MfS an. Jeder Fährtenhund kann, wenn er die Spur einer Person aufgenommen hat, deren Weg im Gelände verfolgen. Dafür muß er jedoch eine bestimmte Witterung aufgenommen haben. Im klassischen Krimi hält der Kommissar ihm den Handschuh des Täters vor die Nase. Ein Geheimdienstmitarbeiter aber hinterläßt keine Handschuhe. Die Spionageabwehr der DDR behalf sich daher mit Geruchsprobensammlungen entsprechender DDR-Bürger. Von jedem, den man verdächtigte, für die CIA oder den BND zu arbeiten, wurde heimlich eine solche Geruchsprobe genommen. Dort fanden sich jedoch auch Geruchsproben von Bürgerrechtlern und Dissidenten.

Trotzdem gelang es der CIA in der Zeit des Kalten Krieges, einen Agentenring im Zentrum der DDR-Macht – dem Zentralkomitee der SED – zu plazieren. Diese Agenten wurden 1966 von der Staatssicherheit der DDR enttarnt und in Geheimprozessen zu längjährigen Haftstrafen verurteilt. Zuvor hatten die Verurteilten das Zentralkomitee der SED ausgekundschaftet und ihre Erkenntnisse an die CIA weitergegeben. Auf diesem Wege wurde der amerikanische Geheimdienst über die Namen und Arbeitsgebiete von etwa 1350 ZK-Mitarbeitern informiert. Weitergegeben wurden auch Informationen über die Lage und die Zugänge der wichtigsten Sitzungsräume im ZK-Gebäude, die Bewachung, Alarmanlagen, den Verlauf der Telefonleitungen, Fernmeldeanlagen in Ost-Berliner Dienststellen und Behörden, die Kampfgruppen- und Schießausbildung der ZK-Mitarbeiter sowie zahlreiche weitere Einzelheiten. Auch Auskünfte über den Inhalt von Telefongesprächen und Besprechungen sowie stenographischer Aufzeichnungen und Tonbandmitschnitte von Sitzungen des Zentralkomitees gehörten dazu. In einer konspritaiven Wohnung des Ministeriums für Staatsicherheit wurde eine Abhörvorrichtung installiert. Die Unterlagen über den kleinen, aber wirkungsvollen Agentenring beim ZK befinden sich heute in den nachgelassenen Archiven der DDR.

Die Spione der Stasi haben sich immer darum bemüht, bei Ereignissen, die Weltgeschichte machten, in der ersten Reihe zu sitzen. So war es auch beim Olympia-Massaker von München 1972. Stasi-Agenten schossen beim Überfall auf die israelische Olympia-Mannschaft jede Menge Fotos. Auch von dem Versuch des damaligen Bundesinnenministers Genscher, mit dem Anführer des Kommandos in Verbindung zu treten, bekam Mielkes Ministerium offenbar mehr mit, als im Westen bisher bekannt war. Immerhin war die DDR-Mannschaft, die nach offiziellen Ost-Berliner-Handbüchern von damals »im großen Kollektiv« an die Isar gereist war, im olympischen Dorf genau gegenüber dem israelischen Team untergebracht.

Da über das Ministerium für Staatssicherheit, dessen Verbrechen und die aus dieser Zeit bekanntgewordenen deutsch-deutschen Spionagefälle ganze Bibliotheken geschrieben worden sind, wird an dieser Stelle bewußt auf eine tiefergehende Darstellung verzichtet.

Amüsant ist jedoch die Beobachtung der BND-Präsidenten durch die Stasi. Die Zeitschrift »Quick« veröffentlichte nach dem Fall der Mauer Auszüge aus den Stasi-Akten von Klaus Kinkel, der von 1979 bis 1982 den Bundesnachrichtendienst geleitet hatte. In seiner Stasi-Akte stand – offenbar zum Leidwesen des MfS, Kinkel habe »keine Frauengeschichten« gehabt; er sei somit nicht erpreßbar gewesen. Bei Auslandsreisen erkundigte sich Kinkel telefonisch nicht nur nach dem Wohlbefinden seiner Frau, sondern fragte immer wieder auch nach »Arco«. Kein Name scheint häufiger in den Stasi-Akten Kinkels aufzutauchen als Arco. Doch Arco war nicht etwa eine Geliebte des späteren Außenministers, sondern sein Hund.

Mit dem Boxer Arco erlebte Kinkel im BND manche erheiternde Szene. Die mehr als fünf Jahrzehnte alten Frauenskulpturen im Garten des Präsidentenbaues scheint Arco nicht eben geliebt zu haben: Er knurrte sie immer wieder an und nutzte sie zuletzt nur noch, um das Bein zu heben. Arco und seinem Herrchen Kinkel verdankten die BND-Hunde eine Menge:

Eines Tages, es muß um die Weihnachtszeit gewesen sein, erhielt Kinkel einen mit Marzipan und Rosinen gefüllten fünf Pfund schweren Christstollen geschenkt. In seiner Aktentasche trug er ihn mit jenen Papieren nach Hause, die er am nächsten Morgen in aller Frühe zu bearbeiten gedachte. Am nächsten Morgen, man ahnt es schon, lag Arco nach Luft schnappend, pupsend und fast scheintot auf den kühlen Marmorplatten vor dem Kamin des Präsidenten-Bungalows. Arco hatte in der Nacht 2,5 Kilogramm Christstollen verschlungen und sich die Pfoten an den ebenfalls aus der Aktentasche gezerrten Papieren abgewischt. Das private Arbeitszimmer Kinkels muß einem Schlachtfeld geglichen haben. Der Starnberger Fachtierarzt für Chirurgie Dr. Röcken – er betreut nach eigenen Angaben »nicht die Hunde von Spionen, sondern die Wachhundestaffel des BND« – rettete Arco. Er schlug Kinkel vor, dafür zu sorgen, daß die BND-Wachhunde nach winterlichem Wachdienst im Zwinger Bodenheizungen bekommen. Aus Dankbarkeit für die Rettung von Arco erfüllte Kinkel bei Umbaumaßnahmen diesen Wunsch. Den meisten Mitarbeitern des BND dürfte die Geschichte der beheizbaren Hundezwinger nicht bekannt sein.

KAPITEL 2

INNEN-ANSICHTEN DES BND

Die Spionageschule

Nicht jedem Spion ist die Fähigkeit gegeben, sich in jeder Lebenslage zurechtzufinden. Auch das Handwerk des Spions erfordert Ausbildung. Deshalb wurde schon 1956 die »BND-Schule« gegründet. Sie ist das Gegenstück zum amerikanischen »Camp Peary«, der legendären CIA-Ausbildungsstätte nahe Williamsburg/Virginia. Zweihundert Mitarbeiter, unter ihnen fünfzig Lehrer, sind dazu abgestellt, die deutschen Geheimagenten in der BND-Schule diensttauglich zu machen. Auf dem BND-Gelände in Pullach und in einem Münchner 200-Betten-Internat werden rund 200 verschiedene Lehrgänge angeboten. Statistisch gesehen besucht jeder BND-Mitarbeiter alljährlich für 9,5 Tage BND-Lehrgänge. Im Mittelpunkt steht nachrichtendienstliches Handwerk: Wie führe ich nachrichtendienstliche Verbindungen? Wie observiere ich richtig? Wie bleibe ich selbst unbeobachtet? Wie fahre ich unter erschwerten Bedingungen wie Linksverkehr oder inmitten von Eselskarren in Ägypten? Wie fotografiere ich unauffällig mit meiner in der Krawattennadel oder Gürtelschnalle versteckten Minikamera? Wie plaziere ich eine Wanze?

In Oberammergau werden außerdem in einer Nato-Schule auch deutsche Spione ausgebildet und ein geheimdienstliches Sprachinstitut befindet sich in Garmisch-Partenkirchen. Dort residierte in der Zugspitzstraße auf dem Gelände der »Sheridan-Barracks« auch jene Abteilung, die junge Geheimdienstler und auch Diplomaten auf ihren Einsatz im Ausland vorbereitete.

Damit deutsche Spione nicht schon am deutschen Beamtenwesen erkannt werden, sollten sie sich auch auf internationalem Parkett unauffällig bewegen können. Tanz- und Benimmkurse (Wie esse ich Austern?) stehen daher ebenfalls im Angebot. Im Mittelpunkt aber dürfte die psychologische Schulung stehen. Zuhören, zuhören und nochmals zuhören lautet die Grundregel. Unter welchen Bedingungen ist jemand bereit, etwas preiszugeben, was er eigentlich nicht verraten dürfte? Natürlich lernt der BND-Mitarbeiter hier zunächst einmal, die Eitelkeiten eines jeden Menschen auszunutzen. Die Devise lautet schlicht: Schmeicheln Sie Ihrem Gegenüber! Geben Sie Geborgenheit! Sagen Sie der Zielperson, sein Arbeitgeber unterschätze ihn, eigentlich müsse er der Chef sein! Vermitteln Sie immer wieder das Gefühl, der wahre Wert Ihres Gegenübers werde von seiner Umgebung nicht erkannt!

Glaubt man den Lehrern der BND-Schule, so ist die Mehrzahl der Menschen in Anbetracht solcher Schmeicheleien gern bereit, auch selbst einmal mit vertraulichem Wissen aufzutrumpfen. Und wenn man dann noch wissen muß, wieviel das Gegenüber verdient? Nichts leichter als das. Ein Werbespot der deutschen Sparkassen dient der BND-Schule hier als Anschauungsmaterial: »Mein Haus. Mein Auto. Mein Boot.« Nach diesem Motto müsse man das Gegenüber nur lange genug provozieren. »Sozialarbeit« nennt man die Gesprächstaktik, arglosen Menschen wichtige Informationen abzuquatschen. Dabei wird darauf gebaut, daß Menschen grundsätzlich hilfsbereit sind. Wenn jemand anruft und behauptet, er sei neu in der Firma oder in einer anderen Abteilung und habe sein Paßwort für einen Computer verlegt oder sei legitimiert, vorübergehend Zugang zu einem bestimmten Computernetz zu erhalten, dann ist man in der Regel geneigt, ihm die gewünschten Informationen zu geben. So lernen deutsche Geheimagenten die Grundzüge des Gesprächsverhaltens, um mögliche Sicherheitsstufen bei der Spionage, etwa in ausländischen Behörden, elegant umgehen zu können. Wichtig sind für den Nachrichtendienstler vor allem Hintergrundinformationen. Namen, Fotos und Kurzbiografien von Mitarbeitern eines Unternehmens, die auszuspähen es sich lohnen könnte oder die auszuhorchen man beauftragt ist, wird man am leichtesten aus der Hauszeitschrift der betreffenden Unternehmen erhalten können. Weiß man solch grundlegende Dinge, so kann man gezielt weiterforschen.

Dieses »Abquatschen« wird auch im Praxistest erprobt. Eine beliebte Übungsaufgabe ist es, die Kursteilnehmer am

Ende eines Schulungskurses in ein Restaurant oder eine Gaststätte zu schicken, verbunden mit der Aufgabe, von einem Fremden im Gespräch möglichst viele Daten aus seinem Privatleben zu erhalten, ihn also unbemerkt »auszuquetschen«. Angeblich wird der Kursteilnehmer dabei gefilmt. Später werden die so gewonnenen Daten überprüft. Nur wer immer wieder Erfolg bei dieser Art des Aushorchens hat, hat die Chance, ein Top-Mann der operativen Abteilung zu werden.

Natürlich werden in der Schule des BND-Nachwuchses auch Mitarbeiter der operativen Abteilung, die in der arabischen Welt eingesetzt werden sollen, darauf hingewiesen, nicht mit der den Muslimen als unrein geltenden linken Hand zu essen und dem Gegenüber beim Schneidersitz nicht die Fußsohlen zu zeigen. Kulturelle Besonderheiten, Religionen der Welt und das Wissen, in welcher Weltgegend Verschwörungstheorien am beliebtesten sind (Naher Osten und Vereinigte Staaten), runden die Ausbildung des deutschen Agenten ab. Nach dem Besuch von 200 Kursen müßte man ihn eigentlich universell einsetzen können.

Die Schule schafft generelle nachrichtendienstliche Voraussetzungen. Den letzten Schliff bekommen deutsche Agenten dann noch in der Abteilung I (operative Aufklärung), unmittelbar bevor sie eine Mission ausführen. Erst dort erhalten sie auch jene geheimen Telefonnummern, die ihnen im Notfall einen Ansprechpartner vermitteln. Dort lernen sie das Austricksen der mikroprozessorgesicherten Türschlösser im Hotel, falls sie es nicht schon als Jugendstreich geübt haben. Und dort erhalten sie die »gefälschten« Ausweise und Nummernschilder, die sie, wie die Mitarbeiter von Bundesverfassungsschutz (BfV) und Militärischem Abschirmdienst (MAD), nach § 8 Abs. 2 des Bundesverfassungsschutzgesetzes bei der heimlichen Informationsbeschaffung zur Tarnung verwenden dürfen. »Normale« Deutsche dürfen Tarnpapiere nicht benutzen. Wer falsche amtliche Ausweise ein- oder ausführt und dabei erwischt wird, muß in Deutschland mit bis zu zwei Jahren Freiheitsstrafe oder zumindest einer Geldstrafe rechnen (Strafgesetzbuch, § 276). Mit bis zu einem Jahr Haft wird derjenige bestraft, der ein Ausweispapier, das für einen anderen ausgestellt ist, zur Täuschung im Rechtsverkehr benutzt. Im Gegensatz dazu sind die Tarnpapiere der Agenten völlig legal und gesetzlich abgesichert. Die »gefälschten« Nummernschilder der Dienstfahrzeuge deutscher Geheimagenten bieten zumindest einen unschätzbaren Vorteil: Sobald wegen Straßenverkehrsdelikten ermittelnde Behörden auf den Halter »BND« (gleiches gilt auch für das BfV) stoßen, werden die Ermittlungsverfahren eingestellt.

Nach diesen Ausbildungsstufen gelten die Sinne des deutschen Geheimagenten als geschärft: Sie werden von nun an beim Autofahren öfter als andere in den Rückspiegel schauen, um mögliche Verfolger zu erkennen, und im Falle der Bedrohung eine Menschenansammlung aufsuchen, um in deren Schutz dem Gegner zu entkommen. Sie haben vor allem auch sogenannte Schütteltricks gelernt. Bewährt ist etwa die Methode, als letzter Passagier ein öffentliches Verkehrsmittel wie Bus, S- oder U-Bahn kurz vor der Abfahrt zu besteigen oder sich in einem Kaufhaus als letzter in den Fahrstuhl zu drängeln. Wer wissen will, ob er beschattet wird, sollte auf einer Autobahn das Tempo auf 60 Stundenkilometer begrenzen. Wer nicht überholt, kann ein Observant sein. DDR-Agenten übrigens lernten Schütteltricks auf der Spionageschule im brandenburgischen Belzig.

Kampfsportarten werden dagegen in der Pullacher Spionageschule nicht unterrichtet. »Wir wollen keine Rambos und keine James Bonds. Unsere Leute sollen mental überzeugen und sich perfekt an ihre Umgebung anpassen«, sagt ein BND-Lehrer. Auch im Gebrauch von Schußwaffen unterrichtet die Schule nicht. Von 6029 BND-Mitarbeitern haben angeblich nur etwa 50 eine Schußwaffe, so etwa die Wachmänner. Man erwägt aber offenbar, zumindest die »Vorneverteidigung« in das Schulungsprogramm einzubeziehen: Flirt-Kurse sollen möglicherweise bald den sonst hoffentlich eher zurückhaltenden Beamtennaturen für notwendige Einsätze eine gewisse Direktheit vermitteln.

Während man in den fünfziger und sechziger Jahren auch die Kunst des Kompromittierens lernte, gilt dieses heute im BND als verpönt. In früheren Jahren war es üblich, Menschen auch in verfänglichen Situationen – etwa im Bett mit einer Geliebten – zu filmen und anschließend mit dem Material zu erpressen. Die ostdeutsche Stasi hat diese Methode ja bis zum Schluß angewandt. Im BND, so berichten dessen Mitarbeiter heute, werde solcherlei Vorgehen schon seit langem nicht mehr von der Amtsleitung gewünscht und daher in der Spionageschule auch nicht mehr unterrichtet.

Zur BND-Schule gehören auch die Dolmetscher des Dienstes. Sie sprechen fünfzehn verschiedene Sprachen (u.a. Spanisch, Italienisch, Farsi und Polnisch). Bei weniger geläufigen Sprachen (beispielsweise einem von 400 nigerianischen Dialekten) werden im Bedarfsfalle gern andere Dienste zu Rate gezogen. In der Abteilung für Übersetzung wird auch eine selbsterfundene technische Errungenschaft des Dienstes verwandt: die maschinelle Übersetzung. Auf diesem Gebiet ist der BND heute weltweit führend. Die ursprünglich von den Amerikanern entwickelte maschinelle Übersetzung wurde vom BND soweit perfektioniert, daß man die Ergebnisse auch der deutschen Industrie zur Verfügung stellen konnte. Siemens soll nach Angaben aus Pullach bei der Entwicklung eines »elektronischen Wörterbuchs« von diesen Erkenntnissen profitiert haben.

Doch nicht immer arbeiten die maschinellen Übersetzer zur vollen Zufriedenheit deutscher Geheimagenten. Aus dem englischen Satz »Daylight slants like a razor« machten sie »Tageslichtneigungen mögen einen Rasierapparat«, obwohl es in Wirklichkeit heißen müßte: »Tageslicht fällt schräg wie ein Rasiermesser«. Und der bayerische König Ludwig II. wurde in einem Text bei der Rückübersetzung aus dem Englischen zu »Ludwig, die Sekunde«. Trotz dieser Fehler ist die maschinelle Übersetzung ein Wachstumsmarkt nicht nur bei Geheimdiensten. Weltweit werden jährlich etwa 250 Millionen Seiten technischer Anleitungen, Geschäftskorrespondenz, juristischer Texte und dergleichen von einer Sprache in eine andere übertragen. Allein das entspricht einem Übersetzungsmarkt mit einem Volumen von etwa 12 Milliarden Dollar jährlich. In Europa wird der Markt für maschinelle Übersetzungen auf 20 bis 30 Millionen Dollar geschätzt. Bei der Kommission der Europäischen Gemeinschaft in Brüssel schlägt sich die Sprachenvielfalt des Kontinents mit einer Million zu übersetzenden Seiten pro Jahr nieder; bei Industrie und Handel dürfte ein noch wesentlich größerer Markt dafür vorhanden sein. Für die Pullacher Agenten ist all das eine schreckliche Vorstellung, denn derart viele Vorgänge überwachen zu lassen, ist für sie unmöglich.

Die Abteilungen

BND-Präsident Gehlen benahm sich, wie man es von einem Präsidenten erwartete: Er herrschte. Vieles ist seit seiner Ablösung 1968 geändert worden. Bis dahin gab es nicht einmal Abteilungsstrukturen. Erst Gehlens Nachfolger Gerhard Wessel ließ diese einführen. Wessel beauftragte den heute in Washington für die Beziehungen des Bundesnachrichtendienstes zu den amerikanischen Geheimdiensten zuständigen Mann mit der Bildung von Abteilungen. Er gliederte den Dienst in Nachrichtenbeschaffer, technische Beschaffer, Auswerter und eine für Personal, Sicherheit und Verwaltung zuständige Abteilung. Der schon mehrfach erwähnte, BND-Mann der im Frühjahr 1996 nach Auffassung seiner Freunde wohl gerne selbst als Nachfolger von Porzner im BND-Präsidentensessel Platz genommen hätte, übernahm ab 1971 angeblich die Abteilung IVa mit den Gebieten Grundsatzreferat, Organisation, Planung, Haushalt, Verteidigungsmaßnahmen, Dienstpostenbewertung und eine bis heute in der Öffentlichkeit kaum bekannte deutsche »Gladio«-Abteilung. Die »Gladio«-Einheit wurde inzwischen aufgelöst. Diese Abteilung hatte die Aufgabe, im Kriegsfall hinter den feindlichen Linien aktiv zu werden. Durch Sabotage und Terroranschläge sollten dem Feind Nadelstiche zugefügt werden. »Gladio« hatte in Hannover und Berlin eigene Stützpunkte und eine eigene Infrastruktur. Die ganze Operation lief ausschließlich unter alliierter Kontrolle. Im Kriegsfalle sollte »Gladio« nach Portugal verlegt werden. Waldarbeiter entdeckten 1981 33 Erddepots mit automatischen Waffen, chemischen Kampfmitteln, 14.000 Schuß Munition, 509 Panzerabwehrrohren, 156 kg Sprengstoff, 230 Sprengköpfen und 258 Handgranaten. Man behauptete, dieses Depot sei von dem Rechtsextremisten Lembke angelegt worden. In Wirklichkeit war es offenbar eines von vielen »Gladio«-Depots (vgl. dazu Erich Schmidt-Eenboom, Der BND, S. 365 ff.). In Österreich fand man noch im Mai 1997 ein Waffenlager, das offenbar der frühere sowjetische KGB im subversiven Kampf gegen »Gladio« angelegt hatte. Sprengstoffe, Zeitzünder, Faustfeuerwaffen und Munition waren in einem Waldstück für die Sabotage-Akte von KGB-Agenten gebunkert worden.

BND-Präsident Kinkel erweiterte das System um eine eigenständige Sicherheitsabteilung. Später wurde dann auch die technische Unterstützung ausgegliedert. Heute gibt es sechs eigenständige BND-Abteilungen: Operative Aufklärung (Abteilung I), Technische Aufklärung (Abteilung II), Auswertung (Abteilung III), Verwaltung (Abteilung IV), Sicherheit und Abwehr (Abteilung V) und Technische Unterstützung (Abteilung VI). Auf den ersten Blick klingt das alles nach verkrusteten, langweiligen Beamtenstrukturen. Doch hinter diesen Abteilungen verbergen sich Zündstoff und Geschichten, die ein Thriller-Autor kaum spannender erfinden könnte.

Agenten im Einsatz: Die operative Aufklärung

In der Abteilung I sind die klassischen Spione angesiedelt. Das sind jene Menschen, die wir aus James-Bond-Filmen oder dem »Dritten Mann« zu kennen glauben und die diesem Klischee zufolge schlapphutbewehrte Träger von Sonnenbrillen sind, die mit einer Lizenz zum Töten durch die Lande reisen und zum Schutz ihres Heimatlandes, fortwährend auf der Flucht vor obskuren Verfolgern, aus dunklen Büroräumen brisante Geheimnisse entwenden müssen. In Wahrheit ist der deutsche Spion der Gegenwart von seinem Umfeld äußerlich nicht zu unterscheiden. Charismatische Frauenhelden, die fortwährend einen Martini in der Hand halten, mag es zwar auch beim BND geben. Doch die Mehrzahl ist farblos und blaß. Die 1100 Mitarbeiter der operativen Aufklärung arbeiten nach der Devise Maos, sich wie Fische im Wasser zu bewegen und bloß nicht aufzufallen – eine Devise, die Mao allerdings für Revolutionäre, nicht aber für Agenten ausgegeben hatte. Je unauffälliger und mittelmäßiger, desto besser. Im Gegensatz zur zweiten Säule der Nachrichtenbeschaffung des BND, der technischen Aufklärung, arbeitet man hier nur mit »menschlichen Quellen«. Normalbürger würden diese wohl schlicht Spione nennen.

Doch wie wirbt man einen Spion an? Der BND hat hierfür Frauen und Männer, die man im Beamtendeutsch Verbindungsführer nennt. Sie sollen Menschen so bearbeiten, daß man diese irgendwann einmal als »Quellen« abschöpfen kann. Mehr als die Hälfte der »Verbindungsführer« sind beim BND heute Frauen. Frauen gelten als diskreter und psychisch belastbarer als ihre männlichen Kollegen. Bei den britischen Geheimdiensten sieht man das ähnlich – dort wurde 1992 eine Frau zur MI5-Chefin ernannt, doch es gibt Staaten, in deren Geheimdienstwelt Frauen als Sicherheitsrisiko angesehen werden. Beim KGB waren 1958 nur drei Frauen beschäftigt. Sie waren Veteraninnen des Zweiten Weltkrieges. Und 1970 gab es im operativen Feld des KGB nicht eine Frau. Erst der Geheimdienstchef und spätere Staatspräsident Andropow rekrutierte in den frühen achtziger Jahren wieder Frauen für den KGB. Und bei der CIA sind heute 15 Prozent der Abteilungsleiter Frauen – doppelt so viele wie noch Anfang der neunziger Jahre. Der israelische Mossad setzt Frauen mit Vorliebe dazu ein, um Männern den Kopf zu verdrehen und beim Bettgeplauder Geheimnisse zu erfahren.

Nicht jede Quelle weiß von ihrem Glück. Und auch nicht jede Quelle wird sofort aktiviert. Manchmal läßt man seine potentiellen Informanten jahrelang in Ruhe; im Fachjargon werden solche Menschen »Schläfer« genannt. Je nachdem, wie ergiebig oder wie kapriziös die Abzuschöpfenden sind oder wie schwierig deren Aufgabengebiet ist, führen Verbindungsführer eine unterschiedliche Zahl von Quellen. Diese können dabei ebenso Mitarbeiter einer ausländischen Regierung sein wie Sekretärinnen in Rüstungsbetrieben oder schlicht Einwohner einer Hafenstadt, die für ihren Verbindungsführer beispielsweise Matrosen ausländischer Kriegsschiffe beim Kneipenbesuch aushorchen sollen.

In vergangenen Jahrzehnten hat der BND an vielen Zentren des politischen Geschehens Agenten einschleusen können. So schöpfte man in den sechziger Jahren nach Angaben von BND-Agenten in Washington auch einen engen Mitarbeiter des amerikanischen Präsidenten Nixon ab. Im Geiste lassen die deutschen Agentenführer offenbar heute noch immer die Champagnerkorken knallen, wenn sie an diesen Erfolg zurückdenken. Angeblich plaziert man seine Spione heute nicht mehr im Weißen Haus, in der Downing Street oder am Quai d'Orsay. Aus der operativen Abteilung heißt es dazu: »Wenn so etwas auffliegt, müßte die politische Führung Deutschlands auch hinter uns stehen. Hieran aber mangelt es. Man will sich zwar den Pelz waschen, aber nicht naß machen. Morgen schreit man, hier ist ein neuer Brennpunkt. Warum habt ihr da nichts? Doch gleichzeitig baut man Planstellen ab und erwartet, daß wir mit immer weniger Verbindungsführern immer mehr und immer bessere Quellen führen. Das aber ist die Quadratur des Kreises.«

Neben Geschäftsleuten, Waffenhändlern und Regierungsangestellten sind für alle Geheimdienste der Welt auch Journalisten ein Ziel von Abschöpfungsbemühungen. John le Carré, der von 1960 bis 1964 für den britischen Geheimdienst MI6 arbeitete, behauptet, daß die britischen Geheimdienste weite Teile der Presse kontrollieren. 1975 wurde bei Senatsanhörungen in Washington behauptet, jeder zweite Journalist einer großen britischen Tageszeitung stehe auf der Gehaltsliste von MI6. Die britische Nachrichtenagentur Reuters verhalf in den fünfziger Jahren den Agenten Ihrer Majestät zu Legenden, also konstruierten Biographien. Man müßte sich wundern, wenn der BND den Spitzeln Ihrer Majestät einen Wissensvorsprung zubilligen und sich nicht ebenfalls dieser Methoden bedienen würde.

Während man in der Vergangenheit vor allem unter deutschen Aussiedlern aus der UdSSR beziehungsweise deren Nachfolgestaaten erfolgreich Quellen und Spione anwerben konnte, hat man heute neben den Angehörigen politischer Eliten auch Asylsuchende im Visier. Nach Angaben aus Pullach werden deren Akten nach »einem Kriterienkatalog gesichtet«. Auch russische Asylsuchende werden von BND-Mitarbeitern ausgefragt. In Pullach legt man Wert auf die Feststellung, daß »nur Namen, Asylgrund und die militärische Einheit« abgefragt werden. Diese Aussagen seien freiwillig und hätten keinen Einfluß auf das Asylverfahren. Russische Asylsuchende, die behaupten, sie müßten Asyl in Deutschland erhalten, da ihnen in ihrer Heimat die Hinrichtung drohe, weil sie befragt worden seien, werden in Pullach belächelt. Insgesamt machen Asylbewerber unter den Informanten des BND aber weniger als zwei Prozent aus.

Neben den klassischen Spionen hält die operative Abteilung in Pullach auch den Kontakt zu anderen Nachrichtendiensten der Welt. Diese kommen als Informationsquelle ebenfalls in Betracht. Manche BND-Mitarbeiter sehen diese

Zusammenarbeit allerdings sehr nüchtern. Ein ranghoher Mitarbeiter der operativen Abteilung berichtet: »Eine wirkliche Freundschaft zwischen den Nachrichtendiensten verschiedener Länder gibt es nicht. Das ist Geschäft und nicht Emotion. In Wirklichkeit gibt es keine Partnerdienste, nur wahrzunehmende Interessenparallelen. Natürlich wird an historische Bündnisse erinnert, so wie auch Israel uns immer wieder an unsere historische Schuld erinnert oder einfach unsere Erkenntnisse über ein bestimmtes arabisches Land abfragen will. Auch die Franzosen erinnern uns immer wieder an die deutsch-französische Freundschaft, aber das Geschäft ist knallhart.« Solcherlei hört man auch aus anderen Abteilungen des Bundesnachrichtendienstes immer wieder.

So verwundert es kaum, daß der BND auch mit Geheimdiensten zusammenarbeitet, die sich untereinander spinnefeind sind. Beispiel dafür sind Taiwan und China. Mit dem taiwanesischen Dienst kooperiert man schon seit langem, mit dem chinesischen »Guojia Anquan Bu«, trotz dessen Rolle bei dem Massaker am Platz des Himmlischen Friedens am 4. Juni 1989, erst seit 1996. Gemeinsam mit den kommunistischen Chinesen will der BND nicht nur technische Quellen auswerten, sondern auch menschliche Quellen in Süd- und Ostasien anwerben. Das alarmiert jene asiatischen Regierungen, die Chinas Großmachtgelüste mit Sorge betrachten. Der Spiegel schreibt dazu: »Die Deutschen fühlen sich gegenüber Peking anscheinend in Bringschuld: Der BND betreibt schon seit Jahren Horchposten an der chinesischen Grenze zu den Staaten der früheren Sowjetunion. Bei regelmäßigen Besuchen von Beamten der BND-Unterabteilung 13 überreichen die Chinesen umfangreiches elektronisches Material« (Spiegel, Heft 39/1996, S. 182).

Immer wieder wird vermutet, daß sich die Nachrichtendienste bei der Beschaffung von Informationen in verschiedenen Weltgegenden abgesprochen hätten. Man mutmaßt, in Afrika beobachteten die Franzosen angeblich nur den frankophonen Westteil und die Briten den anglophonen Osten, während die Italiener »ihre« früheren Kolonien Eritrea und Äthiopien, die Belgier den Kongo und der BND Namibia das frühere Deutsch-Südwestafrika, scharf im Visier haben. Das wird in Pullach dementiert. Es stimme einfach nicht, daß man sich die Welt in nachrichtendienstliche Einflußsphären aufgeteilt habe. Gegenseitiges Mißtrauen hindere die Geheimdienste an solchen Absprachen. Auf dem in Hinsicht auf Spionage wenig bedeutenden schwarzen Kontinent sei es am günstigsten, gleich die Staatspräsidenten selbst auf der Gehaltsliste zu haben. Beim BND ist man stolz darauf, daß man zu Beginn der sechziger Jahre in einem zentralafrikanischen Land noch großen Erfolg mit einer Märklin-Eisenbahn hatte, die man dem Sohn eines schwarzen Staatsführers geschenkt habe; heute dagegen fordere auch dort jeder für Informationen einen mit Dollarnoten gefüllten Koffer.

Es gibt wohl keine Quelle, die für den BND nicht – irgendwann – interessant sein könnte. Ganz oben auf der Prioritätenliste stehen aber Staatsoberhäupter und die Ziele der von ihnen geführten Regierungen. Auch Rüstungsvorhaben (Militärspionage) und staatliche Wirtschaftspläne (Wirtschaftsspionage) sind für den BND von Interesse; angeblich jedoch nicht die eigenständigen Entwicklungen und Verkaufsverhandlungen einzelner ausländischer Unternehmen (Industriespionage).

Eine Grundregel des Dienstes lautet, zunächst von Quellen nur diejenigen Dinge beschaffen zu lassen, die das geringste Risiko der Entdeckung bergen; zunächst also offenes Material, und erst danach halboffenes Material (für dessen Einsicht man beispielsweise einem bestimmten Gremium angehören muß). An nächster Stelle steht die fernmeldetechnische Aufklärung (durch Abteilung II). Erst wenn das alles nicht genügend Erkenntnisse erbringt, wird der klassische Geheimagent der operativen Abteilung beauftragt, selbst Nachrichten zu beschaffen. Doch wozu benötigt man heute überhaupt noch Geheimagenten? Könnte man es nicht bei Satellitenaufnahmen und Lauschangriffen bewenden lassen?

Es ist nicht abzusehen, daß Geheimagenten arbeitslos und überflüssig werden. So kann die technische Aufklärung aus dem Weltall zwar die Verlegung von Truppenteilen beobachten, das Verschrotten von Sprengköpfen oder den Bau von Fabriken. Sie kann dem BND aber nicht mitteilen, welche verborgenen Absichten beispielsweise ein Diktator wie Saddam Hussein hat. Aber auch demokratisch gewählte Regierungen hegen Absichten, die auszuforschen sich lohnen kann. Dazu muß man nach wie vor eine menschliche Quelle möglichst dicht am Auszuspähenden plazieren. Um dessen Absichten und längerfristige Ziele zu erkunden, hatte der BND beispielsweise einen Mann in Nixons Umgebung plaziert, und aus dem gleichen Grund bemüht er sich auch heute, in den wichtigsten Hauptstädten der Welt unmittelbaren Zugang zum Denken der wichtigsten Entscheidungsträger zu erhalten. Ein Beispiel möge dies verdeutlichen: Vor dem Kuwait-Krieg boten amerikanische Satellitenaufnahmen und die Funkaufklärung zwar einen ernstzunehmenden Hinweis auf mögliche Angriffspläne. Solche Aufnahmen legte die CIA Präsident Bush vor. Doch weil man keinen Agenten in der Umgebung des irakischen Führers plaziert hatte, blieb der CIA der Einblick in die Gedankenwelt des Diktators verborgen. Die Satellitenaufnahmen waren nur Momentaufnahmen. Sie lieferten dem Betrachter nicht die Erklärung, was mit der Truppenkonzentration beabsichtigt wurde. War es ein Manöver? Bush jedenfalls glaubte fest daran, bis die irakische Armee im Handstreich das Emirat Kuwait eroberte.

OPERATION HERZENSWUNSCH

Auch der Gesundheitszustand eines Staatsführers kann mit Hilfe der technischen Aufklärung allein wohl kaum ermittelt werden. Er ist aber oftmals von großer Bedeutung für politische Entscheidungsträger. Beispiel dafür waren die lange Zeit geheimgehaltenen Herzattacken des russischen Staatspräsidenten Boris Jelzin. Nicht nur die Bundesregierung suchte Informationen darüber zu gewinnen, ob Jelzin unrettbar krank oder genesungsfähig sein würde. Für die Öffentlichkeit mag der Vorschlag von Bundeskanzler Kohl, einen deutschen Herzfachmann für die Operation Jelzins anzubieten, vor allem eine menschlich großzügige Geste gewesen sein. Aus der Sicht des Bundesnachrichtendienstes war es dagegen angeblich vor allem die Chance, von dem deutschen Herzchirurgen (einer aus BND-Sicht wertvollen »Quelle«) aus erster Hand zu erfahren, wie krank der russische Präsident in Wirklichkeit war; der BND hoffte, den Chirurgen – mit oder ohne sein Wissen – »abschöpfen« zu können. Erst in zweiter Linie wollte man nach Angaben von BND-Mitarbeitern dazu beitragen, daß Jelzin möglichst lange lebt. Offiziell wird das in Pullach allerdings dementiert. Besser als von jeder technischen Aufklärung habe man, heißt es in Geheimdienstkreisen, von einem deutschen Herzchirurgen unmittelbar nach der Operation einen Bericht über den tatsächlichen Gesundheitszustand des für seine Alkoholexzesse bekannten Moskauer Führers erwarten können. Auch andere Regierungen, beispielsweise Washington, boten Jelzin in diesem Zusammenhang ihre Hilfe an. Es liegt auf der Hand, daß dabei nicht ein einziger der Politiker, die den Moskauern ihre medizinischen Koryphäen andienten, allein aus Barmherzigkeit handelte: Es war politisches Kalkül, möglichst gesicherte Erkenntnisse darüber zu erlangen, wie lange man noch mit Jelzin würde rechnen müssen, und ab wann man etwa die Aufmerksamkeit verstärkt seinem Umfeld, sprich: möglichen Nachfolgern, werde schenken müssen.

Seit langem beobachtet der BND den Gesundheitszustand der wichtigsten Staatsführer der Welt. 1978, bei einem Besuch des früheren sowjetischen Staatschefs Breschnew in Bonn, wurde in seinem Nachtquartier auf dem Petersberg eine Toilette von Spezialisten des BND so präpariert, daß die Abwässer aufgefangen werden konnten. Stuhlproben wurden dann auf mögliche Krankheiten hin untersucht. Das ist eine heute bei Geheimdiensten aller Länder vor allem in Zusammenhang mit Staatsbesuchen übliche Praxis und der Grund dafür, warum manche Regierungschefs auf jede Auslandsreise eine Campingtoilette mitnehmen. Es war jener Besuch, bei dem sich Breschnew ohnehin nicht sonderlich wohl gefühlt hatte; den als Geschenk erhaltenen neuen Mercedes soll er angeblich gleich in den Serpentinen am Petersberg vor eine Mauer gesetzt haben. Glaubt man einem deutschen Diplomaten, so war Breschnew nach dem Unfall ausgestiegen und hatte lakonisch gesagt: »Die Farbe hat mir ohnehin nicht gefallen.«

RESIDENTUREN ALS ANGELHAKEN

Vor der Wende war der BND – und damit auch die operative Abteilung – vornehmlich auf den Ostblock ausgerichtet. Heute erwarten Bundeskanzleramt, Präsidialamt und Ministerien, von ihrem Auslandsnachrichtendienst weltweit aus erster Hand erstklassig unterrichtet zu werden. Ein leitender Mitarbeiter der operativen Abteilung sagt dazu: »Wir sollen schon immer alles gewußt haben, wenn morgen irgendwo auf der Welt eine Krise ausbricht.«

Neben der Aufklärung des Ostblocks, die oberste Priorität hatte, stand auch früher schon der Nahe Osten an zweiter Stelle. Entsprechend teilte man die Kräfte ein. Zwar verfügte man auch schon im Kalten Krieg über ein weltumspannendes Netz von Residenturen, doch dienten diese offiziellen Niederlassungen etwa in Singapur, Hongkong oder Rio de Janeiro nicht vorrangig dazu, Singapur, Hongkong oder Brasilien auszuspähen. BND-Mitarbeiter vergleichen das System eher mit »einer ausgeworfenen Angel«. Diese Residenturen seien so unzureichend getarnt gewesen, daß auch Nichteingeweihte sie als Geheimdienstfilialen erkennen konnten, heißt es in Pullach. Man habe damit fern von Europa unzufriedenen östlichen Diplomaten die Gelegenheit geben wollen, Kontakte zum BND zu knüpfen und sich anwerben zu lassen. Den scharfsichtigen Mitarbeitern des Ministeriums für Staatssicherheit sei nach der Eröffnung einer neuen BND-Niederlassung immer schnell klargewesen, daß es sich nicht wirklich um ein »Handelsbüro« oder um einen »Militärattaché« handelte. Altgediente Mitarbeiter der Abteilung I berichten heute, es sei »auftragsgerecht« gewesen, diese Residenturen nicht oder nur schlecht zu tarnen. Das ist heute nicht anders. Noch immer sieht man im Netz der mittlerweile immerhin 81 Niederlassungen umfassenden Residenturen einen »schlecht getarnten Angelhaken, an den potentiell abschöpfungsgewillte Ausländer anbeißen sollen« (zum Vergleich: die CIA verfügt derzeit in mehr als 130 Staaten der Welt offiziell über Auslandsresidenturen. Fünfzehn Prozent der CIA-Mitarbeiter sind in den Residenturen tätig. CIA-Niederlassungen haben nach offiziellen amerikanischen Angaben zwischen einem und sechzig – so etwa in Tokyo – Mitarbeitern) .

Die am BND-Angelhaken ausgeworfenen Köder scheinen zu schmecken. So hat ein russischer Diplomat beim small talk auf einer Diplomatenparty in Washington einem deutschen Geheimdienstler für den späteren Zeitpunkt seiner Rückkehr nach Moskau seine Dienste angeboten – nicht aus demokratischer Gesinnung, sondern wegen benötigter regelmäßiger Finanzhilfen. Heute berichtet der Mann regelmäßig, pünktlich und zuverlässig aus dem russischen Außenministerium. Das ist kein Einzelfall. Andere im Ausland angeworbene ehemalige sowjetische Diplomaten sitzen heute auf Chefsesseln, auch in den Nachfolgestaaten der einstigen Supermacht. Egal, ob russische, ukrainische oder georgische Diplomaten: Der BND ist daran interessiert, sie fern der Heimat anzuwerben, um sie nach der Rückkehr ins Heimatland gegen entsprechende Bezahlung von einem Verbindungsführer als Quelle abschöpfen lassen zu können. Das ist keine Besonderheit des Bundesnachrichtendienstes; auch die Briten (sie nennen ihre Residenturen »walk in«), Franzosen und Amerikaner verfahren so. Residenturen sind zudem Liaison-Büros, in denen gemeinsame Aktionen mit den Geheimdiensten des Gaststaates abgesprochen werden. Manchmal werden Residenturen aber auch nur für bestimmte Operationen eröffnet. So jedenfalls soll es Ende der achtziger Jahre nach Angaben des derzeitigen BND-Residenten in Washington im Falle der – inzwischen wieder geräumten – Teheraner BND-Niederlassung gewesen sein.

Ein BND-Mitarbeiter, der über mehrere Jahre verschiedene Residenturen des Dienstes im Ausland leitete, sagt dazu: »Der Druck ist heute ungeheuer groß, mit dieser Arbeit Erfolg zu haben. Aber der Aufbau nachrichtendienstlicher Verbindungen kostet nicht nur Geld, sondern auch viel Zeit. Diese Zeit haben kommunistische Regime wie die DDR oder die Sowjetunion bei ihren Anwerbungsversuchen gehabt, nicht aber parlamentarisch-demokratische Systeme. Denn kaum verstehen beispielsweise die Mitglieder der deutschen Parlamentarischen Kontrollkommisssion die Eigentümlichkeiten unseres operativen Vorgehens, schon wechseln sie, und wir müssen einem neuen Mitglied alles wieder von vorne erklären. Das ist wirklich ermüdend.«

DIE RISIKEN DER SPIONAGE

Geheimdienstliche Tätigkeit ist zunehmend riskoreich. Zwar ist es seit den fünfziger Jahren unter allen Nachrichtendiensten der Welt ein – nur in wenigen Fällen durchbrochenes – Gesetz, daß sich Angehörige verschiedener Nachrichtendienste nicht gegenseitig töten. »Missing in action« – das gab es im BND in den zurückliegenden Jahrzehnten nicht. Wohl wurden enttarnte BND-Agenten und Verbindungsführer sowohl in der ehemaligen DDR als auch in der Sowjetunion hingerichtet, doch Fälle, bei denen beispielsweise der KGB einen Mitarbeiter des BND vorsätzlich ermordet hat, gibt es trotz zahlreicher Spekulationen nicht. In Pullach heißt es: »Das könnte schon bald anders werden.« Mit den neuen Tätigkeitsfeldern »Drogenhandel«, »Waffenschmuggel«, »organisierte Kriminalität« kommen auch bislang unbekannte Risiken auf den BND zu. Denn seine Leute haben es nicht mehr nur mit staatlich gelenkten Agenten zu tun, die nach einem Mindestkomment handeln, sondern mit Gangstern; mit Gangstern allerdings, die überregional organisiert und deshalb besonders gefährlich sind. Wer heute in das Abwehrnetz eines weltweit operierenden kolumbianischen Drogenringes oder eines russischen Netzwerkes von Plutoniumhändlern eindringt, lebt in der Gefahr, ermordet zu werden. Noch ist unter keinem Dienstfahrzeug eines BND-Mitarbeiters eine Bombe explodiert. Aber es scheint eine Frage der Zeit zu sein, bis die operative Abteilung auch mit solchen Fällen konfrontiert sein wird.

Die Spione des BND sehen sich verstärkt gezwungen, auch Kriminelle als Informationsquellen zu nutzen. Ohne entsprechende Kontakte wäre der BND bei den neuen Aufgaben wohl zum Scheitern verurteilt. Das kann beide Seiten in arge Bedrängnis bringen: Wenn ein Waffen- oder Drogenhändlerring enttarnt wird, so werden all jene Mitglieder, die einmal Kontakt zu einem Verbindungsführer des BND hatten, vor Gericht behaupten, von ihm angestiftet worden zu sein oder aber zumindest mit Billigung Pullachs gehandelt zu haben. Und wer weiß schon, ob nicht manch ein Verbindungsführer die kriminelle Energie seiner Leute fördert? Der Fall Berge Balanian zeigt, welche Welten zwischen den Aussagen der Betroffenen liegen können.

Berge Balanian, ein Libanese mit deutschem Paß, wurde im September 1992 von einem Verbindungsmann des BND auf seine Libyen-Geschäfte angesprochen. Balanian arbeitete damals für die belgische Firma SIM, die westlichen Geheimdiensten in Zusammenhang mit illegalen Lieferungen für das libysche Massenvernichtungs-Waffenprogramm aufgefallen war. Balanian äußerte sich in neun Gesprächen mit einem BND-Mann angeblich nur allgemein zur Lage in Libyen, nicht aber zu seinen dortigen Aktivitäten. Damals wußte man in Pullach angeblich nicht, daß Balanian über seine belgische Briefkastenfirma »Balanias« Ausfuhrdokumente fälschte und in Deutschland neben Computersteuerungsanlagen auch Ersatzteile für bereits bestehende Giftgasproduktionsanlagen in Libyen beschaffte. Balanian betrieb nach Auffassung des BND ein Doppelspiel: Einerseits bot er sich dem BND als Informant an, andererseits verbarg er seine wahren Geschäftspraktiken.

Als seine illegalen Aktivitäten dann im August 1996 bekannt wurden, setzte er sich in den Libanon ab und behauptete, er habe in den vergangenen vier Jahren alle illegalen Lieferungen nach Libyen mit dem BND abgesprochen, der selbstverständlich das Gegenteil behauptete. Doch wer sagt die Wahrheit? Verständlicherweise geriet man in Pullach ins Schwitzen. Wie konnte man sich aus der Affäre ziehen, ohne Schaden zu nehmen? In einer 19 Seiten langen Presseerklärung gestand man die Kontakte zu Balanian schließlich ein, allerdings, ohne eine direkte Verwicklung in die illegalen Lieferungen zuzugeben.

Es gibt andere Fälle, in denen der BND angeblich kriminelle Praktiken unterstützt haben soll. Im irakisch-iranischen Krieg, als Saddam Hussein aus Bonner und Pullacher Sicht noch ein akzeptabler Verhandlungspartner war, soll der BND geduldet haben, daß der Irak nicht nur Nährlösungen für die biologische Waffenproduktion erhielt, sondern auch noch Sprühwalzen, mit deren Hilfe aus Drohnen (unbemannten Flugzeugen) über dem Gebiet des Gegners biologische Kampfstoffe versprüht werden konnten. Daran mag sich heute in Pullach niemand mehr erinnern, obwohl den Vereinten Nationen angeblich Beweismaterial vorliegen soll. Falls dieses je veröffentlicht würde, hieße es wohl aus Pullach, man habe zwar Kontakt zu jenen Händlern des Todes unterhalten, ihre Praktiken aber nicht gefördert.

Doch die klassischen Spione der operativen Aufklärung sehen sich weiteren Schwierigkeiten gegenüber. Sie fragen sich zunehmend, womit sie heutzutage noch Zielpersonen zum Verrat animieren können. In der Vergangenheit hatten sie es einfacher. Während des Kalten Krieges war die Ideologie eine vorzügliche Argumentationshilfe. KGB-Agenten arbeiteten mit der Überlegenheit des Sozialismus, westliche Agenten hielten mit den Errungenschaften der Demokratie dagegen. Doch den Kurier eines milliardenschweren Geldwäschers, der selbst nicht zu den Armen gehört, kann man damit gewiß nicht locken. In einer zunehmend materiell geprägten Welt gerät der BND beispielsweise gegenüber den

Drogenbossen bei der Anwerbung von Agenten oder Informanten immer öfter ins Hintertreffen. In Pullach heißt es dazu: »Manchmal böte sich dem BND die Chance, Informanten aus dem schwerstkriminellen Milieu der Nuklearschmuggler, Drogen-, Waffen- und Menschenhändler zum Geheimnisverrat anzustiften, wenn man ihnen etwas versprechen könnte, was sie mit all ihrem Geld weder legal noch illegal kaufen können: beispielsweise Asyl in Deutschland. Doch die Asylgewährung liegt nicht in der Hand des BND.« Es dürfte nur eine Frage der Zeit sein, bis sich die Bundesregierung mit dieser schwierigen Frage – vielleicht auch unter Ausschluß der Öffentlichkeit – befassen wird.

EIN KASSENPRÜFER ALS BANKRÄUBER

Die finanzielle Seite der klassischen Spionage scheint von Jahr zu Jahr an Bedeutung zu gewinnen. Die Verbindungsführer der operativen Abteilung – sie haben große Geldbeträge zur Verfügung – genießen dabei einen Vertrauensvorschuß, denn beim Anbahnen nachrichtendienstlicher Verbindungen dürfen sie selbständig arbeiten. BND-Kritiker behaupten, Verbindungsführer könnten es schnell zu Reichtum bringen. Wer nach fünf Jahren als Verbindungsführer sein neues Haus noch nicht abbezahlt habe, habe etwas falschgemacht. Das klingt aus BND-Sicht reichlich überzogen, denn kaum ein BND-Mitarbeiter wird so kontrolliert wie die Verbindungsführer. Vor der Geldübergabe müssen sie zunächst für »ihre« Quelle eine Liste mit den erhaltenen Informationen erstellen. Zugleich schlagen die Verbindungsführer dem zuständigen Sachgebietsleiter noch vor der Auszahlung vor, welche Geld- oder Sachleistung die Quelle für die Informationen bekommen soll. Finanzielle Großzügigkeit gegenüber einer Quelle ist ein Lockmittel, um noch mehr Informationen zu bekommen; kleine Beträge sollen dagegen aus BND-Sicht eher mäßigend auf eine Quelle wirken, von der man sich vielleicht bald trennen möchte. Auch die Quelle muß den Empfang des Geldes quittieren; das beugt dem Wirtschaften in die eigene Tasche vor.

Ein Verbindungsführer kann, nach Auffassung des BND, Geld nur veruntreuen, wenn er eine Quelle erfindet und für diese unterschreibt. Das aber könne nur gutgehen, wenn der Verbindungsführer auch entsprechende Informationen für den Dienst beschaffe, heißt es. Solange es nicht verdeckte Kassen in der operativen Abteilung gibt, scheint damit zumindest ein gewisses Maß an Kontrolle gewährleistet.

In Pullach heißt es: »Da gibt es natürlich Fälle, wo Gelder veruntreut werden.« Gerüchte, nach denen Verbindungsführer zweistellige Millionenbeträge abgezweigt haben sollen, werden aber zurückgewiesen. Zwar beträgt der Jahresetat 722 Millionen Mark (1997). Doch fast alle Ausgaben werden von Kassenprüfern kontrolliert. Zweistellige Millionenbeträge kann man da nicht so einfach in der eigenen Tasche verschwinden lassen. BND-Mitarbeiter, die in Geldnöten sind, haben in der Vergangenheit aber auch den direkten Weg gewählt, um ans schnelle Geld zu kommen: So überfiel einer der BND-Kassenprüfer 1996 (in seiner Freizeit, muß zu seiner Ehrenrettung gesagt werden) gleich zweimal eine Bank, ehe ihn die Polizei stellen konnte. Staatsminister Schmidbauer soll damals in Pullach mit der scherzhaften Äußerung vorstellig geworden sein: »Daß Sie sich auf diese Weise Haushaltsmittel zu beschaffen versuchen, habe ich nicht gewußt.«

Was den Vertrauensvorschuß gegenüber den Verbindungsführern angeht, vergleicht man sich in Pullach mit der Versicherungsbranche. Auch dort seien die Außendienstmitarbeiter weit weniger dagegen gefeit, zu manipulieren und zu betrügen, als die Mitarbeiter im Innendienst.

Soweit die Theorie und die Angaben aus Pullach. Ein Vorfall jedoch sollte zum Nachdenken anregen: Als in Zusammenhang mit Steuerhinterziehungen und Luxemburger Bankkonten auch die Commerzbank untersucht wurde, soll man angeblich Konten gefunden haben, die man nicht zuordnen konnte, da es die Kontoinhaber nicht gab. Die Ermittlungsbehörden sollen festgestellt haben, daß Mitarbeiter des Bundesnachrichtendienstes unter fingiertem Namen die Kontoinhaber waren. Das aber ist nie an die Öffentlichkeit gelangt, obwohl auf mehreren Konten Millionenbeträge deponiert worden sein sollen. Fürchtete man vielleicht, daß Geheimwissen der BND-Spione vor Gericht enthüllt werden könnte? Im vertraulichen Gespräch erklärt ein BND-Mitarbeiter, wie man auch heute noch größere Geldbeträge in der Abteilung I beiseite schaffen kann: »Nach vielleicht zehn Jahren merkt ein Verbindungsführer, daß er es mit seinem niedrigen Gehalt nie zu etwas bringen wird. Dann fängt er an, seinen Quellen, die ja jeden Geldbetrag quittieren müssen, einen Vorschlag zu machen. Beispiel: Du quittierst mir den Empfang von 3 Millionen Mark, erhältst aber nur 2 Millionen. Den Rest teilen wir uns.« Von dem früheren BND-Präsidenten Heribert Hellenbroich, der dem BND nur einen Monat lang im August 1985 als Präsident vorstand, heißt es, daß er genau diese Praktiken endgültig verhindern wollte. Ihm wird das Zitat zugeschrieben, in dieser Abteilung »einen Sauhaufen ausmisten« zu wollen. Doch zum Ausmisten blieb Hellenbroich keine Zeit.

Die immer dünner werdende finanzielle Decke des Bundesnachrichtendienstes bereitet den Strategen der operativen Aufklärung mehr und mehr Kopfzerbrechen. Im privaten Gespräch fragen die Mitarbeiter dieser Abteilung, wie man denn Quellen aus dem neuen BND-Aufgabenbereich Drogenkriminalität oder Geldwäsche anwerben solle, wenn diese ein Vielfaches des Einkommens eines deutschen BND-Beamten hätten. Mit kleinen finanziellen Gefälligkeiten, wie sie zur Zeit des Kalten Krieges sowohl das MfS als auch der BND nutzten, könnten heute keine Erfolge mehr erzielt werden. Die Mitarbeiter internationaler Drogenbosse schwimmen ebenso im Geld wie die Zielpersonen von Waffenhandel, Proliferation und Geldwäsche. Mehr und mehr wächst die Gefahr, daß – wie auch beim Bundeskriminalamt und Verfassungsschutz – deutsche Beamte aufgrund des materiellen Blendwerkes in die Fänge ihrer Zielpersonen überlaufen und für diese arbeiten. Doch es wagt niemand, öffentlich über dieses Dilemma nachzudenken.

Muss man Agentenlohn versteuern?

Die Geheimdienstler der Abteilung I quälen Sorgen. Manchmal müssen sie sich auch deutscher Staatsbürger bedienen, um im Ausland an interessante Nachrichtenquellen zu kommen. Ein Beispiel dafür ist die Giftgasfabrik in der libyschen Stadt Tarhuna. Mit Satelliten und Funkaufklärung konnte man das Ziel des libyschen Staatschefs Gaddafi verfolgen, eine weitere Giftgasfabrik zu bauen. Doch wie sah es im Inneren der 300 Meter langen, in das Kalksandsteingebirge gegrabenen Tunnel aus? Eine Innenquelle mußte her. Daher trat man an einen dort arbeitenden deutschen Ingenieur heran, der gegen entsprechende Bezahlung mehrere Sätze mit Farbfotos aus den Bergstollen lieferte. Zum ersten Mal konnte der BND darauf die keramischen Fliesen an den Innenwänden der Tunnel erkennen, zudem getrennte Lufteinlaß- und Luftauslaßsysteme. All das war Beweis genug, daß hier eine Giftgasfabrik gebaut wurde. Eigentlich sollte man einer solchen Quelle dankbar sein. Doch es stellte sich ein ganz anderes Problem: Der deutsche Ingenieur hätte das vom BND erhaltene Geld ordnungsgemäß versteuern müssen. Doch in welcher Rubrik verbucht man gegenüber dem Finanzamt Zuwendungen eines Geheimdienstes? Also ließ er es sein, und das Finanzamt reagierte mit einem Bußgeldbescheid. Natürlich war damit die Quelle »ausgetrocknet«. In Pullach fragt man sich, warum finanzielle Zuwendungen für geheimdienstliche Tätigkeit in der Steuererklärung offen genannt und versteuert werden müssen. Der Finanzbeamte könnte ja immerhin für eine fremde Macht arbeiten und den armen Ingenieur verraten. Ein Geheimdienstler dazu: »Der Geheimhaltung einer Operation dient solch preußisches Denken gewiß nicht.«

Neben der Frage, ob man Agentenlohn versteuern muß, quälte die Pullacher und vor allem die Bonner Ministerien über Jahre hin auch die Frage, ob Spione, die einst – wie Gehlen – im Dienste Hitlers gestanden hatten, von der Bundesrepublik Anspruch auf Fortzahlung ihres Agentenlohnes hatten. Hans Eppler, 1914 in Alexandria geboren, wurde beispielsweise

1941 von der Abwehr des Deutschen Reichs verpflichtet. Kündbar war der Vertrag nur durch die Abwehr. Eppler sagte 1972: »Und das haben die nie getan.« Deshalb schickte der Ex-Spion per Einschreiben einen Brief nach Bonn samt Fotokopie seines nicht gekündigten Agentenvertrages mit dem Oberkommando der Wehrmacht, verbunden mit der bescheidenen Anfrage, wie es denn mit einer Gehaltsnachzahlung in Höhe von zunächst einmal 300.000 Mark stehe. Eppler, der fließend Arabisch sprach, sollte im Krieg in Kairo einen Geheimsender installieren, um dem »Wüstenfuchs« Rommel die neuesten Feindmeldungen durchzugeben. Bis zu einer eventuellen Kündigung sollte er für seine Tätigkeit monatlich 500 Mark erhalten. Eppler wurde geschnappt und zum Tode verurteilt. Doch weil er in Ägypten geboren war, konnte er nicht hingerichtet werden. Die Londoner »Times« meldete zwar seine Hinrichtung, doch geschah dieses nur zur Deckung. Eppler, durch seinen Vertrag zum »Schweigen bis in den Tod« verpflichtet, fiel später ein Buch seines früheren Chefs in die Hände, in dem dieser munter frühere Geheimnissse ausplauderte. Nun fühlte sich auch Eppler nicht mehr an seine Schweigeverpflichtung gebunden und trat am 2. November 1971 in einem Brief an den Bonner Innenminister mit der Bitte um Gehaltsnachzahlung heran.

Derartige Streitereien um Agentenlohn gibt es weltweit wohl nur in Deutschland. Andere Auslandsnachrichtendienste haben bei ihren Operationen weit mehr Spielraum. So kann sich die CIA im Gegensatz zum BND immer wieder auf Ausnahmeregelungen in den amerikanischen Gesetzen berufen. Die geheime Nachrichtenbeschaffung der operativen Abteilung lebt zudem vom Schutz ihrer Quellen. Bei deutschen Strafprozessen kennt man den Quellenschutz – anders als im Ausland – aber nicht. Müssen Verbindungsführer dann vor Gericht Rede und Antwort stehen, sind sie als BND-Mitarbeiter für alle Zeit »verbrannt« und können nur noch für Verwaltungsaufgaben eingesetzt werden. Auch die Parlamentarische Kontrollkommission (PKK), deren Aufgabe eigentlich die Kontrolle der Geheimdienste ist, trägt immer wieder durch Indiskretionen dazu bei, Quellen des BND zu »verbrennen«. In Pullach heißt es: »Das Vertrauen der BND-Abteilungsleiter in die Verschwiegenheit der Parlamentarier der PKK ist nicht mehr da. Manche, die in dieses Gremium neu reinkommen, nutzen es zunächst einmal, um sich durch Indiskretionen persönlich zu profilieren. Die Unternehmungslust der Abteilung I ist daher merklich gedämpft, weil sich das Risiko für die menschlichen Nachrichtenquellen immer mehr erhöht.« Nicht die Existenz der Parlamentarischen Kontrollkommission ärgere den BND, wohl aber das »parteipolitische Ausschlachten von Erkenntnissen«.

Wahrscheinlich sei den Mitgliedern der Kontrollkommission nicht einmal bewußt, welchen Schaden sie mit ihren Indiskretionen anrichten. Das jüngste Beispiel dafür bot der Untersuchungsausschuß zur sogenannten Plutonium-Affäre. Anfang 1997 konnte sich Staatsminister Schmidbauer mit Hilfe eines geheimen CIA-Dossiers von dem Vorwurf entlasten, der BND habe den Plutonium-Deal selbst initiiert. Kaum hatte Schmidbauer Teile des Dossiers vor dem geheim tagenden Ausschuß verlesen, unterrichtete einer der Anwesenden die Deutsche Presseagentur und sorgte für die internationale Verbreitung des brisanten Papiers. Der BND kämpft seither um das Vertrauen der CIA, die nunmehr angeblich nicht mehr bereit sein soll, Geheimmaterial an Pullach weiterzugeben, da sie fürchte, mit hohem finanziellen und personellen Aufwand erworbene Kenntnisse irgendwann in deutschen Zeitungen abgedruckt zu finden.

IM STICH GELASSEN

Kein Zweifel, der BND fühlt sich von der Bundesregierung manchmal im Stich gelassen. Kritisiert werden in Pullach immer wieder die deutschen Gesetze. Während in fast allen Staaten der Welt die operativ tätigen Mitarbeiter der Geheimdienste rechtlich viel Spielraum hätten, seien die deutschen Geheimdienstler auf juristischem Gebiet viel zu sehr einge-

engt, heißt es aus Pullach. Wenn ein britischer Verbindungsführer bei einem aufzuklärenden Drogengeschäft im Ausland
beispielsweise eine Probe Heroin bekomme, dürfe er sie annehmen und in seiner Heimat der Zentrale zur Auswertung
abliefern. Ganz anders ergehe es dem deutschen Kollegen:
Der sollte nach Möglichkeit dankend die Annahme einer solchen Warenprobe ablehnen, denn würde er auf dem Weg
nach Pullach bei einer Verkehrskontrolle in Deutschland mit
einer noch so geringen Menge Rauschgift erwischt, so nutze
ihm sein BND-Ausweis rein gar nichts. Deutsche Geheimdienstler dürfen keinesfalls, auch nicht zur Gefahrenabwehr,
Plutonium, Drogen oder Waffen transportieren (welch gro-
teske Situationen daraus entstehen können, zeigt die nachfolgende Geschichte über eine Panzerlieferung an Israel).
Diese Gesetzeslage mache die Pullacher Agenten zum Gespött
anderer Geheimdienste. Deshalb habe der BND Kanzleramtsminister Bohl eine Liste derjenigen Gesetze übergeben, die
aus der Sicht des deutschen Auslandsgeheimdienstes geändert werden müßten. Eine Antwort habe man allerdings nicht
erhalten, nicht einmal einen Eingangsbescheid, denn dieses
Thema gelte aus innenpolitischen Gründen in Deutschland als
heikel.

Manchmal sorgt die Gesetzeslage gar für Wutausbrüche
in den Reihen der deutschen Geheimdienstler. So war es wohl
auch, als die Hamburger Staatsanwaltschaft 1991 in Zusammenhang mit einer für Israel bestimmten Panzerlieferung
gegen Pullach ermittelte. Nicht der der Bundesregierung seit
langem bekannte geheime Vertrag zur Lieferung von Rüstungsgütern an Israel war Ziel des von der Öffentlichkeit nicht
verstandenen Verfahrens, sondern der »illegale« Transport
dieser Rüstungsgüter durch den BND zum Hamburger Hafen,
also im Inland. Nach deutschem Recht darf der BND im Inland
keine Waffen transportieren.

Diese aus der deutschen Vergangenheit resultierende
Gesetzeslage gefährdet nach Ansicht des BND auch das Leben
von Informanten, Verbindungsführern und Spionen. Als Bei-

spiel dafür nennt man den modernen russischen Kampfpanzer T-72. Jeder westliche Geheimdienst wartete begehrlich auf eine Gelegenheit, vor allem die Panzerung des T-72 beschaffen zu können. Einzig dem BND gelang es. Doch an der deutschen Grenze mußte der BND im Verteidigungsministerium anrufen und um Hilfe bitten, denn die Einfuhr des Panzers nach Deutschland war ihm nicht gestattet. Damit aber habe man den Kreis derjenigen erweitert, die von der Aktion Kenntnis hatten. Aus der Sicht des BND wohl kein allzu glücklicher Zustand, denn die so gefährdete Quelle habe eigentlich noch weiteres Material liefern sollen. Um Quellen nicht zu verbrennen, hält man solche Aktionen daher manchmal wohl auch vor der Bundesregierung geheim.

Die technische Aufklärung

Keine BND-Abteilung gibt sich zugeknöpfter als die »technische Aufklärung«. Die 1450 Mitarbeiter dieser Abteilung lassen sich nur ungern in die Karten schauen. Sie gelten als die »Superschnüffler« des BND. Nachrichtengewinnung, Nachrichtenbearbeitung und Nachrichtenentzifferung: Trocken klingt die Liste ihrer Aufgaben. Bis zum Zerfall der Sowjetunion war diese Abteilung einzig auf die Warschauer-Pakt-Staaten ausgerichtet. Horchposten – wie der in Bad Aibling oder am Rande des Golfclubs in Schöningen bei Helmstedt – spähen heute zwar immer noch auch die russischen Streitkräfte aus; zunehmend werden von den »Superschnüfflern« jedoch auch Erkenntnisse über Geldwäsche, Drogenhandel und Proliferation erwartet. Hierbei hilft die nicht-militärische Aufklärung, im Klartext: das Abhören von Telefonaten sowie das Abfangen von Faxen und anderen Datenübertragungen.

Die technische Aufklärung des BND ist das Gegenstück zum CIA-Directorat of Science and Technology, das rund 5000 Mitarbeiter hat und seine Operationen mit SIGINT (Signals Intelligence) abkürzt, im Gegensatz zu den menschlichen amerikanischen Spionen, die HUMINT (Human Intelligence) genannt werden. Die technische CIA-Aufklärungsabteilung arbeitet in Kooperation mit der National Security Agency (NSA) und dem National Reconnaissance Office (NRO), das 1960 gegründet wurde und darüber bestimmt, welche Satelliten gebaut werden. Das 4000 Mitarbeiter zählende NRO ist der geheimste amerikanische Geheimdienst und residiert in der Abteilung 4C-1000 im Pentagon. Bis Anfang der neunziger Jahre wurde seine Existenz sogar von der amerikanischen Regierung stets abgestritten. Weitere Hilfestellung bei der Auswertung gibt der technischen CIA-Abteilung das Commitee on Imagery Requirements and Exploitation (COMIREX), dessen Chef ein CIA-Offizier ist, und das National Photographic Interpretation Center (NPIC) mit Sitz in Washington an der Kreuzung von First und M-Street im Südosten von Washington.

Das größte Problem für die technische Aufklärung des BND wie auch der amerikanischen Geheimdienste ist heute die ständig wachsende Informationsflut. »Der Äther ist voll, und wir werden mit Informationen erdrückt«, behauptet ein BND-Lauscher, der es wissen muß. Allerdings gibt es durchaus technische Mittel, genau das herauszufinden, was besonders geheim bleiben soll und was daher auf die raffinierteste Weise übermittelt wird. Und für das Knacken geheimer Schlüssel, für das Abhören etc. ist man in Pullach bestens gerüstet. Man weiß mehr, als man zugeben möchte, denn die technische Ausstattung der »Superschnüffler« ist vom Feinsten.

BND-Techniker sind pfiffig. Sie wissen, wie man Mobilfunk-Telefonate über Richtfunk abhört. Das ist einfacher als das Anzapfen herkömmlicher Verbindungen zu einem fest installierten Telefon. In der Türkei werden beispielsweise alle Handygespräche abgehört. Die Polizei hat die entsprechenden Abhöreinrichtungen schon 1996 in den Telefonzentralen plaziert. Und die indonesischen Sicherheitsbehörden kündigten 1998 an, politische Telefongespräche künftig ohne Vorwarnung einfach »kappen« zu wollen, da die »Sicherheit« im

Lande gewahrt bleiben müsse. Zuvor hatte Präsident Suharto die Streitkräfte in Zusammenhang mit Wirtschaftskrise und Unruhen zu härterem Durchgreifen gegenüber der Zivilbevölkerung aufgefordert. Was den Türken und Indonesiern recht ist, dürfte auch dem BND zumindest in der Theorie nicht schwer fallen. Und zudem braucht man sich nicht mit der Telekom und mit Anträgen beim Untersuchungsrichter und mit Formularen herumzuschlagen. Immer wieder können sich BND-Mitarbeiter das Lachen nicht verkneifen, wenn etwa Elektronik-Kaufhäuser in ihren Werbeprospekten reißerisch bei Mobiltelefonen und schnurlosen Telefonen für den Heimgebrauch mit dem Slogan werben: »Garantiert abhörsicher«. Tatsächlich läuft jeder, der ein Auslandstelefonat führt, Gefahr, vom BND belauscht zu werden. Um aber mit einem Handy auf das Interesse dieser Abteilung zu stoßen, muß man nicht unbedingt telefonieren. Es genügt, wenn das Gerät eingeschaltet ist und sich ins GSM-Netz eingebucht hat. GSM steht für Global System for Mobile Communication und ist der Standard der europäischen digitalen Funknetze, in Deutschland das D-1, D-2 und das E-Netz. Nach diesem System arbeiten aber auch andere Netze, beispielsweise in Asien oder der arabischen Welt.

Bis zum Jahr 2005 werden voraussichtlich 35 Prozent der Deutschen ein Handy ihr eigen nennen (Anfang 1997 waren es nur 6 Prozent). Von 1999 an wird man mit diesen Geräten an jedem Punkt der Erde über Satellit mit jedem beliebigen Teilnehmer telefonieren können. Möglich macht dies das neue Satellitensystem Iridium, an dem auch die deutsche Firma Vebacom beteiligt ist. Das Iridium-Netz besteht aus 66 Einzelsatelliten, die in 780 Kilometer Höhe die Erde umkreisen. Sie werden so positioniert, daß sie jeden Winkel der Erde abdecken. Die Investition von 4,8 Milliarden Dollar läßt die Träume aller Mobil-Telefonierer wahr werden. Im Sommer 1999 werden alle dazu erforderlichen Satelliten im All sein. Iridium realisiert die Verbindung mit unterschiedlichen Mobilfunkstandards. Auf der Erde verteilt sind elf sogenannte Gateways, die die physikalische Verbindung mit den terrestrischen Netzwerken herstellen. Das Gateway für Europa steht in Rom. Bis zum Jahr 2002 will Iridium drei Millionen Kunden gewonnen haben. Jeder einzelne von ihnen ist dann weltweit im Iridium-Netz unter einer einzigen Telefonnummer erreich- und – zur Freude des BND – auch abhör- und auffindbar. Denn selbst wenn nicht telefoniert wird, kann man bis auf 1000 Meter genau bestimmen, an welchem Ort der Welt sich ein Mobiltelefon befindet. Geheimdiensten bringt solcherlei Schnüffelarbeit wertvolle Bewegungsprofile, die man vielleicht irgendwann einmal verwenden kann. Das gilt natürlich auch für das Bundesamt für Verfassungsschutz sowie für Polizeidienststellen. Bewegungsprofile sind von deutschen Behörden vielfältig nutzbar: Wer künftig etwa auf einer Autobahn in Norddeutschland eine Ordnungswidrigkeit begeht und behauptet, am betreffenden Tag weit entfernt gewesen zu sein, wird schlechte Karten haben, sofern er nur sein Handy bei sich trägt. Alle Bewegungen des Mobiltelefons werden registriert, aufgezeichnet und zwei Jahre lang aufbewahrt. Dazu muß das Gerät nur in ein Netz eingebucht sein.

Arbeiten die BND-Spione in feindlicher Umgebung, etwa im Ausland, so genügt ein tragbarer Funkstation-Simulator, um das Handy einer Zielperson zu orten. Dieser wird eigentlich dazu verwendet, um Funktelefone zu testen. Mit ihm kann man ein Handy aber auch so anfunken, daß es zwar nicht läutet, aber ein Signal aussendet. Dieses wird dann mit der sogenannten Triggerfish-Antenne angepeilt. Nun weiß man, wo sich die Zielperson aufhält, an deren Spuren sich dann die klassischen Spione der Abteilung I heften können.

Nicht viele Menschen werden wissen, daß man an einem Funktelefon nur die richtigen Knöpfe drücken muß, um problemlos bei allen Mobilfunkgesprächen in der Nachbarschaft zuhören zu können. Das verstößt natürlich gegen die Datenschutzbestimmungen, und die Hersteller der Geräte würden diese Möglichkeit wohl auch dementieren. Beim BND zumindest ist es ein »offenes« Geheimnis. Ein mobiles Telefon muß man sich als Kombination von Funkgerät und winzigem Computer vorstellen. Manche Funktelefon-Typen können auch als Mobilfunk-Scanner eingesetzt werden. Viele Geräte verfügen zudem über eine nicht dokumentierte Schnittstelle, die es möglich macht, das Telefon von außen mit einem Computer zu steuern. Der BND kann somit nicht nur den Aufenthaltsort eines Handy-Besitzers feststellen. Er kann zudem – für den Betreffenden unbemerkt – aus der Ferne das Mikrofon jedes Mobiltelefons einschalten und, während das Gerät beispielsweise unbeaufsichtigt auf einem Tisch liegt, Gespräche und Umgebungsgeräusche abhören. Alle großen Nachrichtendienste der Welt wissen um diese technischen Tricks. Doch sie schweigen sich darüber aus. Der »letzte Schrei« unter den Observierungsmitteln des BND sind angeblich streichholzkopfgroße Mini-Videokameras, die mit einem Magnet in Fahrtrichtung am Fahrzeug einer Zielperson befestigt werden und dem BND per Infrarot über eine größere Distanz Farbaufnahmen einer Autofahrt senden. Nicht einmal bei der Bildübertragung sind Nachrichtendienste heute mehr auf schweres und auffälliges Gerät angewiesen. Im Gegenteil: Alles wird immer kleiner.

Oft haben nicht einmal Regierungsmitglieder Kenntnis jener technischen Möglichkeiten, die schon seit Jahren von Geheimdiensten angewandt werden. Tsutomu Shimomura, ein Computerfachmann, der unter anderem für den amerikanischen technischen Geheimdienst NSA arbeitete, schreibt in seinem 1996 erschienenen Buch »Data Zone«: »1992 mußte ich vor einem Untersuchungsausschuß des Kongresses aussagen, der ... eben diese unbekannte Eigenschaft von Funktelefonen zum Gegenstand hatte. Nachdem mir der Vorsitzende des Ausschusses Immunität gewährt hatte, nahm ich ein fabrikneues, noch in Schrumpffolie verpacktes AT&T-Funktelefon ..., setzte es zusammen und drückte eine Reihe von Knöpfen. Kurz darauf konnte der Ausschuß Mobilfunkgespräche von allen Ecken und Enden des Kapitols mithören.«

Das ist in Deutschland nicht anders. Die Service-Techniker der Telekommunikationsfirma Ericsson bestätigen es im vertraulichen Gespräch ebenso wie Fachleute des Siemens-Konzerns. Es scheint noch eine Reihe weiterer Möglichkeiten zu geben, Mobiltelefone von außen zu manipulieren. Eine Spielerei ist es dabei, auch aus größerer Entfernung den Menüpfad zu ändern und ein deutsches Gerät zur Verwunderung des Benutzers etwa überraschend zunächst in französischer Sprache und dann in Finnisch arbeiten zu lassen.

Auch ISDN-Telefonanlagen, die von der Telekom mit hohem Werbeaufwand eingeführt wurden, lassen sich von außen ähnlich manipulieren. ISDN steht für »Integrated Service Digital Network«. Das High-Tech-Netzwerk ist schnell, komfortabel und – so die Telekom – sicher. Auf diese Werbeangaben verlassen sich in Deutschland täglich mehrere Millionen Menschen, unter ihnen auch viele Geschäftskunden. In Wirklichkeit kann man von jedem Ort der Welt aus die Freisprech- oder Konferenzschaltungen dieser Anlagen aktivieren, ohne daß es der Betroffene merkt. ISDN-Leitungen kann man wunderbar überwachen. Allein mit dem zivil erwerbbaren Programm »ISDN-TeleSoft« kann man ankommende Daten belauschen und für eine komfortable Datenbank nutzen. In der Zeitschrift »PC-Intern« heißt es in Heft 5/1997 auf Seite 164: »Zu den wichtigsten Funktionen des Programmes gehört das Überwachen der ISDN-Leitung.« Neben Rufnummer, Datum und Zeit eines ankommenden Anrufes kann man auch Namen, Adresse und Firma eines Anrufenden abfragen – unbemerkt, versteht sich. Dank dieser ISDN-Anlagen hat auch, aber nicht nur der BND die Möglichkeit, sich in jedes beliebige Gespräch einzuschalten.

Selbst Privatleute haben schon unangenehme Erfahrungen mit den Schwächen des ISDN-Systems machen müssen. Es geht um Benutzer der ISDN-Telefone von Teles, Heibl und Schneider, mit über 40.000 verkauften Geräten Bestseller in Deutschland. Eigentlich dürften diese Apparate, Modelle »Telesfon«, »Set 101« und »Digitel«, gar nicht auf dem Markt sein. Denn trotz amtlicher Postzulassung (wie zum Spott prangt auf der Rückseite der Bundesadler) kann jedermann mit ihnen Gespräche abhören. Ein einziger Druck auf die Sterntaste genügt bei diesen – alle vom gleichen Produktionsband stammenden – Geräten, und das Telefon »überwacht« jenen Apparat, der zu diesem Zeitpunkt den ersten B-Kanal benutzt. Abhören mit staatlicher Genehmigung? Sigram Schindler, Vorstandsvorsitzender der Teles AG, sagte der Computer-Fachzeitschrift »Connect«, die den Skandal im Mai 1997 aufdeckte, dazu: »Wir hatten den Fehler bereits im letzten Jahr erkannt. Durch ein internes Mißverständnis wurden alle Telefone jedoch weiterhin so produziert.«

Daß der eigene Anrufbeantworter mit Fernabfrage von jedem Ort der Welt aus abgehört werden kann, dürfte sich inzwischen herumgesprochen haben. Doch wohl nur wenigen dürfte bekannt sein, daß per ISDN auch eine Verbindung mit der Türsprechanlage hergestellt werden kann. So kann der Urlauber am Strand von Mallorca inzwischen mit dem Briefträger zu Hause sprechen, der dort gerade klingelt, und ihn darum bitten, die Post beim Nachbarn abzugeben. Türsprechstellen mit digitalen Videokameras können das Bild des Klingelnden natürlich ebenso auf den mit einem Handy vernetzten Laptop des Urlaubers übertragen. Es ist alles nur eine Frage der Programmierung. Längst nutzen Nachrichtendienste die Vorteile dieser Technik für sich. Sie können Türsprechanlagen und Videoüberwachungssysteme anzapfen, sofern sie nur mit einer ISDN-Anlage verbunden sind. Diese nicht nur von der Telekom und Siemens angebotenen ISDN-Anlagen mit Schnittstellen für Türfreisprecheinrichtungen scheinen sich derzeit bei den ahnungslosen Kunden zu einem wahren Renner zu entwickeln.

AGENTENSTREICHE
Doch nicht nur Mobiltelefone und ISDN-Telefonanlagen bieten Geheimdiensten kaum bekannte Abhörmöglichkeiten. Agenten können auch in die Schaltzentralen von Telefon-

gesellschaften eindringen und dort Unheil anrichten. Das belegt ein »ziviler« Fall: Kevin Poulsen, ein Programmierer aus dem amerikanischen Silicon Valley, wurde 1994 verurteilt, weil er elektronisch in die Schaltzentrale der Telefongesellschaft Pacific Bell eingedrungen war, um Hörerwettbewerbe zweier Radiosender in Los Angeles zu seinen Gunsten zu manipulieren. Dabei hatte er zwei Porsche, mehr als 20.000 Dollar in bar und zwei Reisen nach Hawaii gewonnen. Er hatte die Schaltzentrale so manipuliert, daß er bei jedem Hörerwettbewerb immer der einhundertste Anrufer war; der einhundertste deshalb, weil diesem die Preise winkten. Was Kevin Poulsen konnte, beherrschen auch die Fachleute des BND, zumindest theoretisch, schon lange. Sie wissen, wie man Telefonleitungen »umleitet«, also elektronisch an der Schaltzentrale der Telefongesellschaften herumbastelt. So kann man möglichen Verfolgern suggerieren, aus Hongkong anzurufen, während man tatsächlich in Pullach sitzt. Und ebenso wie die Telefonfreak-Szene wissen die Mitarbeiter der technischen Aufklärung auch, wie im Übergang vom analogen zum digitalen Zeitalter gebührenfreie Anrufe erschwindelt werden können.

In Geheimdienstkreisen wird behauptet, zwei Mitarbeiter der technischen Aufklärung hätten sich in der Vergangenheit »wie Lausbuben« verhalten. Sie nahmen, angeblich, einen ähnlichen authentischen amerikanischen Fall zum Vorbild und schalteten sich aus Übermut in einen britischen Anschluß der Telefonauskunft ein. Es heißt, dort hätten sie die Anfrage nach einer Rufnummer mit der Aussage beantwortet: »Ja, die Nummer lautet 7-3-1-0-$\frac{1}{2}$. Wissen Sie, wie man $\frac{1}{2}$ wählt, Mr.?« In einem anderen Fall sollen sie einen amerikanischen Privatapparat auf einen Münztelefon-Anschluß gelegt haben, so daß jedes Mal, wenn die Benutzer den Hörer abhoben, ein Tonband sie aufforderte, 20 Cents einzuwerfen. In der Regel lernt man solche Streiche bei den Schulungen der Abteilung II nicht. Statt dessen ist es – neben dem reinen Abhören – wichtig, Kenntnisse darüber zu erlangen, wie man einen fremden Anschluß beliebig besetzt halten oder Datenübertragungen an eine andere Nummer umleiten kann.

DIE HIT-WORTLISTE DER SPRACHERKENNUNG

Ihre technischen Tricks betrachten die Mitarbeiter der Abteilung II in Pullach als Heiligtum. Um dieses zu schützen, ist ihnen jedes Mittel recht. Notfalls greifen sie auch zu »Notlügen« und Desinformation. So behaupten sie allen Ernstes, bei der fernmeldetechnischen Aufklärung verfüge derzeit kein Geheimdienst der Welt über einen Sprach- und Stimmerkennungscomputer, der allein aufgrund von Stichworten den automatisierten Befehl zum Aufzeichnen bestimmter Gespräche geben könne. Konteradmiral Güllich, bis Frühjahr 1996 in leitender Stellung beim BND, hatte in Interviews immer wieder den Begriff vom »Staubsauger im Äther« verwandt und sich auf Wortdatenbanken berufen. Güllich habe sich geirrt, befindet man heute in Pullach, »Wortdatenbanken« gebe es nur für das Mitschneiden von Faxen, Telexen und Datenübertragungen, nicht aber für Telefongespräche. Angeblich können Faxe, Telexe und der Datenaustausch mit Hilfe der Wortbanken auch nur auf Buchstaben- oder Ziffernkombinationen (z. B. Auftragsnummern) hin durchforstet werden. Merkwürdig: Die amerikanische NSA setzte ihren ersten Telex-Wortbankcomputer schon in den fünfziger Jahren ein. Und seit einem Jahrzehnt sind die NSA-Spracherkennungscomputer auch bei der Telefonüberwachung im Einsatz. Und in Zusammenhang mit der Auflösung des Ministeriums für Staatssicherheit fanden sich in der Ost-Berliner Normannenstraße tausende Tonbänder, auf denen mit Hilfe von Spracherkennungscomputern der Fernsprechverkehr zwischen West-Berlin und dem freien Teil Deutschlands aufgezeichnet worden waren. Ist diese Entwicklung etwa unentdeckt am BND vorbeigezogen? Sollte die Stasi dem BND etwa technisch überlegen gewesen sein?

Vielleicht sollte man in Pullach einmal Spesen sinnvoll investieren und den Düsseldorfer Rechtsanwalt Rolf Schallen beschatten. Der Fachmann für Kassenarzt-Recht hatte ursprünglich seinen Diktier-Computer nur als Urlaubsvertretung für seine Sekretärin angeschafft. Inzwischen diktieren er und sein Mitarbeiter Frank Michels dem Spracherkennungscomputer regelmäßig Briefe. Elektronische Spracherkennung ist auch bei Medizinern und Laboranten auf dem Vormarsch. Vollprogramme für den Einsatz am PC kosten bei IBM oder Dragon Systems kaum 3000 Mark. Das IBM »Voice Type – Simply Speaking«-Programm gibt es mit Sprechgarnitur und Mikrofon gar schon für rund 200 Mark. Über Voice Type kann man nicht nur die Funktion des Betriebssystems steuern, sondern auch alle wichtigen Anwendungen. Unter der Internetadresse »http://www.software.ibm.com/voicetype« kann man die Einzelheiten über die Spracherkennung abfragen. IBM wirbt bei diesem Produkt mit dem Slogan: »Spracherkennung: Statt lästigem Tippen einfach nur diktieren!« Wolfgang Karbstein, Chef der Abteilung Spracherkennung bei IBM Deutschland, will nun auch dem Einzelanwender im heimischen Büro die Spracherkennung im Computer schmackhaft machen. Die Zeitschrift »DM« schreibt in ihrer Juni-Ausgabe 1997 zu den zivilen Spracherkennungsprogrammen: »Smart Word 2.5 … beherrscht zwar nur einen Grundwortschatz von 10.000 Worten, doch er läßt sich mit Begriffen aus einem immerhin 120.000 Einträge umfassenden Wörterbuch an das gewünschte Vokabular anpassen.« In diesen Spracherkennungsprogrammen, die weitaus schlechter als die vom BND verwendeten sein dürften, ist die Fehlerquote offenbar gering: »Mit Hilfe komplexer statistischer Methoden analysiert der Rechner die Wahrscheinlichkeit möglicher erkannter Wortkombinationen. Die Software legt sich daher bei der Wortidentifikation nie direkt fest, sondern behält mehrere alternative Formulierungen quasi im Hinterkopf … So wurde im »DM«-Test beispielsweise aus dem zunächst erkannten Satz ›Das Haus rennt‹ nur Sekunden später die wahrscheinlichere Aussage ›Das Haus brennt‹. Und nicht nur das. Selbst akustische Gemeinheiten wie Homonyme – so nennt der Fachmann gleich klingende Worte wie beispielsweise ›Meer‹ und ›mehr‹ oder ›fiel‹ und ›viel‹ – werden dank des mehrstufigen Analyse-Prozesses meist korrekt identifiziert.« Und auch das neueste Telefon der Telekom, »Speech AB«, hat es in sich. Der Höhepunkt des 369 Mark teuren Geräts ist die Möglichkeit, Telefon und Anrufbeantworter mit zuvor aufgesprochenen Sprachbefehlen zu steuern. In der Telekommunikationsfachzeitschrift »Connect« heißt es in der Ausgabe Juni 1997 auf Seite 75 zur Spracherkennung von Handys: »Wie bei Spracherkennungssystemen üblich, verstanden die Systeme der ersten Generation immer nur die Eingaben ihres eigenen Besitzers. Moderne Telefone erkennen dagegen die Namen sprecherunabhängig.« Niemand sollte ernsthaft annehmen, daß diese Entwicklungen am BND unbemerkt vorbeigezogen sind.

Doch in der Abteilung Technische Aufklärung setzt man alles daran, den Dienst als technisch rückständig erscheinen zu lassen. Man müsse auf dem Gebiet des Fernsprechverkehrs noch immer nach der »chinesischen Methode« arbeiten, heißt es; etwa 50 Mitarbeiter seien im Schichtdienst ausschließlich damit befaßt, Telefongespräche abzuhören (zum Vergleich: In der Schweiz beschäftigt der Geheimdienst 35 professionelle Mithörer, die jährlich fünf Millionen Franken kosten. Das jedenfalls berichtete am 27. November 1997 die »Weltwoche«). Die Ärmsten scheinen keine Fachzeitschriften zu lesen. Sonst wäre ihnen wohl kaum entgangen, daß die Philips-Forschung Aachen schon seit 1995 unter der Rufnummer 0241-604020 jedem interessierten Laien rund um die Uhr einen Spracherkennungscomputer vorführt und dessen Fähigkeiten nicht länger verleugnet werden können. Das Philips-Spracherkennungsgerät läßt sich jedenfalls nicht von umgangssprachlichen Äußerungen irritieren und kann auch Dialekte verstehen.

Philips und Siemens sind Pioniere der Spracherkennung. Siemens hat beispielsweise ein neues Diktierprogramm für Ärzte entwickelt. Während der Arzt noch spricht, schreibt der Computer schon. (Programme, die zuhören, sind etwa

Speechprocessing von Philips zum Preis von 7000 Mark, Dragon Dictate 2.2 für 1885 Mark, Voicetype 3.02 von IBM für 1500 Mark, Smartword 2.5 von Dragon Dictate für 299 Mark und Voice Type – Simply Speaking für 199 Mark.)

Natürlich muß heute wie früher jedes vom BND aufgezeichnete Gespräch letztlich von Menschen – also in Echtzeit – abgehört werden. Umfassendes Belauschen von Telefonaten ist daher personalintensiv. Der Neugier des BND sind damit Grenzen gesetzt. Um täglich auch nur die Hälfte aller vom Ausland in Deutschland eingehenden Telefonate abzuhören, müßten in jeder Schicht eigentlich etwa 30.000 Lauscher für den BND arbeiten. Doch die Spracherkennungscomputer selektieren die Telefonate vor. Die 50 allein in Pullach nach der »chinesischen Methode arbeitenden« menschlichen Horcher müssen nur noch jene Bänder abhören, in denen die aktuellen BND-Reizworte, sogenannte »Hit-Wörter«, aus den Bereichen Drogen- und Waffenhandel, Proliferation oder Terrorismus vorkommen. Das »Hit-Wörterbuch« dieses BND-Programmes ist verständlicherweise geheim und wird »im Bedarfsfalle« immer wieder ergänzt. Nicht nur, wer im Gespräch das Wort »Kalaschnikow« benutzt, darf sicher sein, den automatischen Aufzeichnungsbefehl des Computers auszulösen. Wesentlich wichtiger sind angeblich die nur einem kleinen Personenkreis bekannten Worte wie etwa »Mostazafin« (eine iranische Stiftung, die auch zur Rüstungsbeschaffung des islamischen Landes dient), »Solntsevskaya« (eine im Drogenhandel tätige russische Mafiagruppe), »Woizy« (frühere russische Frontkämpfer in Afghanistan) oder »Sun Yee On« (eine chinesische Triade), um nur eine kleine Auswahl aus der aktuellen Liste des BND zu nennen. Neben Standard-Programmierungen der BND-Suchwortbank wie »Stinger«, »Amphetamin« und »SU 27« sind sie neuere Suchbegriffe, die bei der Aufklärung von Gefahrenbereichen helfen und die Aufklärer lenken sollen.

Problematisch wird diese Entwicklung etwa für Journalisten. Fast alle größeren Zeitungen unterhalten ebenso wie

Rundfunk und Fernsehen ein Netz von Auslandskorrespondenten. Im Zuge brisanter Recherchen werden bei Telefonaten unweigerlich BND-Reizworte übertragen, die den Computer hellhörig werden lassen. Journalisten werden damit zum
ersten Opfer geheimdienstlicher Datensammlerei. Beschäftigen sich Auslandskorrespondenten mit der Aufdeckung von
Waffenhandel, Drogendelikten oder Geldwäsche, ist die Be-
nutzung von BND-Suchbegriffen geradezu unvermeidlich. Das
Redaktionsgeheimnis gibt es damit faktisch längst nicht mehr.

Bei der Telefonüberwachung arbeitet der BND mit der Telekom und anderen Telefongesellschaften zusammen. Man darf
annehmen, daß er diese, wie es in anderen Staaten ebenfalls
üblich ist, dafür bezahlt. Von der privatisierten Britischen Telekom weiß man beispielsweise, daß sie jährlich 10 Millionen
Pfund von der Regierung für das Aufzeichnen und Überwachen von Telefonaten erhält. Der britische Geheimdienstfachmann Stephen Dorril nennt das »ein profitables Geschäft«.

ONLINE-SPIONAGE

Als Anfang der achtziger Jahre den Deutschen eine Volkszählung bevorstand, erregten sich die Gemüter. Viele fürch-
teten, dies werde der erste Schritt hin zu einer totalen Erfas-
sung und Überwachung der Menschen sein, wie sie George
Orwell in seiner düsteren Version »1984« ausgemalt hatte.
Die Volkszählung existiert mittlerweile nur noch in verstaub-
ten Aktenordnern des statistischen Bundesamtes. Und die
Gemüter kamen wieder zur Ruhe, obwohl die Bürger noch nie
transparenter waren als heute. Der Leiter der Abteilung II des
Bundesamtes für Sicherheit in der Informationstechnik,
Dr. Heinrich Kersten, sagt mahnend: »George Orwell hat völlig recht gehabt. Er hat sich nur im Datum geirrt. 1994 wäre
zutreffender gewesen. Sein 1949 erschienener Roman ›1984‹
war geradezu prophetisch.«

»Mehr Wettbewerb«, »Zugang zu preiswerter Telekommunikation«, »Ein Monopol wird abgeschafft« und ähnlich

lauteten frohlockend die Überschriften der Zeitungen, als am 1. August 1996 das neue Telekommunikationsgesetz (TKG) in Kraft trat. Dieses Gesetz hob das Telefondienst- und Netzmonopol der Telekom auf und wurde von vielen Verfechtern des freien Marktes bejubelt. In den Hintergrund traten dabei Passagen, die erst am Ende des Gesetzestextes auftauchen. Der Satz des Pythagoras umfaßt 24 Worte, das Archimedische Prinzip 67, die Zehn Gebote 179, die amerikanische Unabhängigkeitserklärung 300 – und allein Paragraph 19 des deutschen Einkommenssteuergesetzes 1862 Worte. Wesentlich umfangreicher – und daher kaum gelesen – ist das Telekommunikationsgesetz. Nach ihm darf der Bundesnachrichtendienst personenbezogene Daten aus den Kundendateien von Netzanbietern abfragen (§ 90 Abs. 3 TKG). Der Betroffene darf dabei in keinem Fall – auch nachträglich nicht – über die Maßnahme unterrichtet werden (§ 90 Abs. 5 TKG). Mit dem gleichen Gesetz wurde das Fernmeldegeheimnis des Artikels 10 des Grundgesetzes eingeschränkt (§ 91 Abs. 5 TKG).

Die »Dithmarscher Landeszeitung« schrieb dazu in einem Kommentar im August 1996: »Schleichend wächst in Deutschland der große Bruder. Das neue Telekommunikationsgesetz, wie es sich die Bonner Koalition vorstellt, macht den Artikel 10 des Grundgesetzes zu einer Farce. So gut wie jede Behörde darf in den Telefonaten und persönlichen Daten eines jeden Bürgers herumschnüffeln, ohne daß es jemand merkt. Aber wer kontrolliert die Kontrolleure? Auch das wird in Artikel 10 für den Fall gefordert, daß Telefonate abgehört werden. Nach dem neuen Gesetz müßte nicht einmal ein Richter vor einer Abhöraktion seine Zustimmung geben.«

Gespeichert und weitergeleitet werden müssen alle Teilnehmerdaten wie Name und die etwaige Mobilfunknummer, aktivierte GSM-Optionen wie Fax- und Datenübertragung, Rufnummernübermittlung, verschlüsselte Kopien der Sicherheitscodes aus den SIM-Karten sowie den von den Teilnehmern selbst festgelegten PINs. Selbst Mitarbeiter von D-1, D-2 oder E-Plus können diese Daten nicht einsehen. Hinzu kommen die Daten, in welcher Funkzelle sich ein Teilnehmer aufhält und die Gerätedaten aller beim Netz angemeldeten Handys, die anhand ihrer individuellen »IMEI«-Nummer (International Mobile Equipment Identifier) erkannt werden. Jedes Handy hat einen von drei Statuswerten: Weiß (alles okay), Grau (unter Beobachtung) oder Schwarz (als gestohlen gemeldet; das Gerät wird vom Netz abgewiesen).

Ohnehin durfte sich der BND seit Dezember 1994 in Auslandsgespräche einschalten und sie aufzeichnen, um mögliche Verdachtsmomente auf Drogen-, Waffen-, Kriegswaffen-, Geldfälschungsgeschäfte sowie Terrorismus an Polizei und Justiz weiterzuleiten. Anders als alle anderen Formen der Telefonüberwachung ist die BND-Fernmeldeaufklärung nicht auf verdachtsbezogene Eingriffe beschränkt. Es werden also nicht etwa nur zielgerichtet Straftäter oder Verdächtige überwacht. Jeder, der ein Auslandsgespräch führt, gerät zunächst einmal in die Abhörnetze.

Sicherheitsbehörden – auch der BND – haben seit 1996 zudem jederzeit Zugriff auf aktuelle Kundendateien von Telekom und anderen Anbietern. Dort ist beispielsweise vermerkt, wer welche kostenpflichtigen Datenbanken konsultiert und wer welche Diskussionsgruppen (Chat-Foren) abonniert hat. Solche Dateien zusammengenommen können über Interessen und Aktivitäten genauer Aufschluß geben als etwa die Ausleihlisten von Büchereien; die zudem erst noch umständlich beschlagnahmt werden müßten.

Auswirkungen hat das von der Öffentlichkeit kaum zur Kenntnis genommene neue Telekommunikationsgesetz also nicht nur auf Telefongespräche, sondern auch auf Online-Dienste, denn es kommt nicht darauf an, ob Sprache oder Daten übermittelt werden. Entscheidend ist der technische Vorgang des Sendens, Übermittelns und Empfangens von Nachrichten jeglicher Art. Der Bundesbeauftragte für den Datenschutz, Joachim Jacob, kritisierte im April 1997 den starken Anstieg der abgehörten Telefonate. Zuvor hatte die Bundesanwaltschaft in Karlsruhe mitgeteilt, daß im Jahr 1996 so viele

Telefone, fest installierte und Mobiltelefone, wie nie zuvor in der deutschen Geschichte abgehört worden waren. In seinem 570 Seiten umfassenden Tätigkeitsbericht schrieb Jacob zur Datenübermittlungspflicht von Privatunternehmen an Geheimdienste: »Der Weg in die Informationsgesellschaft darf nicht durch neue Übermittlungsverpflichtungen von Unternehmen an Polizei, Nachrichtendienste und Verwaltungsbehörden belastet werden.« Er äußerte bei einer Pressekonferenz »große Bedenken« hinsichtlich der Verpflichtung von Unternehmen, dem Bundesnachrichtendienst und dem Bundesamt für Verfassungsschutz Kundendaten zu übermitteln. Anbieter von Homebanking und Online-Zeitungen müßten Auskunft über die Nutzer ihrer Dienste geben. Dies sei auch die Pflicht aller Postanbieter nach der Liberalisierung der Postdienste. Jacob stellte in Frage, inwieweit eine derartige Eingriffsbefugnis im Rahmen der Privatisierung und Marktliberalisierung erwünscht sei.

Die Vorstellungskraft von den Möglichkeiten der Spionage auf diesem Gebiet wird bei vielen wohl kaum ausreichend sein, um folgende wahre Geschichte zu glauben, die Klaus Eichner und Andreas Dobbert – ehemals leitende Mitarbeiter des Ministeriums für Staatssicherheit der DDR – in ihrem Buch »Headquarters Germany« auf Seite 224 berichten: »Als besonders bedeutsam empfanden wir Informationen über ein spezielles Forschungsprogramm der NSA und des Electronic Security Command. Die Geheimdienste prüften die Möglichkeiten, sich über Computersimulationen in den direkten Funkverkehr zwischen den Bodenleitstationen und den Einsatzflugzeugen so einzutakten, daß beide Gegenstellen das nicht bemerkten. Auf diese Weise sollten Befehle an die Flugzeuge übermittelt werden. Das klang zwar anfangs wie Science Fiction, wurde aber Schritt um Schritt Realität. Die Folgen solcher Maßnahmen wären im Ernstfall katastrophal. Die Basis dafür bildeten Datenbanken, in denen die Stimmenprofile der Flugzeugbesatzungen und der Offiziere der Leitstellen erfaßt und ständig aktualisiert wurden. Wie ein erfahrener Auswerter einen Funker an dessen Handschrift an der Morsetaste erkennen konnte, waren die Analytiker des ESC in der Lage, mit den ersten Worten den russischen Flieger oder den Mann in der Leitstelle zu identifizieren.« Geheimdienste sind also längst in der Lage, Telefongespräche und auch den Funkverkehr so zu manipulieren, daß man jemandem einen Gesprächspartner vorgaukelt, der in Wirklichkeit gar nicht am Ende der Leitung ist. Über das Abhören hinaus deuten sich hier für die Zukunft weitere Fragen an, die der Öffentlichkeit kaum bekannt sein dürften.

WATSON, KOMM RÜBER!

Nur wenigen bekannt ist die verborgene Tätigkeit des BND im immer beliebter werdenden Internet. Ein Mitarbeiter der technischen Aufklärung bekennt: »Wer im Internet arbeitet, muß wissen, daß er durchlässig und angreifbar ist.« Das Internet ist keinesfalls konzipiert worden, um die Menschheit zusammenzuschweißen und besser miteinander kommunizieren zu lassen. Seinen kaum bekannten Anfang nahm es vielmehr durch die Anforderungen von Militärs und Geheimdiensten. Es ist eigentlich ein militärisch-nachrichtendienstliches Kommunikationssystem für den Atomkrieg. Anfang der sechziger Jahre, auf dem Höhepunkt des Kalten Krieges, dachten amerikanische Wissenschaftler darüber nach, wie man ein Kommunikationssystem schaffen könne, das selbst dann noch funktionieren würde, wenn einige seiner Vermittlungsknoten bei einem sowjetischen Nuklearschlag zerstört worden wären. Paul Baran, ein Wissenschaftler der Rand Corporation, entwickelte ein Computernetz, das den Datenverkehr in einem solchen Fall automatisch umleiten konnte. Bei dieser Technik, dem »packet switching«, wird jede Mitteilung in viele kleinere Pakete zerlegt. Die Rechner, die die Routen besorgen, sind intelligent genug, um die Gesamtbotschaft wieder in der richtigen Reihenfolge zusammenzusetzen. Ende der sechziger Jahre finanzierte die Advanced Projects Research Agency (ARPA) des Pentagon ein Versuchsprojekt zur Entwicklung eines solchen Netzes. Die erste Mitteilung, »Watson, komm rüber. Ich brauche Deine Hilfe«, wurde 1970 vom Stanford Research Institute in Menlo Park an eine Gruppe von Computerwissenschaftlern geschickt.

Seitdem sind die Dinge etwas außer Kontrolle geraten: Aus den ursprünglich zwei Anschlüssen des ARPA wurden bis heute mehr als 20 Millionen Internet-Anschlüsse, die täglich von etwa 62 Millionen Menschen benutzt werden. Doch die militärisch-nachrichtendienstliche Oberaufsicht bleibt bestehen. Während einzelne Regierungen über die rechtlichen Rahmenbedingungen des Internet diskutieren, nutzen es die großen Geheimdienste der Welt zur Online-Spionage.

Niemand will beim BND Einzelheiten nennen, aber in der Abteilung Technische Aufklärung leugnet man nicht, daß man unbemerkt in die Datenbanken all derjenigen eindringen kann, die im Internet surfen. Die Internet-Spionage ist keine Kapazitätsfrage, denn Programmierer haben den Menschen bei dieser Art der Spionage fast völlig überflüssig gemacht. Über sogenannte Cookies, Applets, Active-X und Plug-Ins werden die auszuspähenden Rechner dazu ermuntert, ohne Wissen des Users interessante Daten nach Pullach zu kopieren. Der »gläserne Mensch« ist auf der Datenautobahn Realität. Wer sich davor schützen möchte, findet nützliche Tips im Internet unter der Adresse »http://www.uni-muenster. de«. Sicherheitslöcher finden sich im Internet-Explorer zuhauf, denn beispielsweise jeder Homepage-Bastler mit Microsoft-Aversion kann nahezu beliebigen Unfug auf den PCs von Anwendern des Internet-Explorers anstellen. Manche amerikanischen Unternehmen bieten online einen sogenannten Virendoktor an, der über Ihren Internet-Zugang all Ihre Dateien auf Virenbefall überprüft. Aus Pullach heißt es dazu, gewiß werde man auf diese Weise seine Computerviren los – in den meisten Fällen aber wohl unbemerkt auch eine Kopie der interessantesten Dateien des eigenen PC.

Inzwischen hat auch die Online-Hauszeitschrift der Telekom, »Com«, die Schwächen des Internet erkannt. In ihrer

Mai-Ausgabe 1997 heißt es auf Seite 43: »Vorsicht, Programmstart. Kritisch wird es immer, wenn Sie heruntergeladene Programme oder Plug-Ins starten, ihrem Browser die Ausführung von Plug-Ins, Java-Applets oder Active-X-Controls gestatten und Programme oder Dokumente aufrufen, die Sie angehängt an eine E-Mail bekommen haben … Wenn auf Ihrem Computer ein Programm startet, dann gestatten Sie ihm vollen Zugriff auf Ihren gesamten Rechner. Ein Programm kann im Prinzip jede Datei lesen, verschieben, verändern oder löschen und auch weitere Programme auf Ihrem Computer starten … Nach dem selben Prinzip wie schädliche Plug-Ins funktionieren auch Trojanische Pferde. Sie bekommen ein tolles und nützliches Programm kostenlos zum Download angeboten. Doch neben den angepriesenen Funktionen spioniert die Software auch noch unauffällig im Hintergrund auf Ihrer Festplatte … « Wie sehr die Deutsche Telekom dem von ihr angebotenen Internet-Zugang in Wirklichkeit traut, zeigt folgender Warnhinweis in »Com«: »Ziehen Sie immer das Telefonkabel Ihrer ISDN-Karte oder des Modems ab, wenn Sie nicht online sind« (Com, Heft 5/1997, Seite 44). Im Juni-Heft des Internet-Magazins hieß es 1997 auf Seite 26 zum Risikofaktor »Active-X«: »Microsoft stellt mit Active-X eine Technik zur Verfügung, die gegen Angriffe aus dem Web wehrlos ist. Für programmiertechnisch begabte Wirtschaftskriminelle öffnet sich das Internet wie ein Scheunentor. Und jeder Internet-Surfer muß damit rechnen, daß Hacker seinen Computer böswillig steuern.« Neben Hackern und Wirtschaftskriminellen hat das Internet-Magazin offenkundig die weitaus versierteren Geheimdienste schlicht vergessen.

Die Rechner der amerikanischen technischen Aufklärungsbehörde NSA sind heute schon voll mit den vertraulichen Daten all jener, die sich irgendwann einmal auf die Homepage eines amerikanischen Nachrichtendienstes verirrt haben. Interesse hat die NSA dabei auch an Deutschen. »Online« ist das neue Zauberwort der Geheimdienste. Online erkundet man, wer sich im Internet pornographische Bilder anschaut oder für Sadistenspiele interessiert, und online lassen sich noch an ganz anderen Dingen Interessierte ermitteln. Die Datenbanken aller Geheimdienste dürften zumindest auf jenen Gebieten überquellen, die Druckmittel für künftige Erpressungen bieten. Kein Zweifel, auch der BND setzt – ebenso wie andere deutsche Sicherheitsbehörden – bei der Online-Spionage das technisch Machbare ein.

INTERNET-AGENTEN

In Pullach wird behauptet, daß Internet-Suchmaschinen wie AltaVista, Yahoo oder InfoSeek keinesfalls so harmlos seien, wie sie auf den ersten Blick erscheinen mögen. Sie speichern angeblich zugleich die vom Anwender eingegebenen Daten. Allein AltaVista erfasse derzeit 30 Millionen Web-Seiten und mehr als 4 Millionen Postings aus 140.000 Newsgroups. Ziel sei es, digitale Archive auszubauen. Vielleicht klingt es für viele noch abenteuerlich, aber der Beruf des Internet-Agenten wird wohl bald auch im zivilen Bereich Zukunft haben: Wenn Herr Müller zur Jahrtausendwende bei der Firma XY nach einem Arbeitsplatz anfragt, wird diese möglicherweise einen Internet-Agenten beauftragen, ein Profil des Bewerbers zu erstellen. Ein Profil, das je nach Müllers Online-Präsenz kritische Daten offenbaren kann: ob Parteimitgliedschaft, sexuelle Neigungen, rüde Ausdrucksweisen oder einfach Inkompetenz, die Suchmaschine findet alles, was online existiert, etwa, ob Herr Müller verschiedene Aids-Seiten anschaut, virtuelle Küßchen per E-Mail verschickt oder aber »verbotene« Internet-Seiten wie beispielsweise diejenigen der linksradikalen Gruppe »Radikal« aufsucht. Aus der Sicht deutscher Sicherheitsbehörden eine wünschenswerte Entwicklung – aus der Sicht von Datenschützern mehr als bedenklich. Technisch ist man jedenfalls schon längst in der Lage, solche Internet-Persönlichkeitsprofile zu erstellen. Heinrich Kersten, Leiter der Abteilung II beim Bonner Bundesinstitut für Sicherheit in der Informationstechnik, schreibt: »Zunehmend wird die Sicherheitslage von PCs, die online am Internet oder anderen (öffentlichen, privaten) Netzwerken hängen, immer prekärer, da nicht einmal Experten in der Lage sind, von außen gesteuerte Verarbeitungen auf dem eigenen PC erkennen oder gar verhindern zu können« (Heinrich Kersten, »Kulturelle Beherrschbarkeit digitaler Signaturen«, in: BSI, Kulturelle Beherrschbarkeit digitaler Signaturen, S. 125).

Nicht nur Privatnutzer sind Risiken ausgesetzt. Telekommunikations- und Informationstechnik sind für die Wirtschaft zu einem wesentlichen Wettbewerbsfaktor geworden. Sicherheit und Schutz, insbesondere angesichts neuer elektronischer Zahlungssysteme oder gar Cyber money, gewinnen daher immer weiter an Bedeutung. Die digitale Verfügbarkeit jedweder Daten öffnet der Manipulation, ob via Telefon oder Rechner, Tür und Tor. Ein Fachmann in Pullach hebt hervor: »Obwohl die Banken behaupten, Homebanking oder EC-Karten seien sicher, wissen wir genau, daß dies nicht der Fall ist. Weltweit werden in diesem Zusammenhang Milliardenverluste in Kauf genommen, denn Magnetstreifen von Kreditkarten abzulesen ist heute ein Kinderspiel. Mit dem Cyber money genannten virtuellen Geld, das schon in wenigen Jahren Münzen und Scheine ablösen wird, ist es ähnlich. Aber die Kunden sind die Dummen, wenn sie beweisen müssen, daß sie an einem fraglichen Tag kein Geld abgehoben oder ausgegeben haben. Eigentlich brauchten wir zu ihrem Schutz sehr gute Verschlüsselungstechniken. Die aber würden dem BND wiederum die Arbeit erschweren.« (Nach Angaben des Individual Network e. V. haben mehr als 5000 via Internet verbundene Computer einen 48 Bit langen Verschlüsselungscode in nur 13 Tagen geknackt, siehe dazu die Zeitschrift »PC-Online«, Heft 4/1997, S. 9; in Heft 5/1997 auf S. 24 findet sich eine Tabelle der Entschlüsselungszeiten eines 40-Bit-Codes für Hacker und Geheimdienste. Danach benötigt ein Hacker zum Knacken eines 40-Bit-Codes rund eine Woche, ein Geheimdienst aber nur 0,0002 Sekunden. Stand der Angaben ist Ende 1995! Seither dürfte sich die Entschlüsselungszeit, auch die der Geheimdienste, weiter verkürzt haben.)

Im März 1997 wurde bei der Beweisaufnahme für einen Prozeß vor dem Oberlandesgericht Hamm bekannt, daß die Geheimzahlen von EC-Karten technisch zu knacken sind. In der Vergangenheit waren die Gerichte immer davon ausgegangen, daß die Kunden den Kartenmißbrauch durch unvorsichtigen Umgang mit ihrer Geheimzahl selbst zu verantworten hätten. Mit dem Urteil des OLG Hamm (Urteil des OLG Hamm, 31 U 72/96) wurde erstmals in der Öffentlichkeit bekannt, wie unsicher das Geheimzahl-System der Kreditwirtschaft in Wahrheit ist. Der BND jedenfalls durfte die Öffentlichkeit von sich aus über solche Erkenntnisse nicht unterrichten.

BND-Mitarbeiter verschweigen aber gern, daß man in Pullach in der Lage ist, restlos alle elektronischen Daten abzufangen und zu manipulieren. Die technische Aufklärung ist darauf spezialisiert, alle über einen ausländischen Anbieter (z. B. Compuserve und America Online) versandten E-Mails abzufangen und mitzulesen. E-Mails sollte man deshalb nur überlegt einsetzen. Die elektronische Post wird zwar oft als Briefersatz bezeichnet – aber das ist eine Illusion. In Wirklichkeit ist die E-Mail wie eine Postkarte und läßt sich an jedem Internet-Knotenpunkt mitlesen oder gar verändern.

Mehrfach führte das Anzapfen von E-Mails bereits zum Erfolg, so im Falle des Flughafen-Erpressers Timo F., der im April 1997 nach aufwendiger Internet-Überwachung festgenommen wurde. Der 25 Jahre alte Mann hatte 15 deutschen Flughäfen damit gedroht, eine Passagiermaschine beim Start abstürzen zu lassen, indem er ein mit Sprengstoff beladenes Mobilflugzeug darauf prallen lassen wollte. Mehr als 50 Millionen Mark forderte der Erpresser in seinen im März abgeschickten E-Mails. Im Internet wähnte sich der junge Mann anonym. Die elektronisch versandte Post ist zwar normalerweise automatisch mit einem Absender versehen. Mit Hilfe eines »Remailers«, der E-Mails anonym weiterleitet, könnte man das jedoch umgehen. »Remailer« wurden ursprünglich eingerichtet, um etwa vergewaltigten Frauen zu ermöglichen, unerkannt an Diskussionsforen zu dem Thema im Internet teilzunehmen. Innerhalb der Internet-Gemeinde hat man aber keinen Zweifel daran, daß unter anderem die amerikanische NSA selbst »Remailer« betreibt, damit sie die darüber geleitete Post überwachen kann. Auch der BND nutze bei der Internet-Überwachung alle technischen Möglichkeiten, heißt es in Geheimdienstkreisen.

Ebenso kann der BND beim Homebanking im Internet alle Kontobewegungen (zielend beispielsweise auf das organisierte Verbrechen) überwachen. Datenschützern graut es bei dieser Vorstellung. Zumindest theoretisch ermöglicht das neue Telekommunikationsgesetz dem BND nicht nur die geheime Überwachung des Internet (welcher Telefonanschluß wählt sich in welche Homepage wie oft ein?), sondern ebenso das Abfragen von medizinischen und anderen sensiblen Dateien. Technisch ist es heute auch ein Kinderspiel, die Eintragungen in den Dateien von Einwohnermeldeämtern zu verändern.

Unter dem Stichwort »http://www.mannheim.de« präsentiert sich beispielsweise die Stadt Mannheim online und bürgernah. Auf der Homepage heißt es: »Liebe Mitbürgerinnen und Mitbürger, liebe Internet-Gäste. Die Stadt Mannheim bietet im Internet Serviceleistungen an. Wer kennt nicht die Situation, in einem Amt zu stehen, einen Bogen mit vielen Fragen vor sich zu haben und festzustellen, daß einem zum ordnungsgemäßen Ausfüllen Unterlagen fehlen. Ein zweiter Anlauf ist fällig. Man ärgert sich über den bürokratischen Kram und sich selbst, weil man sich nicht vorher erkundigt hat. Hier kann die moderne Telekommunikation Abhilfe schaffen. Sie füllen den Bogen in aller Ruhe zu Hause am Bildschirm aus, schicken diesen Bogen als elektronische Post zum zuständigen Amt der Stadt Mannheim ... « Online kann man dem Einwohnermeldeamt einen Wohnungswechsel oder der Kraftfahrzeugstelle einen Wunschkennzeichenantrag zukommen lassen, obwohl man weiß, daß Manipulationen möglich sind. Im Vorspann der Fragebögen wird ausdrücklich darauf hingewiesen.

Böswillige könnten ihre Gegner heute auch online bei Interpol zur Fahndung ausschreiben. Technisch ist es jedenfalls keine Schwierigkeit, solange die entsprechende Stelle nur online erreichbar ist. Auch die mit nachrichtendienstlichen Mitteln arbeitende Scientology-Organisation soll sich dieser Methode bedienen: Nach Angaben des »Spiegel« löscht die in Los Angeles beheimatete, international tätige Scientology-Gruppe unbefugt kritische Beiträge aus online erreichbaren Netzen, also beispielsweise dem Internet (Spiegel-Spezial, Der digitale Mensch, S. 56). BND-Präsident Geiger, ein erfahrener Datenschützer, trägt in diesem Bereich allergrößte Verantwortung: Er muß gerade bei der Online-Spionage darauf achten, daß seine technisch versiertesten Mitarbeiter ausreichend kontrolliert werden.

ACHTUNG: GEHEIMDIENSTE LESEN MIT

In wenigen Jahren werden Grußpostkarten und Briefe beim Empfänger nostalgische Erinnerungen wecken. Elektronische Post wird sie ersetzt haben. E-Mails werden offen durch das Internet geschickt. Auf ihrem Weg passieren sie oftmals Dutzende von Servern, werden auf Festplatten zwischengespeichert und tauchen in diversen Log-Dateien auf. Um sicherzustellen, daß niemand – auch nicht Geheimdienste – E-Mails lesen können, gibt es Verschlüsselungs-Software wie beispielsweise »Pretty Good Privacy« (PGP) von Phil Zimmermann. Angeblich ist PGP eine »hochsichere Verschlüsselungssoftware«. Hochsicher bedeutet, daß selbst ein Supercomputer ein paar Wochen rechnen müßte, um einen PGP-Code zu knacken.

Doch leider hat die Sache einen gewaltigen Haken. Die technischen Aufklärer des BND sind – ebenso wie andere westliche Geheimdienste – davon überzeugt, daß der Urheber von PGP ein amerikanischer Geheimdienst ist: entweder die NSA oder aber die CIA. In Pullach ist man sich sicher, daß hier die Schlüssel zur Entzifferung von Software-Programmen wie PGP liegen. Ein BND-Techniker sagt dazu: »Schön für die

Amerikaner, wenn einer den Quatsch von der angeblichen PGP-Sicherheit glaubt.« Selbst im Kanzleramt hebt ein Kenner der nachrichtendienstlichen Szene hervor: »Man darf keinem amerikanischen Kryptografie-Programm trauen. Man sollte bei jedem dieser Programme von vornherein annehmen, daß die NSA auch über den Schlüssel verfügt, um das Programm zu knacken.« PGP wird dennoch derzeit nicht nur von deutschen Behördenvertretern noch immer als angeblich sichere Verschlüsselungsmethode eingesetzt. Auch die Mitarbeiter der Vereinten Nationen (so des im Irak tätigen Unscom-Teams) benutzen es in der Annahme, von niemandem belauscht zu werden. Harald Roth, Fachanwalt für Ausfuhrkontrollen, der in Deutschland international renommierte Großunternehmen vertritt, hält zumindest die Originalversion von PGP mit einem 128-Bit-Schlüssel weiterhin für sicher, nicht jedoch Kopien, deren Herkunft unklar ist.

In manchen Ländern, so in Frankreich (Gesetz 90-1170) und Rußland (Präsidentielles Dekret Nr. 334 vom 3. April 1995), ist die Verschlüsselung privater Daten (damit sind grundsätzlich Informationen gemeint) – und damit auch PGP – verboten. In den Vereinigten Staaten gibt es Bestrebungen, nur noch Verschlüsselungsverfahren zuzulassen, die zumindest staatlichen Stellen den Zugriff auf verschlüsselte Daten ermöglichen (»key escrow« oder »key recovery«). Dort ist es staatlichen Stellen durch den von Präsident Clinton unterzeichneten Digital Telephony Act gestattet, die Tastatureingaben aller Menschen zu überwachen, die über ein elektronisches Netz miteinander kommunizieren.

Ob die private Verschlüsselung von Daten demnächst auch in Deutschland verboten wird oder, wie in Dänemark und den Niederlanden, weiterhin möglich sein wird, ist abhängig vom Ausgang des Ringens zwischen Sicherheitsbehörden und Bundesinnenministerium auf der einen und Bundeswirtschafts- und Zukunftsministerium auf der anderen Seite. Während der BND, Polizei und Innenministerium schnellstmöglich die Verschlüsselung von Daten mit einem deutschen Kryptografiegesetz verbieten lassen möchten, sähen Zukunfts- und Wirtschaftsministerium damit den Wirtschaftsstandort Deutschland gefährdet.

Während die Spekulationen über seinen Rücktritt einen neuen Höhepunkt erreichten, sprach ich am 24. März 1997 auf dem Rückflug von Saudi-Arabien mit Bundeswirtschaftsminister Rexrodt über seine Haltung zur Diskussion über ein deutsches Kryptografiegesetz. Der Minister sagte: »Unsere amerikanischen Freunde versuchen uns dahingehend zu beeinflussen, daß wir nichts unternehmen, oder aber, sie wollen uns ihre Kryptografie-Standards aufdrücken. Das mache ich aber nicht mit. Es muß bestimmte Bereiche geben, zum Beispiel Persönlichkeitsdaten oder im Bereich der Kommunikation von Firmen untereinander, wo nicht ständig jemand bei der Datenübertragung mit drinhängt, der 50 Jahre lang hier sein Spionagenetz aufgebaut hat.« Ungewöhnlich direkt sprach Rexrodt damit die Praxis der Amerikaner an, sich in Deutschland noch immer als Besatzungsmacht zu gebärden, jegliche Kommunikation zu überwachen und dabei auch Industriespionage zu betreiben. Rexrodt betonte: »Die Dreistigkeit der Amerikaner auf diesem Gebiet ist hart an der Grenze dessen, was man ertragen kann.« Als ich Herrn Rexrodt erklärte, wie die Amerikaner seine vertraulichen Gespräche in seinem Dienstzimmer mit Hilfe von Freisprecheinrichtung und Konferenzschaltung seines Telefons aus der Ferne abhören können, war er sichtlich getroffen und fragte: »Geht das auch bei mir zu Hause bei Privatgesprächen?« Als ich das bejahte, seufzte er und sagte wütend: »Unglaublich, was die alles machen können!«

Andy Müller-Maghun vom Hamburger Chaos-Computer-Club gilt als ausgewiesener Kryptografie-Fachmann. Er schrieb mir: »Spätestens die Verschärfung der Exportbestimmungen für Verschlüsselungstechnologie in Amerika im Dezember 1996 sollte jedem klarmachen, worum es eigentlich geht: um Industriespionage. Die amerikanischen Geheimdienste, allen voran die NSA als technischer Dienstleister, wollen sich schlicht den Zugriff auf alle Daten sichern, die in Computern gespeichert sind, ganz egal, wo diese stehen. So verbietet die amerikanische Regierung nicht nur amerikanischen Firmen den Export von Produkten, die eine starke Verschlüsselung der Daten erlauben. Es wird nicht nur sorgsam darauf geachtet, daß die NSA über die technischen Mittel und das Hintergrundwissen verfügt, um die eingesetzten Verschlüsselungsverfahren knacken zu können. Über die normale geheimdienstliche Tätigkeit wird auch über entsprechende Falschinformationen, Mitarbeiter und Institutionen Einfluß genommen auf die entsprechende Gesetzeslage anderer Länder. Daß die Argumentation mit der organisierten Kriminalität hahnebüchener Unsinn ist, ... ist einigen Beteiligten vielleicht nicht klar – aber gute Absichten sind leider auch nicht jedem zu unterstellen.«

Die Haltung des BND-Chefs Geiger ist jedenfalls eindeutig: »Es ist zwingend erforderlich, den Privat-, den Banken-, den Geschäftsverkehr verstärkt durch Kryptierung gegen Angriffe von außen zu schützen. Gerade als Datenschützer sage ich das. Selbstverständlich aber muß es wie auf allen Gebieten, wo wir geschützte Bereiche haben, in besonderen Ausnahmefällen für staatliche Stellen möglich sein, gleichwohl an Informationen heranzukommen.«

Wenn man ehrlich ist, müßte man aber hinzufügen, daß die künftig möglicherweise vorgeschriebene Hinterlegung von Kryptografieschlüsseln in Deutschland bei einer staatlichen Stelle einem Generalschlüssel in der Hand von Dieben vergleichbar wäre. Dem angeblichen Objekt der Begierde, Schwerstkriminellen, wird man mit einem Kryptografie-Gesetz ohnehin nicht beikommen können, machen diese sich doch heute schon die nächsthöhere Stufe des Chiffrierens, die auch vom BND verwendete Steganografie, zunutze. Im »Spiegel-Spezial, Der digitale Mensch« heißt es dazu: »Eine besonders abgefeimte Steigerungsform der Kryptografie ist die Steganografie, die Kunst der verdeckten Verschlüsselung. Damit läßt sich jedes Krypto-Verbot unterlaufen.« Doch

Kenntnis über derart komplizierte Vorgänge darf man von deutschen Politikern wohl nicht erwarten.

Für Professor Helmut Reimer, Geschäftsführer des Teletrust-Vereins, einer Interessengemeinschaft von Herstellern und Nutzern der Kryptografie, wäre die Einführung eines Krypto-Gesetzes in Deutschland eine Katastrophe: »Das wird ein Schuß in den Ofen. Dahinter steckt das amerikanische Interesse an einem boomenden Teil des Softwaremarktes.« Druck auf die Bonner Politiker übt vor allem David L. Aaron, amerikanischer Botschafter bei der Pariser Industriestaaten-Organisation OECD, aus. Aaron ist zugleich Washingtons Sonderbotschafter für Kryptografie und koordiniert eine europaweite amerikanische Kampagne mit dem Ziel einer strengen Regulierung des Marktes. Den Schaden hätten deutsche Fachunternehmen wie die Oberurseler Utimaco Safeware AG oder die Aachener Kryptokom. Sie haben höhere Sicherheitsstandards als amerikanische Anbieter und liefern als einige von wenigen noch Krypto-Verfahren, die noch nicht von den großen Nachrichtendiensten und Industriespionen der Welt entschlüsselt werden können. Letztlich würde den wirklich Kriminellen mit einem Krypto-Gesetz die elektronische Kommunikation nicht sonderlich erschwert, europäische Unternehmen aber würden gezwungen, ihre vertraulichen Daten mit nur noch geringem Schutz zu übermitteln. Ein Schelm, wer den Amerikanern dabei Böses unterstellt.

Für den Bundesinnenminister Manfred Kanther wurde es vor der Bundestagswahl 1998 jedenfalls zunehmend schwerer, in Deutschland die ihm so verhaßte Verschlüsselung von Daten einzuschränken, denn im Internet verbreitete sich rasend schnell eine neue Verschlüsselungsmethode, das sogenannte »chaffing and winnowing«. Das ist eine Methode, Daten zwar unverschlüsselt, aber dennoch für Dritte unleserlich zu versenden. Die in vielen Staaten geltenden Bestimmungen, nach denen es verboten ist, Kryptografie zu benutzen oder zu exportieren, werden beim »chaffing« unterlaufen. Auch die Mitlesepläne von Manfred Kanther laufen dann ins Leere, wenn Anwender diese Methode benutzen. Die Idee ist einfach: Der ursprüngliche Text wird nicht abgeändert. Statt dessen zerlegt ihn ein Programm in kleinste Bestandteile, die dann ähnlich einem riesigen Puzzle beim Empfänger ankommen. Jede Einheit dieses Puzzles hat eine bestimmte Identifikationsnummer, mit deren Hilfe der Empfänger den Text wieder zusammensetzen kann. Daneben verfügt jedes Puzzlestück noch über einen digitalen Echtheitsstempel. Damit aber das Zusammensetzen des Textes nicht allzu einfach ist, wird zudem vor dem Absenden noch ein weiterer Text mit unsinnigem Inhalt erzeugt. Auch dieser wird in kleinste Puzzlestückchen aufgesplittet, erhält Nummern und angebliche Echtheitsstempel. Gemeinsam mit dem ursprünglichen Text wird dann dieser Datenmüll versandt. Aber nur der Empfänger kann unsinnige von sinnvollen Puzzlestückchen trennen und den Text wieder zusammensetzen, denn er hat sich zuvor mit dem Absender über die Bestandteile der Echtheitsstempel verständigt. Mit dieser Methode kann man Leuten wie Manfred Kanther eine lange Nase ziehen, denn man handelt absolut legal: Der Absender verschickt ja unverschlüsselte einzelne Buchstaben. Trotzdem ist der Sinn der Nachricht für staatliche Überwacher oder andere Lauscher nicht zu verstehen.

Das Herz des Dienstes: Die Auswertung

Die 800 Mitarbeiter der Abteilung III können sich glücklich schätzen, arbeiten sie doch im neuesten Gebäudekomplex des BND-Geländes. Hier werden die von der technischen Aufklärung (Abt. II) und den menschlichen Quellen (Abt. I) gewonnenen Einzelerkenntnisse zusammen mit offen einsehbarem Material (z. B. Zeitungen) aufbereitet. Wichtigste Grundlage für die Arbeit der Auswerter ist der Langzeitauftrag, den der Lenkungsausschuß (Auswärtiges Amt, Verteidigungsministerium, Innenministerium und Forschungsministerium) unter Leitung des Kanzleramtes alle vier bis fünf Jahre neu festlegt. Eigentlich sind Langzeit- und tagesbezogener Auftrag geheim, doch anhand der BND-Prioritätenweltkarte, auf der vorrangig aufzuklärende Länder in verschiedenen Farben markiert sind, kann man das regionale Schwerpunktinteresse der Auswerter erahnen.

Welche Staaten stehen heute im Mittelpunkt der Aufmerksamkeit deutscher Geheimagenten? Die Farbe rot markiert die höchste Priorität, also den größten Bedarf an Aufklärung. Rot sieht man im BND im Falle Rußlands, Irans, des Irak, Syriens, der Staaten des früheren Jugoslawien und Albaniens. Über diese Staaten werden die meisten Berichte von den Auswertern erstellt. Jüngere Berichte tragen Titel wie »Rußland – Die Nordflotte: Kern der maritimen Verteidigung« oder »Iran: Innen- und außenpolitische Situation« mit der Kennziffer AN34D-0517/96VS-NfD (VS-NfD steht für »Verschlußsache – Nur für den Dienstgebrauch«). Neben diesen zwar vertraulichen, aber eher allgemein gehaltenen Berichten, gibt es dann noch die mit »VS-vertr«, Verschlußsache – vertraulich, gekennzeichneten Berichte, etwa jene über den konventionellen Waffenhandel, und dann, als höchste Stufe, die jeweils als »geheim« oder gar »streng geheim« eingestuften Einzelberichte, wie zum Beispiel »Das westrussische Chemiewaffenlager in Pochep«, »Russische Kesselwagen für den CW-Transport« oder »Der neue iranische Rüstungskomplex in Sharifabad«.

Die nächstwichtige Ländergruppe ist auf der BND-Prioritätenweltkarte orange markiert: China, Algerien, Libyen, Ägypten, Sudan, Angola, Südafrika, Saudi-Arabien, Israel, Indien, Pakistan und Tadschikistan. Weniger Interesse sollten die Auswerter gemäß ihrem aktuellen Langzeitauftrag an den gelb markierten Staaten zeigen, zu denen Afghanistan, Zaire, Zimbabwe, Polen, die Tschechei, Rumänien, Bulgarien, Estland, Lettland und Litauen gehören. Stufe vier, kaum Interesse, ist beispielsweise für die westeuropäischen Staaten vorgegeben, während die grüne Farbe (ohne Interesse) etwa für Australien gilt.

Doch Krisen lassen sich nicht planen. Und so müssen die Auswerter neben dem Langzeitauftrag auch die grün markierten Staaten im Auge behalten. Wenn morgen ein deutsches Verkehrsflugzeug nach Canberra entführt würde, müßten auch die BND-Auswerter dem Kanzleramt Rede und Antwort stehen. Dennoch ist der Aufgabenkreis der Auswerter begrenzt. Als im Frühjahr 1996 Bundespräsident Herzog auf seiner Ostafrika-Reise (Uganda, Äthiopien und Eritrea) die Felsenkirchen von Lalibela in Äthiopien nur nach einem gehörigen Schrecken besichtigen konnte, weil die Landebahn für die Transall zu kurz war, traf das Donnerwetter nicht etwa die BND-Auswerter. Das Verteidigungsministerium hatte zwar einige Wochen vor dem Besuch des Bundespräsidenten in Lalibela die Landebahn besichtigt, unmittelbar vor der Ankunft aber nicht abermals kontrolliert. So übersah man, daß die Äthiopier die Landebahn inzwischen verkürzt hatten und es bei der Landung beinahe zur Katastrophe gekommen wäre.

Das im Herbst 1996 eröffnete Lage- und Informationszentrum (LIZ) ist das Herz der Auswertungsabteilung. Mit den fünf Weltzeit-Uhren über einem riesigen Wandbildschirm erinnert es mehr an ein modernes Kongreßzentrum als an das Lagezentrum eines Geheimdienstes. Von hier aus bestehen direkte Verbindungen zu allen 81 Auslandsresidenturen des BND. Zudem gibt es jeweils eine Leitung zum Kanzleramt, Auswärtigen Amt, Innenministerium und Amt für Nachrichtenwesen der Bundeswehr. Im Schichtdienst müssen die LIZ-Mitarbeiter hier rund um die Uhr den Betrieb aufrechterhalten, denn jede Sekunde könnte eine Krise ausbrechen, die im Kanzleramt das geballte Wissen des BND erfordert. Von hier aus wird allmorgendlich um 7:45 Uhr der Staatsminister im Kanzleramt über die aktuelle Morgenlage der Welt unterrichtet; hier treffen sich von 10:30 Uhr bis 11:30 Uhr die Leiter der sechs BND-Abteilungen zur Lagebesprechung, und von hier aus wird um 14:30 Uhr der jeweilige

BND-Tagesbericht an das Kanzleramt und die Ministerien übermittelt.

Im Frühjahr 1997 veröffentlichte die Moskauer Tageszeitung »Prawda« einen angeblichen BND-Bericht über den Gesundheitszustand Jelzins. Umgehend wollte man im Kanzleramt wissen, ob der »BND-Bericht« authentisch gewesen sei. Und so berichtete der zuständige Auswerter aus dem LIZ, der Gesundheitszustand Jelzins werde »tatsächlich sehr pessimistisch in Pullach beurteilt«. Ende Juni 1996 hatte Jelzin einen Herzinfarkt erlitten. Doch der BND verfügte schon damals durch seine Quellen im Kreml über Informationen, nach denen Jelzins Herzmuskel angegriffen sei und daher auch die spätere Bypass-Operation ihm eine hundertprozentige Genesung nicht würde bieten können. Im Januar 1997 erlitt Jelzin dann nach der Operation einen weiteren Herzinfarkt, der in der Öffentlichkeit als »Lungenentzündung« getarnt wurde. Daraufhin herrschte nicht nur im Kanzleramt, sondern vor allem im Kreml in der engsten Führungsriege Verunsicherung über die weitere Zukunft des russischen Machtapparates. Westliche Geheimdienste stellten fest, daß es eine Planung, die, wie bisher üblich, über drei Monate hinausging, im Kreml nicht mehr gab. Im BND vertrat man unterdessen die Auffassung, daß Außenseiter Lebed wohl mittelfristig die besten Chancen im Moskauer Machtkampf haben werde. Und so wurde Lebed denn auch im Februar 1997 von Bonner Politikern bei seiner Deutschland-Reise hofiert. Natürlich konnte auch der BND nicht mit letzter Sicherheit sagen, ob Jelzin noch länger als 12 Monate leben würde oder seine Umgebung gegenüber dem russischen Volk zumindest die Fiktion seiner Gesundheit würde aufrecht erhalten können. Doch man lieferte zumindest konkrete Hinweise darauf, wem man denn nun bei Besuchen in Bonn vorsorglich die Hand ein wenig freundschaftlicher schütteln müsse.

Die von den Auswertern zusammengetragenen Informationen enthalten nicht nur die Ergebnisse der Mitteilungen deutscher Spione oder der technischen Aufklärung. Mindestens neunzig Prozent der Informationen bezieht Pullach aus offenen Quellen, vor allem Zeitungen: 1,5 Millionen Berichte sind es im Jahr. Demgegenüber beschaffen die menschlichen Quellen jährlich »nur« etwa 80.000 Meldungen. Hinzu kommen alljährlich etwa 12.000 Botschaftsberichte und die Mitteilungen von Banken, Unternehmerverbänden und Kirchengruppen sowie von 200 anderen Nachrichtendiensten der Welt, mit denen man zusammenarbeitet.

Immer wieder stoßen die BND-Auswerter bei den von ihnen mit Geheimdienst-Dossiers Belieferten auf ungläubiges Staunen. So hatte nach der Debatte um die geplante Versenkung der Shell-Erdöl-Plattform »Brent Spar« in der Öffentlichkeit eine weitere Kampagne von Shell-Gegnern Aufmerksamkeit erregt und zur Blockade von Shell-Tankstellen und wütenden Protesten geführt: Nigerianische Asylanten behaupteten, Shell habe in ihrer Heimat das Delta des Niger-Flusses durch die Ölförderung in ein Dantesches Inferno verwandelt. Das Trinkwasser sei ölverseucht. Traditionellen Fischfang könne man nicht mehr betreiben. Die Böden seien ölverschmiert, und zudem habe der Multi Shell oppositionelle Nigerianer ermorden lassen. Auch für die Hinrichtung des Oppositionspolitikers Ken Saro-Wiwa sei letztlich Shell verantwortlich. Diese Berichte wurden in den Medien so oft wiederholt, bis sie zu einer kaum noch in Frage zu stellenden Wahrheit wurden. Erst als die »Frankfurter Allgemeine Zeitung«, die »Süddeutsche Zeitung«, die »Welt«, die »Westdeutsche Allgemeine Zeitung« und die »Frankfurter Rundschau« nach einem Besuch des südnigerianischen Erdölfördergebietes im Oktober 1996 berichteten, die behauptete Umweltverschmutzung gebe es nicht, fragten auch Bonner Ministerien beim BND nach und baten um Auskunft. Die Antwort lautete nach Angaben aus einem Ministerium, beim BND gebe es »keine Erkenntnisse darüber, daß Shell in Nigeria ein Dantesches Inferno angerichtet hat. Im Gegenteil, die Umweltzerstörung der Ölförderung in der Region des Kaspischen Meeres ist um ein Vielfaches schlimmer«.

Zudem weiß man beim Bundesamt für Verfassungsschutz und dem BND, daß der führende nigerianische Kopf der Anti-Shell-Kampagne in Deutschland, der nigerianische Asylbewerber Peter Emorinken-Donatus, vor dem Beginn seiner Kampagne Bettelbriefe an Shell geschrieben und den Konzern um Überweisung von Geld gebeten hatte, mit dem er eine Werbekampagne für Shell und dessen Leistungen in Nigeria durchführen wollte. Doch Shell zahlte nicht.

Der Zufallsfund läßt die Entstehung der Anti-Shell-Aktion in einem neuen Licht erscheinen. Donatus bat die Shell AG Hamburg am 21. und am 30. August 1995, »Hauptsponsor« eines Benefiz-Konzertes der »Nigeria-Woche« zu werden und sich an den Kosten in Höhe von 27875 Mark zu beteiligen. In dem Schreiben vom 21. August 1995 heißt es: »Hiermit möchte ich Sie im Namen der Movement for a democratic Nigeria (Moden) informieren, daß wir Ihre Firma, Shell, als Hauptsponsor unseres Benefiz-Konzertes nominiert haben.« Er beendete diesen Brief mit den Worten: »Vielleicht haben Sie ja selbst Vorschläge, wie wir die Werbekampagne für alle Beteiligten am effektivsten gestalten können.« In einem weiteren Schreiben hieß es: »Wir brauchen Shell! Shell braucht uns! Das insbesondere bei der nigerianischen Bevölkerung angeschlagene Image von Shell bedarf einer Verbesserung ... Politischer Druck auf die nigerianische Militärjunta kann keine Forderung an Shell sein.« Dann folgt abermals ein Kostenvoranschlag über 27875 Mark. Doch der nigerianische Bittsteller erhielt von Shell kein Geld. Und hatte er noch vor wenigen Tagen an Shell geschrieben, »Solidarität für Shell AG und die nigerianische Bevölkerung«, so wandelte er sich binnen kurzem zu jenem Asylbewerber, der die Anti-Shell-Kampagne schürte und in der Zeitung »Taz« schrieb: »Wer bei Shell kauft, kauft Ogoni-Blut«; dort berichtete er auch über »Verbrechen der Militärregierung im Auftrag des Shell-Konzerns«. Nun schrieb Donatus, die Tage der »Verbrechen der Militärregierung und von Shell in Nigeria« seien »gezählt«. »Es mag etwas dauern, aber wir werden die Verbrecher für ihr Tun zur Verantwortung ziehen.« Donatus, der keine Bedenken hatte, von Shell finanzielle Zuwendungen zu erbetteln, ist in den Akten deutscher Geheimdienste kein Unbekannter. Doch deutsche Geheimdienste dürfen in der Öffentlichkeit auf solche Erkenntnisse nicht hinweisen und sind zum Schweigen verpflichtet.

EINE AMERIKANISCHE YACHT FÜR SADDAM HUSSEIN

Schweigen müssen die Auswerter auch, wenn befreundete Staaten sich doppelzüngig verhalten. Ein Beispiel dafür ist die Unterstützung des irakischen Diktators Saddam Hussein. Während die CIA immer wieder Berichte über die Beteiligung deutscher Unternehmen am irakischen Rüstungsprogramm auf die Titelseiten amerikanischer Zeitungen lancierte und damit auch die Diskreditierung des Wirtschaftsstandortes Deutschland beabsichtigte, klopften deutsche Geheimdienstler mit ähnlichen Erkenntnissen über amerikanische Unternehmen vergeblich an verschlossene Türen. 1984 unterrichtete der BND die CIA über mit Hilfe der Fernmeldeaufklärung gewonnene Erkenntnisse, nach denen eine amerikanische, in Nashville/Tennessee ansässige Weizenhandelsfirma Vorprodukte für chemische Kampfgase an den Irak ausführte. Die irakischen Betreiber des Unternehmens, die Al Hadaad Brothers, wurden dann, nach BND-Angaben, zwar von der CIA um Einstellung dieses Geschäftes ersucht, die amerikanische Öffentlichkeit aber wurde lange Zeit nicht darüber unterrichtet. Das war kein Einzelfall. Aus dem BND heißt es dazu: »Die CIA stellte sich taub. Man ist Freund und Partnerdienst nur solange, wie Interessenidentität besteht. In diesem Falle war es nicht so. Im Gegenteil, die Amerikaner suchten danach um so gründlicher, ob sie nicht deutsche Firmen öffentlich anschwärzen konnten.«

In westlichen Geheimdienstkreisen wird in Zusammenhang mit unserem amerikanischen »Partnerdienst« auch auf einen anderen kaum zu glaubenden »Treppenwitz der Weltgeschichte« hingewiesen. Weil die Vereinigten Staaten seit dem Kuwait-Krieg keine diplomatischen Beziehungen mehr zum Irak unterhalten, vertritt dort die polnische Botschaft die Interessen Washingtons. Nun haben sich nach Geheimdienstangaben schon seit längerer Zeit mindestens drei ranghohe amerikanische CIA-Mitarbeiter unter die polnischen Diplomaten gemischt. Das wäre ja eigentlich nicht verwerflich, wäre nicht ihr Auftrag erstaunlich. Sie sollen nicht etwa den Irak des Saddam Hussein ausspähen. Dafür sorgen schon die CIA-Mitarbeiter des Unscom-Teams des schwedischen Diplomaten Rolf Ekeus. Sie haben vielmehr die Aufgabe, vertrauliche Verträge mit Saddam Hussein so abzuschließen, daß die Außenwelt nichts darüber erfährt. Ein Beispiel dafür ist eine Yacht, die nach übereinstimmenden Angaben westlicher Geheimdienste auf einer amerikanischen Werft für Saddam Hussein gebaut wird. Der Auftragswert beträgt rund 230 Millionen Dollar. Das Geld erhalten die Vereinigten Staaten nach Angaben am Golf arbeitender BND-Spione nach der Aufhebung der Sanktionen aus den in Amerika eingefrorenen Irak-Guthaben. Eine vor dem Kuwait-Krieg von Norwegen gebaute Yacht Saddam Husseins war in den ersten Kriegstagen von den Amerikanern im Golf versenkt worden. Mit der Bergung dieses Schiffswracks in der Fahrrinne vor Basra soll 1996 – über die offiziell als Polen getarnten CIA-Mitarbeiter in der polnischen Botschaft – ein amerikanisches Unternehmen in den Vereinigten Arabischen Emiraten beauftragt worden sein. Natürlich würde der Bau einer Yacht für Saddam Hussein in den Vereinigten Staaten beim Bekanntwerden dementiert werden. Nicht einmal die amerikanische Werft weiß angeblich, für wen ihr Produkt in Wirklichkeit bestimmt ist. Ein westlicher Geheimdienstmitarbeiter sagt dazu: »Das ist ein gutes Beispiel dafür, wie die Öffentlichkeit von Regierungen an der Nase herumgeführt wird. Einerseits behauptet man, mit einem Regime verfeindet zu sein, andererseits sucht man jede Möglichkeit, sich auch in diesem Land möglichst viele größere Aufträge zu sichern. Man wird sehen, daß nach der Aufhebung der Irak-Sanktionen überraschenderweise

auch viele amerikanische Firmen Großaufträge zum Wiederaufbau der zerstörten Infrastruktur bekommen haben. Natürlich hat man geschäftlich schon jetzt wieder gute Beziehungen, auch wenn amerikanische Geschäftsleute im Bagdader
Al Rasheed-Hotel im Eingang mit ihren Schuhen über ein
Mosaik mit dem Porträt des früheren amerikanischen Präsidenten Bush gehen müssen und ihn sinnbildlich mit Füßen
treten. Money counts. Thats all.« Die BND-Auswerter verfügen über viele Erkenntnisse, die im Ansehen anderer Staaten
tiefe Kratzer hinterlassen.

DIE WAFFENKAMMER

Unter dem Lage- und Informationszentrum in Pullach befindet sich die Waffensammlung des BND, eine hinter Stahltüren
verborgene kleine Sammlung jener Rüstungsgüter, die bei
BND-Operationen im Ausland beschafft wurden und den
Auswertern heute als Anschauungsmaterial dienen. Hier wird
erkennbar, daß der BND in der Vergangenheit vornehmlich
gen Osten spioniert hat, denn die meisten Waffen entstam-
men östlicher Produktion. Seit dem Sechstagekrieg von 1967
stellten auch die Israelis dem BND erbeutete sowjetische Waffensysteme zur Begutachtung zur Verfügung. Der BND revan-
chierte sich im Afghanistan-Krieg mit dort beschafften neueren sowjetischen Waffensystemen. Und auch nach dem Un-
tergang der DDR stellte der BND Israel NVA-Material zu Verfügung. Das meiste hier ausgestellte Gerät hat der BND selbst
im Osten besorgt. Dazu zählen ein ungarisches Nervenkampf-
stoff-Warngerät AVJ-1, das von Flüchtlingen aus dem Lande
geschmuggelt wurde, Flugabwehrraketen der Typen SAM-1
bis SAM-9, der Zielsuchkopf eines Boden-Luft-Lenkflugkör-
pers 9M31 Strela, die afghanischen Mudschahedin abge-
kaufte Frontpanzerung des Helikopters Hind, Fliegerfäuste
Strela-2M, Strela-3 und IGLA-1M, Laserentfernungsmesser
LPR-1, Restlichtverstärker, optische Visiere, Infrarot-Schein-
werfer, die Bordkanone des Helikopters Mi-24 und eine erstaunlich umfangreiche Sammlung östlicher Schußwaffen,

unter denen der Blick eines jeden Besuchers magisch von einer Makarov-M-9-Millimeter angezogen wird, die mit ihren zwei Schalldämpfern als einziges Ausstellungsobjekt an einen Geheimdienst erinnert. Ein für die Waffensammlung zuständiger Mitarbeiter berichtet über die Makarov anerkennend: »Pitsch ... Beim Abschuß ist sie leiser als ein Opel Manta im Leerlauf.«

Den Sinn der Waffensammlung erkennt man am besten an einem der unscheinbarsten Exponate, dem Funkfernzündegerät »Tintiava«. Das ist ein »normales« Funkgerät der früheren Warschauer-Pakt-Staaten, mit dem bis zu vier Sprengsätze mit jeweils sechs Kilogramm Sprengstoff ferngezündet werden können; somit ein »ideales« Hilfsmittel für Terroristen. Operative Kräfte der Abteilung I finden hier reichlich Anschauungsmaterial für diejenigen Waffen, deren Handel sie nach Möglichkeit im Ausland erkennen und nach Pullach berichten sollen. So wirbt die russische Waffenindustrie heute sogar in englischer Sprache in einem Video für die Panzerfaust SHMEL RPO-A, die ohne vorherige Ausbildung auch von Laien »erfolgreich« gegen ein Zielobjekt eingesetzt werden könne; aus Sicht mancher BND-Beamter eine direkte Einladung an die Terroristen der Welt, doch bitte für den nächsten Einsatz dieses russische Produkt zu kaufen. Ohnehin weiß man beim BND, daß Rußland, der größte Waffenproduzent der Welt, neben den offiziell ausgewiesenen Zahlen im internationalen Waffenhandel noch einmal zehn Prozent des Gesamtbetrages durch nicht ausgewiesene Verkäufe an Terrorregime und Milizen in Krisenregionen einnimmt.

In der Waffenkammer fehlen weder die sogenannten Vakuum-Bomben, mit denen die russische Armee im Tschetschenien-Feldzug ganze Dörfer voller Zivilisten dem Erdboden gleichmachte, noch Teile der Panzerung des russischen T-72-Panzers. Gar nicht glücklich ist man darüber, daß die Beschaffung eines russischen Kampfbombers des Typs SU-20 in den achtziger Jahren schon nach wenigen Tagen publik wurde. Mit hohem Aufwand und unter größter Geheimhaltung hatte man in Zusammenarbeit mit dem ägyptischen Geheimdienst eine SU-20 von einem ägyptischen Militärstützpunkt entführt. Doch wenige Tage nach der Beschaffung fiel einem zufällig nahe dem Münchner Flughafen auf der Autobahn fahrenden Holländer das in Europa ungewöhnliche Flugzeug im Landeanflug auf. Der niederländische Militärfachmann rieb sich verwundert die Augen, identifizierte und fotografierte die SU-20 und berichtete darüber in einer internationalen Militärfachzeitschrift.

Entgegen allen Gerüchten hat der BND aber nie eine russische MiG-29 beschaffen können. Seit dem Fall der Mauer besteht dafür auch kein Bedarf mehr, denn die NVA verfügte über genügend MiG-29, die jetzt westlichen Luftwaffenverbänden über dem Mittelmeer als Trainingsobjekte im Luftkampf dienen.

Weil auch die Mitarbeiter der Waffenkammer zur Geheimhaltung verpflichtet sind, durften sie nicht in der Öffentlichkeit über jene Waffe berichten, die ihnen von afghanischen Mudschahedin beschafft wurde und in der Öffentlichkeit für größte Aufmerksamkeit sorgte: angebliche, aus russischen Helikoptern abgeworfene »Spielzeugbomben«. Westliche Journalisten hatten zum ersten Mal im Afghanistan-Krieg über eine angebliche grauenvolle Entwicklung in der Sowjetunion berichtet, die ausschließlich dazu dienen sollte, Kinder zu verstümmeln. Auch die Vereinten Nationen berichteten ebenso wie amerikanische Kommentatoren über die Existenz »Zehntausender sowjetischer Spielzeugbomben« in Afghanistan. Der Bundesnachrichtendienst fand durch seine Mitarbeiter in Afghanistan aber schnell heraus, was es mit den »Spielzeugbomben« in Wirklichkeit auf sich hatte: Aus Kampfhubschraubern hatten die russischen Soldaten Flatterminen des Typs PFM-1 abgeworfen, die noch heute hergestellt werden. Jeweils 28 Flatterminen füllten einen Kanister. Jede einzelne mit grünem Kunststoff umhüllte Flattermine wiegt 64 Gramm und ist mit 37 Gramm Flüssigsprengstoff gefüllt. Damit die Flatterminen nicht schon in der Luft oder beim ersten Aufprall auf dem Boden detonieren, haben sie Flügel, sehen also einem Schmetterling ähnlich und schweben in Kreisbewegungen zu Boden. Offenbar haben diese Flatterminen vor allem die Aufmerksamkeit afghanischer Kinder auf sich gezogen, die wohl die grüne Ummantelung zum Spielen animierte. Beim BND widerspricht man aber der Darstellung, sowjetische Flatterminen seien bewußt als »Spielzeugbomben« konstruiert worden.

SATELLITENAUSWERTUNG

Immer größere Anforderungen werden an die Satellitenauswerter des BND gestellt. Heute arbeiten im Referat 33 E in Pullach 22 Mitarbeiter, die an den Brennpunkten des Weltgeschehens mit Hilfe von im Ausland gekauften Satellitenaufnahmen die Vorkommnisse beobachten sollen. Spionagesatelliten überwachen schon seit 1960 in Kriegs- und Friedenszeiten jeden Winkel der Erdoberfläche. Konnten auf dem ersten 1960 gewonnenen amerikanischen Aufklärungsfoto des Satelliten Discover 14 von einem Flughafen in Sibirien nur Gegenstände mit einer Mindestgröße von 13 Metern gesehen werden, so hat der technische Fortschritt die Satellitenbilder seither wesentlich verbessert. Nicht nur Hinweise auf den Waffenschmuggel im Balkankrieg stammen von Satelliten. Auch das Massaker der Serben in Srebrenica wurde sofort von einem Satelliten aus registriert. Das erste Foto zeigte rund 600 Menschen auf einem Feld nahe der von den Serben eroberten Moslem-Enklave. Wenige Tage später waren die Menschen verschwunden. Aus dem All konnte man aber erkennen, daß in der Nähe Erdarbeiten stattgefunden hatten. Alles deutete darauf hin, daß die Verschwundenen in einem Massengrab verscharrt worden waren. Satellitenbilder werden heute in fast allen Bereichen eingesetzt. EU-Fahnder spüren mit ihrer Hilfe Subventionsbetrüger auf, die für angeblich stillgelegte landwirtschaftliche Nutzflächen Prämien kassieren, und Mobilfunknetzbetreiber suchen mit ihrer Hilfe nach freien Trassen für ihre Funknetze. Wenn beispielsweise der amerikanische Satellit Landsar-TM aus 700 Kilometern Höhe Aufnahmen macht, kann das elektromagnetische Spektrum in 256 Grauwerten wiedergegeben werden. Unbearbeitete Bilder sehen dann wie ein grauer Flickenteppich aus. Mit dem Computer werden die Rohdaten bearbeitet und zeigen dann beispielsweise den Gehalt des Chlorophylls (Blattgrüns) auf einer Fläche an. Dem Satellitenbild entgeht so nicht, ob ein Acker brachliegt oder schon Schößlinge durch die Erde kommen. Zu erkennen ist sogar, ob in einem Gebiet Bäume wachsen, die dort untypisch sind.

Weil Deutschland nicht über einen eigenen Aufklärungssatelliten im All verfügt, ist man zum Ankauf von Bildmaterial auf kommerzielle Unternehmen vor allem in Rußland und den Vereinigten Staaten angewiesen. Das qualitativ beste Material, so heißt es in Pullach, bieten derzeit die Russen an. Seit 1998 kann man in Moskau Satellitenbilder mit einer Auflösung von weniger als 50 Zentimeter auf dem frei zugänglichen Markt kaufen. Doch die Fachleute im BND hoffen weiterhin darauf, eines Tages zusammen mit den Franzosen, von denen Pullach derzeit Spot-Aufnahmen mit 10 Metern Auflösung bekommt (panchromatischer Aufnahmemodus), das zunächst aus finanziellen Gründen gestoppte Helios-Projekt verwirklichen und einen eigenen Satelliten betreiben zu können. Dann erst werde man nicht mehr Gefahr laufen, im Krisenfalle entweder manipuliert zu werden oder aber gar keine Aufnahmen mehr von Russen und Amerikanern zu erhalten.

Technisch wäre man in Deutschland derzeit zwar in der Lage, einen eigenen Erderkundungssatelliten zu bauen. Dieser würde dann aber nur »mindere« Qualität liefern, also Aufnahmen, die man ohnehin schon auf dem kommerziellen Markt problemlos bekommt. Nach derzeitigem technischen Stand könnte man in Deutschland nur einen Satelliten mit etwa 2 bis 5 Meter Auflösung bauen. Niemand verfolgt diesen Plan daher ernsthaft. Doch auch das gemeinsam mit den Franzosen geplante Helios-II-Projekt wird – voraussichtlich im

Jahre 2002 – ebenfalls nur die schon jetzt von kommerziellen amerikanischen Satelliten bekannte Qualität liefern.

Während Frankreich Deutschland auf dem Gebiet der Satellitenbildtechnik weit überlegen ist, hat Deutschland den Franzosen gegenüber einen Entwicklungsvorsprung auf dem Gebiet der Radar-Satellitentechnik. Dazu gehören jene Satelliten, die auch bei bewölktem Himmel verläßliche Daten liefern. Mit Hilfe von Radar-Satelliten können Atom- oder Giftgasfabriken identifiziert werden. Eine neue Generation von Fotosatelliten kann mit Hilfe von Sensoren, die ähnlich funktionieren wie Nachtsichtgeräte, auch bei Dunkelheit zuverlässige Aufnahmen liefern. Die in dem bilateralen Projekt geplante Kombination beider Satelliten (Helios und Horus) dürfte bis 2007 etwa zehn Milliarden Mark kosten. Bislang ist in diesem Zusammenhang aber nicht eine Mark geflossen.

Neben den Großmächten gibt es nur wenige Staaten, die erfolgreich Satelliten mit längerer Lebensdauer im All plazieren konnten. Viele europäische Staaten haben daher die Absicht aufgegeben, auf diesem Gebiet aktiv zu werden. Großbritannien, das nicht über einen eigenen Satelliten verfügt, hat gegenüber den anderen Europäern einen unschätzbaren Vorteil: London wird von den Amerikanern im Gegensatz zum BND bevorzugt mit Satellitenaufnahmen beliefert und erhält als einziger Staat angeblich auch Aufnahmen mit der physikalisch größtmöglichen Auflösung. Ohnehin ist die Zusammenarbeit von MI5, MI6 und SAS mit den Amerikanern eine besondere: So haben beispielsweise im landesweiten britischen Bergarbeiterstreik 1984 britische und amerikanische Geheimdienste gemeinsam europaweit die Telefone abgehört. Die amerikanische NSA belieferte die britische Premierministerin Thatcher täglich vor allem mit Erkenntnissen über Gewerkschaftsführer Arthur Scargill. Bei der illegalen Operation mit dem Codenamen »Get Scargill« versuchte man vor allem herauszufinden, ob Moskau die Streikenden finanziell unterstützte. Die NSA knackte mit Hilfe ihrer Horchposten in Deutschland die verschlüsselten Transaktionen sowjetischer

Banken und unterrichtete Frau Thatcher. Ähnlich observiert wurde auch der 1960 gestorbene Harry Pollitt, der 30 Jahre lang Parteiführer der britischen kommunistischen Partei war. Im Oktober 1997 wurde bekannt, daß jeder auch noch so geheime Kontakt dieses Mannes mit Moskau überwacht und abgehört worden war.

Die Qualität der BND-Satellitenauswertung genießt im Ausland einen guten Ruf. Nach der Aufklärung des Baus der libyschen Giftgasfabrik in Tarhuna beobachtet man in Pullach nun mit Sorge auch das iranische ABC-Waffenprogramm. Nicht nur die deutsche, auch die amerikanische oder russische Regierung schweigen sich öffentlich über ihnen bekannte Einzelheiten des iranischen Massenvernichtungswaffen-Programms aus. Obwohl die iranische Regierung beispielsweise den C-Waffenvertrag unterzeichnet (aber nicht ratifiziert) hat, entwickelt Teheran nach Erkenntnissen des BND heimlich chemische Kampfstoffe. Darüber hat der BND neben dem Kanzleramt auch das Auswärtige Amt immer wieder in seinen Lageanalysen unterrichtet.

Heute verfügen Amerikaner über Satelliten mit einer Auflösung von 3 Zentimetern und die Russen bringen es immerhin noch auf 30 Zentimeter Auflösung. Amerikanische Satelliten senden digitale Echtzeitbilder über kodierte Signale zur Erde. Theoretisch könnte man mit solchen Aufnahmen sogar Bankräuber oder Terroristen online und in Echtzeit verfolgen, doch müßte man dann Kenntnis vom Zeitpunkt und Ort ihres Überfalles haben, um den Satelliten rechtzeitig in Position bringen zu können. Aktionen der CIA im Norden des Irak sind im Sommer 1996 jedenfalls in Echtzeit dreidimensional von Satelliten zur Kommmandozentrale gesendet worden. Am 6. Februar 1998 berichtete der amerikanische Fernsehsender CBS, der amerikanische Geheimdienst National Reconnaissance Office (NRO) nutze militärische Satelliten, die »Spionagefotos in Echtzeit zur Erde funken« könnten. NRO-Direktor Keith Hall sagte dem Sender, zu diesem Zweck würden alljährlich drei bis vier neue Satelliten ins All geschossen.

Schon Mitte der sechziger Jahre lieferten amerikanische Spionagesatelliten eine Auflösung von zwei Metern. Derart gute Aufnahmen stellen die angeblich so eng mit dem BND befreundeten Amerikaner Pullach nicht zur Verfügung. Statt dessen soll sich der BND nach Auffassung der NSA und CIA mit Aufnahmen, die kaum mehr als 10 Meter Auflösung haben, begnügen. Damit kann man nicht einmal einen Panzer von einem Kraftfahrzeug unterscheiden, und so kauft der BND vermehrt auf dem zivilen russischen Satellitenbildmarkt ein. Seit Mitte 1996 verhandelt die Washingtoner BND-Residentur angeblich mit den Amerikanern darüber, zukünftig auch Aufnahmen mit einer Auflösung von einem Meter zu bekommen; bislang jedoch ohne Ergebnis.

Die Natur hat der fortschreitenden Technik Grenzen gesetzt. Nach heutigem Stand der Wissenschaft wird es niemals Satellitenaufnahmen mit einer Auflösung von mehr als drei Zentimetern geben können. Es ist also keinesfalls Unsinn, wenn man amerikanischen Geheimdiensten nachsagt, sie könnten aus dem Weltraum das Kennzeichen eines Kraftfahrzeuges oder gar die Aufschrift auf einer Getränkedose lesen. Solche Geschichten zählen nicht zu den Geheimdienstlegenden. Schon mit zivilen Satelliten kann man einen Panzer von einem anderen Fahrzeug unterscheiden und bei größtmöglicher Auflösung auch noch das Hoheitszeichen erkennen. Zu mehr reicht es bei den zivilen Satelliten aber nicht. Zwölf ihrer besten militärischen Aufklärungssatelliten hatten die Alliierten im Kuwait-Krieg in Position gebracht, doch im britischen Guinness-Buch der Spionage heißt es fälschlicherweise dazu: »Obwohl die Satelliten Massenbewegungen von vielen Soldaten und gepanzerten Fahrzeugen erkannten, konnte man mit ihrer Hilfe weder die Einheiten identifizieren, noch ungefähre Schätzungen über die Truppenstärke abgeben oder gar etwas zur Verfassung der Soldaten sagen.« Aus physikalischen Gründen beträgt die größtmögliche Auflösung von Satelliten eigentlich nur zwanzig Zentimeter, weil Luftwirbel und die Schichten der Atmosphäre jede weitere Auflösung zunichte machen. Doch findige Physiker haben einen Ausweg entdeckt, um die Auflösung bei militärischen Satelliten auf bis zu drei Zentimeter zu bringen: An den riesigen Satellitenantennen hat man die Spiegel mit winzigen Motoren versehen, die (nach einer Punktmessung mit einem Infrarotstrahl durch die Atmosähre) mit Gegenbewegungen die atmosphärischen Störungen ausgleichen können. Anders ausgedrückt: Flexible Teleskopspiegel ermöglichen es, atmosphärisch bedingte Verzerrungen auszugleichen. Dank dieser Technik kann die NSA heute aus dem All eine auf der Straße liegende Grapefruit von einem Ei unterscheiden. Diese Satelliten haben eine Lebensdauer von rund sechs Jahren und liefern in Zusammenarbeit mit Infrarotaufnahmen und Radarsatelliten auch bei Regen oder in der Nacht dreidimensionale Aufnahmen von jedem Ort der Welt.

Technisch möglich ist es auch, von einem Satelliten aus Funkverbindungen am Boden, zum Beispiel zivile Mobiltelefone oder Feldtelefone, abzuhören. Die amerikanische National Security Agency betreibt nach Angaben des BND mehrere Antennen im Weltraum, die mit hundert Metern Durchmesser ihrer Parabolspiegel die Größe eines Fußballfeldes haben. Weil dem BND diese aufwendige Technik versagt ist, hört man die über Mobiltelefone geführten Gespräche per Richtfunk ab.

Eine wichtige Aufgabe der Satellitenaufklärung ist die Frühwarnung. Damit versucht man, Erkenntnisse über den Start und das Ziel von Raketen zu erlangen oder oberirdische Kernexplosionen zu verifizieren. Trotzdem versagen solche Systeme noch allzu oft. Dem Irak gelang es beispielsweise trotz Satellitenüberwachung aus dem All und Unscom-Inspektoren am Boden, sechs Raketenteststarts 1994 geheim zu halten. Erst als die Iraker den verdutzten UN-Beamten ein Video mit den Aufnahmen der Raketenstarts übergaben, erkannte man in New York, daß die Satellitenüberwachung auf diesem Gebiet wohl verbesserungswürdig ist. Im Gegensatz zu Deutschland verfügen die Amerikaner auch über militärisch genutzte Wettersatelliten. Diese liefern ihnen, zusammen mit den für die Kartografie bestimmten Satelliten, die für die Eingabe von Raketen-Zielkoordinaten wichtigen Daten. In der Öffentlichkeit bislang nur als Science Fiction bekannt sind jene Killer-Satelliten, die gegnerische Satelliten bekämpfen. Doch schon in den siebziger Jahren hat die Sowjetunion einen Kampfsatelliten entwickelt, der über einen Schrapnell-Sprengkopf verfügt und im BND als »A-Sat-System« bekannt ist. Dieser Satellit ist in der Lage, einen gegnerischen Satelliten aus einem Kilometer Entfernung zu zerstören.

PROBLEME DER BERICHTERSTATTUNG

Der Bundeskanzler wäre wohl überfordert, wollte er auch nur einen Bruchteil des Papierausstoßes der Pullacher Auswerter lesen. Fast alle BND-Berichte werden daher auch nicht für den Bundeskanzler oder einzelne Minister, sondern für den »Empfängerhorizont« eines Referatsleiters geschrieben. Die Referatsleiter der Ministerien lesen die Berichte, vergleichen sie mit Berichten des Auswärtigen Amtes und anderer Dienststellen und verfassen dann eigene Berichte, mit denen sie anschließend »ihren« Minister unterrichten. So wird verständlich, daß deutsche Minister keine Kenntnis davon haben, welche Einzelinformation ursprünglich vom BND stammt. Der Bundeskanzler wird demgegenüber nur mündlich (und auch nur, wenn unbedingt erforderlich) über aktuelle nachrichtendienstliche Erkenntnisse unterrichtet. Ebenso wie die Minister und der Bundespräsident weiß auch er nicht, welche ihm präsentierten Informationen ursprünglich von einem deutschen Geheimagenten stammen. Deutschland ist wohl der einzige Staat der Welt, in dem die Staatsführung nicht direkt vom Auslandsgeheimdienst unterrichtet wird.

In Großbritannien etwa werden von den Geheimdiensten für den Premierminister oder andere Kabinettsmitglieder spezielle Berichte verfaßt. Dort werden Mitglieder der Staatsführung fortwährend genau über den nachrichtendienstlichen Kenntnisstand unterrichtet. Täglich erstellt dort das Joint Intelligence Committee (JIC) einen Bericht, der in 150 Kopien, rot eingebunden, an ausgewählte Empfänger geht. Alle Minister sowie Ihre Majestät empfangen die Berichte eigenhändig. Später müssen diese Berichte an die Kuriere zurückgegeben werden, bevor sie geschreddert und anschließend verbrannt werden. Die Königin ist – aufgrund ihres regen Geheimaktenstudiums – angeblich besser über die Hintergründe des Weltgeschehens unterrichtet als jeder Minister. Die königliche Familie ist von den Ausspähungsbemühungen britischer Geheimdienste weitgehend ausgenommen. Nur wenn sie Auslandsreisen antritt, heften sich die Agenten diskret an ihre Fersen – um Schaden von ihr abzuwenden.

In Deutschland sind die BND-Berichte demgegenüber nur »Rohmaterial für den Empfängerhorizont eines Referatsleiters, der dann seine eigenen Berichte verfaßt und weiterleitet«, wie es ein leitender Mitarbeiter des Kanzleramtes unlängst formulierte. Nicht nur Bundeskanzler Kohl, auch seine Vorgänger haben in der Regel nie an den allwöchentlich dienstags im Kanzleramt stattfindenden Lagebesprechungen der drei deutschen Geheimdienste (BND, BfV und MAD) teilgenommen. Kritiker haben Kohl lange Zeit vorgeworfen, den BND damit zu brüskieren, doch ein Kanzleramtsmitarbeiter sagt: »Es ist doch nicht die Sache eines Kanzlers, sich mit einzelnen Geheimnissen zu beschäftigen. Wenn der Bundeskanzler oder andere Minister unterrichtet werden, merken sie in der Regel nicht, welche Einzelinformationen vom BND kommen.«

Solcherlei Informationsdefizit ist gewiß auch mit der räumlichen Trennung der BND-Zentrale vom Regierungssitz verknüpft. Im Herbst 1996, heißt es aus dem BND, habe der französische Geheimdienst, der seit langem nahe dem Büro des Premierministers residiert, ein neues Gebäude in einem 12 Kilometer entfernten Pariser Vorort angeboten bekommen. »Unmöglich, das ist viel zu weit vom Regierungssitz entfernt«, habe der Chef geantwortet und die Offerte damit barsch abgelehnt. Die Entfernung zwischen BND-Sitz und Regierungssitz beträgt demgegenüber 700 Kilometer.

Aller Aufwand des BND ist vergeblich, wenn seine Berichte im Kanzleramt ungelesen im Panzerschrank verschwinden. Ein unrühmliches Beispiel dafür war der Bau der ersten libyschen Giftgasfabrik in Rabta. In ihrem Buch »Bomben-Geschäfte« weisen Holger Koppe und Egmont Koch mit Recht darauf hin, daß Pullach dem Kanzleramt sowie dem Auswärtigen Amt schon am 5. Dezember 1984 erste Hinweise über den Bau einer libyschen Giftgasfabrik übergab. Doch wenige Tage, nachdem die »New York Times« am Neujahrstag 1989 erstmals über die Libyen-Verbindung der Schwarzwälder Chemiefirma Imhausen berichtet hatte, behauptete man in Bonn, Kohl sei erst am 15. November 1988 bei einem Besuch in den Vereinigten Staaten von den Amerikanern über den Bau der Giftgasfabrik unterrichtet worden. Peinlich war die Affäre nicht für den BND, sondern für jene Mitarbeiter des Kanzlers, die die Pullacher Erkenntnisse nicht rechtzeitig weitergeleitet hatten. Vier Jahre lagerte der erste BND-Bericht zu Rabta ungelesen in einem Bonner Panzerschrank. Holger Koppe hebt hervor: »Das Erinnerungsvermögen der Bonner Politiker wuchs, je intensiver die Beamten im Bundeskanzleramt in ihren Akten wühlten.« Seit 1985 hatte der BND den Volkswirt Jürgen Hippenstiel-Imhausen und seine Geschäfte im Visier. Und am 22. Juni 1987 hieß es bei der Tagesunterrichtung des BND im Kanzleramt: »Bei Rabta steht nach Erkenntnissen eines Partnerdienstes eine Kampfstoff-Fabrik vor der Fertigstellung, deren Produktionskapazität auf ein bis drei Tonnen Sarin täglich geschätzt wird.« Mit Hilfe von SPOT-Satellitenaufnahmen bestätigte Pullach diese Erkenntnisse. Und im Februar 1988 berichtete die deutsche Botschaft in Libyen, daß »deutsche Mittelsmänner und auch deutsche Firmen« an dem Bau der Fabrik beteiligt seien. Im Kanzler- und Auswärtigen Amt hat man demnach alles gewußt und nichts getan. Seit März 1988 gingen in Bonn wöchentlich neue brisante Erkenntnisse über die Vorgänge in Rabta ein. Doch in den Mühlen der deutschen Bürokratie gingen alle Hinweise unter, bis die Friedhofsruhe durch den Bericht der »New York

Times« empfindlich gestört wurde und Deutschland weltweit ins Zentrum der Aufmerksamkeit geriet. Erst mehrere Jahre nach den ersten Hinweisen und acht Monate nach einem Informationsaustausch mit der CIA durchsuchten Ermittlungsbeamte die Imhausen-Chemie in Lahr. Der Bundeskanzler hat sich jedoch bei den unvermeidlich auf diese Panne folgenden Angriffen gegen den Bundesnachrichtendienst nicht schützend vor diesen gestellt. Statt dessen ließ er den BND im Regen stehen. Das haben ihm die Mitarbeiter in Pullach bis heute nicht verziehen.

Die Verwaltung

Zu der 750 Mitarbeiter zählenden Verwaltung, dienstintern Abteilung IV genannt, gehören neben Bürokraten auch Gärtner und Handwerker, der personalärztliche Dienst, ein Umweltschutzbeauftragter und der Archivar. Diese Abteilung hat auch die undankbare Aufgabe, deutschen Geheimagenten den »schlanken Staat« näherzubringen und den Personalstand von rund 6000 Mann abzubauen. Letztlich weiß niemand, wie viele Mitarbeiter der gesamte Dienst im Jahre 2010 noch haben wird, doch allein für die Abteilung IV lautet die Vorgabe, bis zum Jahr 2000 von jetzt 750 auf dann 610 Mitarbeiter abzuspecken. Zu den Opfern wird zuallererst die BND-eigene Bauverwaltung gehören. Deren Aufgabe wird wohl die bayerische Bauverwaltung übernehmen. In Pullach sieht man das mit Sorge. Wenn Subunternehmer aus dem Osten auf dem BND-Gelände zu Umbauten anrücken, fürchten die Sicherheitsfachleute des BND vor allem »chinesische Zementmischungen« – fünf Wanzen auf einen Sack Zement.

Der Werkstattbereich des BND, in dem früher Reparaturen vorgenommen wurden, wurde bereits an die Privatwirtschaft abgegeben. Probleme mit der Wartung der geheimdienstlichen Dienstfahrzeuge gibt es nicht. Auch die gepanzerten Limousinen des BND-Präsidenten und seines Stellvertreters werden außerhalb des Geländes gewartet. Die Frage, wer denn jene Fahrzeuge der Geheimagenten reparieren soll, die vom Radkasten bis unter das Dach mit aufwendiger Technik und Überwachungseinrichtungen gespickt sind, ist geklärt. Bewegliche Kameras und Richtmikrofone in den Stoßstangen gelten ebenso wie die zahlreichen zum unauffälligen Passieren von Grenzübergängen eingebauten Geheimfächer als schützenswerte Eigenkonstruktionen. Sie werden folglich vor jedem Werkstattbesuch ausgebaut. Mit Fernbedienung umklappbare Nummernschilder à la James Bond gibt es dagegen nicht: Magnetisch haftende und schnell auszuwechselnde Autokennzeichen sollen sich bei Tests angeblich als geeigneter erwiesen haben.

In der Verwaltung wird auch die Aufsicht über die BND-Betriebskrankenkasse geführt. Sie ist aus unerfindlichen Gründen an die Betriebskrankenkasse des Verkehrsministeriums angeschlossen. Aus Kostengründen wird erwogen, die Krankenkasse deutscher Auslandsagenten nach dem Vorbild der Versicherung für die Dienstwagen einem Privatunternehmen anzuvertrauen. Doch was geschieht, wenn in jenes Unternehmen ein Maulwurf eingeschleust wird und die Patientendaten verrät?

Am personalintensivsten im Verwaltungsbereich ist das Kurierwesen. Mehr als 100 Kuriere müssen die Postverbindungen zu den mehr als 80 Auslandsresidenturen, aber auch zu den zahlreichen Inlandsdienststellen sicherstellen. Der BND teilt sich das Kuriernetz inzwischen mit dem Auswärtigen Amt. Jeden Donnerstag reist beispielsweise ein Kurier des Auswärtigen Amtes von Teheran (dort ist die BND-Residentur seit März 1996 vorübergehend unbesetzt) über Frankfurt nach Bonn und liefert die für Pullach bestimmten verplombten Sendungen hinter der SPD-»Baracke« in der Bonner BND-Niederlassung ab.

Die Verwaltung ist jene Abteilung, die am ehesten mit den Stilblüten der Geheimhaltung konfrontiert wird. Grundsätzlich unterliegt alles, was während der Dienstzeit auf dem BND-

Gelände in irgendeiner Form niedergeschrieben wird, der Geheimhaltung. Entweder ist es »VS-NfD« (Verschlußsache – Nur für den Dienstgebrauch), »VS-Vertr« (Verschlußsache – Vertraulich), »geheim« oder gar »streng geheim«. Bühnenreif wird es nicht nur, wenn in der Pressestelle des BND Agenturmeldungen eingehen und mit dem hausinternen Verteilungsvermerk gekennzeichnet werden. Spätestens von diesem Moment an sind die – außerhalb des Geländes frei zugänglichen – Agenturmeldungen für den BNDler zumindest »Verschlußsachen«. Ein Journalist, der den BND besucht, würde somit Wutausbrüche provozieren, wenn er die aus dem BND-Fernschreiber eingehenden Meldungen der Deutschen Presse-Agentur lesen würde, obwohl sie zur gleichen Zeit in den Tickern der Welt verbreitet und im Radio zitiert werden. Selbst Dienstanweisungen, in denen schlicht steht, daß Dienstfahrzeuge und Bürogardinen »im Bedarfsfalle« gewaschen werden müssen, werden in Pullach vertraulich gehandhabt. Das versteht heute auch dort niemand mehr. Manche BND-Beamte scheinen sich in unbedeutende Kleinigkeiten festgebissen zu haben und nach dem Motto zu arbeiten, daß Sommersprossen auch Gesichtspunkte sind.

Die besonders geschulte Obrigkeitshörigkeit einiger BND-Mitarbeiter soll vor wenigen Jahren auch zu einem denkwürdigen Vorfall geführt haben: Ein Mitarbeiter entwarf heimlich, ob im Ernst oder im Spaß sei dahingestellt, eine neue Dienstanweisung, worin es hieß, von sofort an dürften alle Geheimagenten beim Gang über das Pullacher Gelände nicht mehr zum Himmel schauen, weil sonst ihre Gesichter von Erderkundungssatelliten aus fotografiert und sie auf diesem Wege enttarnt werden könnten. Es ist nicht überliefert, wie viele Mitarbeiter den Scherz für bare Münze genommen haben. Die Gesichter von Menschen können zwar auch mit den besten und fortschrittlichsten Satelliten aufgrund der unzureichenden Auflösung nicht identifiziert werden, doch es dauerte angeblich eine Weile, bis sich dieses auch in dem nicht immer weltmännischen Pullach herumgesprochen hatte.

Größte Sorge der Verwaltung wird aber wohl noch für längere Zeit der Personalabbau bleiben. Seit dem Fall der Mauer haben 40 Prozent der Mitarbeiter eine neue Tätigkeit zugewiesen bekommen. Fachkräfte, die zuvor an der innerdeutschen Grenze den Telefonverkehr per Richtfunk abhörten und – wie es ein BND-Mitarbeiter nennt – »nur Deutsch und Sächsisch« sprachen, wurden über Nacht arbeitslos, ohne daß man sie hätte entlassen können. Doch mit Ausnahme des französischen Auslandsgeheimdienstes DGSE, der unlängst 1000 Mitarbeiter für die Industriespionage neu einstellte, haben alle westlichen Dienste ähnliche Schwierigkeiten mit dem Personalabbau. Die CIA muß Tausende entlassen, und auch in London hängt der Brotkorb bei MI6 heute höher.

Allein in der BND-Telefonvermittlung wurden im Dezember 1996 mit der Einführung einer neuen Alcatel-Telefonanlage fünfzehn Mitarbeiter »arbeitslos«. Doch entlassen kann man solche »Geheimnisträger« nicht. In Pullach heißt es daher, man habe sie nun »mit mäßigem Erfolg zu Vorzimmerkräften« umgeschult. Wer diesem Schicksal entgehen will, wird sich auf dem freien Markt umtun müssen – die Sicherheitsbranche boomt.

Anders als in früheren Jahrzehnten hat der BND heute keine Schwierigkeiten mehr, für die wenigen freiwerdenden Planstellen Fachkräfte auf dem freien Markt zu finden. Obwohl das Einstiegsgehalt mit 1800 Mark keinesfalls üppig und auch der Verdienst des Präsidenten mit monatlich 15.000 Mark in der freien Wirtschaft wohl wesentlich höher dotiert würde, finden sich anders als früher reichlich Bewerber. Von Jahr zu Jahr gibt es mehr »Blindbewerber«, die sich selbst und ihre Fähigkeiten anpreisen. Im Zeitalter des Kalten Krieges bediente man sich immer wieder Tarnorganisationen wie beispielsweise der »Studiengesellschaft für Zeitprobleme e. V.« in der Ubierstraße 88 in Bonn-Bad Godesberg, um Studenten anzuwerben. Von ihren Professoren auserwählte, nichtsahnende Studenten wurden dort in zwei- und dreiwöchigen Ost-West-Seminaren über ihre politische Einstellung ausgehorcht. Mit 20 Mark Tagegeld, einem kostenlosen Hotelzimmer, freier Verpflegung, Fahrtkostenerstattung und großzügigen Buchgeschenken konnte man in jener Zeit Hunderte von Studenten zur Teilnahme an den Seminaren in den Semesterferien motivieren. Erst wer alle Kurse absolviert hatte und aufgrund seiner Einstellung für das Spionagegeschäft geeignet erschien, wurde im ersten Stockwerk unverfänglich vor ein Regal mit Büchern über die Welt der Geheimdienste gestellt und darum gebeten, sich »in die Materie einzulesen«. Wie viele Studenten so in die Karteien des BND gelangt sind und dort wohl immer noch als potentielle Agenten geführt werden, die man irgendwann einmal ansprechen könnte, ist unbekannt.

Jeder Geheimdienst stellt sich die Frage nach der Gewinnung von zuverlässigen Mitarbeitern. Wo ist man am sichersten? Wem kann man wirklich vertrauen? Natürlich Kollegen, die schon überprüft worden sind. Darum werden oft Familienangehörige, vor allem die Ehefrauen und Kinder, für eine Tätigkeit beim BND rekrutiert. Diese Form der Inzucht ist aber nicht nur beim BND verbreitet; sie wird von allen Geheimdiensten der Welt praktiziert.

Kaum bekannt ist auch, daß die BND-Verwaltung als Eigentümerin über ihr gehörende Liegenschaften im Ausland verfügt. Fachkräfte der Abteilung gestehen das zwar ein, möchten aber keinesfalls Details nennen. Man weist vielmehr auf die Parallelen zum Auswärtigen Amt und dessen Liegenschaften im Ausland hin. So gibt es mehrere Staaten, in denen die deutsche Botschaft irgendwann im Laufe der Geschichte das Gelände für die Residenz oder ein Konsulat vom Gastland als großzügiges Präsent erhalten hat; beispielsweise schenkte der äthiopische Kaiser Haile Selassie dem Auswärtigen Amt ein Grundstück, auf dem heute eine der vornehmsten Residenzen eines deutschen Botschafters im Ausland steht. Es ist wohl auch die einzige deutsche Botschafterresidenz, in der paarungswillige Riesenschildkröten mit ihren ächzenden Rufen beim Geschlechtsverkehr auch schon einen Bundespräsidenten genarrt haben: Bundespräsident Herzog weilte 1996 als Ehrengast eines abendlichen Cocktail-Empfanges in der mit 600 Gästen gefüllten Parkanlage der Residenz in Addis Abeba, als hinter einer dichten Hecke für alle unüberhörbar ein Stöhnen vernehmbar wurde, das die nicht Eingeweihten zu der Annahme veranlaßte, Ohrenzeugen eines menschlichen Paarungsversuches zu sein. In Wirklichkeit aber hatten sich nur die Riesenschildkröten von der Anwesenheit des Bundespräsidenten nicht weiter beeindrucken lassen.

In Zusammenhang mit der Reise von Bundespräsident Roman Herzog im Frühjahr 1996, an der ich für die »Frankfurter Allgemeine Zeitung« teilnahm, gab es eine bislang unbekannte BND-Panne. Herzogs Ehefrau Christiane hatte an der Reise aufgrund einer Gelbsucht nicht teilnehmen können. Der Wunsch des Bundespräsidenten, auch aus den entlegensten Winkeln Afrikas regelmäßig mit seiner Frau zu telefonieren, war daher verständlich. Es wurde ihm Fachpersonal mit einer mehr als 100.000 Mark teuren Super-Satelliten-Telefonanlage (in einer Aktentasche verborgen) mitgegeben. Doch als Herzog zum ersten Mal in Uganda auf einer Lodge von dem Gerät Gebrauch machen wollte, stellte sich heraus, daß man weder an die Bedienungsanleitung, noch an ein Verlängerungskabel oder einen Adapter gedacht hatte. Die Deutsche Presse-Agentur erfuhr davon und stellte dem Staatsoberhaupt ihre Satellitenanlage zur Verfügung. Diese Peinlichkeit sollte natürlich niemand mitbekommen. Und so standen die wenigen Journalisten möglichst unauffällig »Spalier« vor der Zimmertür, während der Bundespräsident mit seiner Frau telefonierte. Der mitreisende BND-Mann legte jedenfalls allergrößten Wert darauf, daß dieses Vorkommnis nicht Eingang in die Annalen der Weltgeschichte finde …

AUF NACH BERLIN

In Zusammenhang mit dem Umzug der Bundesregierung nach Berlin hat eine in der Vergangenheit kaum wahrgenommene

Unterabteilung der Verwaltung wesentlich an Bedeutung gewonnen. Trotz des Regierungsumzuges will der BND »aus Kostengründen« bis 2005 seinen Hauptsitz in Pullach behalten. Entgegen den öffentlichen Verlautbarungen gibt es aber auch in der BND-Verwaltung Planspiele, dann alle 3500 Pullacher Mitarbeiter nach Berlin zu verlagern. Vierhundert bis 500 Millionen Mark würde ein solcher Komplett-Umzug kosten. Doch eines ist den Pullachern klar: Weil im Bundeshaushalt auch in absehbarer Zeit dafür kein Geld zur Verfügung stehen wird, müßte man die Umzugskosten aus dem jährlichen BND-Etat in Höhe von rund 700 Millionen Mark einsparen.

Findige Mitarbeiter haben deshalb vorgeschlagen, vor den Toren des BND in der Pullacher Heilmannstraße einen Souvenirladen mit bisher noch nicht erhältlichen BND-Fanartikeln zu eröffnen (Baseball-Kappen »Catcher Geiger«, Kaffeebecher »Ich les' dir aus jedem Kaffeesatz« usw.). Damit könnte man nach Auffassung der Verwaltungsbeamten theoretisch einen – eher kleinen – Teil der Umzugskosten erwirtschaften. Doch der BND darf, wie andere öffentliche Behörden, keinen Gewinn machen. Trotzdem ist es mehr als verwunderlich, daß auch in den Andenkengeschäften in der Umgebung noch niemand BND-Souvenirs anbietet. BND-Juristen wissen, daß der Name »Bundesnachrichtendienst« urheberrechtlich nicht geschützt ist. Der vierteljährlich erscheinenden Zeitschrift der Bundesarbeitsgemeinschaft jugendeigener Medien, die sich auch »BND« nennt, konnten die BND-Juristen dieses ebensowenig wie der Popgruppe »bnd« verbieten.

Doch die BND-Planer haben andere Sorgen als Scheingefechte mit Schülerzeitschriften und Popgruppen. Nach den Vorgaben sollen im Jahr 2000 zunächst 55 Mitarbeiter der Abteilung III (Auswertung) von Pullach nach Berlin ziehen. Da dort auch ein Druckzentrum benötigt wird, müßten auch Techniker der Abteilung VI dem Ruf der Hauptstadt folgen. Der BND-Präsident soll nach Auffassung des Planungsreferats bis zum kompletten Umzug des Dienstes nach Berlin zwei Büros haben: eines in Berlin und seinen Chefsessel in Pullach.

Für ihn ist es somit die geringste Umstellung, denn alle bisherigen BND-Präsidenten hatten neben ihrem Pullacher Büro immer schon auch ein Zimmer in der Bonner BND-Außenstelle, wo bislang 25 Mitarbeiter beschäftigt waren.

Im Geflecht der neuen Hauptstadt sollen die deutschen Geheimagenten ihren Flüstermund näher als bisher »am Ohr des Kunden«, Kanzleramt und Ministerien, haben, als es in Bonn der Fall war. Insgesamt werden im Jahr 2000 daher zunächst mit Auswertern, Technikern, Kurieren und Schreibkräften wohl rund 100 Mitarbeiter in die »Außenstelle Berlin« nach Dahlem ziehen. Das geeignete Gelände dafür hat man längst auserkoren: die Clay-Kaserne an der Clay-Allee. Den Antrag auf Zuweisung des Geländes hatte man schon im Juni 1996 über das Kanzleramt an das Finanzministerium übermittelt. Doch es heißt in Pullach, Finanzminister Waigel lasse sich mit der Zuteilung »aus politischen Gründen viel Zeit«. Niemand mag beim BND die Hintergründe dieses politischen Ränkespieles offen benennen. Nicht zu übersehen ist aber, daß der Bayer Waigel mit Unbehagen zur Kenntnis nehmen muß, daß Arbeitsplätze einer Bundesbehörde aus »seinem« Bundesland nach Berlin verlagert werden sollen. Bayern wird sich deshalb wohl auch zukünftig – offen oder versteckt – mit allen Mitteln gegen den weiteren BND-Umzug wehren. Weil letztlich 3500 Beamtenstellen von Bayern nach Berlin verlagert werden sollen, wird heute kein BND-Präsident den Fehler begehen, dieses Vorhaben öffentlich auch nur anzudeuten. Auch aus dem Kanzleramt heißt es: »Das wäre politischer Selbstmord.« Abwiegeln und dementieren heißt statt dessen die Parole, denn zwischen 2000 und 2010 scheiden die ersten geburtenstarken Jahrgänge aus dem Dienst aus. Im vertraulichen Gespräch hebt man in Pullach hervor: »Wenn dann wirklich eine größere Zahl von Mitarbeitern ausscheidet, wäre das doch eine günstige Gelegenheit, endlich einmal offen über den Komplett-Umzug zu sprechen. So günstig bekämen wir es nie wieder.« Im Personalrat nimmt man ohnehin schon heute mit Erstaunen zur Kenntnis, daß beim BND in den vergangenen drei Jahren vorrangig nichtbayerische Mitarbeiter eingestellt wurden.

Eigentlich glaubt schon heute kein deutscher Geheimdienstler mehr, daß im Jahre 2015 in der Heilmannstraße noch Spionage betrieben wird. Statt dessen sucht man insgeheim längst nach einem kompromißfähigen Nachmieter. Dabei könnte es allerdings Ärger mit der Gemeinde geben: Weil der BND zwar das größte Gelände der Gemeinde besitzt, aber keine Gewerbesteuer zahlt, war er dort in der Vergangenheit eigentlich auch nicht sonderlich beliebt. Doch als 1996 bei einem Treffen mit Pullacher Gemeinderäten auch nur andeutungsweise darüber gesprochen wurde, möglicherweise irgendwann beispielsweise die soziologische Fakultät der Universität München auf dem Gelände einziehen zu lassen, sah man beim Gemeinderat wohl schon die gezückten Farbsprühdosen der Studenten. Seither soll das Verhältnis zwischen dem Gemeinderat und der BND-Verwaltung jedenfalls spürbar herzlicher geworden sein. Offenbar haben die mehrheitlich wohlhabenden Pullacher erst jetzt erkannt, welche Oase der Ruhe inmitten der sonst herrschenden Münchner Hektik ihnen der BND bisher beschert hat.

HINDERNISLAUF: DER PERSONALRAT

Längst sind die Zeiten der beinahe absolutistischen Herrschaft eines Generals Gehlen über den Dienst vorbei. Wie in anderen Behörden, haben auch im BND die Mitarbeiter heute Mitspracherechte, und es verwundert kaum, daß die Probleme denen in anderen Behörden ähneln. Vieles hat der Personalrat unter seinem engagierten Vorsitzenden, Deckname Johann Antel, im Interesse der Mitarbeiter durchsetzen können. Am meisten erfreut hat die Geheimagenten angeblich die Beibehaltung des betriebseigenen Freischwimmbades. Der frühere BND-Chef Porzner hatte es im Winterhalbjahr 1994/95 aus finanziellen Gründen schließen lassen wollen. Mit dem einhelligen Protest seiner Untergebenen hatte er nicht gerechnet.

Manchmal scheint Antel für seine Mitarbeiter mit dem Rücken zur Wand zu kämpfen. Seit Jahren schon ringt er um die Einrichtung eines dringend benötigten Betriebskindergartens. Das dafür zuständige Bundesfinanzministerium hat angeblich mit dem Argument leerer Kassen abgewinkt. Mit »unverhohlener Wut«, so ein Geheimagent, nehme man zur Kenntnis, daß »der spätgeborene Sohn unseres geliebten Bundesfinanzministers Waigel in einen bestens ausgestatteten Kindergarten des Finanzministeriums wird gehen können, wir 3500 Pullacher aber auf die erbetenen 25 Kindergartenplätze auch zukünftig werden verzichten müssen«. Das mag man nicht widerspruchslos hinnehmen. Man gründete den »Kindergartenverein e. V.« und will um die Tagesbetreuung für den potentiellen BND-Nachwuchs weiterkämpfen.

Johann Antel hat noch nie geschwiegen, wenn es darum ging, Mißstände im BND anzuprangern. Zur Amtseinführung des BND-Präsidenten Geiger am 4. Juni 1996 sagte der im Kollegenkreis beliebte Mann, manche Vorgänge seien ein Beleg dafür, »daß es im Dienst Probleme gibt, deren Ursachen mit Sicherheit nicht bei den Schreibkräften und Sachbearbeitern zu suchen sind. Da muß man schon höher ansetzen. Die Stimmung in unserem Hause könnte besser sein. Es wird auch immer viel von Seilschaften geredet. Die sind nicht so bedeutend, ziehen sie doch häufig nicht nur an verschiedenen Seilen, sondern auch an verschiedenen Enden. Nicht zu unterschätzen dagegen sind da schon die sogenannten Beziehungsgeflechte. Ich will, Herr Präsident Dr. Geiger, allerdings nicht zu schwarz malen.«

Und so verschwieg Antel der feiernden Öffentlichkeit an diesem Tag beispielsweise, daß die vom Gesetzgeber vorgeschriebenen jährlichen Personalversammlungen auf dem immerhin mehr als 70 Hektar großen Gelände aus Platzmangel nicht in einem geschlossenen Raum stattfinden können. Selbst die Kantine faßt allenfalls 400 der 3500 in Pullach Beschäftigten. Aus diesem Grund müssen die BND-Mitarbeiter auf das alljährliche Seniorentreffen des BND warten, um gemeinsam miteinander über offene Fragen sprechen zu können. Einmal im Jahr wird dann auf dem BND-Gelände für etwa 600 bis 700 ehemalige Geheimagenten ein Festzelt aufgestellt. Einen Tag nach dem Treffen der Ehemaligen bucht der Personalrat dieses Zelt, allerdings im Schichtbetrieb, denn auf einmal könnten auch hier nicht alle Mitarbeiter Platz finden. Wann immer die Bundesregierung in den kommenden Jahren den deutschen Auslandsnachrichtendienst betreffende grundsätzliche Entscheidungen treffen wird, den Personalrat braucht man nicht zu fürchten, da man außerordentlichen Personalversammlungen durch das Fehlen eines entsprechenden Raumes einen Riegel vorgeschoben hat.

In Verruf geraten ist das »Betreuungswerk e. V.« des BND. Ihm unterstellten BND-Kritiker wie Erich Schmidt-Eenboom, ein Erholungsheim für Alkoholiker und Spieler zu sein. Der frühere BND-Präsident Kinkel zählte zu den ersten Mitgliedern des Betreuungswerkes, das ursprünglich als Sportverein gegründet wurde und heute 15 verschiedenen Gruppen von Bergsteigern über Briefmarkenfreunde und Aerobic-Interessierten bis hin zu Fußballern ein Forum bietet. Entgegen den Behauptungen von BND-Kritikern gibt es hier heute keine Abteilung für Alkoholiker oder Spieler. Aus dem Personalrat heißt es dazu: »Alkoholismus? Das kommt bei uns nicht mehr oder weniger vor als bei anderen Betrieben gleicher Größenordnung. Früher gab es mal eine Abteilung, wo wir solche Mitarbeiter untergebracht haben, heute aber schon lange nicht mehr.«

Die wichtigste Frage für den Personalrat ist jedoch weiterhin der Personalabbau der Behörde. Daraus ergeben sich immer wieder Situationen, die Mitarbeiter vor kaum zu lösende Fragen stellen. In Zusammenhang mit der Umstrukturierung des Dienstes nach dem Fall der Mauer kam es vor, daß sogenannte Spezialisten, die einzig dazu ausgebildet worden waren, Ostblockstaaten auszuspähen, über Nacht innerhalb der Behörde weitgehend arbeitslos wurden. Als die Post- und Fernmeldekontrollstellen des BND geschlossen wurden, stellte sich die Frage ebenso wie bei der Schließung anderer Außenstellen. Viele dieser Mitarbeiter sprachen nur Deutsch und hatten keine Qualifikation, die sie für eine andere Arbeit empfohlen hätte. Daher waren sie auch in anderen Bundesbehörden kaum unterzubringen.

Aus dieser Erfahrung klug geworden, bietet der BND heute, ähnlich dem Auswärtigen Amt, vor allem die Ausbildung zum Generalisten. Mitarbeiter, die einmal in der Abteilung I (operative Aufklärung) als Spione im Einsatz waren, können später auch in die Abteilung III (Auswertung) wechseln oder aber, wie der Soldat mit dem Decknamen Juchatz, Pressesprecher werden.

Vor dem Hintergrund der Massenarbeitslosigkeit steigt auch die Zahl der BND-Bewerbungen. Im Frühjahr 1997 bewarben sich beispielsweise auf 15 ausgeschriebene Stellen im gehobenen Dienst 1300 Menschen. Aus dem Personalrat heißt es dazu: »Wir könnten heute – anders als in den siebziger und achtziger Jahren – alles haben, Einser-Chemiker, überall nur die Besten, aber wir haben weder genügend Planstellen, noch können wir ihnen gute Perspektiven bieten, obwohl die Überalterung beim BND unverkennbar ist.«

Sicherheitsfragen

Der deutsche Auslandsnachrichtendienst ist nach dem BND-Gesetz selbst für seine Sicherheit zuständig. Abteilung V, die Sicherheitsabteilung, beschäftigt 330 Mitarbeiter, von denen 80 in der Wache arbeiten. Nicht nur der Abteilungsleiter sieht sich immer öfter mit der Frage konfrontiert, ob der BND denn nach dem Fall der Mauer noch bedroht sei. Deutsche Geheimagenten lassen aber keinen Zweifel daran, daß sie sich heute mehr denn je gefährdet sehen. Sie weisen im Gespräch darauf hin, daß der Dienst weiterhin versuche, Bürger anderer Staaten zum Geheimnisverrat anzuspornen. Heute aber seien nicht nur die »Zielstaaten« dieser Arbeit, sondern auch die

Hintermänner der organisierten Kriminalität daran interessiert, Abwehrmaßnahmen gegen den BND zu ergreifen.

Das ergeht der CIA nicht anders. Diese beschäftigt allein rund hundert Techniker, die nichts anderes zu tun haben, als Tag für Tag die 130 CIA-Niederlassungen in der Welt und das Hauptquartier in Langley immer wieder auf mögliche Abhöreinrichtungen hin zu überprüfen.

Kein Zweifel, auch in Pullach wähnt man sich selbst als potentielles Opfer gegnerischer Spionage. Der stellvertretende Leiter der Sicherheitsabteilung sagt: »Unsere Gegner sind Rußland, die GUS-Staaten, Algerien, Libyen und die organisierte Kriminalität. Vor allem die Russen sind in ihrer Abwehrarbeit nach wie vor sehr potent und gut. Die Russen versuchen weiterhin, ihre Agenten in BND und BfV zu plazieren.«

Heute sind es wohl eher materielle als ideologische Gründe, die Menschen zum Geheimnisverrat animieren. Ein weiterer Grund, für einen gegnerischen Nachrichtendienst zu arbeiten, dürfte Frustration sein. Wohl aus diesem Grund wollte BND-Präsident Geiger zuallererst die Motivation seiner Truppe erhöhen. Er hatte dabei wohl den Fall eines BND-Mannes vor Augen, der sich nach der Wende dem polnischen Nachrichtendienst aus reinem Frust als Informationsquelle angeboten hatte. Die Polen brauchten ihm für den Geheimnisverrat kaum Geld zu bezahlen.

In den Augen der Sicherheitsfachleute hat sich die Bedrohungslage seit dem Fall der Mauer grundsätzlich geändert. Standen dem BND früher allein die östlichen Geheimdienste als Gegner gegenüber, so ist es heute das kaum zu durchschauende Abwehrnetz der organisierten Kriminalität sowie von Waffenhändlern und Nuklearschmugglern. Statt eines Gegners hat man heute eine Vielzahl von Gegnern. Man ist sich aber sicher, daß es heute keinen Dienst mehr gibt, der den BND »quantitativ und qualitativ« so stark bedroht wie früher das MfS. Die Arbeit sei »vielschichtiger« geworden. Doch wie begegnet man der Ausspähung?

Laut »Sicherheitsüberprüfungsgesetz« wird jeder Mitarbeiter vor der Einstellung auf alle verborgenen Sicherheitsmängel hin durchleuchtet. Nicht nur im Umfeld der Bewerber, auch bei Ämtern werden Auskünfte eingeholt. Es heißt: »Es wird im Grunde keiner eingestellt, wo wir Sicherheitsrisiken im fachlichen oder im charakterlichen Bereich sehen.« Früher einmal gehörte angeblich die Homosexualität zu den absoluten Einstellungshindernissen. Man glaubte, daß Homosexuelle leichter als andere erpreßbar seien. Niemand mag beurteilen, wie viele Homosexuelle heute für den BND arbeiten, doch augenscheinlich scheint dieses Einstellungshindernis nicht mehr zu bestehen. Einzig für die »Anbahner-Verbindungsführer« der operativen Aufklärung (Abteilung I) gilt weiterhin, Homosexuelle »nicht zu verwenden«. Ebenso wie Residenten könnten sie »in anderen Staaten kompromittiert werden« und dem Ansehen des Dienstes insgesamt schaden, heißt es in Pullach. Auch der britische Inlandsgeheimdienst MI5 hat 1998 das jahrzehntelange Einstellungshindernis Homosexualität fallen gelassen. Die britische Regierung wies auch das 4500 Mitarbeiter zählende GCHQ in Cheltenham an, künftig Homosexuelle bei der Jobvergabe zu berücksichtigen.

Alle zehn Jahre werden die BND-Mitarbeiter auch in ihrem persönlichen Umfeld einer neuen Sicherheitsüberprüfung unterzogen. Alle fünf Jahre erfolgt zudem eine »Akteneinsicht«, bei der auf etwaige Auffälligkeiten (psychische Probleme, Alkoholmißbrauch oder Schulden) geachtet wird. Auch die Heirat einer Ausländerin kann ein Sicherheitsrisiko sein. Staatsbürger aus Iran, Rußland, Polen, Vietnam, Nordkorea, Libyen, dem Irak, China oder etwa der Ukraine sollten für BND-Mitarbeiter im privaten Umfeld tabu sein. Eine Heirat würde sie in diesem Falle unweigerlich zu einem Sicherheitsrisiko machen. Im Jahre 1997 waren von den mehr als 6000 deutschen Geheimdienstmitarbeitern lediglich zehn ohne Sicherheitsbescheid, das heißt: Er war ihnen entzogen worden. Sie können jetzt nur noch bei einfachsten Verwaltungsaufgaben eingesetzt werden. Allen Mitarbeitern kann untersagt werden, in jene Staaten zu reisen, die als Sicherheitsrisiko gelten. Das gilt aber nicht nur für den BND, sondern für alle Bundesbeamten. Über die Reise wird dann jeweils im Einzelfall entschieden.

Seit geraumer Zeit beobachtet man fast schon amüsiert, wie die Islamische Republik Iran heimlich versucht, im BND Fuß zu fassen. Immer wieder bewerben sich angeblich »Deutsche mit iranischem Hintergrund«, wie es in der Amtssprache heißt, das sind Menschen, die einen iranischen Vater oder eine iranische Mutter haben. Das allein ist sicherlich kein Einstellungshindernis. Wenn aber schon bei ersten Gesprächen klar werde, daß die Bewerber möglichst schnell geheimes Material in Händen halten wollten, erübrigten sich weitere Kontakte, heißt es. Daß freilich vorsichtigere Bewerber die größere Gefahr darstellen, weiß man auch in Pullach.

Im Grunde genommen versucht die Sicherheitsabteilung, »ihren« Dienst mit aller Macht so abzuschotten, daß im Falle der Enttarnung eines Maulwurfes in den eigenen Reihen der Schaden und der Verratsumfang möglichst gering bleibt. Bis in die sechziger Jahre arbeitete man denn auch nach einem System, das »Abschottungsprinzip« genannt wurde. Jeder sollte möglichst nur das wissen, was für seine unmittelbare Arbeit unbedingt erforderlich war. Heute steht dem die Forderung nach Transparenz gegenüber. So hat man beispielsweise in der Abteilung III (Auswertung) das Abschottungsprinzip durch die »integrierte Auswertung« durchbrochen. Die Auswerter sind heute nur noch gegenüber der Abteilung I (operative Aufklärung) und ihren Quellen abgeschottet. Sie sollen nicht erfahren, von welcher Einzelperson eine bestimmte Information stammt, damit die Quellen des Dienstes nicht »verbrennen«. Ein Maulwurf unter den Auswertern könnte daher heute wohl die Plazierung einer Quelle – etwa im russischen Außenministerium – erkennen, wüßte aber nicht deren Namen.

DECKNAMEN UND LEGENDEN

Seitdem der Ruf nach Transparenz auch in der Öffentlichkeit immer lauter auch von der Parlamentarischen Kontrollkommission und der Bundesregierung erklingt, können die BND-Mitarbeiter nicht mehr verstehen, warum sie sich weiterhin nach innen abschotten sollen. Die Sicherheit achtet nach wie vor darauf, daß beispielsweise Mitarbeiter von Abteilung I und Abteilung III nicht miteinander über ihre Arbeit sprechen. Früher durften Mitarbeiter dieser Abteilungen nicht einmal Beziehungen miteinander eingehen; das hat sich zwar geändert, muß aber den Sicherheitskräften berichtet werden.

Je transparenter ein Geheimdienst ist, um so größer ist auch der potentielle Verratsumfang. Kontrovers diskutiert wird daher in allen Abteilungen das Thema Legenden und Decknamen. Manche Nachrichtendienste wie etwa CIA und SIS haben Vergleichbares nur während einer nachrichtendienstlichen Operation. Ein Mitarbeiter des BND: »Die Masse der Nachrichtendienste hat keine dauerhaften Decknamen für ihre Mitarbeiter.« Doch bei den Befragungen ehemaliger MfS-Abteilungsleiter wurde deutlich, daß die Decknamen des BND es dem Nachrichtendienst der DDR in jedem Einzelfall schwierig machten, die dahinter verborgene Person zu enttarnen. Aus der Sicherheitsabteilung heißt es heute: »Mit der völligen Aufhebung aller Decknamen würden wir doch potentiellen Ausspähern die Arbeit nur erleichtern. Dann stünden alle Klarnamen auch im BND-internen Telefonverzeichnis oder aber in den Personallisten, und zwar mit dem jeweiligen Aufgabenbereich. Mit Hilfe eines öffentlichen Telefonbuches könnte man dann schnell die Anschrift eines BND-Mitarbeiters herausfinden und einen Spitzel auf ihn ansetzen.«

In allen Außenstellen der technischen Aufklärung (Abteilung II) und der technischen Unterstützung (Abteilung VI) wurde die Decknamen-Regelung 1996 aufgehoben. Auch Abteilungs- und Unterabteilungsleiter müssen heute nicht mehr mit Decknamen auftreten, die jedem Mitarbeiter bei der Einstellung gegeben werden. Man erwägt, weitere Abteilungen unter ihren Klarnamen arbeiten zu lassen. Alle BND-Präsidenten haben seit dem Amtsantritt Kinkels 1979 in den ersten zwei Wochen das Vorhaben unterstützt, die Decknamen-Regelung fallen zu lassen. Doch je länger ihre Amtszeit währte, um so mehr glaubten auch sie an den Sinn dieser Regelung. Nicht anders scheint es mit den Legenden, die von der Sicherheit erstellt werden. Viele Mitarbeiter fühlen sich nach BND-Angaben mit Decknamen und Legenden sicherer. In der Sicherheitsabteilung ist beispielsweise ein Mitarbeiter nur damit beschäftigt, Arbeitgeberlegenden für die hauptberuflichen Geheimagenten zu erarbeiten. Legenden sollen dem Außenstehenden nicht gleich im ersten Gespräch signalisieren, für wen der Gesprächspartner in Wirklichkeit arbeitet. Zu den beliebtesten Legenden gehört die Behauptung, ein Geheimagent arbeite bei der Bundesvermögensverwaltung, beim Finanzamt, oder aber es werden eigens Firmen vom BND für die Legendenbildung gegründet wie etwa das in Wirklichkeit nicht existierende Unternehmen Alcon. Wenn etwa im Taufkirchener Hotel »Limmerhof« Mitarbeiter des Bundesnachrichtendienstes absteigen, tragen sie sich dort als angebliche Mitarbeiter einer Firma »Alcon« ein. Daß BND und Alcon/Pullach identisch sind, ist dem Hotelpersonal zwar seit langem bekannt, wird aber nicht nach außen getragen.

Davon zu unterscheiden sind die Legenden für den operativen Einsatz. Diese werden zumindest in der Theorie von zehn Mitarbeitern der Abteilung I für den jeweiligen Auftrag erstellt. In Wirklichkeit, so berichtet ein BND-Mitarbeiter in Washington, greife kaum ein deutscher Geheimagent auf diese Möglichkeit zurück. Fast jeder bastele sich seine eigene Legende. Mit Ausnahme dieses operativen Teils wird seit 1996 darüber diskutiert, Legenden wie beispielsweise die »Bundesvermögensverwaltung« fallenzulassen. Dann aber könnte kein Mitarbeiter mehr – wie heute allgemein üblich – von der Abteilung III (Auswertung) zur operativen Abteilung I in den verdeckten Einsatz wechseln und selbst als Agent tätig werden, weil er ja zuvor schon öffentlich bekennen durfte, für den deutschen Auslandsnachrichtendienst zu arbeiten.

Niemandem ist es heute mehr untersagt, seiner Frau, der Familie und dem engeren Verwandtenkreis über seinen wirklichen Arbeitgeber zu berichten. 50 bis 60 Prozent aller Mitarbeiter ziehen es aber dennoch angeblich weiterhin vor, auch in diesem Kreis die Legende etwa vom Arbeitgeber »Bundesvermögensverwaltung« aufrecht zu erhalten. Eine junge BND-Mitarbeiterin würde am Wochenende in der Diskothek gewiß die Aufmerksamkeit auf sich ziehen, wenn sie offen bekennen würde, für den BND zu arbeiten. Die Sicherheitsabteilung warnt aber vor solchen Schritten: Könnte nicht ein anwesender Drogendealer oder anderer Krimineller versucht sein, seine Wut auf den BND an der Frau auszulassen? Hier sollen Legenden aus BND-Sicht das subjektive Gefühl der Sicherheit vermitteln.

Der Sicherheitsabteilung scheinen vor allem die zunehmenden technischen Ausspähungsversuche Sorgen zu bereiten. Man arbeitet daher eng mit einer weithin unbekannten – aber ausnahmlos effektiven – deutschen Behörde zusammen, dem Bonner Bundesamt für Sicherheit in der Informationstechnik (BSI). Die Behörde mit dem umständlichen Namen wurde 1989 aus dem BND-Unternehmen »Zentralstelle für das Chiffrierwesen« in Bonn ausgegliedert und hilft nun privaten wie öffentlichen Betrieben vor allem auf dem Gebiet der Computersicherheit.

Entwicklungsschmiede: Abteilung VI

Die Abteilung Technische Unterstützung ist die Entwicklungsschmiede des Dienstes. Sie sieht sich selbst als »das Dienstleistungsunternehmen« des BND und verfügt über rund 800 Mitarbeiter, die bis zum Jahr 2000 auf 700 Mann abgeschmolzen werden sollen. Von den 86 Mitarbeitern des höheren Dienstes sind 20 Mathematiker, 31 Elektrotechniker,

25 Naturwissenschaftler (z. B. Physiker), neun andere Akademiker (z. B. Maschinenbau), und einer ist Soldat. Abteilung VI entspricht so gar nicht dem Klischee geheimnisvoller Entwicklungsschmieden, wie man es aus James-Bond-Filmen kennt, in denen vergleichbare Abteilungen, fliegende Kraftfahrzeuge oder in Uhren untergebrachte Geigerzähler entwickeln.

Wie weit Klischee und Wirklichkeit heute schon voneinander entfernt sind, beweist ein Blick in das Labor der vier Pullacher Chemiker in der Abteilung VI. Wo früher Geheimtinten entwickelt wurden, macht man heute Umweltanalysen. Chemiker sind auch dann gefragt, wenn man anhand geringster Spuren feststellen lassen möchte, welche Fracht etwa ein Schiff geladen hatte. Seit Jahrzehnten entwickeln die BND-Chemiker keine Geheimschriften mehr, denn diese werden – ebenso wie bei anderen westlichen Diensten – schon lange nicht mehr eingesetzt. Längst hat die Elektronik früher übliche Geheimschriften aus Urin und Asche abgelöst. Und auch aus Spülmitteln hergestellte Geheimtinten werden heute nur noch unter Häftlingen eingesetzt. In Justizvollzugsanstalten ist es weiterhin ein beliebter Trick, mit einem Spülmittel-Wasser-Gemisch auf einem »normalen« Brief an Verwandte zusätzliche Informationen hinauszuschaffen. Nachdem das Spülmittel getrocknet ist, kann man es nicht mehr erkennen; erst das Eintauchen des Briefes in ein Wasserbad hebt die Schrift wieder hervor. Die Justizvollzugsanstalten kennen das natürlich ebenso wie die von Terroristen gern verwendete »Plastiktüten-Schrift«: Zwischen zwei Blätter legt man dabei eine Kunststofftüte und schreibt damit »unsichtbar« auf das untere. Der in der Plastiktüte verarbeitete Weichmacher enthält einen Stoff, der sich auf das untere Papier unsichtbar überträgt und später jederzeit mit einem Magnetpulver (das auch zur Sichtbarmachung von Fingerabdrücken dient) die Schrift wieder hervorhebt.

Steganografie heißt heute das Zauberwort der Geheimschriften. Steganografie ist die kaum bekannte Kunst, Informationen auf Disketten, CDs, Kassetten oder anderen Datenträgern so zu verstecken, daß sie beim unbefangenen Betrachter keinen Verdacht erwecken. Brisante Nachrichten lassen sich leicht und unauffindbar in harmlos erscheinenden Grafik- oder Klangdateien tarnen, wie eine versteckt eingezeichnete Figur in einem Vexierbild. Neugierige Mitleser sehen nur Bilder oder hören Musik. Auf diesem Gebiet sind die Fachleute des BND heute führend. Lautet der Auftrag beispielsweise, für eine nachrichtendienstliche Verbindung zu einer Residentur ein über eine Standleitung zu übertragendes Foto eines bayerischen Dorfes so zu präparieren, daß im Kirchturm der Dorfkirche die eigentlich wichtige Nachricht versteckt wird, so müssen die »Bits« dergestalt verändert werden, daß nur noch bei hochauflösender Betrachtung etwas zu erkennen ist. Zudem wird der Text dann in der Regel auch noch verschlüsselt, also chiffriert, in den Kirchturm eingebaut.

Auch die sogenannten »Verbringungsmittel« gehören längst der Vergangenheit an. Heute sind nur noch zwei BND-Handwerker gelegentlich damit befaßt, Mini-Kameras in Zahnpastatuben oder Krawattennadeln zu verstecken oder in Schuhabsätzen Hohlräume für den Filmtransport einzubauen. Nur noch in wenigen Staaten, so etwa Iran, Nord-Korea und manchen Teilen Afrikas, benötigen Spione heute Verbringungsmittel, weil andere Transportmöglichkeiten nicht zur Verfügung stehen.

Hauptaufgabe der technischen Unterstützer ist heute zu 60 Prozent die informationstechnische Unterstützung (z. B. Steganografie); 30 Prozent der Kräfte verwendet man auf die nachrichtentechnische Unterstützung (z. B. Bau von Antennen und Empfängern) und 10 Prozent für grafische Aufgaben (Bilder vergrößern, Karten herstellen). Die altbekannte »nachrichtenspezifische Technik« (Geheimfach in eine Kuckucksuhr einbauen) macht heute weniger als zwei Prozent der Arbeit in der Entwicklungsschmiede aus. Man erwägt sogar, diesen Teil, der für die meisten Geheimdienstler reine Nostalgie ist, ganz abzuschaffen. BND-Handwerker, die früher Verbringungsmittel produziert haben, müssen heute damit vorlieb-nehmen, etwa Zinnkrüge für ranghohe BND-Besucher zu gravieren oder andere technische Hilfsarbeiten zu leisten. Nicht, daß man überhaupt keine derartigen Dinge mehr bräuchte, aber es gibt wohl nichts an Spionagegerät, was nicht auch auf dem freien Markt entwickelt und angeboten würde. Nur in Ausnahmefällen – so bei der Steganografie – leistet der BND daher heute die finanzintensive Entwicklungsarbeit noch selbst; ansonsten kauft man direkt bei den Herstellern von Spionagegerät.

Die technische Unterstützung beherbergt auch das mit 40 MIPS (mega instructions per second) nicht sonderlich große Rechenzentrum des BND. An diesen Rechner angebunden sind die deutschen BND-Außenstellen, nicht aber die Residenturen im Ausland. Diese sind vielmehr über PC-Verbindungen mit dem Rechner in Pullach vernetzt. Die Verbindung zur wichtigsten Residentur, der in Washington, erfolgt über Satellit, andere Verbindungen, wie etwa die nach Brüssel, laufen über Draht. Einen Einbruch in die geheimsten Datenströme muß der BND nicht befürchten, denn das BND-Netz und das öffentlich zugängliche Netz sind voneinander getrennt. Daher braucht der BND nicht einmal eine sogenannte Firewall. Firewalls kommen dort zum Einsatz, wo Betriebe Fremden beispielsweise über das Internet einen Zugriffspunkt auf eigene Daten bieten. Ein Mitarbeiter der Abteilung VI sagt: »Wir selbst trauen nicht einmal Firewalls. Da ist Vorsicht angebracht.« Damit es dem BND nicht wie 1996 der CIA ergeht, deren Rechner von einem Hacker tagelang mit der Begrüßungsformel »Central Idiots Agency« verunziert wurde, gibt es keinen Internet-Anschluß an einen BND-internen Rechner. Die wenigen Internet-Anschlüsse des BND sind vielmehr »tote Enden«. So hofft man, Hackern keine Angriffsmöglichkeiten zu bieten. Das Pentagon jedenfalls machte übelste Erfahrungen mit Hackern: Nach einem Ende 1996 von Mitgliedern des Kongresses angeforderten Bericht über die Sicherheit der Datenströme im Pentagon hat »es allein 1995 über 250.000

Hackerangriffe auf die Netzwerke des Pentagon gegeben, Tendenz steigend. Tests mit gängigen Hackerprogrammen ergaben, daß 65 Prozent der Angriffe erfolgreich sind.«

Der Pullacher Abteilung VI obliegt es auch, 4000 Mitarbeiter mit Bildschirmarbeitsplätzen auszurüsten. Dafür stehen 1997 zehn Millionen Mark zur Verfügung. Zudem sichert die technische Unterstützung 250 feststehende Fernmeldeverbindungen zu Bundeswehr, Kanzleramt, Inlandsdienststellen, Auslandsresidenturen, ausländischen Diensten, den Niederlassungen ausländischer Dienste in Deutschland, Verbindungsleuten und Lieferanten. Die Telekom stellt dem BND für den Datenaustausch zwischen Pullach und Bonn eine 64-K-Glasfaserleitung zur Verfügung; die Nachrichten werden in Pullach ver- und in Bonn entschlüsselt. Wenig zu verwundern vermag den technisch interessierten Besucher das größte Problem der Abteilung VI: die Schnelligkeit der technischen Neuerungen. Kaum haben sich die Mitarbeiter auf eine Neuentwicklung eingestellt und bei den Herstellern von Spionagegerät Waren geordert, liefert schon der nächste Hersteller in einem anderen Land ein »Abwehrmittel«.

Die Parlamentarische Kontrollkommission

Kennzeichen einer jeden Demokratie sind die Kontrollmechanismen der Machtapparate. Weil es diese gibt und sie auch arbeiten, kann auch der deutsche Auslandsnachrichtendienst nicht nach Belieben schalten und walten. Überwachen soll ihn vielmehr die Parlamentarische Kontrollkommission (PKK). Die PKK war in den Jahren nach ihrer Gründung 1978 das wohl exklusivste Gremium des Deutschen Bundestags. Sowohl Gegenstand als auch Zeitpunkt und Ort der Beratungen galten als streng geheim. Das hat sich inzwischen ein wenig geändert. Zeit und Ort der Sitzungen sind heute zumindest für Journalisten kein Geheimnis mehr. Unter Regierungsvertretern wie Abgeordneten scheint es zum Volkssport geworden zu sein, aus den vertraulichen Sitzungen in der Öffentlichkeit zu zitieren. Manche der Sitzungsteilnehmer beklagen daher, ihnen werde nichts mitgeteilt, was nicht schon längst auch in der Öffentlichkeit bekannt sei.

Die Zuständigkeit der PKK wird in dem im März 1992 novellierten PKK-Gesetz so beschrieben: »Die Bundesregierung unterliegt hinsichtlich der Tätigkeit des Bundesamtes für Verfassungsschutz, des Militärischen Abschirmdienstes und des Bundesnachrichtendienstes der Kontrolle durch die Parlamentarische Kontrollkommission.« Sie habe diese »umfassend über die allgemeine Tätigkeit« dieser Behörden und »über die Vorgänge von besonderer Bedeutung« zu informieren. Seit der Novellierung erhält die PKK auch Einblick in die Wirtschaftspläne der Nachrichtendienste der Bundesregierung. Zudem können sich Angehörige der Nachrichtendienste an die PKK wenden, wenn sie zuvor den Dienstweg ausgeschöpft haben. Während dieser Teil der Novelle unumstritten war, hatte es über einen zweiten Teil des Gesetzes langwierige Auseinandersetzungen gegeben, bei dem es um die Immunität und das Zeugnisverweigerungsrecht der Bundestagsabgeordneten ging. In dem zunächst zwischen den Bundestagsfraktionen verabredeten Entwurf war eine Ergänzung des Gesetzes zur Beschränkung des Brief-, Post- und Fernmeldegeheimnisses (G-10-Gesetz) enthalten, in dem es hieß, Abgeordnete in Bund und Ländern dürften auch dann mit solchen Maßnahmen nicht überzogen werden, wenn sich diese gegen Dritte richteten. Diese Ergänzung wurde schließlich nur auf den Postverkehr beschränkt. Beim Fernmeldeverkehr wurde sie verworfen.

Die Mitglieder der neunköpfigen PKK werden vom Bundestag gewählt. Bis zum Januar 1995 hatte die PKK nur acht Mitglieder, die sich auf die Parteien CDU, CSU, SPD und FDP verteilten. Die Grünen wurden nicht berücksichtigt. Doch immer stärker wurde der politische Druck, auch diese seit Jahren im Parlament vertretene Partei an den Geheimgesprächen über die Geheimdienste teilnehmen zu lassen; schließlich seien sie gewählte Abgeordnete, die nicht von einem Teil ihrer Aufgaben ferngehalten werden dürften. Am 26. Januar 1995 wählte der Bundestag zum ersten Mal ein Mitglied der Grünen in die PKK. Auch in das »Vertrauensgremium« des Haushaltsausschusses, das über die Wirtschaftspläne der Geheimdienste beschließt, wurde im Januar 1995 zum ersten Mal ein Politiker der Grünen berufen. Zuvor hatte sich vor allem die Union gegen die Wahl von Grünen in die PKK und das »Vertrauensgremium« mit der Begründung gewandt, bei dieser Partei sei die Geheimhaltung nicht gewährleistet. Manfred Such, das erste Mitglied der Grünen in der PKK, ist grundsätzlich für die Auflösung der Geheimdienste – wegen ihrer angeblich »fehlenden Effektivität«. Such, selbst Kriminalhauptkommissar, lehnt es zugleich ab, die Geheimdienste bei der Bekämpfung der organisierten Kriminalität einzusetzen.

Die Aufforderung, über alle Sitzungsthemen Verschwiegenheit zu bewahren, wird heutzutage sowohl vom PKK-Vorsitzenden als auch dem für die Koordinierung der Geheimdienste zuständigen Staatsminister im Kanzleramt durchbrochen. Manche ärgert das so sehr, daß sie nach dem Vorbild des Wehrbeauftragten auch einen Geheimdienstbeauftragten des Bundestages fordern und die PKK abschaffen möchten. Einer von ihnen ist der SPD-Politiker Struck, der bis Mai 1995 selbst der PKK angehörte. Struck sagte damals über die PKK: »Die ganze Konstruktion ist falsch.« Er plädierte statt dessen für die Berufung eines Geheimdienstbeauftragten mit dem Recht auf umfassende Akteneinsicht bei den Geheimdiensten und der Befugnis, jederzeit Geheimdienstmitarbeiter befragen zu dürfen. Andere SPD-Politiker, unter ihnen der stellvertretende Fraktionsvorsitzende Schily, haben sich Strucks Forderung inzwischen angeschlossen. Der Geheimdienstbeauftragte soll nach dieser Auffassung ein Hilfsorgan des Parlaments bei der Ausübung der Kontrolle sein. Die politische Verantwortung für die Bundesregierung durch die Nachrichtendienste bliebe dadurch unberührt. Man stellt sich offenbar einen beamteten Staatssekretär für das Amt vor, der mit Zweidrittelmehrheit vom Bundestag gewählt werden soll und jährlich einen Bericht vorzulegen hat, der inhaltsreicher sein soll als jener der PKK. Der Geheimdienstbeauftragte soll jederzeit alle Dienststellen und Behörden des BND, des BfV und des MAD ohne vorherige Anmeldung besuchen dürfen. Ihm müsse eine Behörde zur Verfügung stehen, die selbständig Einblick auch in die elektronischen Datenbanken aller drei Dienste nehmen könnte, fordert die SPD. So weit wird es aber wohl kaum kommen. Denn in die Schatzkästlein des gesammelten Wissens, die Datenbanken, werden sich die deutschen Geheimdienste wohl nie von einem Außenstehenden schauen lassen.

Struck war nicht das erste PKK-Mitglied, der das Kontrollgremium unter Protest verließ. Aus ähnlichen Gründen war 1990 schon der damalige SPD-Abgeordnete Jahn ausgetreten. Im Jahr zuvor hatte auch der FDP-Politiker Hirsch Zweifel an der Wirksamkeit der PKK geäußert. »Ihre Konstruktion als Kontakt- und Gesprächsgremium beruhte auf der Annahme, daß selbstverständlich alle Fraktionsvorsitzenden in ihr vertreten sind«, hatte Hirsch im Sommer 1989 geäußert. Tatsächlich war dies früher der Fall gewesen. Nach dem Austritt Strucks gehört aber kein PKK-Mitglied mehr zum engeren Kern seiner Fraktionsführung. Auch darauf wird die zurückhaltende Informationspolitik der Bundesregierung und der Vertreter ihrer Nachrichtendienste zurückgeführt. Die regelmäßigen Indiskretionen, ja sogar die Veröffentlichung von Protokollauszügen, führten zu einer Entwertung der PKK.

Manfred Such, der einzige Grünen-Politiker in der PKK, benötigte nur drei Monate, um sich den Zorn der anderen PKK-Mitglieder zuzuziehen. Am 20. April 1995 trat Such noch während der PKK-Sitzung vor die wartenden Journalisten und kündigte an, er werde seiner Fraktion empfehlen, einen Parlamentarischen Untersuchungsausschuß zur Plutonium-Affäre zu fordern. Die anderen acht PKK-Mitglieder bewerteten sein Verhalten als groben Bruch der Regeln. Tatsächlich dürfen gemäß dem PKK-Gesetz die Gremienmitglieder keine Bewertung aktueller Vorgänge abgeben, es sei denn, die PKK erteilt mit Zweidrittelmehrheit dazu eine ausdrückliche Genehmigung. Aber auch die jeweiligen Präsidenten der einzelnen Nachrichtendienste äußern sich heute – im Gegensatz zu früher – regelmäßig in der Öffentlichkeit.

Immer dann, wenn besorgniserregende Berichte über angebliche Pannen des BND in die Öffentlichkeit gelangen, werden mit Spannung die PKK-Berichte erwartet. Doch Fälle, in denen die PKK den BND rügen mußte, sind dünn gesät. Bei allen angeblichen BND-Schlappen der vergangenen Jahre konnte die PKK dem BND kein schwerwiegendes Fehlverhalten nachweisen. Egal, ob es als »Export von landwirtschaftlichem Gerät« deklarierte Waffenlieferungen nach Israel waren oder die Gespräche von Staatsminister Schmidbauer mit dem umstrittenen iranischen Geheimdienstminister Fallahian, die PKK hat das Vorgehen des Dienstes im Nachhinein zumeist nicht beanstandet. Die Panzerlieferungen an Israel hatten in der Öffentlichkeit ein breites Echo gefunden. Im entsprechenden PKK-Bericht hieß es aber: »Dafür gab es nach Auffassung der Kommission keinen Anlaß.« Und zu den Gesprächen Schmidbauers mit dem iranischen Geheimdienstminister Fallahian, gegen den später vom Bundesanwalt Nehm auch ein Haftbefehl ausgestellt wurde, hieß es: »Das Gremium hat sich davon überzeugen können, daß diese Gespräche humanitären Zwecken dienten.« Die PKK unterstütze die Bundesregierung bei »diesen Bemühungen«.

Im PKK-Bericht vom Mai 1993 heißt es: »Zusammenfassend kann festgestellt werden, daß die Unterrichtungen durch die Bundesregierung umfassend und vertrauensvoll erfolgten. Auch die Nachrichtendienste haben sich stets um eine gute Kooperation und um gründliche Information bemüht. Die Kommission hat auch in diesem Berichtszeitraum festgestellt, daß die Nachrichtendienste sich an Gesetz und Recht halten und auftragsgemäß das Ziel verfolgen, die innere und äußere Sicherheit der Bundesrepublik Deutschland zu wahren.«

Der Jurist Hirsch hat das Dilemma der PKK mit den Worten zusammengefaßt: »Die Kontrolle muß den Erfordernissen des Geheimschutzes Rechnung tragen. Ein Nachrichtendienst, der über die Kontrollorgane öffentlich einsehbar ist, wird wirkungslos. Es entsteht also ein Spannungsfeld zwischen dem Geheimhaltungsbedürfnis der Nachrichtendienste auf der einen Seite und dem Informationsanspruch der Kontrolleure auf der anderen Seite. So spricht das Recht auf informationelle Selbstbestimmung oder das Recht auf körperliche Unversehrtheit einer nachrichtendienstlichen Quelle für eine Geheimhaltung, hingegen der Informationsanspruch eines Bürgers, der wissen will, ob in seine Grundrechte eingegriffen wurde, gegen Geheimhaltung. Die Kontrolle der Nachrichtendienste muß und kann in dem Rahmen stattfinden, der ihr im System des Grundgesetzes eingeräumt wird. Dabei dürfen die Kompetenzen des Kontrolleurs nicht so weit gehen, daß in Wirklichkeit er die Entscheidungen trifft. Wenn er hingegen nur bloße Kritik üben kann, kann er seine Aufgabe nicht wirksam erfüllen. Bei einer wirksamen Kontrolle der Nachrichtendienste müssen die Dienste und die Kontrolleure zusammenarbeiten. Was zuerst paradox erscheint, erweist sich auf den zweiten Blick als stichhaltig. Auch die Dienste haben großes Interesse an einem funktionsfähigen Kontrollsystem. Stellen sie sich außerhalb des staatlichen Gefüges, würden sie auf Dauer den notwendigen Rückhalt in der Bevölkerung verlieren und damit ihre Existenzberechtigung« (Frankfurter Rundschau, 5. Dez. 1996).

Der BND wird zwar nicht nur durch das Parlament kontrolliert. Beteiligt sind vielmehr auch der Bundesbeauftragte für den Datenschutz, der Bundesrechnungshof und die Medien. Doch im System des Grundgesetzes stellt das Parlament – vertreten durch die PKK – das höchste Kontrollgremium dar.

Im Kreuzfeuer der Kritik: Waffengeschäfte des BND

Daß die Kontrolle der PKK über den BND nicht überflüssig ist, zeigen die früheren Waffengeschäfte deutscher Geheimagenten. In den sechziger und siebziger Jahren fiel der BND nicht nur durch die operative Aufklärung des Ostens, sondern auch durch Waffenexporte vor allem in afrikanische und nahöstliche Staaten auf. Um den sowjetischen Einfluß, basierend auf großzügiger Ausstattung von Entwicklungsländern mit Waffen, in der Dritten Welt zu bremsen, ließ die Regierung Erhard in den Jahren 1964 bis 1966 über die Bonner Firma Merex Waffen an Indien, Pakistan, Iran und Saudi-Arabien liefern. Bei den geheimen und gesetzeswidrigen Aktionen stellte das Verkehrsministerium Schiffe zur Verfügung und die Bundeswehr Piloten. Bundeswehrpiloten brachten 89 Düsenjäger – im Auftrag der mit dem BND verflochtenen Merex – zunächst nach Teheran und von dort nach Pakistan. Die Bundeswehrpiloten hatten dabei für ihre Geheimoperation sogar einen Nato-Marschbefehl in der Tasche. Die Flugbereitschaft der Bundeswehr, in letzter Zeit in die Schlagzeilen gekommen durch Privatflüge von Abgeordneten, stellte damals wie heute ihre Maschinen zur Verfügung. Sie transportiert nicht etwa Spione (das können zivile Fluggesellschaften viel unauffälliger besorgen), sondern nach eigenen Angaben Material für gemeinsame Operationen oder die wehrtechnische Zusammenarbeit mit anderen Diensten.

Die Firma Merex lieferte nicht nur Flugzeuge; auch Geschütze, Maschinengewehre, Panzerfäuste und Minen aus Bundeswehrbeständen wurden in die Dritte Welt geschafft. Die Zusammenarbeit zwischen BND und Merex ging angeblich so weit, daß Merex-Sekretärinnen in den Jahren 1965 bis 1967 zweimal wöchentlich die Geschäftspost der Firma kopieren und an den BND schicken mußten.

Als 1966 das Verteidigungsministerium gegen einen Referenten ermitteln ließ, der im Verdacht stand, von Waffenhändlern bestochen worden zu sein, sorgten die Pullacher angeblich sogar dafür, daß die Untersuchungen nicht publik wurden. Und als 1967/68 nicht eingeweihte Beamte des Wirtschaftsministeriums gegen die Merex vorgehen wollten, weil das Unternehmen bei Flugzeuglieferungen nach Indien die Ausfuhrbestimmungen umgangen hatte, intervenierten die BND-Mitarbeiter abermals. Sie forderten, daß Merex nicht weiter belästigt wurde. Die Ermittlungen endeten mit einem Bußgeldverfahren. Erst mit zehnjähriger Verspätung kamen die Waffengeschäfte der Regierung Erhard – und des BND – ans Licht. In der Anklageschrift wurden unter anderem folgende gegen das Außenwirtschaftsgesetz verstoßende Lieferungen genannt:

1. Geschütze, Raketen, Maschinengewehre, Minen, Panzerfäuste und anderes Kriegsgerät im Wert von 4,4 Millionen Dollar nach Saudi-Arabien (Liefervertrag vom 25. Juli 1965);

2. Infanteriemunition im Wert von 560.000 Dollar nach Saudi-Arabien (Vertrag vom 28. Juli 1965);

3. 28 Flugzeuge des Typs Seahawk nebst Zubehör im Wert von 3,5 Millionen Mark nach Indien (Vertrag vom 2. September 1965);

4. Munition verschiedenen Kalibers im Wert von 7,26 Millionen Dollar nach Pakistan (Vertrag vom 22. Oktober 1965);

5. 89 Kampfflugzeuge des Typs F 86-Sabre-VI nebst Zubehör im Wert von rund zehn Millionen Dollar nach Pakistan (Vertrag vom 24. November 1965). Der damalige Bundespräsident Lübke hatte die Lieferung dem pakistanischen Präsidenten persönlich zugesagt. Das für Waffenexport zuständige Bundesamt für gewerbliche Wirtschaft in Frankfurt stellte die Papiere auf den Schah von Persien als angeblichen Empfänger aus;

6. Munition im Wert von 286.000 Dollar nach Pakistan (Vertrag vom 6. März 1966);

7. Munition, Ersatzteile für Panzerfäuste und anderes Kriegsmaterial im Wert von 344.000 Dollar nach Saudi-Arabien (Vertrag vom 1. September 1966);

8. sieben Flugzeugzellen, 19 Strahltriebwerke und 107 Bordkanonen im Wert von 755.000 Mark nach Indien (Vertrag vom 2. September 1966).

Berücksichtigt man, daß in der damaligen Zeit beispielsweise ein Zehnfamilienhaus in Deutschland etwa 100.000 Mark kostete, so wird ersichtlich, um welch gewaltige Dimension des Rüstungshandels es hier ging. Die Vertragsdaten zeigen, daß der BND unter der Leitung Gehlens unermüdlich Rüstungsverträge mit Staaten der Dritten Welt schloß oder vermittelte. Die hier aufgeführten Lieferungen sind daher nur ein geringer Bruchteil aller vom BND in den sechziger und siebziger Jahren getätigten Waffengeschäfte. Längst nicht alle Geschäfte dieser Art sind seither bekanntgeworden. Das Landgericht Bonn sprach die im Merex-Prozeß Angeklagten 1975 mit der Begründung frei: »Die Einlassung der Angeschuldigten, sämtliche der Anklage zugrunde liegenden Geschäfte seien mit Billigung und unter Mitwirkung der zuständigen Ministerialbeamten und des Bundesnachrichtendienstes getätigt worden, hat sich in vollem Umfang bestätigt.« Gehlen hatte offenkundig gegen das elfte Gebot verstoßen: Du sollst dich nicht erwischen lassen!

Auch unter allen Nachfolgern Gehlens soll es geheime Waffengeschäfte des BND gegeben haben. Karl Carstens, späterer Bundespräsident, war als Staatssekretär im Kanzleramt von Januar 1968 bis Oktober 1969 mehrfach mit den Waffengeschäften des BND in Spannungsgebiete befaßt. Obwohl Carstens dies zunächst im Guillaume-Untersuchungsausschuß abstritt, mußte er 1975 eingestehen, als früherer Chef des Kanzleramtes der Beurlaubung eines ranghohen BND-Beamten zugestimmt zu haben, damit dieser, im Auftrag Pullachs, in der Hamburger Waffenfirma Dobbertin in leitender Funktion tätig werden konnte. Über die Gründe, die den BND zu diesem Schritt veranlaßten, war Carstens vom damaligen BND-Präsidenten Gerhard Wessel unterrichtet worden. Auch Carstens hatte damit gegen das elfte Gebot verstoßen.

GESETZESBRÜCHE

Was aber war der Hintergrund der geheimen Waffenge-schäfte des BND in den sechziger Jahren? Die Bundesregie-rung wurde von Ländern des Nahen und Mittleren Ostens um Waffen aus Überschußbeständen der Bundeswehr gebeten. Diese Regierungen legten in Bonn zugleich Moskauer Offer-ten für solche Waffenlieferungen vor. Um zu verhindern, daß die Länder wegen etwaiger Abhängigkeit im militärischen Bereich auch unter den politischen Einfluß der Sowjetunion gerieten, entschied Bonn damals, helfend einzuspringen. Die Bundesregierung hatte abzuwägen zwischen dem gesetz-lichen Ausfuhrverbot in Krisengebiete und der Opportunität, die es geboten erscheinen ließ, die Bittsteller nicht in Abhän-gigkeit von Moskau geraten zu lassen. Nach Rücksprache mit der amerikanischen Regierung entschied man sich für die Lieferungen – und damit gegen das Gesetz. Das angeblich höherwertige Interesse der Regierung Erhard bestand jedoch vor allem darin, überschüssiges Kriegsmaterial zu Geld zu machen. Dem BND war zudem daran gelegen, sich durch hilfreiche Waffengeschäfte neue Informationsquellen zu erschließen. Die Agenten des BND schafften die Aufträge heran, halfen bei Vertragsabschlüssen und kümmerten sich um den reibungslosen Ablauf der Geschäfte. Dafür erhielten sie in den Empfängerländern weitgehende Spionagevoll-machten.

Die Akten, die weitere Bonner Politiker in Zusammenhang mit illegalen Waffengeschäften des BND hätten belasten kön-nen, wurden – rein zufällig – bei einem Barackenbrand im Bundeswirtschaftsministerium vernichtet. In der Zeit der Großen Koalition, die CDU/CSU und SPD von 1966 bis 1969 miteinander eingegangen waren, wickelte der von CDU-Poli-tikern im Kanzleramt beaufsichtigte Dienst also Waffentransaktionen ab, die dem Entspannungskurs des SPD-Außenministers Brandt zuwiderliefen. Dazu gehörten nach Angaben des früheren BND-Präsidenten Wessel Waffen und Geräte an:

- Nigeria, von 1967 bis 1970 Schauplatz des blutigen Biafra-Bürgerkrieges mit zwei Millionen Toten. Die Deutschen belieferten beide Bürgerkriegsparteien unter anderem mit Munition und G-3-Gewehren der Bundeswehr;
- das von einer weißen Minderheitsregierung geführte Rhodesien (heute Simbabwe), obwohl sich die Bundesrepublik dem im Dezember 1966 von den Vereinten Nationen verhängten Handelsembargo gegen das Regime von Ian Smith angeschlossen hatte;
- Südafrika, das schon in jener Zeit als Apartheid-Staat bekannt war;
- Griechenland, wo seit 1967 eine Militärdiktatur jede demokratische Opposition niederhielt. Am 2. April 1968 hatte der Deutsche Bundestag die Regierung aufgefordert, der Junta keine Militärhilfe zu gewähren;
- Jordanien, seit Gründung Israels in kriegerische Konflikte mit diesem gleichfalls von Bonn aufgerüsteten Staat verwickelt.

Der BND lieferte zudem angeblich sogar eine Uranprobe an die Volksrepublik China, in der Hoffnung, insgesamt 20 Tonnen Uran an Peking verkaufen zu können; und das, obwohl China 1964 mit der Zündung seiner ersten A-Bombe zur Nuklearmacht aufgestiegen war.

Die oben erwähnte Firma Merex unterhielt Niederlassungen auch in Iran, den Vereinigten Staaten und der Schweiz. Ihre zusammen mit dem BND organisierten Waffenlieferungen aus Überschußbeständen der Bundeswehr gerieten manchmal auf Umwegen wieder nach Deutschland zurück. Die »Stuttgarter Zeitung« zitierte am 21. November 1975 eine Zeitschrift der Gewerkschaft der Polizei: »Danach stammten etliche Waffen, die bei deutschen Terroristen und Anhängern der Baader-Meinhof-Bande sichergestellt wurden, aus einem

Posten von 3000 Maschinenpistolen des gleichen Typs, den in der Bundesrepublik stationierte kanadische Nato-Streitkräfte ausgesondert und an deutsche Schrott- und Waffenhändler abgegeben hatten ... Mit den Maschinenpistolen wurden mehrere Bank- und Raubüberfälle sowie Mordversuche begangen ... Eine Überprüfung des Bundesamtes für gewerbliche Wirtschaft bei der Firma Merex hat im Jahre 1974 ergeben, daß von 89 als unbrauchbar gemacht gemeldeten Schnellfeuergewehren vom Typ FN1 aus Bundeswehrbeständen 87 nicht vorschriftsmäßig abgeändert waren. 213 andere Gewehre des gleichen Typs, ebenfalls als nicht mehr benutzbar angezeigt, waren nicht mehr überprüfbar und bereits ausgeliefert.«

Der frühere Chef des Bundeskanzleramtes, Staatssekretär Manfred Schüler, behauptete einmal in einem Fernsehinterview, seit dem Beginn der sozial-liberalen Koalition seien keine Waffen mehr unter Mitwirkung des BND verkauft worden. Peinlich für Schüler. Denn unter der SPD/FDP-Regierung sollen nicht nur Zeichnungen für 110-mm-Artilleriegranaten und weiteres Kriegsmaterial an Israel, sondern auch Munitionsanlagen, eine Gewehrfabrik und eine Maschinengewehrfabrik an Iran geliefert worden sein. Lange Zeit konnte man danach den BND aus den Schlagzeilen heraushalten. Erst 1990 berichtete der »Spiegel« dann, der BND habe dem Irak beim Aufbau der Giftgasproduktion geholfen. Der damalige Staatsminister im Kanzleramt, Lutz Stavenhagen, dementierte, da er die Auffassung vertrat, möglicherweise habe sich ein deutscher Manager als BND-Mitarbeiter ausgegeben.

BOMBEN-GESCHÄFTE

Nicht immer erfolgten die illegalen Waffenexporte des BND über Tarnfirmen, in manchen Fällen wurde auch direkt geliefert. Nach Angaben von Mitarbeitern der UN-Kommission zur Zerstörung der irakischen Massenvernichtungswaffen (Unscom) gibt es Hinweise darauf, daß der BND während des irakisch-iranischen Krieges (1980 bis 1988) – als Saddam

Hussein im Westen noch ein angesehender Freund war – irakischen Militärs sogar anbot, bei gentechnischen Experimenten und der Herstellung biologischer Waffen »zu helfen«. Es gilt als sicher, daß der damalige BND-Präsident Hans-Georg Wieck darüber nicht unterrichtet war und sich die Abteilung I (operative Aufklärung) verselbständigt hatte. In Pullach werden solcherlei Vorwürfe heute dementiert. Andere BND-Mitarbeiter behaupten dagegen, mit solchen Angeboten habe man sich Zugang zur irakischen Rüstungsproduktion verschaffen wollen. Es sei nur darum gegangen, das Vertrauen der Iraker zu gewinnen, nicht aber wirklich bei der B-Waffen-Produktion zu helfen. Noch immer ungeklärt sind auch jene Vorwürfe, nach denen der BND den burmesischen Militärs bis Anfang der achtziger Jahre fast alle gewünschten Waffen- und Munitionsfabriken beschafft haben soll.

Ein besonders schillerndes Beispiel für die Zusammenarbeit des BND mit Diktatoren bietet offenbar die inzwischen in Konkurs gegangene High-Tech-Firma Telemit GmbH. Ende der siebziger Jahre soll der libysche Staatskonzern Lafico heimlich über die liechtensteinische Firma Jubel Trust bei dem Bundeswehrausstatter Telemit eingestiegen sein. Der »Spiegel« schrieb über den Fall Telemit: »Die Firma hatte in der Welt der Militärs und Späher einen fulminanten Ruf. Die Palette reichte von Chiffriergeräten bis zu Funkanlagen.«

Mit ausdrücklicher Genehmigung der Bundesregierung und mit Unterstützung des BND soll Telemit im ersten Golfkrieg sowohl den Irak als auch die Islamische Republik Iran beliefert haben. Bagdad erhielt angeblich Feldtelefone und Zubehör, Chomeinis Kämpfer Elektronik für 100 Millionen Mark. Glaubt man dem früheren Telemit-Verbindungsmann für Bagdad, dem Iraker Abdul Jebara, so wurden Rüstungsgüter bei der Ausfuhr in den Irak mit Wissen der Bundesregierung falsch deklariert. Auch Libyen soll sensible Militärelektronik und eine Fabrik für die Produktion von Funkgeräten erhalten haben. Die »Taz« schrieb damals: »Ärger mit den Behörden brauchte Telemit dabei nie zu fürchten: Offenbar benutzte der Bundesnachrichtendienst die Firma nicht nur zur Nachrichtenbeschaffung, sondern auch zur Abwicklung verdeckter Geschäfte mit diversen Kunden im Nahen Osten, die man wegen der politischen Lage nicht offen durchführen konnte. Die Belieferung feindlicher oder terroristischer Regimes durch eigene Geheimdienste oder deren Tarnfirmen mit sensibler Nachrichtentechnik entbehrt nicht einer gewissen Logik: Wer Radargeräte, Funkanlagen und Abwehrsysteme baut und liefert, der besitzt notwendigerweise auch die dazugehörigen Codifizierungs- und Entschlüsselungssysteme. Das heißt: Überall, wo Firmen wie die Telemit Militärelektronik hinliefern, hat auch der BND sein Ohr drin.«

Wirklich bedrohlich wurden für den BND aber erst die im Oktober 1991 bekannt gewordenen regelmäßigen Lieferungen von »landwirtschaftlichem Material« an Israel. Durch einen Zufall waren im Hamburger Hafen von nicht eingeweihten Beamten der Wasserschutzpolizei unter Plastikplanen verborgene russische Panzer entdeckt worden, die für Israel bestimmt waren. Eine staunende Öffentlichkeit erfuhr, daß die Lieferung Teil einer seit 1967 »gut funktionierenden« Zusammenarbeit zwischen Israel und Deutschland bei der Auswertung von Rüstungsmaterial war. Die als »landwirtschaftliches Material« deklarierte Rüstungslieferung basierte auf einer 1979 zwischen dem Bundeskanzleramt und dem Verteidigungsministerium geschlossenen Vereinbarung, nach der die militärische Zusammenarbeit mit Israel »über den BND laufen« soll. Der damalige BND-Präsident Porzner war darüber aber nicht unterrichtet. Mehr und mehr wurde bekannt, was man schon seit Jahren geahnt hatte: Der BND hatte auch unter der SPD-Regierung Israel – legal – Waffen zur militärischen Begutachtung geliefert. Über die Einzelheiten schweigen sich alle bis heute aus. Dabei ist der wehrtechnische Austausch keinesfalls ein Produkt der Gegenwart und auch nicht auf die Bundesregierung beschränkt. So lieferte die deutsche Reichswehr beispielsweise der Roten Armee 1929 sechs deutsche Panzer getarnt als Traktoren. Generalmajor Werner von

Blomberg unterrichtete Reichsaußenminister Gustav Strese-
mann über diesen ungewöhnlichen Vorgang, der offenbar ein
Vorbild für spätere Generationen werden sollte, am 14. Mai
1929.

Im Januar 1993 wurde der Zeitung »Die Welt« ein geheimer Bericht der Sicherheitsorgane der früheren ungarischen
Volksrepublik zugespielt, in dem behauptet wurde, der BND
habe sich mit Waffenhändlern verbündet. Um sich Kenntnisse
über den internationalen Waffenhandel zu verschaffen, habe
der BND Waffenhändlern bei der Durchführung von Rü-
stungsgeschäften geholfen. So seien 1985 mit BND-Wissen
»Erzeugnisse der Waffenfirma Heckler und Koch« vom
Themsehafen Denton Wharf mit dem Motorschiff »Neuhau-
sen« nach Rostock gebracht worden, wo die Ware gelöscht
worden sei. Ausgestellt aber seien die Ausfuhrdokumente auf
Kolumbien gewesen. Der frühere BND-Präsident Wieck be-
stritt im Januar 1996 unter Eid, daß sein Amt in Waffengeschäfte westdeutscher Firmen mit der DDR »illegal« verwickelt gewesen sei.

Sicher ist zumindest, daß der BND bei heimlichen Waffengeschäften weltweit nicht alleine steht. Der amerikanische
Präsident Clinton jedenfalls gab 1994 seine Zustimmung zu
geheimen Waffenlieferungen Irans an die bosnische Regie-
rungsarmee und verstieß damit gegen das von den Vereinten
Nationen verhängte Waffenembargo. Die »Los Angeles
Times« berichtete, Kroatien sei ebenso wie die Türkei für die
»großangelegten Waffenlieferungen« an die bosnische Regierung gewesen. In Wahrheit war das Geschäft sogar noch
arbeitsteiliger: Manche der Waffen wurden mit russischen
Flugzeugen – und amerikanischem Segen – aus Teheran nach
Bosnien gebracht. Bis Januar 1996 wurden »mehrere tausend
Tonnen leichte Waffen wie zum Beispiel Gewehre, Mörser und
Panzerabwehrraketen« auf diesen Wegen nach Bosnien
gebracht, obwohl Washington damit nicht nur die Durchbre-
chung des UN-Embargos, sondern auch seiner eigenen Isola-
tionspolitik gegenüber Iran vollzog. In diesem Fall war es aber

so, daß nicht etwa die amerikanische Regierung, sondern die CIA lange Zeit nichts von den Lieferungen wußte und sie erst durch ihre Spionagesatelliten entdeckte. Als dieses Vorgehen Clintons bekannt wurde, hob der Sprecher des amerikanischen Außenministeriums, Glyn Davies, hervor, daß der für verdeckte Aktionen zuständige Geheimdienstausschuß keine Verletzungen »amerikanischer« Gesetze festgestellt habe, und erinnerte daran, daß die Vereinigten Staaten ohnehin gegen das Embargo gewesen seien. Der Schlingerkurs zwischen Bundesregierung und BND in der Frage der öffentlichen Bekanntgabe mancher Praktiken ist also kein Einzelfall.

KAPITEL 3

DAS GEHEIMWISSEN DES BND

Der internationale Waffenhandel

Seit dem Fall der Mauer sind dem BND neue Aufgabenfelder zugewiesen worden. Insbesondere die Beobachtung des internationalen Waffenhandels zählt heute zu seinen wichtigsten Betätigungsfeldern. Terroristen und Schwerstkriminelle haben in den vergangenen Jahren offenbar immer weniger Aufwand treiben müssen, um sich jedwede gewünschte Waffe zu beschaffen. Vor allem der Waffenhandel im Nahen Osten, also an der Nato-Südgrenze, beunruhigt die Bundesregierung. Sie hat dem BND daher den Auftrag erteilt, umfassend über den Rüstungshandel in dieser Region zu berichten. Regelmäßig erstellen die Auswerter in Pullach nun Berichte, in denen die wichtigsten Beobachtungen auf diesem Gebiet zusammengefaßt sind.

Wer in einem Bonner Ministerium den BND-Bericht »Analyse des konventionellen Waffenhandels in der Nah- und Mittelostregion« mit der Kennziffer AN 32B-0468/96, Stand Juni 1996, in die Hand bekommt, könnte zunächst den Eindruck gewinnen, der BND wisse auch nicht mehr als die Tageszeitungen. In dem Bericht geben die Auswerter dem Leser auf den ersten Seiten nur einen allgemeinen Überblick über die militärpolitische Lage. Von der »latenten Gefährdung« der innenpolitischen Stabilität der Staaten der Region ist da die Rede. Man ist als Leser fast schon geneigt, den Bericht wieder zur Seite zu legen, wenn es banal heißt, die Aufrüstung mit Flugkörpern, weitreichenden Jagdbombern und Massenvernichtungswaffen rücke zunehmend auch die Randstaaten des Nato-Bündnisses in die Reichweite dieser Bedrohung. Unwillkürlich fragt man sich, ob der BND nichts besseres zu bieten hat. Doch spätestens, wenn man die Ausführungen zur Islamischen Republik Iran erreicht hat, stockt einem der Atem. Sie sind ein Beispiel dafür, welch hervorragende Aufklärungsergebnisse deutsche Geheimagenten im Ausland zusammentragen.

DAS GEHEIME RÜSTUNGSPROGRAMM DER IRANISCHEN MULLAHS

Der BND scheint trotz des Abzuges seiner Residenten im Frühjahr 1996 über die Vorkommnisse in Iran bestens unterrichtet zu sein. Man verfolgt offenkundig mit gesteigertem Interesse, wie Teheran seine ehrgeizige Rüstungspolitik trotz der anhaltend schwierigen Finanz- und Wirtschaftslage unverändert fortsetzt. Der Führungsanspruch der Mullahs am Golf ist ungebrochen. Der immer wieder proklamierte Auf- und Ausbau einer eigenständigen Rüstungsindustrie steckt aber noch in den Anfängen und leidet unter den massiven wirtschaftlichen Schwierigkeiten. Aus Pullach heißt es dazu: »Die operativ-strategischen Waffen im B- und C-Bereich sowie das Bemühen um Nuklearwaffen müssen daher als Mittel politischer Pression und militärischer Abschreckung und Vergeltung angesehen werden. Sie dienen damit auch der Kompensation genereller militärischer Defizite im konventionellen Bereich.«

Iran versucht, nach BND-Erkenntnissen, wie andere Staaten der Region auch, seine Rüstungsausgaben zu verschleiern. Die tatsächlichen Verteidigungsausgaben Irans beliefen sich nach Angaben aus Pullach 1995 auf 3 bis 3,5 Milliarden Dollar. Sie setzen sich zusammen aus dem offiziellen Haushaltsansatz von 1,25 Milliarden Dollar, etwa 1 Milliarde Dollar Zuwendungen aus religiösen Stiftungen und Gewinnen militäreigener Betriebe und 1 Milliarde Dollar, die angeblich direkt aus dem Erlös von Erdölexporten abgezweigt wurden. Trotz der hohen iranischen Auslandsverschuldung und des Devisenmangels wird es nach Auffassung westlicher Geheimdienste nicht zu einer Reduzierung des iranischen Rüstungsbeschaffungsprogramms kommen.

Iran ist in der Vergangenheit als Waffenexporteur nur wenig in Erscheinung getreten. Infanteriewaffen und Flugabwehrraketen wurden aber nach BND-Angaben in geringer Stückzahl nach Afghanistan, Sri Lanka, Sudan sowie an die schiitische Hizbullah im Süden des Libanon geliefert. Im Mittelpunkt standen nach Angaben aus Pullach 1995 die iranischen Bemühungen, beim Import von Waffen und Großgerät qualitativ hochwertige Waffensysteme insbesondere für die Luft- und Seestreitkräfte zu beschaffen. Hauptlieferland ist weiterhin Rußland, gefolgt von Polen, China, der Ukraine und Nordkorea. Die Lieferungen werden angeblich fast ausschließlich im zwischenstaatlichen Handel abgewickelt. Bei den Luftstreitkräften, so heißt es, sei Iran an Kampfflugzeugen mit weitreichender Bewaffnung interessiert: MiG-29, MiG-31, TU-22-M, SU-24 aus Rußland und SU-25 aus Georgien. Für die Marinestreitkräfte sollen demnächst Schnellboote und außer Dienst gestellte Torpedoboote aus China erworben werden. Für die Landstreitkräfte, so fanden deutsche Geheimagenten heraus, laufen die Beschaffungsbemühungen für den Kampfpanzer T-72 aus Rußland, der Ukraine und Polen weiter, da der iranische Kampfpanzer Zulfiqar trotz gegenteiliger iranischer Beteuerungen nach Pullacher Erkenntnissen »noch keine Serienreife besitzt«.

Einen besonderen Stellenwert nimmt offensichtlich für die iranischen Streitkräfte die Beschaffung von Flugkörpern einschließlich der dafür erforderlichen Abschußvorrichtungen ein. Aus Pullach heißt es dazu: »So hat nachrichtendienstlichen Hinweisen zufolge die Ukraine Komponenten für zwei Luftverteidigungssysteme – vermutlich SA-10 – geliefert. Abschußvorrichtungen AT-5 und entsprechende Lenkflugkörper sowie Luft-Boden-Flugkörper AS-10, AS-12 und AS-14 für MiG-29 wurden aus Rußland, Schnellboote der Houdong-Klasse, Seezielflugkörper der Typen C-801 und C-802 aus China und Abschußvorrichtungen für Boden-Boden-Flugkörper, Scud-C, aus Nordkorea erworben. Unbestätigte nachrichtendienstliche Hinweise deuten darüber hinaus auf mögliche Beschaffungen von Kampfflugzeugen russischer Herkunft hin.«

Israel hat der Ukraine unlängst Hilfe bei der Modernisierung seiner Waffensysteme angeboten, diese Offerte aber an eine politische Bedingung geknüpft: Kiew soll seinen Handel mit den iranischen Mullahs einstellen. Man darf gespannt sein, wie Präsident Leonid Kutschma und dessen Chef für nationale Sicherheit, Wladimir Gorbulin, – beide kommen aus der Rüstungsindustrie – darauf reagieren werden. In Iran bahnen Kiewer Rüstungshändler nach BND-Informationen gegenwärtig die Lieferung von Flugzeugen an; Libyen verkaufte man Raketen und U-Boot-Teile, und Sudan erhielt Feuerwaffen.

Es ist bekannt, daß Iran im Gegensatz zum Import von Großwaffensystemen aus den traditionellen Lieferländern bei der Beschaffung von Rüstungsgütern, die nicht legal erworben werden können, zur Verschleierung des Endverbleibs Drittstaaten als Transitländer benutzt. Unter die Kategorie »nicht legal zu beschaffen« fallen beispielsweise moderne Handfeuerwaffen und modernes militärisches Zubehör; überwiegend aus westlichen Ländern. Man weiß, daß in den falschen Endverbleibszertifikaten als Empfängerländer Schweden, Kanada, Malaysia, Hongkong oder Indonesien angegeben werden. Auch die Lieferung von fabrikneuen militärischen Ersatzteilen für Waffensysteme westlichen Ursprungs erfolgt vorwiegend über westeuropäische oder südostasiatische Länder. Beim BND heißt es dazu: »In die Beschaffung sind neben der Defense Industries Organization (DIO), dem Ministry of Defense and Support for Armed Forces Logistics (MODSAFL) und der religiösen Mostazafin-Stiftung (lauter iranische Organisationen – d. Verf.) auch Tarnfirmen, ausländische Waffenhändler und Mitarbeiter von iranischen Botschaften eingebunden.«

Die Aufklärungsergebnisse des BND auf diesem Gebiet können sich sehen lassen. So sollen für die DIO unter anderem »in Kanada die Werk Trading Inc., in Malaysia das Nasser Trade Office (NTO) und in Dubai die Technical Survices Machinery Trading (TSMT) tätig sein«. Die iranische Firma Mahouti versuche zudem, über ihre Geschäftsbeziehungen in Indien, Rußland, der Türkei und in einigen Staaten der Europäischen Union im Auftrag des Verteidigungsministeriums Flugzeugelektronik zu beschaffen. Die Bezahlung der Rüstungsimporte erfolge überwiegend per Akkreditiv. Dabei würden überwiegend Konten von iranischen und westlichen Banken in Singapur, Frankreich, Großbritannien und Deutschland genutzt.

Um den an diesem Geschäft beteiligten westlichen Banken nicht über die Abwicklung des Zahlungsverkehrs Einblicke in die illegalen Beschaffungsaktivitäten zu gewähren, würden in die finanziellen Transaktionen mehrere Banken zwischengeschaltet. Bei besonders sensiblen Rüstungsbeschaffungen, bei elektronischen Ersatzteilen beispielsweise, komme es auch zu Direkteinkäufen mit Barzahlung. Im BND heißt es dazu: »Die Rüstungsgüter werden nachrichtendienstlichen Hinweisen zufolge nach Regelung der Zahlungsmodalitäten über Drittstaaten von iranischen Fluglinien (Iran Air, Iranian Asseman Airlines) in den Iran transportiert.«

Um von den Rüstungsimporten unabhängiger zu werden, verfolgt die iranische Regierung offenbar parallel zum Kauf von Rüstungsgütern den Ausbau der nationalen Rüstungsindustrie. Ohne ausländische Unterstützung, so wollen deutsche Geheimagenten herausgefunden haben, sei Iran allerdings bisher nur in der Lage, ein begrenztes Sortiment an Rüstungsgütern herzustellen. So würden Infanteriewaffen (Gewehre G-3 und Maschinengewehre MG-3) und die dazugehörige Munition produziert sowie Panzerabwehrwaffen russischer und chinesischer Herkunft nachgebaut. Darüber hinaus würden Artillerieraketen für den sowjetischen Mehrfachraketenwerfer BM-21 gefertigt. Auf den übrigen Gebieten sei Iran auf ausländische Fachleute angewiesen. Das betreffe den Panzerbau (Rußland), Boden-Boden-Flugkörper (Nordkorea) sowie Boden-Luft-Flugkörper (Nordkorea, VR China).

Auf zahlreichen anderen Gebieten sollen angeblich durch Kooperationsvereinbarungen mit anderen Staaten eigene Produktionskapazitäten aufgebaut werden. Das betreffe die Fertigung von Maschinengewehren und Pistolen (VR China), die Produktion von Flugzeugmunition (Irak), gepanzerten

Fahrzeugen (VR China), Radspäh- und Radschützenpanzern (Südafrika) sowie Radpanzern (Brasilien). Bei der Produktion von Kampfflugzeugen werde eine Zusammenarbeit mit Rußland (MiG-31), der VR China (MiG-29) und Indien (MiG-29, Hubschrauber) angestrebt. Im Bereich Flugabwehrsysteme sei eine Beteiligung am Bau verschiedener chinesischer Raketen, insbesondere einer modifizierten SA-10, vorgesehen. Außerdem werde mit Rußland über den Lizenzbau der SS-25 verhandelt. Produktionsmittel, Werkzeuge, Anlagen und Ersatzteile für die Rüstungsindustrie, die nicht legal erworben werden können, würden zur Verschleierung des Endverbleibs über Drittländer, zum Beispiel Indonesien, Malaysia oder Singapur, importiert. Oft sei der militärische Verwendungszweck nicht klar ersichtlich.

Erst aus dem Dual-use-Charakter der bestellten Ausrüstungen, der Zugehörigkeit von Bestellern zur Rüstungsorganisation DIO, der Verschleierung des tatsächlichen Empfängers oder dem nicht eindeutig zivilen Verwendungszweck der Waren kann der BND dann eine Verbindung zur iranischen Rüstungsindustrie herstellen.

GIFTGAS-ALARM

Wie gut der BND inzwischen über die geheimen militärischen Aufrüstungsbestrebungen Irans unterrichtet ist, belegen auch die an das Kanzleramt gerichteten »Warnschreiben«. So konnten deutsche Firmen offenbar davon abgehalten werden, Hilfestellung beim Bau einer Giftgasfabrik in Iran zu leisten. Seit Oktober 1987 hatte die Frankfurter Lurgi GmbH Iran bei der Erstellung von Ausschreibungsunterlagen für eine Pflanzenschutzmittelfabrik beraten. Pflanzenschutzmittelfabriken können – nach entsprechenden Umrüstungen – auch für die Produktion von Nervengas genutzt werden. Der Frankfurter Anlagenbau-Konzern hatte den Auftrag für die Fabrik schon so gut wie sicher. Auf Druck der Bundesregierung mußte sich Lurgi jedoch 1989 zurückziehen. Die Iraner, beobachtete der BND, verfolgten ihre Pläne jedoch weiter. Es ging ihnen um den Bau einer Anlage zur Herstellung des phosphororganischen Pflanzenschutzmittels Dimethoat, einem weniger giftigen Insektenvernichtungsmittel. Doch bei der Synthese des Mittels werden Chemikalien benötigt, die als Vorprodukte für Nervengase taugen. Iran wolle vor allem VX herstellen, einen Kampfstoff, der weit gefährlicher ist als Senfgas oder Tabun, da er schwerflüchtig ist, hieß es. Senfgas, Phosgen und Hydrogenzyanid (das aus den Nazi-Gaskammern bekannte Zyklon B) haben die Mullahs nach Geheimdienstangaben inzwischen reichlich gehortet.

Am 21. Juli 1994 berichtete der BND an das Kanzleramt: »Ein Konsortium, bestehend aus den indischen Firmen Tata Consulting Engineers, Transpek und Rallis India baut im Iran eine Anlage zur Produktion der Herbizide Alachlor und Butachlor. Zum Aufbau der Syntheseanlagen hierfür werden Anlagenteile aus nicht-indischer Produktion benötigt, die auch in Kampfstoff-Anlagen verwendet werden können, wie zum Beispiel emaillierte Reaktoren und Graphitwärmetauscher, aber auch periphere Elemente, wie Heizungsanlagen für Raketen. Umwegbestellungen über andere europäische Länder wurden versucht. Bei beabsichtigten Lieferungen solcher Anlagenteile sollte daher sorgfältig deren Endverbleib geprüft werden bzw. berücksichtigt werden, ob indische Firmen als Zwischenhändler eingeschaltet sind.«

Am 31. Januar 1995 veröffentlichte die in Bombay erscheinende Tageszeitung »The Indian Express« auf der ersten Seite einen Artikel über die indische Hilfestellung beim Bau einer iranischen Kampfstoff-Fabrik. Einen Tag später folgten andere indische Zeitungen. Die indische Transpek Industry Limited gestand daraufhin ein, 1991 einen Kontrakt zum Bau einer Pflanzenschutzmittelfabrik in Teheran unterzeichnet zu haben. Die Fabrik sei in Arak, 350 Kilometer südwestlich von Teheran, gebaut worden. Transpek hob hervor, wie schwierig es gewesen sei, sich gegen die anderen Wettbewerber durchzusetzen, und wies alle Anschuldigungen zurück. Die CIA setzte sich in einem Schreiben an den BND daraufhin näher mit dem Dementi des indischen Konzerns auseinander und befand: »Es ist richtig, daß die Inder den Vertrag gegen eine Reihe von Mitbewerbern bekommen haben. Was sie aber dabei nicht zur Kenntnis nehmen, ist, daß die meisten westeuropäischen Regierungen denjenigen Unternehmen, die in der Lage gewesen wären, diese Fabrik ebenfalls zu bauen, die Ausführung untersagt haben.« Die CIA nannte in dem Schreiben die angeblichen indischen Exportkontrollen »lächerlich«. Auch die Bundesregierung hatte intern klargestellt, daß es Exportlizenzen in diesem Zusammenhang weder nach Indien noch nach Iran geben würde.

Dem CIA-Schreiben ist eine Liste europäischer Unternehmen beigefügt, die Komponenten zur Umstellung einer Anlage von der Pflanzenschutzmittel- auf die Giftgasproduktion herstellen könnten. Interessant ist dabei vor allem der Hinweis auf die neutrale Schweiz. In dem CIA-Schreiben heißt es: »Von besonderer Bedeutung in der beigefügten Liste sind die schweizerischen Firmen. Schweizer Maschinen- und Anlagenbauer haben die Aufmerksamkeit amerikanischer und westeuropäischer Proliferationsfachleute auf sich gezogen, weil sie gewillt sind, Geschäfte mit den mittelöstlichen Terrorstaaten zu tätigen. Schweizer Unternehmen sind verwickelt in die Rüstungsprogramme sowohl Irans als auch des Irak.«

EINKAUFSBUMMEL IN DEUTSCHLAND

Hellhörig waren der BND und die CIA auch geworden, als die »Frankfurter Allgemeine Zeitung« am 6. Dezember 1996 über das iranische Angebot berichtete, die Sket Schwermaschinenbau Magdeburg GmbH, das größte Maschinenbauunternehmen Ostdeutschlands, zu kaufen. Nicht nur die Walzwerke, auch die Kabel- und Drahtverarbeitung sowie die Datenverarbeitung, so der Verdacht der Geheimdienste, wollten die Iraner vor allem für den Know-how-Export und die militärische Produktion nutzen. In einem BND-Dossier für das Kanzleramt aus dem Frühjahr 1997 heißt es, die in Konkurs gegangene Sket sei für die Iraner ein kostengünstig zu erwerbendes »strategisches Ziel«. Teherans Minister für Bergbau und Metalle, Hossein Mahludschi, der in Magdeburg mit Ministerpräsident Höppner und in Bonn mit Bundeswirtschaftsminister Rexrodt über den Aufkauf verhandelt hatte, sei in den Einkauf militär-strategischer Güter einbezogen.

Doch Iran wollte nicht nur Sket. Neben der Beteiligung an einem Technologiepark in Magdeburg, den die Mullahs angeblich auch nur aus Gründen der Militär-/Industriespionage anstrebten, will das islamische Land auch den ostdeutschen Dieselmotorenhersteller DMS aufkaufen.

Vor dem Hintergrund früherer reger Aktivitäten des iranischen Waffeneinkaufsbüros Defence Industries Organization (DIO) in Düsseldorf verwundert es kaum, daß viele iranische Unternehmen in Deutschland mehr oder weniger offen von deutschen Behörden überwacht werden. Vor allem diejenigen Teheraner Filialen, die in Deutschland als Gesellschafter die iranische »Mostazafin-Stiftung« haben, werden bei ihren Auslandstelefonaten auch vom BND belauscht.

Die Düsseldorfer Graf-Adolf-Straße 21 war mehrfach schon das Ziel deutscher Geheimdienstler. Dort residiert die 1988 gegründete Roshd Industrie Produkt GmbH, deren Geschäftsführer der Iraner Seyed Mohammad Reza Mousavi Madani ist. Dem Bundesnachrichtendienst war aufgefallen, daß Gesellschafter der Roshd Industrie Produkt GmbH neben der iranischen Rot-Kreuz-Gesellschaft auch die Teheraner Mostazafin-Stiftung ist. Die Mostazafin-Stiftung, eines der größten iranischen Unternehmen, ist auch in die iranische Rüstungsbeschaffung verstrickt. Irgendwie war den deutschen Ermittlungsbehörden wohl auch aufgefallen, daß der Umsatz von Roshd sich außergewöhnlich gut entwickelte. Betrug er 1992 noch 1,3 Millionen Mark, stieg er 1993 auf 5,1 Millionen Mark, und 1995 waren es schon 12 Millionen Mark. Da ein Warenlager dort nicht unterhalten wird und in der Vergangenheit nur fünf Angestellte beschäftigt wurden, schaute man sich das Unternehmen einmal näher an. Beim BND heißt es knapp: »Die Roshd GmbH arbeitet ausschließlich für das Rüstungsprogramm der iranischen Pasdaran (Revolutionäre Garden – d. Verf.).« Auch die inzwischen aufgelöste Vena-Import-Export GmbH fand das Interesse des BND. Die 1987 gegründete, bis 1994 in der Düsseldorfer Streesemannstraße 26 angesiedelte und beim Amtsgericht Düsseldorf unter HRB 28059 registrierte Firma hatte als Gesellschafter ebenfalls die iranische Mostazafin-Stiftung. Geschäftsgegenstand bei ihr wie auch der Roshd GmbH: »Großhandel mit Waren verschiedener Art«.

Es ist bislang nicht bekannt, was die Recherchen von BND und Zollfahndung im einzelnen ergeben haben, doch die Häufung von in Deutschland angesiedelten iranischen Firmen, die im Verdacht stehen, den Mullahs bei ihren Projekten zu helfen, machte mittlerweile auch das Kanzleramt stutzig. Aufgefallen sind deutsche Geheimagenten den iranischen Rüstungsbeschaffern jedenfalls durch ihre schlampige Tarnung: So hatten sich deutsche Späher vor einer Düsseldorfer Niederlassung der Iraner im Dezember 1996 als Mitarbeiter des städtischen Gartenamtes »getarnt«. Sie jäteten stundenlang in Sichtweite des iranischen Büros – längst abgewelktes – Unkraut. Glaubt man den Iranern, so setzten die deutschen Beamten ihre ungewöhnliche Arbeit auch noch fort, nachdem Schneetreiben eingesetzt hatte.

Die Bundesregierung bemüht sich jedenfalls, den Export von Rüstungsgütern nach Iran zu unterbinden. Sie hat im Kölner Zollkriminalamt im Frühjahr 1997 eigens eine »Koordinierungsstelle Iran« einrichten lassen. Dort hat man in einer Datenbank schon mehr als 120 Warnhinweise zusammengetragen. Derzeit ermittelt das Zollkriminalamt in zehn Fällen wegen des Verdachts der illegalen Ausfuhr nach Iran.

SCUD-RAKETEN

Der BND soll auch verhindern, daß Bauteile deutscher Unternehmen – auch über Drittstaaten – ihren Weg in das iranische Raketenprogramm finden. In einem BND-Bericht heißt es, Iran verfolge bei der Entwicklung von weiterreichenden Boden-

Boden-Raketen zwei parallellaufende Richtungen: Zum einen die Flüssigtreibstofftechnologie der nordkoreanischen Scud, und zum anderen ein Festtreibstoffprojekt, das eine weitgehend eigenständige Neuentwicklung sei. Zudem arbeite Teheran an einer reichweitengesteigerten Variante des Marschflugkörpers HY-2 gegen Seeziele sowie an der Entwicklung von Drohnen. Ähnlich wie früher der Irak sei auch Teheran auf ausländische Hilfe angewiesen. Von besonderem Interesse seien Werkzeugmaschinen, Luftfahrt-Werkstoffe, Treibstoffkomponenten, Ausrüstung zur Herstellung und Überprüfung von Navigationsgeräten (z. B. Kreisel) sowie luftatmende Kleintriebwerke.

Am weitesten fortgeschritten ist derzeit, nach BND-Angaben, das Scud-Projekt. Nachdem etwa Mitte der achtziger Jahre Versuche zum Nachbau der originalen Scud-B erfolglos verlaufen waren, wandte sich Iran wegen des Transfers von Scud-Technologie an Nordkorea. Vertragsgegenstand waren Scud-B/C-Raketen mit Reichweiten von 300 und 500 Kilometern sowie später die auf der Scud-Technologie aufbauende No Dong mit einer Reichweite von mehr als tausend Kilometern. Mindestens drei irakische Boden-Boden-Raketen vom Typ Al-Hussein sollen die iranischen Revolutionären Garden 1991 unzufriedenen irakischen Generalen abgekauft haben. In Isfahan soll sich ein militärisches Gelände befinden, wo diese irakischen Raketen in Zusammenhang mit der eigenständigen Scud-Produktion begutachtet worden sind (diese Angaben finden sich zumindest in der CIA-nahen Datenbank CNS-DATA). Nach israelischen Geheimdienstangaben erhielt Teheran im Sommer 1996 von Rußland alle Konstruktionsunterlagen über die russische R-12 mit einer Reichweite von 2000 Kilometern (SS-4), die zwar nur bis zu 1,5 Kilometer Zielungenauigkeit haben soll, dafür aber mit einem nuklearen Sprengkopf bestückt werden kann. Boris Jelzin hatte den Vereinigten Staaten 1994 versprochen, keine Militärtechnologie an Iran zu liefern. Dieses Versprechen hat er seither mehrfach – vor allem auf dem Gebiet der Nukleartechnologie – gebrochen.

Die eigenständige Produktion von Scud-Raketen soll nach BND-Erkenntnissen in drei Schritten verwirklicht werden: Die erste Phase umfaßt den Zusammenbau der Raketen aus gelieferten Großbaugruppen. In der zweiten Phase werden die Raketen aus gelieferten Einzelteilen montiert. Hierbei können auch bereits im Lande produzierte eigene Teile eingebaut werden. Die dritte Phase stellt die eigenständige Produktionsphase dar, die Raketen sollen unabhängig von Teilzulieferungen Dritter vollständig im eigenen Land gefertigt werden. Im Rahmen dieses Konzepts erfolgt auch der Aufbau bzw. die Einrichtung der erforderlichen Infrastruktur sowie die Beschaffung der Fertigungsmittel einschließlich der Rohmaterialien. Nach BND-Erkenntnissen wurde die zweite Phase Ende 1994 abgeschlossen. 1997 erreichte Teheran die eigenständige Produktionsphase.

Sowohl für die Flüssig- als auch für die Festtreibstoffraketen beschafft sich Iran Anlagen, Fertigungsmittel und Rohmaterialien aus anderen Staaten. Als Einkäufer sollen iranische wissenschaftliche Institute und Industriebetriebe, aber auch staatliche Organisationen wie die Shahid Hemat Industrial Group (SHIG), die Shahid Hassan Bagheri Industrial Group (SHBIG) und die Shahid Bagheri Industrial Group (SBIG) im Ausland auftreten. Produktionsstätten für iranische Scud-Raketen befinden sich nach BND-Erkenntnissen in Parchin, Khorramabad, Isfahan, Maschhad, Semnan, Schiraz und in einem östlichen Vorort von Teheran. Iranische Institutionen wie das Rüstungseinkaufsbüro DIO in Düsseldorf bemühen sich, auch deutsche Firmen zur Unterstützung ihrer Vorhaben zu gewinnen. Mit entsprechenden Warnungen versucht der BND in Zusammenarbeit mit anderen deutschen Behörden, diese Absichten zu unterlaufen. Das Kanzleramt hat dem BND aufgetragen zu verhindern, daß in absehbarer Zeit auch die Bundesrepublik Deutschland in die Reichweite iranischer Raketensprengköpfe – möglicherweise mit Giftgas gefüllt – kommen könnte.

Sperrgebiet Sharifabad

In Parchin, 30 Kilometer südöstlich von Teheran, hatte nach BND-Angaben schon der Schah 1975 mit den Bauarbeiten für eine geheime Rüstungsschmiede begonnen. (Die Schreibweise von Parchin ist eine Transkriptionsfrage und variiert daher. Auf iranischen Landkarten findet sich auch die Schreibweise Partschin.) Parchin liegt inmitten eines mehrere hundert Quadratkilometer großen militärischen Sperrgebietes in einem zerklüfteten Tal. Während der Schah hier zunächst nur Munitionsfabriken und ein Werk für die Herstellung von Sprengstoffen errichten ließ, forcierten die Mullahs mit dem Beginn des irakisch-iranischen Krieges den Ausbau der geheimen Waffenschmiede. Heute befinden sich in dem acht mal zwei Kilometer großen Gebirgstal nach jüngsten BND-Erkenntnissen neben mehreren Munitions- und Sprengstoffabriken eine Phosphorfabrik, ein Phosphorerzlager, ein Phosphorofen, eine Abfüllanlage für chemische Kampfstoffe, eine Abfüllanlage für Raketentreibstoffe, eine Schießpulverfabrik und eine Anlage zur Herstellung von gewerblichem Sprengstoff. Doch Parchin ist nur eine von vielen Rüstungsschmieden der Mullahs.

Fazel A., aus dem Berliner Mykonos-Prozeß nur als »Quelle B« bekannt, war bis 1995 als Sicherheitsoffizier der iranischen Revolutionären Garden in Parchin stationiert. Am 19. April 1997, in Berlin, behauptete der 28 Jahre alte Mann, der schon im Alter von 17 Jahren im irakisch-iranischen Krieg auf Seiten der Revolutionären Garden gekämpft hatte, dem Autor gegenüber, daß in Parchin auch jene Scud-Raketen zusammengebaut werden, die in der Raketenschmiede im Damavand und im Osten Teherans vorproduziert werden. Fazel A., der inzwischen seine Aussagen im Mykonos-Prozeß widerrufen hatte und in Berlin ein mexikanisches Restaurant betreibt, behauptete zugleich Sensationelles: Nach seinen Angaben arbeiten in verschiedenen Labors in Parchin auch Ausländer, unter ihnen »acht oder neun italienische Ingenieure«. Italien ist Teherans zweitwichtigster Handelspartner innerhalb der Europäischen Union. Fazel A. hat die Anwesenheit der Italiener in diesem durch drei Sperrgürtel abgeschirmten militärischen Sicherheitsbereich auch nur deshalb mitbekommen, weil sie allmorgendlich in einem Kleinbus zu den Labors gefahren wurden und dabei die ihm unterstellten Sicherheitsposten passieren mußten. Nach seinen Angaben wird in Parchin auch Senfgas produziert und innerhalb des militärischen Sicherheitsbereiches gelagert. Auch ein Versuchslabor zur Uran-Anreicherung soll es in Parchin geben.

Nahe den Dörfern Deh Emam, Mamazam und Bir Daghlan liegt, wenige Kilometer südöstlich von Parchin und nördlich des nächsten Umspannwerkes, die Siedlung Sharifabad. Hier hat der BND mit Hilfe der Satellitenauswertung einen neuen streng geheimen Rüstungskomplex der Islamischen Republik Iran geortet, in dem angeblich Kreisel für Scud-Raketen produziert werden. Diese Erkenntnisse hat der BND auch den Amerikanern und den Israelis mitgeteilt. Bislang hatten westliche Geheimdienste angenommen, Iran müsse zumindest die für die Scud-Steuerung wichtigen Kreisel noch im Ausland beschaffen. Erst die BND-Satellitenauswertung lieferte, im Verbund mit den Erkenntnissen der von der operativen Abteilung geführten iranischen Quellen, Beweise für die Produktion der Kreisel in Sharifabad. Doch dem BND ist es weiterhin ein Rätsel, woher Iran Technologie und Know-how für die Kreiselproduktion hat. Die iranischen Techniker, so lauten erste Hinweise, habe man vermutlich in China schulen lassen. In Pullach gibt es zudem Erkenntnisse, nach denen Iran bis zum März 1997 sechsmal insgeheim versucht haben soll, Maschinen zum Bau von Kreiseln in Deutschland zu erwerben. Über Tarnfirmen in Singapur und Brasilien soll beispielsweise das Unternehmen SKF angegangen worden sein. Doch SKF, die unter anderem Kreisel für die Phantom produziert, sei »wachsam gewesen«, heißt es.

Derartige Beschaffungsversuche können allein mit der technischen Aufklärung auf Dauer nicht verhindert werden. Ein BND-Mitarbeiter sagt: »Verhindern kann man die ABC-

Waffenproduktion nicht. Man kann sie nur verzögern und für das Empfängerland möglichst teuer machen.« So war es ja auch im Falle der zweiten libyschen Giftgasfabrik in Tarhuna, die eigentlich schon längst produzieren sollte, aber vor allem auch aufgrund der BND-Aufklärung weiterhin größere Schwierigkeiten bei der Beschaffung von Komponenten hat.

Immer öfter kann der BND mit Hilfe der Satellitenauswertung auf bislang unbekannte Entwicklungen wie jetzt in Iran aufmerksam machen. So beobachtet er auch das iranische Munitionslager von Kabud Gonbad und vor allem das Nuklear-Technologie-Zentrum 12 Kilometer südöstlich der Stadt Isfahan. Hier werden nach Erkenntnissen des BND trotz regelmäßiger Kontrollen der Wiener Internationalen Atomenergiebehörde (IAEO) Atomwaffen entwickelt. Das Gelände liegt nördlich der Eisenbahnlinie, die von Esfahaniak nach Hasanabad führt, und ist an den Abhang eines isoliert aus der Umgebung herausragenden Bergrückens gebaut, in dem sich ein geheimes unterirdisches Tunnelsystem verbirgt. Zur Aufklärung der iranischen Versuche, Nuklearwaffen zu entwickeln, müssen regelmäßig von Mitarbeitern der Abteilung I in Iran abgeschöpfte Spione befragt werden. Unzufriedene ranghohe Iraner informieren den BND angeblich auch regelmäßig über die iranische Chemiewaffenproduktion in Abyek, 30 Kilometer westlich von Teheran an der Straße nach Qazvin. Von der Straße aus ist das Chemiewaffengelände nicht einzusehen, da man es geschickt hinter einem zivilen Wohnblock vor dem Anblick allzu Neugieriger geschützt hat.

Kein Zweifel, der Bundesnachrichtendienst beobachtet die Entwicklung von Chemiewaffen in der Islamischen Republik Iran. Über diesen Teil der Rüstung ist man in Pullach schon seit Anfang 1986 informiert, als Teheran der Durchbruch bei der Synthese größerer Mengen Senfgas gelang. Inzwischen soll Iran rund 400 Tonnen Chemiewaffen gebunkert haben. Es war angeblich die iranische DIO in Düsseldorf, die Iran die Chemikalien zur Herstellung von Giftgas besorgt hat. Im Juni 1989 berichtete die »New York Times«, bei einem Lunch im

Washingtoner Blair House habe Außenminister Baker den damaligen deutschen Außenminister Genscher zwischen Hauptgang und Dessert über die DIO unterrichtet, die als Broker bei der Lieferung von Thionylchlorid aus Indien nach Iran in Erscheinung getreten sei.

Die Auswerter des BND interessiert heute vor allem, ob und wenn ja welche im Westen möglicherweise noch völlig unbekannten Kampfstoffe Teheran insgeheim entwickeln läßt. Tausende sowjetischer Chemiewaffenforscher sind seit dem Zusammenbruch des Ostblocks arbeitslos. Niemand weiß, ob sie nicht neue Kampfstoffe entwickelt haben, die noch grauenvoller sind als die bislang bekannten. Seit den fünfziger Jahren hat es angeblich in den Chemiewaffenlabors der Welt keine Neuentwicklungen von Chemiewaffen mehr gegeben. Doch allein aufgrund der Wahrscheinlichkeit hielte man es in Pullach für eine Sensation, wenn Moskau in den zurückliegenden vier Jahrzehnten nicht längst mit Hilfe Tausender Chemiewaffenfachleute auf diesem Gebiet grundsätzlich Neues entwickelt hätte. Wer weiß, ob diese möglichen Erkenntnisse nicht heute an Staaten wie Iran oder Syrien gelangen? Lost, Sarin und Tabun haben die Iraner in großen Mengen produziert, aber welche weiteren Kampfstoffe lagern noch in ihren Sprengköpfen? Mehr und mehr wurde dem BND in den vergangenen Jahren klar, daß die Iraner ihr Chemiewaffenprogramm so strukturiert haben, daß sie es auch im Falle der Ratifizierung des C-Waffen-Vertrages verbergen könnten.

DIE TEHERANER »BROTFABRIK«

Teheran arbeitet nach übereinstimmenden Angaben aller westlichen Geheimdienste auch an einem Programm biologischer Waffen. Anthrax und Botulin habe man in einer B-Waffen-Fabrik nahe Täbris produziert. Rußland unterstütze Teheran bei diesen Arbeiten und habe zumindest Nährlösungen für die B-Waffen geliefert. Im Pentagon soll es zahlreiche Pläne für die »präventive« Zerstörung der iranischen Rüstungszentren geben.

Bekannt ist dem BND auch, daß Teheran russische SAM-7 Raketen weiterentwickelt hat und sie nun mit einem selbstproduzierten Suchkopf ausrüstet. Die Scud-Produktion wird vom BND unter anderem in einer am östlichen Ortsausgang von Teheran gelegenen Fabrik heimlich beobachtet. Dort werden in Japan, Rußland und China eingekaufte Titan-Bleche angeblich für die Hülsen der Scud-B- und Scud-C-Raketen zusammengelötet. Die für die Metallumhüllung der Scud-Raketen erforderlichen Bleche stehen auf keiner Exportkontrolliste der Welt. Die Iraner könnten diese Bleche also auch offen in Deutschland beschaffen. Weil dann aber möglicherweise zu einem späteren Zeitpunkt deutsche Unternehmen abermals weltweit als Helfer iranischer Aufrüstungsbestrebungen angeprangert würden, warnt der BND schon lange vor der Lieferung von Titan- und Chrom-Nickel-Blechen an Teheran. Derartige Bleche werden in Deutschland auch für die Herstellung von Molkerei- oder Brotbackmaschinen benötigt. Aus der Vergangenheit sind dem BND Fälle bekannt geworden, in denen Teheran bei den deutschen Herstellern von Brotbackmaschinen entsprechende Bleche geordert hat und auf das Endverbrauchszertifikat »Teheraner Brotfabrik« schreiben ließ. Doch heute weiß man um diese Schliche der Iraner.

Wichtiger noch als die Titan- und Chrom-Nickel-Bleche sind nach Angaben von Fachleuten komplett gelieferte Teig-Knetmaschinen für die Brotherstellung. Sie sind in allen Dritt-Welt-Staaten äußerst begehrt, denn sie bergen ein Geheimnis: Deutsche Brotbackmaschinen wurden in diesen Staaten – so auch in Iran, dem Irak, Syrien und Libyen – zum Mischen der Festtreibstoffe für Raketen und zur Herstellung von biologischen Kampfstoffen verwandt. Man muß an den Geräten nicht eine Schraube verändern, nur über dem Behälter noch ein Vakuum erzeugen. Das wissen zwar die deutschen Raketenfachleute, die Mitarbeiter im Wirtschaftsministerium und wohl auch die Hersteller solcher Geräte, doch obwohl die Geräte auf den Ausfuhrlisten stehen, gelangen sie über gefälschte Endverbrauchszertifikate offenbar weiterhin in »kritische« Staaten wie Iran. Ähnlich ist es mit sogenannten »Öl-Milch-Separatoren«, die eigentlich in Molkereien verwendet werden sollten. In großen Mengen wurden sie aus Deutschland nach Iran und in den Irak geliefert, obwohl man wußte, daß es in diesen Staaten derart viele Kühe gar nicht geben kann. In Wirklichkeit ist ein größeres Bauteil der »Öl-Milch-Separatoren« fast baugleich mit der Brennkammer einer Scud-Rakete. Man mußte nur noch einige Lötstellen ändern. Auch die Lötmaschinen wurden aus Deutschland geliefert, angeblich zum Löten von Blecheimern für Bienenhonig. Natürlich weiß der BND um diese Hintergründe. Deshalb sind die entsprechenden Bauteile der Teig-Knetmaschinen beispielsweise auch in die Vorschrift 2B952 in Teil C der Ausfuhrliste aufgenommen worden. Der Bad Sodener Fachanwalt für Ausfuhrkontrollen, Harald Roth, schrieb mir dazu: »2B952 ist allerdings nur eine nationale Vorschrift, die nur für Ausfuhren aus Deutschland nach Irak, Iran, Libyen, Nordkorea und Syrien gilt. Aus allen anderen Ländern können dortige Exporteure diese Rührwerke ohne Genehmigung liefern, sofern ihnen der Verwendungszweck für B-Waffen nicht bekannt ist. Wenn man unterstellt, daß die deutsche Kontrollvorschrift einen wichtigen Zweck erfüllt: Schlafen dann alle anderen Mitgliedsländer der Australischen Gruppe?«

Ohnehin ist den BND-Auswertern aufgefallen, daß in den vergangenen fünf Jahren in nicht einem Fax, Telefonat oder Telex der iranischen Rüstungsbeschaffer das Stichwort »Rakete« gefallen ist. Die Wortbanken, mit deren Hilfe Fax-, Telex- und Telefonverkehr vom BND überwacht werden, sind nicht unbedingt auf genauere Angaben wie zum Beispiel Auftragsnummern angewiesen, um aus der Fülle des anfallenden Materials das Brisanteste herauszufiltern.

Eines jedoch ärgert deutsche Auslandsspione: die Behauptung, man habe dem Mullah-Regime zwei Computersysteme geliefert, mit deren Hilfe Iran heute die Ein- und Ausreise überwachen lasse. In Wirklichkeit, so ein leitender BND-Beamter, habe man Anfang der neunziger Jahre nur einen persönlichen Wunsch des stellvertretenden iranischen Geheimdienstministers erfüllt und diesem einen Home-Computer geschenkt. Wegen der Rangordnung habe man aber auch seinem Chef, Geheimdienstminister Fallahian, ein solches Gerät im Wert von 3500 Mark schenken müssen, obwohl dieser gar nicht darum gebeten habe. Das behauptet jedenfalls der Washingtoner BND-Repräsentant, der zu jenem Zeitpunkt nach eigenen Angaben für den Mittleren Osten im BND zuständig war und mit dem stellvertretenden iranischen Geheimdienstminister Gespräche führte. »Focus«-Redakteur Dietl, der für sein Buch »Staatsaffäre« auch Geheimunterlagen einsehen durfte, schreibt dagegen, die »Spione der Mullahs forderten sensible Computer, westliche Ausbildung und die Auslieferung iranischer Oppositioneller« (Dietl, Staatsaffäre, S. 307).

AMERIKANISCHE WAFFEN FÜR SADDAM HUSSEIN?

Auch der Irak betreibt weiterhin ein geheimes Rüstungsprogramm. Im Februar 1996, heißt es in Pullach, soll eine irakische Militärdelegation, der auch Vertreter der Rüstungsindustrie und der Luftverteidigung angehört haben, nach Moskau gereist sein, um über Rüstungsgeschäfte zu verhandeln. Das irakische Beschaffungsinteresse soll sich auf den Ankauf moderner MiG-Kampfflugzeuge sowie moderner Luftabwehrraketen konzentriert haben.

Rußland war vor der Verhängung der UN-Resolution 661 vom 6. August 1990 der wichtigste Waffenlieferant des Irak. Moskau exportierte Rüstungsgüter im Wert von jährlich etwa einer Milliarde Dollar an den Euphrat. Seitdem sind vom BND keine Lieferungen kompletter Waffensysteme aus Rußland in den Irak erkannt worden. Über Ersatzteillieferungen liegen lediglich ungenaue Einzelhinweise vor, nach denen Waffenhandelsfirmen unter anderem in Rumänien, Jordanien und den Vereinigten Arabischen Emiraten im Auftrag der irakischen Regierung Ersatzteile aus Rußland beschafft haben sollen.

Interessant ist aber folgender Hinweis in einem BND-Bericht: »Die in Sanaa/Jemen ansässige Handelsfirma Shaher Trading Company Ltd. hat unter anderem dem Irak Rüstungsgüter amerikanischer Herkunft aus pakistanischen Beständen angeboten: Die offerierten Luft-Luft-Flugkörper AIM-9L Sidewinder, Anti-Schiff-Flugkörper AGM-84 Harpoon sowie nicht näher genannte Panzerabwehrwaffen seien ab Februar 1996 verfügbar. Einen Teil dieser Waffen werde Pakistan jedoch erst Anfang 1996 von den USA erhalten. Aufgrund der hohen Korruptionsanfälligkeit in Pakistan geht die Firma Shaher Trading Company Ltd. davon aus, daß die Rüstungsgüter ohne Schwierigkeiten in Pakistan beschafft werden können. Zu weiteren Verhandlungen trafen sich die Vertragspartner in dem Zeitraum vom 27. November bis 10. Dezember 1995 in Sanaa. Den Geschäftskontakt zwischen der Handelsfirma und dem Irak soll der bis Ende Oktober 1995 in London tätige Kaufmann Khamis Khalaf Al-Adjili vermittelt haben. Einem Hinweis vom November 1995 zufolge soll der Irak mit der brasilianischen Firma Engesa über die Lieferung von 364 gepanzerten Radfahrzeugen Cascavel EE-9 sowie 148 gepanzerten Truppenfahrzeugen Urutu EE-11 verhandelt haben. Anderen Informationen zufolge befindet sich Engesa allerdings seit 1991 im Konkursverfahren, und die Firmenbestände wurden für die brasilianischen Streitkräfte beschlagnahmt. Außerdem verhandelt Irak mit Brasilien über die Lieferung von Technologie des Luft-Luft-Flugkörpers MAA-5.«

Selbst unter den strengen Sanktionen der Vereinten Nationen scheint es Saddam Hussein also zu gelingen, auch amerikanische Waffen neuester Produktion zu beschaffen. Man darf annehmen, daß diese Erkenntnisse auch bei der CIA in Langley bekannt sind.

KAMPFWERTSTEIGERUNG MADE IN ISRAEL

Unter dem Ende des Kalten Krieges leiden vor allem die israelischen Rüstungsunternehmen. Im BND beobachtet man mit Interesse, wie die auf den Export angewiesenen Unternehmen die politischen Veränderungen in Südafrika und die weltweiten Kürzungen der Verteidigungsetats zu überleben suchen. Die unerbittlichen Preiskämpfe auf den weiter schrumpfenden Absatzmärkten führten bei ihnen zu großen Ertragseinbußen und Verlustgeschäften. Daher ist die israelische Rüstungsindustrie auf massive Subventionen angewiesen.

Israel hatte schon in den siebziger Jahren Südafrika bei der Entwicklung von Atomwaffen geholfen. Im BND finden sich Unterlagen, die die Zusammenarbeit beiden Staaten auf jenem Gebiet belegen. Im September 1979 soll Südafrika mit israelischer Hilfestellung auch einen Atomtest vorgenommen haben. Damals hatte ein amerikanischer Spionagesatellit einen »Blitz« vor der südafrikanischen Küste registriert. Auf israelischer Seite soll der frühere Präsident der israelischen Atomenergiekomission, David Ernst Bergmann, für die Kooperation verantwortlich gewesen sein. Israel erhielt im Gegenzug für die technische Hilfe insgesamt rund 550 Tonnen Uranerz, das nach der Anreicherung in der südisraelischen Atomanlage Dimona verarbeitet wurde. Beide Staaten experimentierten gemeinsam daran, die Wirksamkeit von Atomsprengköpfen zu erhöhen. Israel – das offiziell nicht zu den Atommächten zählt – verfügt heute nach BND-Informationen über rund 200 einsatzbereite Atomsprengköpfe, die mit Mittel- und Langstreckenraketen über eine Entfernung von bis zu 6000 Kilometern verschossen werden könnten.

Die israelische Regierung erwartet für die kommenden Jahre millionenschwere Aufträge im Bereich Kampfwertsteigerung und Modernisierung von Flugzeugen. Dabei handelt es sich vor allem um Modernisierungsprogramme für Rüstungsgüter östlicher Produktion. Hier hat Israel aufgrund seiner langjährigen Erfahrung mit der Integration von westlicher Technologie in Waffen östlicher Herkunft Wettbewerbsvorteile gegenüber Konkurrenten. Diese Waffen wurden von ehemaligen Kriegsgegnern (Syrien, Ägypten) erbeutet und zum Teil in die israelischen Streitkräfte übernommen. Israel bietet heute Modernisierungspakete für die Kampfflugzeuge MiG-21 (die israelische Bezeichnung dafür ist MiG-21-2000) und für Kampfpanzer der Typen T-54/55 und T-72 an. Man hofft damit auf Kunden in Mittel- und Südosteuropa sowie Staaten in der Dritten Welt, die über russische Waffensysteme verfügen und sich weder die Beschaffung noch den Unterhalt neuer Waffen leisten können. Mit der Türkei hat Israel einen Vertrag geschlossen, der die Modernisierung der türkischen Kampfflugzeuge des Typs F-4 Phantom beinhaltet.

In einem neueren BND-Bericht heißt es: »Mit der VR China soll ein Kooperationsabkommen bestehen, das einen Transfer israelischer Kampfflugzeugtechnologie (des Kampfflugzeugs Lavi) an die VR China für das Kampfflugzeug XJ-10 vorsieht. Diesbezüglich dürften die USA jedoch stark daran interessiert sein, daß keine Hochtechnologie US-amerikanischer Herkunft ohne Genehmigung reexportiert wird.«

HAMAH – DIE SYRISCHE WAFFENSCHMIEDE

Syrien, einst wegen seiner Nähe zum internationalen Terrorismus geächtet und seit dem Golfkrieg als Partner des Westens akzeptiert, betreibt offenkundig ein besonders aggressives Rüstungsprogramm. Nach dem Ausbleiben der Rüstungshilfe durch die frühere Sowjetunion mußte man in Damaskus jedoch einsehen, daß man im Rüstungswettlauf mit Israel nicht länger Schritt halten kann. Der Mangel an Ersatzteilen vor allem für militärisches Großgerät brachte nach Angaben des BND Einbußen bei der Einsatzbereitschaft der syrischen Streitkräfte. Der Großteil der syrischen Auslandsschulden (schätzungsweise rund 12 Milliarden Dollar) entfällt auf die Lieferungen von Rüstungsgütern aus der früheren Sowjetunion. Den daraus resultierenden Schuldendienstverpflichtungen kommt Syrien aber schon seit 1992 nicht mehr nach. Nach Erkenntnissen des BND hat Syrien 1995 die Bezahlung von einer Milliarde Dollar angeboten, während Moskau auf Rückzahlung von drei Milliarden Dollar besteht. In einem Pullacher Bericht heißt es: »Trotzdem flog Ende April 1996 eine ranghohe syrische Delegation nach Moskau, um über weitere Rüstungslieferungen zu verhandeln.«

Man glaubt in Pullach, daß Rußland den Syrern jegliches gewünschte Waffensystem liefern wird, sobald Damaskus gewillt und in der Lage ist, in Devisen zu zahlen. Der BND berichtet: »Diese Bereitschaft schließt auch die Luftverteidigungssysteme SA-10 ein. Das aktuelle syrische Beschaffungsinteresse gilt allerdings vornehmlich Ersatzteilen für bereits eingeführte Waffensysteme.« Der Pullacher Resident in Damaskus schätzt die syrischen Waffenkäufe in Moskau für 1995 auf rund 30 Millionen Dollar und berichtete nach Deutschland, dabei habe es sich vorwiegend um Ersatzteillieferungen gehandelt.

Es zeichnet sich aber auch eine engere syrisch-pakistanische Rüstungszusammenarbeit ab, die 1994 mit der kostenlosen Überlassung von sechs einmotorigen Trainingsflugzeugen des Typs MUSHAK durch Pakistan begann und im April 1996 bei dem Besuch von Premierministerin Bhutto in Syrien vertieft wurde. Ein Ergebnis des Besuchs ist die Vereinbarung zur Lieferung von weiteren 15 Trainingsflugzeugen dieses Typs an Syrien, die finanziell über einen langfristigen Kredit abgewickelt werden soll.

In gemeinsamen Operationen mit dem israelischen Mossad beobachtet der BND in Syrien vor allem den Aufbau einer eigenen Raketenproduktion. Der BND-Resident in Damaskus berichtet: »Der Schwerpunkt der syrischen Rüstungsbemühungen liegt in der Einführung einer neuen Generation von weiterreichenden mobilen Boden-Boden-Raketen sowie in der Modernisierung der Luftverteidigungskräfte zur Erhöhung der Wirksamkeit dieser Raketen. Erkennbares Ziel ist dabei nicht nur der Besitz dieser Raketen, sondern darüber hinaus auch der Aufbau von entsprechenden eigenständigen Entwicklungs- und Produktionskapazitäten. Es werden zwei parallel laufende Richtungen verfolgt: Zum einen handelt es sich um die Flüssigtreibstofftechnologie der nordkoreanischen Scud, zum anderen um ein Festtreibstoffprojekt, in welches möglicherweise chinesisches Know-how einfließt. Nach den gescheiterten Beschaffungsversuchen von SS-23 und M-9-Raketen aus der ehemaligen UdSSR sowie aus der VR China begann die syrische Militärführung etwa im Jahr 1988 mit einem Programm zur Weiterentwicklung der sowjetischen Scud-B (Reichweite 300 Kilometer, Nutzlast 1000 Kilogramm). Das Programm war offensichtlich wenig erfolgreich. Im Herbst des Jahres 1989 wurde bekannt, daß Syrien mit Nordkorea über den Transfer von nordkoreanischer Scud-C Technologie (Reichweite 500 Kilometer, Nutzlast 770 Kilogramm) verhandelte. Die eigenständige Produktion von Scud-C soll unter der Projektbezeichnung 99 in drei Schritten verwirklicht werden. Im Rahmen dieses Konzepts erfolgt auch der Aufbau bzw. die Einrichtung der erforderlichen Infrastruktur sowie die Beschaffung der Fertigungsmittel einschließlich der Rohmaterialien.«

Wie bereits am Beispiel Iran beschrieben, umfaßt die erste Phase, beim BND SKD-Phase (semi knocked down) genannt, die Lieferung von Raketen bzw. deren Zusammenbau aus Großbaugruppen. In der zweiten Phase mit der Bezeichnung CKD (completely knocked down) werden die Raketen ausgeliefert und Einzelteile montiert, die zum Teil bereits im Land produziert wurden. Die dritte Phase stellt die eigenständige Produktion TPS (total production stage) dar. Weitestgehend unabhängig von Teilezulieferungen Dritter sollen die Raketen im eigenen Lande vollständig gefertigt werden.

Nach Einschätzung des BND-Residenten in Damaskus befindet sich Syrien am Anfang der dritten Phase. Im April des Jahres 1994 habe der erste Testlauf eines Raketenmotors stattgefunden. Dieser Lauf und ein am 12. Juni des gleichen Jahres gemeldeter Testschuß über eine Reichweite von 475 Kilometern würden der CKD-Phase zugeordnet. Die eigenständige Produktionsphase sei etwa Anfang 1997 erreicht worden. Man gehe aber davon aus, daß Syrien im Bereich der Lenk- und Steuerungseinrichtung weiterhin auf Zulieferungen angewiesen ist.

Besser als viele andere Nachrichtendienste ist der BND über die geheimen Rüstungsfabriken in Syrien unterrichtet. Ebenso wie im Falle Libyens leitete er einen Bericht an das Kanzleramt weiter, in dem es hieß: »Als Zentrum des Projekts 99 wird ein als Hamah bezeichneter Bereich bei Buraq südlich der Ortschaft Hamah angesehen.« Dort soll sich der von Nordkorea gelieferte Raketenmotorenteststand befinden. In einer ehemaligen Munitionsfabrik sollen die Motorenfertigung sowie der Zusammenbau der Raketen erfolgen. Im Komplex würden auch zwei größere unterirdische Anlagen für die spätere Fertigung und Endmontage errichtet, heißt es in Pullach.

Unter der Projektbezeichnung »702« betreibe Syrien zudem ein Festtreibstoffprogramm. In diesem Zusammenhang wurden dem BND seit 1986 »Kontakte zur VR China« gemeldet. Das Programm selbst soll langfristig geplant sein. Analog dem Scud-Programm errichte Syrien auch im Bereich der Festtreibstofftechnologie hierfür Produktionseinrichtungen. Der Hauptlieferant von Ausrüstung und Materialien für Artillerieraketen sei die VR China. Zunächst sei die Fertigung kleinerer Kaliber wie zum Beispiel 122-MM vorgesehen. Die Lieferungen sollen Ammoniumperchlorat, Graphit-Einsätze (Düsen), Zünder und weiteres Material beinhalten.

BND-Hinweisen zufolge werden die Fertigungsstätten für die kleineren Raketen im Bereich von As Safirah und bei Hamah gebaut. In einem Dossier heißt es: »Erwähnenswert ist noch die Verbindung zum iranischen Scud-Programm. Auch Iran beschafft sich mit nordkoreanischer und chinesischer Unterstützung Kapazitäten zum Bau von Scud-C. Gleichfalls läuft ein weiterreichendes Festtreibstoffprojekt. Einem Hinweis zufolge hat Syrien Vereinbarungen über die Lieferung von Produktionsmitteln für Flüssigtreibstoffe, Ammoniumperchlorat sowie Lenk- und Steuerungskomponenten im Umfang von etwa 80 Millionen Dollar mit dem Iran getroffen.«

WAFFEN FÜR DIE HIZBULLAH

Erstaunlich gut ist man in Pullach auch über die von Iran beeinflußte Terrorgruppe Hizbullah unterrichtet. Neben der Residentur des BND in Israel hat offenbar auch der in Damaskus arbeitende BND-Mann zum folgenden Bericht Erkenntnisse beigetragen, in dem es heißt: »Anfang April 1996 soll die Hizbullah 30 Panzerabwehrlenkflugkörper russischer Bauart aus dem Sudan erhalten haben. Diese Waffen sollen auf dem Seeweg über Syrien in den Libanon gebracht worden sein ... Bereits Ende 1995 haben Angehörige der Hizbullah Panzerabwehrfluglenkkörper russischer Herkunft aus Ungarn beschafft. Die Flugkörper sollten per Schiff nach Beirut transportiert werden. Einer aktuellen Einzelinformation zufolge sollen die kürzlich gegen Israel eingesetzten Raketen aus Iran stammen. Ferner sollen im Januar 1996 diverse Rüstungsgüter (unter anderem Katjuscha-Raketen, Mörser, Sprengstoffe und Munition) über Syrien an die Hizbullah gelangt sein. Der Transport habe unter dem Schutz von Angehörigen der syrischen Streitkräfte sowie der iranischen Pasdaran stattgefunden ... Es liegen Hinweise darauf vor, wonach die Hizbullah seit Mitte 1994 von Syrien mit Rüstungsgütern aus ehemals sowjetischer Produktion unterstützt wird. Außerdem sollen weiterhin Waffenlieferungen aus Teheran für die Hizbullah über den Flughafen Damaskus abgewickelt werden.«

MILLIONEN KUGELN FÜR DIE HAMAS

Die Verbindungen Teherans zur Hamas sind beim BND ebenfalls bekannt. Nach dort vorliegenden Erkenntnissen hat Iran schon 1994 Flugkörper des Typs GRAD, also Munition für den sowjetischen Mehrfachraketenwerfer BM-21, über die im Libanon operierende Hizbullah an die Hamas-Bewegung geliefert. Zwar verfügt die Hamas nicht über Mehrfachraketenwerfer des Typs BM-21. Doch in Pullach weiß man, daß modifizierte Flugkörper dieses Typs auch mit behelfsmäßigen Startvorrichtungen verschossen werden könnten. Iran unterstützt die Hamas angeblich insgesamt mit rund 4 Millionen

Dollar pro Jahr, wobei dieser Betrag sowohl für politische als auch für militärische Zwecke verwendet werden soll. Iran habe im August 1995 die Lieferung von Gewehren des Typs Kalaschnikow an die Hamas geplant, heißt es. Zu diesem Zeitpunkt sei von der iranischen Firma Farsad Company »ein Vertrag in Höhe von rund 13 Millionen US-Dollar mit der jemenitischen Firma Shaher Trading Company Ltd. über die Lieferung von 27.000 Gewehren des Typs Kalaschnikow und 1,2 Millionen Schuß Munition geschlossen« worden. Die »aus Tschechien oder der slowakischen Republik stammenden Waffen« sollten in der 42. oder 43. Kalenderwoche »per Schiff an Iran geliefert« werden. Zumindest »ein Teil der Gewehre« sollte nach BND-Angaben »an die Hamas weitergegeben« werden.

ABSATZMARKT OSTEUROPA

In den BND-Berichten zum Waffenhandel in Mittel- und Südosteuropa fällt vor allem auf, daß man diese Staaten offenbar nur unter dem Blickwinkel potentieller Absatzmärkte für die exportabhängige europäische Rüstungsindustrie sieht: In einem Bericht vom 9. Dezember 1996 mit der Kennziffer AN 32B-10 40/96 werden die mittel- und südosteuropäischen Staaten vor dem Hintergrund eines weltweit schrumpfenden Absatzmarktes für Rüstungsgüter vor allem als eine Region mit der »vielversprechenden Aussicht auf lukrative Rüstungsaufträge« gesehen. Der Bericht fährt fort: »Aus westlicher Sicht gelten diese Länder insbesondere wegen einer möglichen Ost-Erweiterung der Nato als potentielle Absatzmärkte, weil sie bisher nahezu ausschließlich Rüstungsgerät östlicher Herkunft im Bestand haben, ein Nato-Beitritt allerdings die Integration und Anpassung der Waffensysteme an Nato-Standards voraussetzen würde.«

POLNISCHE BESTECHUNGSSPIELE

Von rund 80 polnischen Unternehmen, die Ende der achtziger Jahre wehrtechnische Produkte herstellten, gibt es inzwischen nur noch 30 Betriebe, deren Kapazitätsauslastung nach den Erkenntnissen deutscher Geheimagenten bei lediglich 20 bis 25 Prozent liegt. Die Zahl der Mitarbeiter soll von etwa 200.000 auf heute noch etwa 80.000 geschrumpft sein. Der BND berichtet: »Verantwortlich für den polnischen Rüstungsexport sind im Wesentlichen die Waffenhandelsfirmen CENZIN, NAT und PEZETEL, wobei NAT, die 1993 von dem polnischen Staatsschutzamt UOP gegründet wurde, 50 Millionen Dollar jährlich umsetzt. CENZINs Umsatz beträgt rund 100 Millionen Dollar pro Jahr und steht unter dem maßgeblichen Einfluß des militärischen Informationsdienstes WSI. Darüber hinaus ist die ebenfalls vom WSI beeinflußte PROFUS-Gruppe im Waffenhandelsgeschäft aktiv. Einem nachrichtendienstlichen Hinweis zufolge soll PROFUS sogar mit Waffengeschäften erheblich mehr umsetzen als CENZIN. Die genannten Unternehmen sind allerdings auch in nationale Rüstungsprojekte involviert, so daß keine definitiven Aussagen zu Umsätzen gemacht werden können, die aus Rüstungsexporten resultieren.«

Doch die polnischen Rüstungsexporterfolge halten sich in Grenzen. Gestützt auf ein mehrfach geändertes Abkommen aus dem Jahr 1994 sollen 1995 34 gebrauchte und 34 neue Kampfpanzer T-72 an Iran geliefert worden sein. Im Frühjahr 1996 habe Polen weitere 72 gebrauchte Kampfpanzer T-72 nach Iran geliefert, heißt es. Außerdem erhielten Kambodscha 1995 angeblich 70 gebrauchte Kampfpanzer T-54/55 im Wert von insgesamt 2 Millionen Dollar und Ägypten fünf Hubschrauber. Auch seien Rüstungsgüter nach Indonesien, Indien und Jemen geliefert worden. Polnische Pläne, bis zu 120 PT-91 TWARDY nach Malaysia zu exportieren und die gemeinsam mit Israel offerierte Modernisierung von indischen Kampfpanzern sind nach BND-Erkenntnissen bisher noch nicht verwirklicht worden.

Polen muß seine Streitkräfte modernisieren. Doch offenkundig hält man viele Entscheidungen im Schwebezustand. Der deutsche BND-Resident in Warschau berichtete nach Pullach: »Es liegen nachrichtendienstliche Hinweise vor, wonach dieser Schwebezustand von maßgeblichen Entscheidungsträgern auf dem privaten Rüstungssektor und im polnischen Verteidigungsministerium bis zur Staatssekretärsebene bewußt aufrecht erhalten wird, um die Zahlungen von Bestechungsgeldern nicht abreißen zu lassen. Diesen Hinweisen zufolge fließen zur Zeit vom schwedischen Rüstungshersteller BOFORS hohe Summen nach Polen.«

Derartige Zahlungen bürgen allerdings nicht unbedingt auch für den Erfolg. Das mußte 1996 in Polen angeblich der südafrikanische Rüstungsproduzent DENEL nach Zahlungen in Höhe von rund 10 Millionen Dollar frustriert feststellen. Der stellvertretende polnische Verteidigungsminister für Bewaffnung und Infrastruktur, Unterstaatssekretär Kuriata, hatte im März 1996 seinen Rücktritt aus »Gesundheitsgründen« eingereicht. Offenbar wurde Kuriata diese Entscheidung von politischer Seite nahegelegt. Dem ihm nachgeordneten Bereich der Beschaffung von Rüstungs- und Wehrmaterial wurden seit geraumer Zeit Unregelmäßigkeiten und Korruption bis auf höchste Ebene vorgeworfen. Aus eben diesen Gründen soll schon der ihm unterstellte Direktor des Departements Waffen und Gerät, Brigadegeneral Mika, entlassen worden sein. In Pullach wird berichtet: »Nach einem geheimen Dossier der obersten Kontrollkammer NIK war Mika einer der Hauptverantwortlichen dubioser Waffengeschäfte in der Vergangenheit. Für Aufsehen sorgte dabei vor allem der Verkauf gepanzerter Transportfahrzeuge BMP-2 nach Afrika 1994 durch den polnischen Generalstab.«

RÜSTUNG GEGEN REIS: NORDKOREA

Manche BND-Berichte lesen sich spannend wie ein Thriller. Dazu gehören Teile des Dossiers »Analyse des konventionellen Waffenhandels Nordkorea und VR China« vom 1. Oktober 1996 mit der Kennziffer AN 32B-0800-96.

Erstaunlich gut informiert zeigen sich die deutschen Geheimagenten über das Innenleben eines der am besten abgeschotteten Länder der Welt. Der Aufbau der nordkoreanischen Rüstungsindustrie mit dem Schwerpunkt Kleinwaffen- und Munitionsherstellung begann Anfang der sechziger Jahre und ermöglichte es dem Land bis zum Anfang der siebziger Jahre, in diesen Bereichen den Eigenbedarf zu decken. Die nordkoreanische Produktpalette umfaßt neben Kleinwaffen auch gepanzerte Fahrzeuge, maritime Einheiten und Flugkörper. Im Flugzeugbau soll die Zusammenarbeit mit Rußland seit 1993 intensiviert worden sein.

Nordkorea soll es nach BND-Erkenntnissen gelungen sein, beim Flugkörperbau die vorhandene Technologie mit ausländischer Hilfe, »finanziell durch Iran, technisch durch Rußland«, weiterzuentwickeln und zu verbessern. Auf Basis der von Ägypten gelieferten Scud-B (Reichweite 300 Kilometer, Nutzlast 1000 Kilogramm) begann Nordkorea etwa Mitte der achtziger Jahre eine eigenständige Produktion. Zunächst wurden die Raketen nachgebaut, später modifiziert und leistungsgesteigert. Auf der Scud-Technologie aufbauend, entstanden so die Weiter- und Neuentwicklungen Scud-C (Reichweite 500 Kilometer, Nutzlast 770 Kilogramm) sowie die No Dong (Reichweite 1050 Kilometer, Nutzlast 1000 Kilogramm). Dem Wunsch Irans nach Lieferung von No-Dong-Raketen wurde nach BND-Angaben »bislang« nicht entsprochen. Der BND-Repräsentant in der südkoreanischen Hauptstadt Seoul berichtet: »Nach hiesiger Einschätzung ist die Entwicklung der Rakete noch nicht abgeschlossen. Probleme dürften insbesondere im Bau eines geeigneten Lenk- und Steuerungssystems bestehen. Bis heute steht ein Testschuß über die volle Reichweite als Nachweis über die volle Funktionstüchtigkeit der Rakete aus. Ein im Mai des Jahres 1993 durchgeführter Test wurde nicht über die angestrebte Reichweite von 1000 Kilometer durchgeführt, sondern nur über ca. 500 Kilometer.«

Nordkorea unterstützt Programme zum Nachbau der Scud-C offenbar nicht nur in Syrien, sondern auch in Iran »durch Lieferung von Bauteilen, Rohmaterialien und Fertigungsmitteln«. Auch Libyen soll Interesse an nordkoreanischer Scud-Technologie geäußert haben. Lieferungen seien aber bisher noch nicht bekannt worden, heißt es.

Trotz der teilweisen Erfolge im Flugkörperbau steht die nordkoreanische Rüstungsindustrie aber offenbar insgesamt vor großen Schwierigkeiten. Es fehlt ein eigenes wissenschaftliches und technisches Potential. Wegen der nicht vorhandenen elektronischen Basis-Produktion sowie des akuten Devisenmangels ist die umfassende Modernisierung der Rüstungsproduktion wohl nicht durchführbar.

Die Rüstungsgeschäfte Pjöngjangs stellen den wichtigsten Devisenbringer für die nordkoreanische Wirtschaft dar, deren Situation sich seit 1990 immer weiter verschlechtert hat. Nordkorea exportiert sein rüstungstechnisches Know-how nur aus wirtschaftlichen, nicht aus politischen Gründen. Der Anteil der Rüstungsexporte am Gesamtexportvolumen Nordkoreas im Zeitraum 1990 bis Ende 1995 (6,44 Milliarden Dollar) beträgt mit schätzungsweise 300 Millionen Dollar etwa 4,7 Prozent. Entsprechend dieser Bedeutung soll Kim Jong Il angeblich im August 1995 angeordnet haben, der militärischen Produktion Priorität einzuräumen mit der entsprechenden Präferenzzuweisung von Ressourcen wie Nahrungsmittel, Treibstoff und Rohstoffe. Geheimdienste berichten, Nordkorea fordere bei Waffenlieferungen grundsätzlich Bezahlung im voraus in Devisen, eine Finanzierung über Akkreditiv werde nicht akzeptiert.

Pjöngjang habe aber in der jüngsten Vergangenheit angesichts der Nahrungsmittelknappheit im Lande auch mehreren asiatischen Staaten angeboten, Waffen gegen Nahrungsmittel aus dem jeweiligen Land zu liefern. Die desolate Wirtschaftslage Nordkoreas läßt umfangreiche Nahrungsmittelkäufe auf Devisenbasis ohnehin nicht mehr zu. In einem BND-Bericht heißt es: »Da die ausländischen Hilfslieferungen nur einen Teil des Bedarfs decken, sieht sich die nordkoreanische Regierung offenbar gezwungen, eines der wenigen nordkoreanischen Produkte, für die es noch eine internationale Nachfrage gibt – nämlich Waffen – zum Kauf von Nahrungsmitteln einzusetzen. Während Nordkorea in den Jahren 1980 bis 1989 Waffen im Gesamtwert von rund 2,5 Milliarden Dollar in die Dritte Welt lieferte, sind seine Rüstungsexporte in den neunziger Jahren drastisch zurückgegangen und betrugen im Zeitraum von 1990 bis Ende 1995 nach groben Schätzungen noch ca. 300 Millionen Dollar.«

1997 ließ sich das nordkoreanische Regime auch die ungehinderte Ausreise ihres zum Überläufer mutierten Chefideologen Hwang Jang Yop aus China nach Südkorea mit 100.000 Tonnen Reis bezahlen. Weil China und Nordkorea ein Auslieferungsabkommen unterzeichnet haben, drohte Diktator Kim Jong Il mit Anschlägen in Peking, falls der Spitzenfunktionär nicht ausgeliefert werde. Der »Spiegel« berichtete: »Mit Diplomatenpässen versehene Terroristen hatten sich bereits in einem Hotel neben der Residenz des südkoreanischen Botschafters in Peking einquartiert; acht Selbstmordkommandos koreanischer Studenten standen Pekinger Quellen zufolge bereit, um Hwangs Aufenthaltsort zu stürmen. Der Regierung in Seoul wurden Attacken gegen die Zivilluftfahrt angedroht. Erst als Chinas und Südkoreas Regierungen zusicherten, jeweils 50.000 Tonnen Reis in das bankrotte Land zu schicken, lenkten die Nordkoreaner ein.«

PJÖNGJANGS DIPLOMATEN IM ZWIELICHT

Die regionalen Schwerpunkte der Rüstungsexporte Pjöngjangs haben sich seit den achtziger Jahren offenbar nicht verändert. Hauptempfänger nordkoreanischer Waffensysteme sind weiterhin die Staaten der Nah- und Mittelost-Region; Asien und Afrika wurden von Nordkorea nur in geringem Umfang mit Rüstungsmaterial beliefert. In Pullach fiel auf, daß nordkoreanische Firmen seit dem Zerfall der Sowjetunion zunehmend auch als Zwischenhändler und Vermittler für Rüstungsgüter aus den Nachfolgestaaten der Sowjetunion auftreten. Vereinzelt wurden auch Versuche von Drittstaaten bekannt, politisch brisante Exporte verdeckt über nordkoreanische Handelsvertretungen und Botschaften abzuwickeln.

Besonders brisant sind in diesem Zusammenhang die Erkenntnisse über nordkoreanische Diplomaten: »Nach hiesigen Erkenntnissen sind alle nordkoreanischen Botschaften verpflichtet, bestimmte Mindestbeträge zu erwirtschaften sowie jährlich ein sogenanntes Loyalitätsgeld an die Staatsführung Nordkoreas zu entrichten. Bei Nichterfüllung drohen den Verantwortlichen Abberufung und gegebenenfalls Bestrafung. Es muß davon ausgegangen werden, daß die geforderten Devisenbeträge in den meisten Fällen unter Mißbrauch der diplomatischen Immunität durch illegale Aktivitäten wie Schmuggel, Rauschgift- oder auch Waffenhandel beschafft werden.«

Wichtigster Rüstungskunde Nordkoreas ist Iran, das unter anderem zwischen 75 und 100 Boden-Boden-Flugkörper Scud-B und bis zu 60 Boden-Boden-Flugkörper Scud-C nebst zwölf Abschußvorrichtungen und drei Transportfahrzeuge erhalten haben soll. Daneben soll Nordkorea nach Angaben aus Pullach im Jahr 1995 mindestens zwei nordkoreanische Mini-U-Boote an Iran geliefert haben, um die aus den Erdöllieferungen Teherans an Pjöngjang resultierenden Schulden in Höhe von 200 Millionen Dollar zumindest teilweise zu kompensieren. Der Gesamtwert der nordkoreanischen Rüstungslieferungen an Iran in den neunziger Jahren beträgt rund 130 Millionen Dollar. Meldungen, wonach Iran im Jahre 1995 weitere Boden-Boden-Flugkörper Scud-C aus Nordkorea sowie eine größere Anzahl Boden-Luft-Flugkörper SA-10 über Nordkorea erhalten haben soll, kann man beim BND nicht bestätigen.

Syrien war der zweite wichtige Abnehmer nordkoreanischer Rüstungsgüter in den neunziger Jahren. Der Gesamtwert der syrischen Rüstungsimporte aus Nordkorea in diesem Zeitraum beträgt etwa 60 Millionen Dollar. Die Lieferungen beinhalten angeblich unter anderem 60 Boden-Boden-Flugkörper Scud-C und bis zu 8 dazugehörige Abschußvorrichtungen. Von den Flugkörpern sollen 20 als vollständiges Waffensystem geliefert worden sein. Die restlichen 40 Scud-C wurden offenbar in Komponenten an Syrien weitergegeben und mit nordkoreanischer Unterstützung montiert.

Im Dezember 1994 haben Libyen und Nordkorea vermutlich einen Vertrag über die Lieferung von 12 Boden-Boden-Flugkörpern des Typs Scud-C nach Libyen geschlossen, der teilweise mit libyschen Erdöllieferungen nach Nordkorea finanziert werden sollte. Als offizieller Empfänger der Flugkörper soll in dem Vertrag angeblich Zaire genannt sein. Bislang hat der BND jedoch keine direkten oder indirekten Lieferungen Nordkoreas nach Libyen feststellen können.

Im August 1995 soll Nordkorea mit Ägypten einen Vertrag über die Lieferung von mindestens 15 Flugkörpertransportfahrzeugen des Typs MAZ-543 im Gesamtwert von rund 1,6 Millionen Dollar unterzeichnet haben. Die Fahrzeuge, die je nach Version unter anderem zum Transport und Abschuß von Boden-Boden-Flugkörpern vom Typ Scud sowie als Basis für den 300-mm-Mehrfachraketenwerfer SMERCH verwendet werden können, sollen von Nordkorea aus Weißrußland bezogen werden. Der Vertrag steht nach BND-Erkenntnissen mit einer Vereinbarung zwischen Kairo und Pjöngjang in Zusammenhang, die die Modernisierung und technische Weiterentwicklung der ägyptischen Boden-Boden-Flugkörper vom Typ Scud-B vorsehen soll. Angeblich hat Nordkorea diesbezüglich bereits Techniker nach Ägypten entsandt. Ferner soll Nordkorea Ägypten bei der Instandsetzung und Kampfwertsteigerung seiner 70 Kampfflugzeuge F-7 unterstützen. Der BND-Repräsentant in Kairo berichtet: »Einem nachrichtendienstlichen Hinweis zufolge ist Pjöngjang bereit, für die ersten 40 Flugzeuge nur das Material zu berechnen, nicht hingegen die Arbeitsstunden der Spezialisten.« Darüber hinaus soll Nordkorea Ägypten bis mindestens 1995 mit 130-mm-Geschützen und 60-mm-Mörsern in unbekannter Stückzahl beliefert haben.

Nach Nah- und Mittelost ist Fernost für Nordkorea die zweitwichtigste Empfängerregion. Nordkorea hat in den neunziger Jahren Rüstungsgüter vor allem nach Myanmar,

Kambodscha und Thailand geliefert. Der Gesamtwert dieser Lieferungen, die vor allem Infanteriewaffen und Munition umfaßten, wird auf bis zu 50 Millionen Dollar geschätzt. Deutsche Geheimagenten verfolgten auch zahlreiche Verhandlungen nordkoreanischer Firmen mit asiatischen Staaten, unter anderem mit Vietnam, Bangladesch, Pakistan, Sri Lanka und Indien. Gegenstand dieser Verhandlungen sollen zumeist Infanteriewaffen, Ersatzteile oder gebrauchtes Gerät aus GUS-Beständen in kleinerem Umfang gewesen sein. So soll Pjöngjang im November 1994 mit Vietnam einen Vertrag über Ersatzteil- und Munitionslieferungen gegen Reis geschlossen haben. Ähnliche Angebote auf der Basis Waffen gegen Nahrungsmittel hat Nordkorea offenbar in jüngster Zeit auch anderen Ländern in Asien unterbreitet. So soll es beispielsweise Pakistan die Lieferung von Torpedo-Booten und Sri Lanka unter anderem Hubschrauber gegen Reis vorgeschlagen haben. Auch Thailand sollen 1996 nordkoreanische Waffen gegen Reislieferungen angeboten worden sein.

CHINESISCHE REFORMPOLITIK: RÜSTEN, RÜSTEN, RÜSTEN

Die Waffenexportpolitik Chinas unterlag in den letzten Jahrzehnten einem grundlegenden Wandel. Noch in den sechziger und siebziger Jahren waren die Waffenexporte vor allem durch politische und ideologische Überlegungen bestimmt. Mit Beginn der Wirtschaftsreformen Ende der siebziger Jahre traten jedoch kommerzielle Erwägungen in den Vordergrund und bestimmten seither die chinesischen Rüstungslieferungen. So exportierte China in die Nah- und Mittelostregion 1994 Rüstungsgüter im Gesamtwert von 120 Millionen Dollar. 1995 betrug der Lieferwert etwa 110 Millionen Dollar. Hauptempfänger chinesischer Waffensysteme war 1994 Iran, der unter anderem fünf von insgesamt zehn Flugkörperschnellbooten der Hudong-Klasse und zwei Abschußvorrichtungen für Anti-Schiff-Flugkörper C-801 im Gesamtwert von 95 Millionen Dollar aus China bezog. Ferner übergab China 1994

Tunesien drei Schnellboote der Shanghai-I-Klasse für 23 Millionen Dollar. 1995 gingen die chinesischen Rüstungslieferungen an Iran nach BND-Angaben vorübergehend auf etwa 18 Millionen Dollar zurück und beinhalteten unter anderem zehn Anti-Schiff-Flugkörper C-801 und 350 Panzerabwehrlenkflugkörper des Typs Red Arrow 73.

Aus Pullach heißt es zudem: »Im Jahr 1996 bezog Teheran von Peking bereits Rüstungsmaterial im Gesamtwert von rund 80 Millionen Dollar, darunter die restlichen fünf Flugkörperschnellboote der Hudong-Klasse sowie mindestens drei landgestützte Abschußvorrichtungen für Seezielflugkörper des Typs C-802 mit bis zu 60 dazugehörigen Flugkörpern. Aktuell bestehen zwischen Teheran und Peking Verträge über die Lieferung weiterer C-802-Flugkörper für die Flugkörperschnellboote der Hudong-Klasse sowie von Seeminen. Ferner verhandelten beide Staaten seit 1995 über weitere 15 Hudong-Flugkörperschnellboote sowie über 30 außer Dienst gestellte Torpedoboote der Typen P-4 oder P-6. Es kann aber davon ausgegangen werden, daß die chinesischen Rüstungslieferungen an Teheran auch in den kommenden Jahren auf dem Niveau von mindestens 100 Millionen Dollar bestehen bleiben.«

Hauptabnehmer chinesischer Rüstungsgüter sollen 1995 Sudan mit großen Mengen Munition und sonstigem Rüstungsmaterial für 45 Millionen Dollar sowie Jemen für 40 Millionen Dollar gewesen sein. Jemen hat angeblich drei Flugkörperschnellboote der Huangfeng-Klasse bezogen. Sudan soll 1996 von China Hubschrauber und Haubitzen erhalten haben. In Afrika hat China vor allem zahlreiche Kleinkunden auf Kreditbasis. Das gesamte Volumen des chinesischen Rüstungshandels mit Afrika betrug 1994 19 Millionen Dollar und 1995 15 Millionen Dollar. Zu den Empfängern zählten Äthiopien, Burundi, Mauretanien, Eritrea, Sambia, Zimbabwe, Tschad und Zaire.

Mit großem Interesse verfolgen deutsche Geheimagenten die Bemühungen Chinas, zwei Flugzeugträger zu beschaffen. Entsprechende Verhandlungen zum Erwerb gebrauchter Flugzeugträger mit Rußland, der Ukraine, Amerika und Frankreich führten aber bislang nicht zu einem Vertragsabschluß. In Pullach heißt es: »China verhandelt aber auch mit der spanischen Werft Bazan, obwohl beide Seiten dieses mehrfach dementiert haben, seit Anfang 1995. Das Auftragsvolumen für die Beschaffung zweier kleiner Flugzeugträger liegt bei etwa 1 Milliarde Dollar.«

GEMEINSAME OPERATIONEN: DIE »WAALHAVEN«

Daß deutsche Geheimagenten zusammen mit anderen Diensten auch deutsche Waffenlieferungen im Visier haben, belegt der nachfolgende Fall: Am 12. Dezember 1992 nahm ein unscheinbarer estnischer Frachter im Hamburger Hafen mehrere Container mit Holzkisten an Bord. Damals verfügte der Leiter der Hamburger Zollfahndung, Rolf Zabel, noch nicht über ein mobiles Röntgengerät für Container. Niemand war damals in der Lage, den Inhalt der großen Zahl täglich ein- und ausgeladener Container zu überprüfen. Man mußte sich vielmehr auf Stichproben oder die Richtigkeit der Frachtpapiere verlassen. Im Falle der Ladung des estnischen Frachters »Waalhaven« schien es einfach, waren doch Allerweltsgüter deklariert, Metallteile, Bohrmaschinen und Schrauben; nichts jedenfalls, was das Interesse der Zollfahnder geweckt hätte.

Ohne irgendwie Verdacht zu erregen, tuckerte die »Waalhaven« also von Hamburg in den belgischen Hafen Antwerpen, um dort weitere Ladung an Bord zu nehmen; hier Kisten mit Metallteilen für eine Automobilfabrik in Pjöngjang, auszuladen im nordkoreanischen Hafen Nam Po. Auch hier vermerkten die Hafenbehörden keine besonderen Vorkommnisse. Niemand ahnte, daß der BND und der israelische Geheimdienst Mossad das 4000-Tonnen-Schiff »Waalhaven« im Visier hatten. Schon 1990 hatte der BND über einen Vertragsabschluß zwischen Syrien und Nordkorea Kenntnis erlangt, dessen Ziel die Errichtung einer syrischen Scud-Fabrik war. Unter der Vertragsnummer »SC-8991« unterzeichnete auf syrischer Seite Generalleutnant Sami Akel. Die Vertragsnummer fand der israelische Mossad dann im Herbst 1992 bei einer Routinekontrolle des deutschen Auslands-Faxverkehrs wieder. Abermals hieß die Kennung »SC-8991«. Nicht alle später an Bord der »Waalhaven« gefundenen Güter stammten aus deutscher Produktion. Die Lieferung im Wert von 7 Millionen Mark enthielt auch Bauteile aus russischer und tschechischer Produktion.

Irgendwann nach dem Ablegen des Frachters müssen die Israelis wohl Belege gefunden haben, die ihren Verdacht bestätigten: Die »Waalhaven« würde Syrien anlaufen und dort Bauteile für den Bau von Scud-Raketen entladen. Über die israelische Botschaft in Bonn wurde das Bonner Kanzleramt am 21. Dezember auf die heiße Fracht aufmerksam gemacht. Doch in der Vorweihnachtszeit mahlen die Mühlen noch langsamer als gewöhnlich. Und so dauerte es einige Zeit, bis, einen Tag nach Heiligabend, die »Waalhaven« von der italienischen Marine vor der sizilianischen Küste gestoppt und in den Hafen Augusta geschleppt wurde. Hervorzuheben ist aber das Verhalten des für die Koordinierung der Geheimdienste im Kanzleramt zuständigen Staatsministers Schmidbauer. Im Gegensatz zum Wirtschaftsministerium, das den Kopf in den Sand steckte und nach Angaben von Zeugen die Ladung schlicht passieren lassen wollte, riskierte Schmidbauer seine politische Karriere, als er den Israelis umgehend seine volle Unterstützung zusicherte.

Bald trafen in Süditalien ein Mitarbeiter des BND, drei Mitarbeiter des Verteidigungsministeriums, ein Mossad-Agent und ein CIA-Mann per Flugzeug ein. Mehr als eine Woche dauerte es, bis die internationale Geheimdiensttruppe die vom Schiff entladenen und in einen Lagerschuppen gebrachten Holzkisten begutachten durfte; allerdings nur jene Kisten, die die »Waalhaven« in Hamburg geladen hatte. Die aus Deutschland stammende Antwerpener Fracht blieb unbehelligt.

Die Fachleute waren entsetzt: In den Hamburger Kisten fanden sich Bauteile für Fließdrückmaschinen des Ahlener Unternehmens Leifeld GmbH, gegen das die Staatsanwaltschaft Bielefeld ohnehin schon in Zusammenhang mit Lieferungen für die irakische Scud-Produktion ermittelte. Schnell fanden die Ermittler heraus, für wen die brisante Fracht bestimmt war: Die »Waalhaven« wollte als nächstes den syrischen Hafen Latakia anlaufen.

Da sizilianische Zeitungen längst Wind vom Aufmarsch dreier Geheimdienste im sonst eher beschaulichen Hafen Augusta bekommen und darüber berichtet hatten, sah sich auch die Bundesregierung genötigt, Stellung zu beziehen. Der damalige Regierungssprecher Schäfer verkaufte am 30. Dezember 1992 die deutsche Öffentlichkeit für dumm. Bestimmungsort der Fracht, behauptete Schäfer, sei »ein Automobilwerk in Nordkorea« gewesen. Offenbar fiel niemandem auf, auch ihm nicht, daß es – im Gegensatz zu Südkorea – in Pjöngjang kein Automobilwerk gibt. Zwar verfügt Nordkorea über ein russisches LKW-Werk, doch werden dort vorrangig Militärtransporter gefertigt. Auch das wäre also – nach deutschen Ausfuhrbestimmungen – ein unpassendes Ziel gewesen. Der Fall »Waalhaven« ist heute ein Paradebeispiel dafür, wie es eigentlich nicht laufen sollte: Die Nordkoreaner hatten im Bonner Wirtschaftsministerium das Foto eines Mercedes 190 aus der Tasche gezogen und behauptet, den wolle man in Pjöngjang nachbauen. Die angeblichen Fachleute im Wirtschaftsministerium fielen darauf herein. Solche Vorkommnisse hat es mehrfach gegeben.

Die an Bord der »Waalhaven« vorgefundenen Fließdrückmaschinen der Ahlener Leifeld GmbH, die nach Auffassung des BND, des Mossad und der CIA dem syrischen Diktator beim Bau von Scud-Raketen helfen sollten, wurden mit der Bundesmarine zurück nach Deutschland gebracht. In der Bundespressekonferenz hob Regierungssprecher Schäfer treuherzig vor den versammelten Journalisten hervor, die Bundesregierung sei entschlossen, zu verhindern, daß mit Hilfe westlicher Unternehmen Zulieferungen für das syrische Raketenprogramm erfolgen könnten. Gar so entschlossen kann die

Bundesregierung allerdings doch nicht gewesen sein, denn die in Antwerpen an Bord genommenen – und aus Deutschland stammenden – Kisten gelangten ungehindert in den syrischen Hafen Latakia.

Inzwischen ist klar, daß die Bundesregierung im Falle der »Waalhaven« zumindest der Öffentlichkeit die Unwahrheit gesagt hat. Schäfer behauptete zudem, die Ladung komme »aus mehreren Ländern Europas«. Natürlich war auch »belgische« Fracht an Bord; produziert aber in Deutschland. Schäfer suchte die Aufmerksamkeit zugleich von Deutschland abzulenken und deutete nebulös an, die Hintermänner des Raketenhandels säßen in der Schweiz. Die Beschaffungsaktion sei von einem Schweizer Unternehmen koordiniert worden. Die »Frankfurter Allgemeine Zeitung« berichtete unter Hinweis darauf am 31. Dezember 1992, es gebe Anhaltspunkte dafür, daß das Schweizer Unternehmen den Einkauf der Technik »so über mehrere Länder verteilt hat, daß der Nachweis der Verwendung für Rüstungszwecke nur schwierig erbracht werden kann. Eine deutsche Beteiligung wird vermutet, aber als kleinerer Teil einer groß angelegten Beschaffungsaktion im Westen.«

Das Schweizer Unternehmen hieß nach BND-Angaben Kohas AG (Koreanische Handelsgesellschaft AG) mit Sitz in Fribourg und stand in regem Kontakt mit der nordkoreanischen Lyongaksan Machinery and Equipment Export, die im Export der von Nordkorea weiterentwickelten Rakete des vormals Typs Scud-C tätig sein soll. Die Fließdrückmaschine, die in einer der 27 geöffneten Kisten steckte, wurde von deutschen Zeitungen zwar erwähnt, der Name des Herstellers Leifeld GmbH allerdings nicht. Statt dessen berichtete die »Welt am Sonntag« am 17. Januar 1997: »Laut Erkenntnissen der Bundesregierung sollen von dem Verdacht einer Verwicklung in dieses Geschäft die Firmen Protoplan, Leis-Engineering, Berlin, und Müller-Weingarten, Weingarten, betroffen sein. Produkte dieser Firmen waren bereits von UN-Inspektoren in irakischen Raketenproduktionsanlagen entdeckt worden.«

Schäfer lobte öffentlich die Zusammenarbeit mit dem estnischen Reeder. Den Dank an Mossad, CIA und den Bundesnachrichtendienst vergaß er jedoch. Statt dessen lobte der BND sich selbst. In einer BND-internen Aufstellung über die Erfolge des Dienstes seit dem Beginn der neunziger Jahre heißt es: »Der BND hat durch seine Hinweise mehrfach verhindert, daß Ausgangsmaterial für Massenvernichtungsmittel in den Besitz des Iraks, Irans oder Libyens gelangten, zum Beispiel Stoppen und Untersuchen der Ladung der Waalhaven Ende 1992.« Im BND weist man heute darauf hin, daß die im Winter 1992/93 verhinderte Lieferung von Raketenbauteilen an Syrien nur die Spitze eines Eisberges war: »Wir können versuchen, den Bau von Kampfstoffanlagen und Raketenfabriken in Syrien zu verzögern. Aber wirklich verhindern können wir es auf Dauer auch mit Hilfe anderer Nachrichtendienste nicht.«

HILFESTELLUNG FÜR ISRAEL

Wie eng der BND mit anderen Nachrichtendiensten zusammenarbeitet, belegt der Fall des israelischen Piloten Ron Arad. Ungeachtet ihrer offiziell feindseligen Beziehungen führen Israel und die Islamische Republik Iran seit mehreren Jahren geheime Gespräche in Bonn. Unter Beteiligung von Schmidbauer verhandeln iranische, israelische und syrische Emissäre in unregelmäßigen Abständen über das Schicksal des israelischen Piloten Ron Arad. Dieser war am 16. Oktober 1986 im Süden des Libanon nahe Sidon abgestürzt. Er rettete sich mit dem Fallschirm. Bonner Sicherheitskreise berichteten im Februar 1995, die Gespräche seien in die entscheidende Phase getreten. Schmidbauer, oberster deutscher Geheimdienstkoordinator, der auch schon zwischen Israel und dem Libanon erfolgreich vermittelte, hatte die Gespräche geschickt eingefädelt. Israelis und Iraner sitzen dabei in verschiedenen Räumen und sprechen nicht direkt miteinander. Vielmehr vermitteln die Deutschen. Trotz aller Bemühungen konnte das Schicksal Arads, der in Israel ein Nationalheld ist, bislang nicht geklärt werden. In offiziellen Verlautbarungen kritisiert die israelische Regierung ebenso wie Washington die Bundesregierung wegen ihrer angeblich »zu engen« Kontakte zur iranischen Regierung, obwohl Bonn – und der BND – in der Vergangenheit mehrfach insgeheim zwischen Israel und Iran sowie zwischen den Vereinigten Staaten und Iran vermittelt hatten. Vor allem zu diesem Zweck hat der BND 1989 – angeblich auf amerikanischen Druck hin – die Beziehungen zum iranischen Geheimdienst wieder aufgenommen. Schmidbauer vermittelte seither für die Vereinigten Staaten unter anderem Gespräche über die Freilassung von in Iran inhaftierten Amerikanern. Für Israel erreichte er über diesen Kanal einen umfangreichen Geiselaustausch mit der pro-iranischen Hizbullah. Ein offenes Geheimnis ist zudem, daß Israel vom BND alle Botschaftsberichte des Auswärtigen Amtes erhält.

AUFKLÄRUNGSERFOLG TARHUNA
Einer der größten bekanntgewordenen Erfolge des BND war die rechtzeitige Warnung vor dem Bau einer zweiten Giftgasfabrik in Libyen. Nach dem Desaster von Rabta, bei dem deutsche Unternehmen Komponenten zum Bau der Giftgasfabrik geliefert hatten, hatte der Ruf Deutschlands international gelitten. Am 16. März 1993 veröffentlichte ich in der »Frankfurter Allgemeinen Zeitung« einen Bericht über den Bau einer zweiten Giftgasfabrik in Libyen. Wenige Tage zuvor hatte ich ein entsprechendes Geheimdossier des BND erhalten. Der Bericht sorgte weltweit für Aufsehen. Ursache der gezielten Indiskretion des BND war offenbar die gewaltige Verärgerung im Kanzleramt über den früheren Sprecher des amerikanischen State Department, Snyder, der einen Monat zuvor – wohl aus innenpolitischen Gründen – behauptet hatte, deutsche Unternehmen lieferten zum zweiten Mal Komponenten zum Bau einer Giftgasfabrik an Libyen. Ausgerechnet der BND aber hatte die Amerikaner über die neue libysche Anlage in Tarhuna in allen Einzelheiten aufgeklärt. Das erste, was diese jedoch mit den ihnen vom BND überlassenen Er-

kenntnissen machten, war die öffentliche Beschuldigung der Deutschen.

Auch in der Folgezeit verhielten sich die Amerikaner nicht korrekt. Statt die partnerschaftliche Unterrichtung durch den BND zu würdigen, lancierte der frühere CIA-Direktor Deutch im Februar 1996, nachdem die drei Jahre zurückliegenden Berichte längst vergessen waren, abermals »Enthüllungen« über die neue libysche Giftgasfabrik und die angebliche deutsche Beteiligung, die sofort von der »New York Times« aufgegriffen und auf der ersten Seite veröffentlicht wurden. Verschwiegen wurde dabei aber, daß die Ermittlungsverfahren gegen die in dem Artikel genannten deutschen Unternehmen längst eingestellt worden waren. Diese hatten glaubhaft nachweisen können, daß sie von Tarnfirmen über den Endverbleib ihrer Produkte gewaltig getäuscht worden waren. Weil das Gedächtnis vieler Menschen schlecht ist, ist zu erwarten, daß die Amerikaner durchaus noch einmal eine angebliche Enthüllung über deutsche Beteiligungen beim Bau einer zweiten Giftgasfabrik an die Presse lancieren werden mit dem einzigen Ziel, der deutschen Export-Wirtschaft zu schaden.

In einem BND-internen Bericht vom Juni 1995 heißt es: »Frühzeitig (ab 1978) wurden libysche Versuche zur Produktion von Massenvernichtungsmitteln (C-Waffen) und deren Trägern erkannt und die Fabrikationsstätten aufgeklärt: Rabta, Tarhuna, Sheba.« Mehrere Unternehmen aus der Schweiz, Japan, Italien, Dänemark, Österreich, Großbritannien, Frankreich und Polen standen 1993 im Verdacht, Libyen beim Bau der zweiten Giftgasfabrik zu helfen. Diese entsteht in Tarhuna und soll die größte Anlage in der Dritten Welt werden. Trotz der am 15. April 1992 von den Vereinten Nationen gegen Libyen verhängten Sanktionen hatte der libysche Staatspräsident Gaddafi offenbar keine Schwierigkeiten, die Komponenten zum Bau der Giftgasfabrik im Ausland zu beschaffen. Diese Anlage wird baugleich sein mit der zuvor in Rabta errichteten. Seit Mitte 1992 beobachtete der BND die rege Bautätigkeit auf einer 65 Kilometer südlich von Tripolis nahe der Stadt Tarhuna gelegenen Baustelle. Am Rande eines Kalksandsteingebirges entstanden dort zwei etwa 150 Meter lange parallel verlaufende unterirdische Tunnelsysteme, in die ein Jahr später die ersten Komponenten der Giftgasanlage eingebaut wurden. Über diesen Tunnels gab es zwei 500 Meter lange Baustellen, die aber nach den Erkenntnissen der Satellitenauswerter keine Flugfelder waren. Französische, russische und chinesische Satelliten erstellten Aufnahmen der Baustelle, denn Libyen hatte im Januar 1993 bei der internationalen Chemiewaffenkonferenz in Paris die Konvention der Vereinten Nationen über den Bann chemischer Waffen nicht unterzeichnet. Die Libyer behaupten weiterhin, daß die Tunnels zum »Großen Fluß« gehören, einem 25 Milliarden Dollar teuren Prestigeprojekt Gaddafis für die künstliche Bewässerung der Küstenregion mit Grundwasser aus der Sahara. Das Grundwasser der Sahara wird bei diesem von Gaddafi als »achtes Weltwunder« gepriesenen Mammutbauwerk durch zwei zusammen 1900 Kilometer lange Wasserleitungen zur Trinkwasseraufbereitung für die an der Küste gelegenen Städte geleitet.

Zwei Schweizer Firmen waren zur direkten Zusammenarbeit mit den Libyern bei der neuen Giftgasfabrik bereit. Die von einem der Schweizer Unternehmen gelieferten aufwendigen getrennten Lufteinlaß- und Luftauslaßsysteme der Tunnels in Tarhuna hätten auch den Eidgenossen eindeutig einen Anhaltspunkt für den Bau einer chemischen Anlage geben müssen. Neben dem Belüftungssystem wurden 1992 über ein anderes Schweizer Unternehmen in Asien Dekontaminierungsprodukte, Sicherungs- und hochentwickelte Alarmsysteme nach Libyen geliefert.

Die meisten Komponenten zur Herstellung der Anlage wurden aber – wie auch im Fall der ersten libyschen Giftgasfabrik in Rabta – über vier thailändische Firmen und zwei Scheinadressen in Singapur und Hongkong geliefert. Die in der thailändischen Stadt Chiang Mai ansässige Firma W & M Limited zog auch ein deutsches Unternehmen – ohne dessen

Wissen – in den Bau der neuen Giftgasfabrik hinein. Die in Lünen ansässige Westfalia-Becorit Industrietechnik GmbH lieferte über W & M Limited zwei Tunnelfräsen an Libyen, die dann beim Bau der Tunnel für die Giftgasfabrik eingesetzt wurden. Dieser Fall ist nach BND-Angaben beispielhaft für das verdeckte Vorgehen der Libyer bei ihrem Versuch, westliche Hochtechnologie für militärische Vorhaben zu erhalten.

Am 18. Mai 1990 trat die W & M Limited zum ersten Mal in einem Telex an Westfalia-Becorit heran und erfragte ein Angebot zur Lieferung von Teilschnittmaschinen, die im Bergbau zur Streckenführung eingesetzt werden. Auf die Nachfrage des deutschen Unternehmens, wo und zu welchem Zweck die Maschinen eingesetzt werden sollten, antwortete S. Wirote, der Chef des thailändischen Unternehmens: »Die Maschinen sollen in Libyen zum Bau von Straßentunneln eingesetzt werden, Breite neun Meter, Höhe sechs Meter, drei Tunnel mit Einzellängen von 200 bis 300 Metern. Es handelt sich um Sandstein mit Gipseinlagerungen, Druckfestigkeit von 50 bis 80 Megapascal mit Quarzeinlagerungen von weniger als 25 Prozent.« Der Prokurist von Westfalia-Becorit, Conrad, sagte dazu: »Diese von den Thailändern vorgelegten Profile sind gängige Maße für den zweispurigen Straßenbau; deshalb gab es keinen Anlaß, mißtrauisch zu sein.« Am 19. September 1990 erfolgte die Vertragsunterzeichnung über eine für den Großtunnelbau geeignete Teilschnittmaschine des Typs WAV-170 mit einem Gesamtauftragswert von rund zwei Millionen Mark. Im August 1991 lieferte das seit 1826 bestehende deutsche Unternehmen dann über die thailändische Firma, die inzwischen zum Vertriebspartner für Asien und Libyen geworden war, auch einen Fräslader des Typs Luchs-H für 1,5 Millionen Mark, mit dem aus dem Stand Tunnel von 7,20 Meter Höhe und bis zu 6,70 Meter Breite aus dem Gestein geschnitten werden können. Bei beiden Lieferungen, die nach deutschen Gesetzen nicht verboten waren, wurde als Bestimmungsort gegenüber den deutschen Zollbehörden ordnungsgemäß Libyen angegeben. Die Inbetriebnahme und den Service übernahmen die Thailänder. Erst anläßlich einer Ersatzteillieferung 1992 wurden die deutschen Zollbehörden mißtrauisch. Die Staatsanwaltschaft in Bochum ermittelte gegen das Unternehmen wegen des Verdachts auf Verstoß gegen die Außenwirtschaftsverordnung, weil die gelieferten Produkte nicht nur für zivile, sondern auch für militärische Zwecke eingesetzt werden konnten. Der ermittelnde Staatsanwalt Bieniossek fand aber schnell heraus, daß Westfalia-Becorit der tatsächliche Verwendungszweck der Maschinen nicht bekannt war. Das Verfahren wurde eingestellt.

Die libysche Regierung versuchte dann, die Westfalia-Becorit über Scheinfirmen im Ausland zur Lieferung von Ersatzteilen zu gewinnen. Das Unternehmen lieferte aber seither nicht mehr ohne einen schriftlichen Nachweis darüber, daß ihre Maschinen nicht für militärische Zwecke eingesetzt werden.

Obwohl die Staatsanwaltschaft nicht gegen sie ermittelte, nannte der Sprecher des amerikanischen State Department in Zusammenhang mit der Kampfstoff-Anlage die Namen von zwei weiteren deutschen Unternehmen. Die Firma Turbofilter GmbH in Essen lieferte für eine von Westfalia-Becorit gebaute Tunnelfräsmaschine eine Entstaubungsanlage im Wert von 180.000 Mark, die Firma Korfmann in Witten, die seit mehr als 100 Jahren ein wichtiger Zulieferer im Bergbau ist, lieferte im gleichen Zusammenhang zweimal zwei Ventilatoren für jeweils 100.000 Mark. Nach Auffassung deutscher Staatsanwälte haben in Zusammenhang mit der zweiten Giftgasfabrik alle deutschen Unternehmen, im Gegensatz zu vielen anderen europäischen Firmen, nicht gewußt, daß ihre Produkte für den Bau einer weiteren Giftgasfabrik genutzt werden sollten. In der Führungsetage des Verbandes Deutscher Maschinen- und Anlagenbau e. V. in Frankfurt, der rund 3000 deutsche Maschinenbauer vertritt, heißt es dazu: »Bei Libyen sehen viele deutsche Firmen Exportkontrollprobleme. Deutsche Unternehmen sind insbesondere nach Rabta bemüht, nicht in den kritischen Bereich zu gelangen.« Dennoch hatte die unwissentliche Hilfe der Westfalia-Becorit Folgen: Die Bundesregierung ließ umgehend alle Maschinen zum Erstellen unterirdischer Hohlräume mit Bestimmungsziel Libyen in die Ausfuhrliste aufnehmen. Nicht einmal Bagger dürfen nun – anders als in allen europäischen Ländern – noch an Libyen geliefert werden.

Die erste libysche Giftgasfabrik in Rabta, an deren Bau deutsche Unternehmen führend beteiligt waren, wurde im März 1990 durch einen Brand zum Teil zerstört. Washington behauptete, bei dem Brand habe es sich um einen Vertuschungsversuch der Libyer gehandelt. In der inzwischen wiedererrichteten Anlage in Rabta sollen nach amerikanischen Geheimdienstinformationen mittlerweile mehr als 100 Tonnen des Giftgases Sarin und andere chemische Kampfstoffe produziert und in Granaten und Sprengköpfe abgefüllt worden sein. Libyen behauptet demgegenüber, bei der Anlage handele es sich um eine pharmazeutische Fabrik. In der Anlage in Rabta sollen unter der Leitung eines Briten mehrere Dutzend Ingenieure aus Dänemark, Österreich, Italien und Polen arbeiten. Die britische Zeitung »Sunday Times« veröffentlichte die Namen der dort arbeitenden Ingenieure, die monatlich neben Geschenken, wie Fahrzeugen, etwa 15.000 Mark netto verdienen. Drei ehemals leitende Mitarbeiter der Firma Imhausen Chemie in Lahr waren zu Freiheitsstrafen zwischen zwölf und 20 Monaten verurteilt worden, weil sie in den Jahren 1984 bis 1988 als Gehilfen an Planung und Bau der Giftgasfabrik in Rabta mitgewirkt und damit gegen das Außenwirtschaftsgesetz verstoßen hatten.

Nicht die amerikanische CIA, sondern der Bundesnachrichtendienst hatte den Bau der Kampfstoff-Anlage in Tarhuna beobachtet und detailliert dokumentiert. Auch die Hintermänner und die Tarnfirmen in Asien wurden von Pullach enthüllt. All dieses Material übergab man, zusammen mit Fotografien aus den Stollen, die man von einem Ingenieur »frisch« erhalten hatten, dem Partnerdienst CIA, der umgehend die Regierung in Washington unterrichtete. Über die sofort erfolgte öffentliche Vorverurteilung deutscher Unternehmen durch die amerikanische Regierung ist man in Pullach noch heute verärgert.

Andere Staaten fassen die Unterstützer Gaddafis auch heute noch mit Samthandschuhen an: Die südafrikanische Justiz zumindest hat den gelernten Toxikologen und ehemaligen Chef des bakteriologischen und chemischen Rüstungsprogramms Südafrikas, Wouter Basson, bislang nicht inhaftiert, obwohl er nach seiner Entlassung 1993 vom amerikanischen Geheimdienst bei mehreren Reisen nach Libyen beobachtet wurde. Dort soll er ebenso wie in Iran und im Irak sein Wissen über chemische Kampfstoffe, die Mitte der achtziger Jahre bei den Bürgerkriegen in Angola, Mocambique und Namibia erprobt worden waren, weitergegeben haben. Zudem wirft man Wouter Basson vor, seine Chemiekenntnisse für die Massenproduktion von Modedrogen einzusetzen.

NUKLEARER SCHWARZMARKT

Mehr als hundert Gespräche hat der Berater des früheren französischen Präsidenten Mitterrand, Jacques Attali, 1995 im Auftrag der Vereinten Nationen für einen Bericht über den illegalen Handel mit spaltbarem Material geführt. Heraus kam ein 70 Seiten langer Report, der nicht nur die UN alarmierte. Nach Attalis Angaben gibt es mehrere Händler, die gegenwärtig etwa 30 Kilogramm atomwaffenfähiges Material auf dem Schwarzmarkt anbieten. Neun Kilogramm würden ausreichen, um eine einfache Atombombe zu bauen.

Die Quelle des gefährlichen Schmuggelgutes machte Attali vor allem auf dem Gebiet der früheren Sowjetunion aus. Glaubt man ihm, so sind manche russischen Atomwaffenlager nur mit Vorhängeschlössern gesichert. Russischen Marineoffizieren soll es gar gelungen sein, vier Kilogramm angereichertes Uran von einem ausgemusterten sowjetischen Atom-U-Boot bei Murmansk zu stehlen. Zwar wurden die Schieber verhaftet, doch nur noch drei Kilogramm Uran sollen wiedergefunden worden sein. Auch im zivilen Atombereich der

Sowjetunion gerät die Lage offenbar zunehmend außer Kontrolle. Im Mayak-Produktionszentrum in Tscheljabinsk soll hingenommen worden sein, daß bis zu 13 Prozent atomwaffenfähigen Materials »verschwunden« sind. Es ist offenbar kein Hirngespinst mehr, wenn man sich Gedanken darüber macht, wann Terroristen oder interessierte Regierungen kernwaffenfähiges Material auf dem Schwarzmarkt erwerben können.

Attali behauptet, Nicht-Atomstaaten, Terroristen, Mafia-Organisationen und auch Sekten könnte es gelingen, sich Atomwaffen zu beschaffen. Die internationalen Kontrollen seien ungenügend. Während allein in den Vereinigten Staaten 7200 Wissenschaftler mit der Erforschung von Tierkrankheiten beauftragt seien, habe die Internationale Atomenergiebehörde in Wien für ihre weltweiten Inspektionen nur 255 Kontrolleure zur Verfügung. Attali, früher auch Chef der Europäischen Bank für Wiederaufbau und Entwicklung, berichtet weiter, dem Bau einfacher Atomwaffen durch eine Terrorgruppe, die über mehrere hundert Millionen Dollar verfüge, stehe nichts mehr im Wege. Damit aber könnten die schlimmsten Szenarien jener James-Bond-Filme Wirklichkeit werden, die man bislang in der Gewißheit anschaute, Fiktion zu sehen.

Der Bundesnachrichtendienst, selbst durch die sogenannte »Plutonium-Affäre« ins Zwielicht geraten, betrachtet seit dem Zerfall der früheren Sowjetunion die Aufklärung des nuklearen Schwarzmarktes als eine seiner vordringlichsten Aufgaben. Der hausinterne Pullacher Jahresbericht zum nuklearen Schwarzmarkt nannte 1995 besorgniserregende Zahlen: »Im Jahre 1995 wurden beim BND weltweit 169 Einzelfälle registriert. Die Fälle betreffen Angebote von radioaktiven Materialien, Hinweise auf Schmuggelvorgänge, Sicherstellungen von radioaktiven oder kontaminierten Stoffen, kriminelle Anwendungen radioaktiver Materialien sowie Drohungen mit dem Einsatz von radioaktivem Material oder Kernsprengkörpern. Die Informationen wurden aus nachrichtendienstlichen, amtlichen und offenen Quellen gewonnen. Bei etwa 44 Prozent der Fälle im Jahre 1995 handelte es sich um Sicherstellungen oder Diebstähle von radioaktivem Material, also um Fälle, in denen eindeutig radioaktives Material in den Markt eingeflossen ist oder aus dem Markt sichergestellt wurde. Die restlichen 56 Prozent beinhalten Angebote, Hinweise auf Nuklearhandel oder Drohungen mit radioaktivem Material. Vielfach wurden in diesen Fällen Materialbeschreibungen, Behälterfotos oder Zertifikate vorgelegt, die auch hier das Vorhandensein von Material nahelegen« (vgl. BND-Bericht Nuklearer Schwarzmarkt 1995, S. 3).

Während Plutonium nach BND-Angaben 1995 weltweit nicht sichergestellt wurde, gab es zwei Fälle, in denen hochangereichertes Uran (Anreicherungsgrade von 30 und 20 Prozent) konfisziert wurde, das zuvor offenbar als Kernbrennstoff für russische U-Boote gedient hatte. Hinweise auf vagabundierende Kernwaffen betrachtet man im BND noch als »wenig glaubhafte oder nicht überprüfbare Vorgänge«. Dazu heißt es: »Nach wie vor wird davon ausgegangen, daß ganze Kernwaffen in den russischen Arsenalen noch ausreichend bewacht sind und nukleare Sprengkörper nicht unbemerkt entwendet werden können« (ebenda, S. 4). Die mit dem Kernwaffenbau und der Lagerung verbundenen Anlagen seien gegen direkte Angriffe »relativ gut« gesichert. Das ist ein offenkundiger Widerspruch zu dem Attali-Bericht. Und auch das Stockholmer Friedensforschungsinstitut SIPRI vertrat im Frühjahr 1997 in einer Studie die Auffassung, Nuklearmaterial werde »oft nur unzureichend bewacht«. Eine mögliche Schwachstelle stellt nach BND-Angaben allerdings der Transport dar. »Angesichts der wirtschaftlichen und sozialen Schwierigkeiten kann sich die Sicherung von Kernsprengkörpern und waffengrädigem Material in der Zukunft verschlechtern. Das Anwachsen des organisierten Verbrechens gerade in Rußland liefert Grund zu weiterer Besorgnis.«

In zwei Fällen wurde 1995 nachgewiesen, daß sich für angereichertes Nuklearmaterial Verantwortliche – ein Lagerarbeiter und ein Wissenschaftler – selbst als Diebe betätigten.

Russische Behördenvertreter gestanden in Gesprächen mit dem BND ein, daß gravierende Mängel bei der Überwachung von Nuklearanlagen bestehen. Diese erstreckten sich von personellen und technischen Unzulänglichkeiten bis über Widerstände gegen Kontrollen durch die russische Inspektionsbehörde GOSATOMNADSOR.

Es klingt wenig beruhigend, wenn Leser der BND-Studie erfahren: »Die Mängel in der Buchführung erleichtern eine unbemerkte Entwendung von nicht verbuchtem Material durch Personal. An den Checkpoints von Atomstädten oder Instituten mangelt es vielfach noch an Anlagen zur Detektion von radioaktiver Strahlung. Technische Überwachungssysteme sind größtenteils veraltet oder nicht mehr funktionsfähig.« Auch internationale Hilfe wird das Problem nach BND-Auffassung nicht lösen können: »Internationale Kooperationsprojekte und finanzielle Hilfen greifen zwar punktuell, können jedoch in Anbetracht der immensen Anzahl von mangelhaft gesicherten Nuklearanlagen in Rußland dem Gesamtproblem derzeit nur bedingt entgegenwirken.«

Weil es eine enge nachrichtendienstliche Zusammenarbeit auf dem Gebiet des Nuklearschmuggels mit den neuen Demokratien des Ostens noch nicht im erwünschten Umfang gibt, wird der BND auch in nächster Zeit darauf angewiesen sein, zusammen mit westlichen Partnerdiensten den Nuklearschmuggel und dessen Transitrouten in Osteuropa aufzuklären. In einem vertraulichen BND-Papier werden als Gründe für die zurückhaltende Kooperation des BND vor allem die russischen Atomfahnder selbst genannt: Im August 1994 erfuhr der BND, daß abermals zwei Händler von Nuklearmaterial in Moskau festgenommen worden waren. Bei den Männern soll es sich jedoch um zwei Mitarbeiter der russischen Spionageabwehr FSK gehandelt haben, jenem russischen Geheimdienst, der den Nuklearhandel eigentlich bekämpfen sollte.

Seit 1980 liegen dem BND alljährlich Hinweise auf Kaufinteressenten für atomwaffenfähiges Material vor allem im

Nahen und Mittleren Osten vor. Für die Islamische Republik Iran heißt es beispielsweise: »Einige konkrete Meldungen im Jahr 1995 lassen von Inhalt und Zuverlässigkeit der Quelle kaum noch Zweifel am Kaufinteresse zumindest des Iran.« Als »Ente« stellte sich allerdings ein »Focus«-Bericht vom Oktober 1994 heraus, nach dem elf »Atomgefechtsköpfe auf russischem Gebiet verschwunden« seien, die eigentlich nach dem Transport von der Ukraine nach Rußland hätten verschrottet werden sollen. Der angebliche Kaufinteressent für die elf Atomraketen: die Islamische Republik Iran.

In den vergangenen Jahren lagen dem BND weltweit zwei ernstzunehmende Hinweise darauf vor, daß terroristische Gruppen erwägen, radioaktive Waffen zur Erreichung ihrer Ziele einzusetzen. Zum einen hatte die durch den Giftgasanschlag auf die Tokioter U-Bahn bekannt gewordene japanische Sekte Aum Shinrikyo die Technologie zur Herstellung von Kernwaffen erworben und in Australien damit begonnen, auf sekteneigenem Land nach Uran zu schürfen. Zudem konnte nach amerikanischen Angaben nachgewiesen werden, daß ein Sektenmitglied in Rußland Kernwaffen zu kaufen versuchte. Der andere Fall betrifft den tschetschenischen Terroristen Schamil Bassev, der in Moskau radioaktiv strahlendes Cäsium-137 deponierte und mit Anschlägen gegen Kernreaktoren drohte.

Der BND schließt weitgehend aus, daß Terrorgruppen in nächster Zeit ein vorrangiges Interesse an Nuklearwaffen entwickeln werden. Für Terroristen böten radioaktive Materialien »nach wie vor überwiegend Nachteile«. Wesentlich gefährlicher, weil unberechenbarer, seien hingegen sektiererische, fanatische oder religiöse Gruppierungen. Mit Unbehagen beobachtet man in Pullach aber »eine neue Terroristengeneration in Iran, Sudan, Algerien und Ägypten; Fundamentalisten und Extremisten, die zu bedingungslosen Selbstmordattentaten bereit sind«.

Unterdessen ermitteln italienische Staatsanwälte gegen Mafia-Gruppen, die mit radioaktivem Material handeln sollen, das in Rußland gestohlen, in Deutschland gehandelt, in Italien zwischengelagert und dann nach Nordafrika verkauft werden soll. Der 44 Jahre alte Untersuchungsrichter Nunzio Sarpietro aus der sizilianischen Stadt Catania hatte Anfang 1997 schlaflose Nächte. Er war einem Geschäft mit atomwaffenfähigem Uran-235 auf der Spur. Sarpietro teilte mit: »Leider herrscht wirklich eine sehr große Besorgnis auf Sizilien, weil wir im Zusammenhang mit unseren Ermittlungen der vergangenen Jahre nicht nur eindeutige Spuren eines Handels mit radioaktivem Material entdeckten, sondern feststellten, daß es sich um Material handelte, das zum Bau von Nuklear-Waffen verwendet werden kann.« Nach italienischen Angaben stammt das Uran aus Rußland und wird von Kurieren, »die meist gar nicht wissen, was sie transportieren«, zunächst in den Raum Frankfurt/Main gebracht. Dort kauften dann italienische Mafia-Gruppen das Material, nach Sarpietros Angaben eine nukleare Geldanlage mit bombigen Renditen.

Im Juli 1996 wurden bei Syrakus zwei portugiesische Kuriere, Belarmino V. und Carlos M., festgenommen, die der Mafia Uran-235 verkaufen wollten. Von Sizilien aus sollte das Material nach Nordafrika, mutmaßlich Libyen, gebracht werden. Und von Wiesbaden aus sollten 1995 zwar nicht Uran oder Plutonium, aber Osmium und Mercurium, die beide ebenfalls zum Atombombenbau benötigt werden, nach Sizilien geschafft werden.

Welchen gesundheitlichen Risiken sich die Kuriere dieser Waren aussetzen, wird oft vergessen. In der irrigen Vorstellung, den in der Nuklearmedizin verwendeten und nur schwach strahlenden Stoff Osmium-187 zu transportieren, schmuggelten vier Männer 1992 zwei Gramm hochradioaktives Cäsium-137 aus Litauen über Wiesbaden in die Schweiz. Die Männer, drei Polen und ein eingebürgerter Deutscher, wurden festgenommen. Zwei der Männer erlitten schwerste Strahlenschädigungen. Sie hatten das Cäsium-137 in einem völlig ungeeigneten und nur fingerhutgroßen Behälter transportiert. Wenige Wochen später schmuggelten fünf Polen abermals hochradioaktives Cäsium-137 und Strontium-90 aus Rußland nach Deutschland. Im Januar 1993 wurden zwei Polen mit vier Kilogramm Cäsium bei einer Grenzkontrolle aufgegriffen. Im März 1993 »vermißte« dann das litauische Kernkraftwerk Ignalina 270 Kilogramm Uran-Brennstäbe.

Im Mai 1994 wurden in Deutschland zum ersten Mal auf dem illegalen Markt sechs Gramm waffenfähiges Plutonium-239 in einer Garage in Tengen gefunden. Das Plutonium war nach BND-Angaben zu 99,75 Prozent angereichert. Nach heutigem Kenntnisstand entstammte es dem russischen Atomkomplex Arzamas-16. Dort wird in einer militärischen Anlage mit dem Kürzel »S2« mit Waffen-Plutonium experimentiert. Plutonium gehört zur Stoffklasse der Transurane und gilt als der giftigste Stoff der Erde. Aus Versuchen an Hunden hat man errechnet, daß eine inhalierte Dosis von 27 Mikrogramm, also 27 Millionstel Gramm, beim durchschnittlichen Menschen mit Sicherheit Lungenkrebs auslöst. Geheimdienste und Militärs haben in den vergangenen Jahrzehnten viel mit diesem Giftstoff experimentiert. So sollen amerikanische Ärzte bei einem bis heute geheimgehaltenen militärisch begründeten Versuch 1945 nach Angaben eines BND-Mitarbeiters 12 Menschen Plutonium injiziert haben, um die Wirkung des Schwermetalls auf den menschlichen Stoffwechsel zu erforschen.

Für das Jahr 2000 schätzt die Fachzeitschrift »New Scientist« die weltweite Gesamtmenge an Plutonium auf rund 1700 Tonnen, genug für eine kaum noch vorstellbare Zahl von Atombomben. Und die zwischen den Supermächten vereinbarte Abrüstung der nuklearen Sprengköpfe wird wohl ebenfalls 200 Tonnen Plutonium hinterlassen. Fachleute der amerikanischen Denkfabrik Rand Corporation haben der amerikanischen Regierung im Frühjahr 1997 allen Ernstes vorgeschlagen, das bei der Abrüstung in Ost und West anfallende Plutonium in einem von amerikanischen und sowjetischen Truppen gemeinsam bewachten »Plutonium-Gefängnis« auf Grönland einzuschließen. Selbst wenn Klarheit über die Zukunft der

Start-2- und Start-3-Abrüstungsverträge geschaffen ist, wird die Menschheit wohl mit der Gefahr des illegalen Plutonium-handels leben müssen.

Es verwundert kaum, daß immer wieder Verbrecher vorgeben, Plutonium beschaffen zu können. Schon 1984 standen in Italien 42 Menschen unter Anklage, die Kontakte zu verschiedenen Geheimdiensten hatten. Ihnen wurde vorgeworfen, Vertreter Syriens, des Irak und der PLO die Lieferung von drei Atombomben und 33 Kilogramm Plutonium angeboten zu haben. Das Geschäft scheiterte, weil sie nicht einmal Plutoniumproben beschaffen konnten. Doch im Falle des Fundes von Tengen war es anders. Erstmals war waffenfähiges Plutonium auf dem deutschen Schwarzmarkt nachweisbar.

Am 23. Juli 1994 sagte der für die Koordinierung der Geheimdienste im Bonner Kanzleramt zuständige Staatsminister Schmidbauer der Zeitung »Die Welt« zu dem brisanten Fund in Tengen: »Es besteht ein enger Zusammenhang zwischen Drogenhandel, Geldwäsche, Geldfälschung, Menschenhandel und Nuklearschmuggel.« Noch sei in Deutschland aber kein Käufermarkt für derartiges Material bekannt. Es handele sich um einen reinen Angebotsmarkt. Auf die Frage, ob die Menschheit von Nuklearterroristen erpreßt werden könnte, antwortete Schmidbauer: »Wir müssen mit einer solchen Bedrohung einfach rechnen. Wir dürfen die Augen nicht vor dieser Gefahr verschließen. Deshalb versuchen wir ja derzeit mit allen Mitteln, präventiv tätig zu sein, das heißt, die Strukturen, die dahinter stehen können, aufzuklären; außerdem aufzuklären, welches Material vagabundiert, aufzuklären, wie der mögliche Käufermarkt aussehen könnte.«

Doch wie leicht der Ruf verdeckt ermittelnder Agenten beim Versuch der Aufklärung solcher Geschäfte durch Intrigen anderer Geheimdienste beschädigt werden kann, zeigt die Plutonium-Affäre.

DIE PLUTONIUM-AFFÄRE

In der Zeitschrift »Focus« las sich der Beginn der Plutonium-Affäre wie ein Thriller: »Lufthansa-Flug Nr. 3369 aus Moskau war pünktlich. Um 17:45 Uhr landete die Boeing-737 auf dem Münchner Flughafen. Dann wurde es hektisch.« Polizisten eines Sondereinsatzkommandos stürzten sich im Flugzeug auf den schwarzen Delsey-Hartschalenkoffer des kolumbianischen Flugpassagiers Justiniano Torres Benitez und hantierten mit einem Geigerzähler. Offenkundig hatte der Südamerikaner radioaktives Material dabei. Neben Torres wurde in Ankunftshalle C auch sein Komplize, der 49 Jahre alte Spanier Julio Oroz Eguia, verhaftet. Wenige Stunden später bestätigte das Institut für Transurane in Karlsruhe den Verdacht: Bei dem radioaktiven Material handelte es sich um hochangereichertes waffenfähiges Plutonium.

Der Fund löste in Bonn die Alarmstufe Rot aus. Kanzleramtsminister Schmidbauer jettete aus dem Urlaub zum BND nach Pullach, denn wie sich schnell herausstellte, war das aus Moskau kommende Material ein vielfaches dessen, was der irakische Diktator Saddam Hussein nach UN-Ermittlungen an Plutonium hatte produzieren lassen. Der Schock am Münchner Flughafen bestätigte die schlimmsten Befürchtungen deutscher Sicherheitsbehörden: Deutschland schien zu einer Drehscheibe für den Handel mit todbringenden radioaktiven Stoffen aus dem Gebiet der früheren Sowjetunion geworden zu sein. Doch es kam noch schlimmer: Das bayerische Landeskriminalamt ermittelte, daß der festgenommene Kolumbianer auch Lithium-6, den Stoff, aus dem die Neutronenbombe gebaut wird, im Angebot hatte. Der Sprecher des russischen Atomministeriums, Kaurow, dementierte. Weder Plutonium noch Lithium fehle in russischen Atomanlagen. Statt dessen behauptete Moskau nun, den Schmuggel habe es gar nicht gegeben. Deutsche Stellen hätten den Handel »inszeniert«.

Spätestens von nun an wurde die »Plutonium-Affäre« zu einem Politikum. SPD-Bundesgeschäftsführer Verheugen machte den Vorgang zum Thema des Bundestagswahlkampfes und bezichtigte die Bonner Regierung ebenfalls, den Plutoniumschmuggel inszeniert zu haben. Und am 10. April 1995 schien der »Spiegel« unter der Überschrift »Panik made in Pullach« jenen die Beweise dafür zu liefern, die glaubten, alles sei ein großangelegter Schwindel des BND gewesen, mit dem Moskau unter Druck gesetzt werden sollte. In dem »Spiegel«-Bericht hieß es: »Die Geschichte um den bislang weltgrößten Plutonium-Schmuggel ist eine raffinierte Inszenierung des Bundesnachrichtendienstes, die Bomben-Geschichte ein Bomben-Schwindel, eine der abenteuerlichsten Aktionen, die der deutsche Geheimdienst in seinen fast 40 Dienstjahren angezettelt hat.« Der »Spiegel« fährt fort: »Um aller Welt zu zeigen, wie porös die Atom-Arsenale des ehemaligen Sowjetreichs sind, inszenierte der BND einen gewaltigen Bluff, mit allen Zutaten eines Thrillers – mit windigen, geldgierigen Agenten, von Ehrgeiz zerfressenen Geheimdienst-Bossen, mit großen und kleinen Gaunern.«

SPD-Bundesgeschäftsführer Verheugen urteilte: »Wenn der Spiegel-Bericht richtig ist, hat Deutschland seinen bisher schwerwiegendsten Geheimdienstskandal.« Es sollte fast zwei Jahre dauern, bis Licht in die Angelegenheit gebracht werden konnte. In der Zwischenzeit schadeten die erhobenen Vorwürfe dem Ansehen Pullachs gewaltig.

Einem redseligen Mitglied des Plutonium-Untersuchungsausschusses ist es zu verdanken, daß die Öffentlichkeit im Februar 1997 dann ein weiteres Bruchstückchen der »Plutonium-Affäre« erfuhr: Dem »Spiegel« soll aus Moskau gefälschtes Geheimdienstmaterial – Grundlage des Berichtes »Panik made in Pullach« – zugespielt worden sein. Die wirklich Schuldigen säßen weiterhin in Moskau, hieß es. Am 30. Januar 1997 wurde im Plutonium-Untersuchungsausschuß von Kanzleramtsminister Schmidbauer ein zwar schon sechs Monate alter, aber angeblich immer noch streng vertraulicher Bericht vorgetragen, aus dem hervorging, daß Offiziere des russischen Auslandsnachrichtendienstes (SWR) den Plutoniumschmuggel vom August 1994 eingefädelt hatten. Der amerikanische Geheimdienst CIA habe entsprechende Erkenntnisse aus einer Moskauer Quelle erhalten und sie den Deutschen übermittelt, berichtete Schmidbauer. Im Kanzleramt jedenfalls zweifelte niemand am Wahrheitsgehalt dieser – unerwarteten – Hilfestellung der CIA. Der Kolumbianer Justiniano Torres, der die 363 Gramm Plutonium an Bord der Lufthansa-Maschine in die bayerische Landeshauptstadt geschmuggelt hatte, sei ein Agent des SWR gewesen. Über ihn hätten die russischen Offiziere mehrere hundert Millionen Dollar verdienen wollen. Das Nuklearmaterial stamme aus der Kernforschungsanlage Obninsk, hieß es. Das hatten zwischenzeitlich auch andere Untersuchungen belegt. Nach dem in München gescheiterten Geschäft habe Moskau eine Desinformationskampagne begonnen, um die internationale Kritik an unsicheren russischen Atomanlagen abzuwenden. Dazu sei dem »Spiegel« frisiertes Geheimdienstmaterial zugespielt worden. Die Veröffentlichung sei dann »dem Moskauer Plan gemäß« verlaufen. Danach sei geplant gewesen, den Bundesnachrichtendienst als Drahtzieher des Atomschmuggels zu brandmarken. Ob diese CIA-Angaben eine freundschaftliche Hilfestellung für Schmidbauer waren oder der Wahrheit entsprechen, wird die Zukunft zeigen.

Der BND verfügte jedenfalls angeblich schon länger über Belege dafür, daß Torres in Rußland Medizin studiert hatte und mit einer Russin verheiratet ist. Torres und seine spanischen Komplizen Julio Oroz und Javier Bengoechea waren im Juli 1995 vom Münchner Landgericht zu mehrjährigen Haftstrafen verurteilt worden. Im April 1997 wurde Torres unerwartet aus der Haft entlassen und in die peruanische Hauptstadt Lima abgeschoben. Nach Angaben des BND hatten die russischen Offiziere zunächst über die Verbindungen mit Torres versucht, Hubschrauber, Waffen und Raketen zu verkaufen. Erst als sie darauf aufmerksam gemacht wurden, daß »Plutonium besser an den Mann zu bringen und damit noch mehr Geld zu verdienen« sei, hätten sie das Nuklearmaterial beschafft.

Aus den CIA-Unterlagen geht hervor, daß Torres angeblich im Juni 1994, also etwa vier Wochen, bevor der BND von dem Plutonium erfuhr, den Moskauer Chemiker Gennadi Nikiforow gebeten hatte, ihm Plutonium zu verschaffen. Dieser soll sich an einen gewissen Penkow gewandt haben, der in Obninsk bei Moskau im Kalugaer Gebiet wohnte. Penkow schaltete über einen Mann namens Baranow dann angeblich einen weiteren Obninsker mit dem Namen Asafiew ein. Dieser übergab im Juni 1994 über Penkow an Torres etwa zwei Gramm Plutonium zur Qualitätskontrolle. Torres zahlte dafür 2000 Dollar. Anfang August erwarb Torres dann von Asafiew und Baranow die 363 Gramm Plutonium, die in München sichergestellt wurden.

Im Februar 1997 wies der russische Auslandsgeheimdienst SWR die von der CIA belegten Vorwürfe über eine Verwicklung in den Münchner Plutoniumschmuggel als »haltlos« zurück. »Der SWR hat nie etwas mit Plutoniumschmuggel zu tun gehabt, weder im Münchner noch in anderen Fällen«, sagte SWR-Sprecherin Tatjana Samolis und fuhr fort: »Das ist empörend. Die Vorwürfe sind völliger Unsinn.« Der Sprecher des SWR, Generalmajor Jurij Kobaladse, beklagte im Februar 1997 »eine gezielte Provokation« durch den amerikanischen Geheimdienst. Aufgrund der unberechtigten Vorwürfe sei die Kooperation mit westlichen Nachrichtendiensten, darunter auch dem BND, stark gefährdet. Die Partnerschaft sei derzeit »gleich null«.

Der Vorsitzende des Plutonium-Ausschusses, der CSU-Politiker Manfred Weiß, teilte sichtlich erleichtert mit, man habe schon immer Hintermänner in Moskau vermutet: »Kein Mensch konnte glauben, daß der Hausmeister des Atomkraftwerks das Plutonium in der Hosentasche rausgetragen hat.« SPD und Grüne sahen dagegen keinen Anlaß zur Entwarnung. Aus den Akten gehe klar hervor, daß der BND und das bayerische Landeskriminalamt (LKA) für die Einfuhr des radioaktiven Materials nach Deutschland mitverantwortlich seien, sagte der stellvertretende Ausschußvorsitzende Franz

Schindler (SPD). Erst die Nachfrage durch die Behörden habe dazu geführt, daß Plutonium geliefert wurde: »BND und LKA sind keineswegs aus dem Schneider.«

Schmidbauer verteidigte das Vorgehen der deutschen Behörden im Plutoniumfall nachdrücklich. »Ich halte die Operation im Hinblick auf die Gefahrenabwehr für eine gelungene Sache.« Frühere Vorwürfe von Bayerns Justizminister Hermann Leeb (CSU), der BND habe mehr Probleme geschaffen als gelöst, wies der Geheimdienstkoordinator zurück: »Es ist das lausigste und lumpigste Argument, wenn einer sich in den allgemeinen Chor der Verdammung von Nachrichtendiensten einklinkt.«

Am 8. Mai 1997 trat der Sprecher des russischen Inlandsgeheimdienstes FSB, Alexander Sdanowitsch, an die Öffentlichkeit und behauptete: »Das im August 1994 nach München geschmuggelte Plutonium stammt nach abschließenden Untersuchungen nicht aus Rußland.« Einen Tag zuvor war Schmidbauer in Moskau mit FSB-Chef Nikolai Kowaljow zusammengetroffen. Nach dem Gespräch hieß es, Schmidbauer sei über die offiziellen Ergebnisse der Plutoniumuntersuchung des russischen Atomministeriums »offensichtlich enttäuscht« gewesen.

Die organisierte Kriminalität

Neben der Aufklärung internationaler Rüstungsanstrengungen zählt auch die Bekämpfung der organisierten Kriminalität zu den neuen Aufgaben des BND. Sieben europäische Richter veröffentlichten im Herbst 1996 in Genf einen höchst besorgten Aufruf, in dem sie die Regierungen zu gemeinsamen Anstrengungen aufforderten, eine für die Demokratie tödliche Bedrohung abzuwenden. Die organisierte Kriminalität sei im Begriff, über ein gigantisches Netz von Partnerschaften und mit Unterstützung von Politikern und multinationalen Finanz- und Geschäftskreisen in alle Bereiche der Weltwirtschaft vorzudringen. Die organisierte Kriminalität treibe dabei ihr Spiel mit der rechtsstaatlichen Ordnung, die durch das weitverzweigte System korrupter Machenschaften nach und nach vergiftet werde. Nach Auffassung von Sam Poppe, einem britischen Sicherheitsfachmann, ist die organisierte Kriminalität im Kern nichts anderes als die Fortsetzung des Marktes mit ungebändigten Mitteln. Sie verknüpft aber legale Interessen mit illegalen. Globalisierung, Internationalisierung und Technologisierung böten die Voraussetzung dafür, daß nationale Grenzen und Kontrollmechanismen nicht mehr die Funktion erfüllen können, die Souveränität des Staates zu sichern, denn das die Grenzen sprengende Netz der Wirtschaftsstrukturen sei von staatlicher Seite kaum mehr einsehbar.

Wenn viele Bürger sich in Deutschland immer unsicherer fühlen, denken sie vor allem an Vorfälle in ihrer unmittelbaren Umgebung; an die zunehmende Zahl von Einbrüchen, an sich häufende Raubüberfälle, Taschendiebstähle, aufgebrochene Autos und vieles mehr. Den staatlichen Sicherheitsorganen bereiten indes andere Dinge größere Sorgen, so vor allem die grenzüberschreitende organisierte Kriminalität. Sie bedroht die staatliche Sicherheit Deutschlands ungleich stärker als die zwar für den Einzelnen häufig traumatische, aber den Staat nicht gefährdende »Kleinkriminalität«. Zur organisierten Kriminalität gehören aber nicht nur Kapital-, sondern auch Wirtschaftsverbrechen. Allein die Markenpiraterie, also der Handel mit gefälschten Markenartikeln durch Mitglieder der organisierten Kriminalität, kostete die Wirtschaftsunternehmen 1996 nach Schätzungen weltweit 500 Milliarden Mark. In Deutschland vernichten die Fälscher alljährlich zwischen 40.000 und 70.000 Arbeitsplätze. Und auch jene Schlepperorganisationen, die jährlich Zehntausende illegal nach Deutschland bringen, entwickeln mehr und mehr Strukturen der organisierten Kriminalität.

Die politischen Entwicklungen der vergangenen Jahre haben dazu geführt, daß sich neben den bislang bekannten traditionellen OK-Gruppen – so der italienischen Mafia und asiatischen und lateinamerikanischen Kartellen – neue international arbeitende Gruppen herausgebildet haben. Dazu zählen nach Erkenntnissen des Bundesnachrichtendienstes »insbesondere das organisierte Verbrechen in den Nachfolgestaaten der früheren Sowjetunion, jedoch auch OK-Gruppen aus Südosteuropa und Afrika«. Vor allem die »Entwurzelung« vieler Funktionäre der ehemaligen Sowjetunion habe der in Ansätzen auch schon früher vorhandenen organisierten Kriminalität in den Nachfolgestaaten der Sowjetunion »einen Wachstumsimpuls« gegeben.

Scheinbar unaufhaltsam unterwandert die organisierte Kriminalität nun auch europäische Staaten, macht sich Justiz und Ordnungskräfte durch Korruption oder Erpressung gefügig und höhlt die Obrigkeit von innen aus. Das Bundeskriminalamt sagt einen Anstieg der organisierten Kriminalität um bis zu 35 Prozent bis zum Jahr 2000 voraus. Meist hinken Polizei und Nachrichtendienste den raschen Veränderungen auf den vielen »Arbeitsgebieten« dieser kriminellen Vereinigungen hinterher. Aber chancenlos sind sie deshalb noch lange nicht. Zwar ist die Verbrechensbekämpfung in Europa durch die Abschaffung vieler Grenzkontrollen schwieriger geworden. Doch das eigentliche Problem bei der Bekämpfung der organisierten Kriminalität ist wohl immer noch die Langsamkeit nationalstaatlichen und polizeilichen Handelns gegenüber der Wendigkeit international operierender Verbrecherbanden. Polizei und Staatsanwaltschaften stehen heute in Deutschland anderen Gangstergruppen gegenüber als in der Nachkriegszeit. So arbeiten Gruppen des organisierten Verbrechens heute mit Guerrilleros, Terroristen, Geheimdienstlern und selbst mit Militäreinheiten zusammen. Dem Bundesnachrichtendienst jedenfalls wird auf dem Gebiet der Beobachtung des organisierten Verbrechens im Ausland von Jahr zu Jahr größere Bedeutung zukommen.

Nach Angaben der Vereinten Nationen steigt die Zahl der Straftaten weltweit jährlich um etwa fünf Prozent. Das internationale organisierte Verbrechen streicht dabei weltweit Jahr für Jahr rund 1,4 Billionen Mark Profite ein. Das entspricht dem Bruttosozialprodukt all derjenigen Staaten zusammen, die von der Weltbank als einkommensschwach eingestuft werden. Und die Profite wachsen. Ungehört scheinen die Appelle der UN-Konferenzen zur Verbrechensbekämpfung verhallt zu sein.

Während individuell verübte Verbrechen in deutschen Zeitschriften immer wieder in die Schlagzeilen geraten, erfährt man als Durchschnittsbürger so gut wie nichts über die Rolle und den Einfluß von internationalen Verbrecherorganisationen in Politik und Wirtschaft. Dabei ist die Bundesrepublik als reiches Land ein vorrangiges Zielobjekt für kriminelle Aktivitäten internationaler Verbrecherbanden. 1996 verübten die Banden des organisierten Verbrechens in Deutschland fast 48.000 Straftaten. Sie verursachten nach Angaben von Bundesinnenminister Kanther einen Schaden von 2,7 Milliarden Mark und machten einen Gewinn in Höhe von 1,25 Milliarden Mark. Die organisierte Kriminalität hat in Deutschland – von der Öffentlichkeit noch immer fast unbemerkt – inzwischen ganze Wirtschaftszweige unterwandert. In einem 1997 erstellten Bericht des Bundeskriminalamtes heißt es: »Beispielsweise zeigen die Gründung und Nutzung von Scheinfirmen oder die aufgedeckten Geldwäsche-Aktivitäten, daß einzelne Wirtschaftsbereiche von OK-Gruppierungen in zunehmendem Maße planmäßig genutzt werden.« Nach Erkenntnissen des Bundesnachrichtendienstes wird in Deutschland nicht nur Geld dieser Verbrechergruppen investiert; Täter aus dem Bereich der organisierten Kriminalität nutzen Deutschland auch als Rückzugs- und Ruheraum.

Weil der allgemeine Auftrag des Bundesnachrichtendienstes lautet, Erkenntnisse über das Ausland zu gewinnen, die von außen- und sicherheitspolitischer Bedeutung für die Bundesrepublik Deutschland sind, beobachtet er auch Teilbereiche der organisierten Kriminalität. Dabei hat der BND vor allem internationale Drogenhändler und Geldwäscher im

Visier. Neben den klassischen Methoden der Geldwäsche versucht das organisierte Verbrechen zunehmend auch Banken zu erwerben oder unter seinen Einfluß zu bringen, um die Geldwäsche zu erleichtern. Der Auftrag des BND lautet in diesem Zusammenhang, »die Aufklärung und Feststellung beteiligter Kreise sowie ihre Einflußnahme auf bzw. Verknüpfung mit Politik und Administration«. Dabei geht es dem BND nicht um die Aufdeckung von Einzelfällen, sondern um die langfristige Beobachtung krimineller Strukturen.

Polizisten, Juristen und die SPD bekämpfen in Deutschland derzeit jene Pläne, nach denen auch der Verfassungsschutz die Mafia beobachten und bekämpfen möchte. Als erstes Bundesland mißachtete 1994 der Freistaat Bayern das Gebot der Trennung von Polizei und Nachrichtendiensten. Innenminister Günther Beckstein betraut seither Verfassungsschützer mit der Observation krimineller Banden. Diese sollen die oberen Ebenen der Mafia aufklären und der Polizei dabei helfen, die Hintermänner schmutziger Geschäfte dingfest zu machen. Nach diesem Vorbild prüften anschließend alle Länderinnenminister, ob die Nachrichtendienste nicht auch bundesweit zur Bekämpfung der organisierten Kriminalität eingesetzt werden sollten. Der Frankfurter Generalstaatsanwalt Hans Christoph Schaefer scheint zu jenen zu gehören, die die wahre Bedrohung durch die organisierte Kriminalität immer noch nicht erkannt haben und deshalb die Nachrichtendienste aus dem Kampf um die Eindämmung der organisierten Kriminalität heraushalten möchten. Der »Spiegel« zitierte ihn am 13. April 1998 jedenfalls mit den Worten: »Nur wenn die organisierte Kriminalität den Staat wirklich bedrohen würde, dürfen wir über den Einsatz des Verfassungsschutzes nachdenken. Davon sind wir meilenweit entfernt.« Schaefer will demnach abwarten, bis es »fünf vor zwölf« ist und erst dann mit der geballten Kraft der Staatsmacht tätig zu werden. Die sich auf deutschem Boden tummelnden Gruppen der organisierten Kriminalität dürften ihm dafür dankbar sein.

RAUSCHGIFTHANDEL

Zur Rauschgiftproblematik liegt eine große Zahl offen einsehbarer Berichte vor. Viele Institute, Journalisten und auch die Vereinten Nationen berichten immer wieder darüber. Alle Untersuchungen sehen sich jedoch erheblichen Schwierigkeiten gegenüber. Die notwendigen Informationen sind nur zum Teil offen erhältlich: Anbaugebiete, Produktionsstätten, Transportwege sowie Hintergründe des Handels werden von den Beteiligten möglichst verborgen gehalten. Zudem verfolgen vor allem staatliche Veröffentlichungen eigene politische oder wirtschaftliche Zwecke; Ausarbeitungen der Vereinten Nationen müssen politische Rücksichten nehmen, denn einige Länder, in denen Drogenrohstoffe erzeugt werden, dulden diesen Wirtschaftszweig mehr oder weniger offen, können aber nicht offiziell bloßgestellt werden. Wenn die Bundesregierung ein möglichst präzises Bild über die aktuellen Entwicklungen des Rauschgifthandels benötigt, muß sie auch auf die mit nachrichtendienstlichen Mitteln gewonnenen Erkenntnisse zurückgreifen.

Die Bedrohung Westeuropas durch den internationalen Rauschgifthandel hält unvermindert an. Drogenkartelle verfügen in zahlreichen Ländern der Welt mit Hilfe von korrupten Politikern und Komplizen in Polizei und Justiz über einen nahezu unbegrenzten Aktionsradius. Doch nach immer neuen Rekorden in der Produktion von Kokain und Opium beziehungsweise Heroin beobachtete der BND seit 1995 nur noch eine weltweit vergleichsweise geringe Zunahme der Rauschgiftmenge. Dies ist vor allem darauf zurückzuführen, daß die internationalen Drogenmärkte weitgehend gesättigt sind und neue Märkte – so in den Nachfolgestaaten der früheren Sowjetunion – sich noch im Aufbau befinden.

Mehr als drei Viertel der weltweiten Produktion an natürlichen harten Drogen entfallen auf lediglich sieben Staaten: Kolumbien (Kokain und Heroin), Peru und Bolivien (Kokain) sowie Afghanistan und das »Goldene Dreieck« mit Myanmar (das ehemalige Birma), Thailand und Laos.

Was kann der Bundesnachrichtendienst auf dem Gebiet der Rauschgiftbekämpfung leisten, was »zivile« Institutionen nicht könnten? Ein Blick in die 98 Seiten starke BND-Studie »Internationale Rauschgiftlage – Entwicklung und Tendenzen, Stand Juli 1996« zeigt, daß manche Informationen nur mit nachrichtendienstlichen Mitteln gewonnen werden können. Während westliche Journalisten in Afghanistan den Siegesfeldzug der Taliban-Milizen beobachteten und aufgrund der »Sittenstrenge« dieser Milizen den baldigen Niedergang der Opiumproduktion in den von den neuen Machthabern beherrschten Gebieten prophezeiten, berichtete der BND schon zwei Monate vor der Machtübernahme der Taliban in Kabul: »Die Erwartungen der UN-Rauschgiftbehörde UNDCP, die fundamentalistische Taliban-Bewegung in Afghanistan werde gegen Schlafmohnanbau und Opium- bzw. Heroinproduktion im Lande vorgehen, haben sich nicht erfüllt; vielmehr soll in den von ihr beherrschten Gebieten Afghanistans der Schlafmohnanbau 1995/96 verdoppelt worden sein ... Auch die Weiterverarbeitung des Opiums zu Heroin wird von den Taliban nicht nur geduldet, sondern zum Teil sogar gefördert: Laboratorien, die bis vor kurzem noch in schwer zugänglichen Bergregionen verborgen lagen, wurden nun in die Nähe von Städten – beispielsweise Kandahars – verlegt. Um diese Vorgänge gegenüber der Weltöffentlichkeit besser verschleiern zu können, drängt die Heroinlobby innerhalb der Fundamentalistenbewegung auf den Abzug des Büros der UN-Rauschgiftbekämpfungsbehörde UNDCP aus Kandahar« (BND-Bericht Internationale Rauschgiftlage, 1996, S. 17).

Nun könnte man meinen, daß derartige BND-Erkenntnisse deutsche Interessen nicht berühren. Wir dürfen aber nicht vergessen, daß sich seit 1996 ein deutscher Diplomat, Norbert Holl, als UN-Sondergesandter für Afghanistan darum bemüht, die Bürgerkriegsparteien im zerrütteten Afghanistan von der Notwendigkeit einer Friedenslösung zu überzeugen. Holl benötigt für diese Aufgabe vor allem auch erstklassige Hintergrundinformationen, die ihm – neben anderen Diensten – auch der BND liefert. International werden deutsche Vermittlungsbemühungen im Ausland argwöhnisch beobachtet, hängt doch nicht zuletzt von ihnen ab, ob Deutschland den gewünschten ständigen Sitz im Sicherheitsrat der Vereinten Nationen erhalten wird. Der Erfolgsdruck, der auf deutschen Vermittlungsaktionen wie in Afghanistan lastet, ist daher groß. Zudem will die Bundesregierung Hilfe für Staaten wie Afghanistan künftig davon abhängig machen, ob dort der Rauschgifthandel effektiv bekämpft wird. Wer aber sollte die Bundesregierung unvoreingenommen über Veränderungen in entlegenen Bergregionen Afghanistans unterrichten, wenn nicht ein deutscher Nachrichtendienst?

Nicht in jedem Falle läßt sich von vornherein sagen, wem die vom BND gewonnenen Erkenntnisse vorrangig dienen werden. Im Falle der Islamischen Republik Iran aber ist es eindeutig: BND-Erkenntnisse beispielsweise über den iranischen Rauschgifthandel dienen vor allem dem Auswärtigen Amt. Außenminister Kinkel stand lange unter dem politischen Beschuß der Opposition, weil er sich – vor allem aus wirtschaftlichen Gründen – immer wieder für die Beibehaltung des »kritischen Dialogs« mit Iran ausgesprochen hatte. Dem Bundesnachrichtendienst, der seit Frühjahr 1996 keinen Residenten mehr in Teheran hat und auf die operative Aufklärung durch klassische Spione angewiesen ist, kommt dabei die Aufgabe zu, Kinkel über alle Vorgänge in Iran schnellstmöglich zu unterrichten. Nur so kann der Außenminister entscheiden, ob ihm bei vertraulichen Unterredungen mit Iranern Propaganda oder die Wahrheit berichtet wird. Ein Beispiel dafür ist die Rauschgiftproduktion. In allen offiziellen Verlautbarungen weisen die iranischen Machthaber immer wieder darauf hin, daß sie Rauschgifthändler unerbittlich verfolgen und manchmal auch hinrichten. Bei aller Kritik an den Mullahs honorieren auch Journalisten die angeblichen Erfolge Teherans bei der Rauschgiftbekämpfung. Im BND-Bericht zur internationalen Rauschgiftlage aus dem Jahre 1996 liest sich das allerdings etwas anders. Dort heißt es: »Es gibt immer wieder Hinweise, daß Angehörige der iranischen Revolutionären Garden Heroin gegen harte Währung an türkische Kurden verkaufen, die den Weitertransport des Rauschgifts auf den europäischen Markt übernehmen.« Dann fährt der Bericht fort: »Die Rauschgift-bekämpfung ist nur begrenzt wirksam, weil einflußreiche Regimeangehörige sowie Mitarbeiter von Sicherheitsbehörden und Geheimdienst in den Handel verwickelt sind.« Während ausländische Dealer in Iran unnachsichtig verfolgt würden, könnten sich iranische Händler nicht nur freikaufen, sondern würden zum Teil sogar regelrecht »protegiert«: »Die zahlreichen iranischen Erfolgsmeldungen über Beschlagnahmen großer Rauschgiftmengen sowie die Zerschlagung von Händlerringen sind vermutlich propagandistisch übertrieben«, schließt der BND-Bericht zur Rauschgiftlage in Iran.

Ähnlich wichtige Erkenntnisse erlangte der BND auch über die Machthaber in Nordkorea. Während am 3. Februar 1997 Nordkorea offiziell eingestand, daß in diesem Jahr etwa 2,3 Millionen Tonnen Getreide zur Versorgung seiner 24 Millionen Einwohner fehlen würden – also etwa die Hälfte des Nahrungsbedarfes – und zugleich internationale Hilfe forderte, wußte der BND Unschönes über die dortigen Machthaber zu berichten. Statt die Nahrungsgrundlagen ihrer Bevölkerung zu verbessern, hätten sie damit begonnen, landwirtschaftliche Flächen für die Opiumproduktion zu nutzen. In der Hafenstadt Chongjin soll das Rohopium zu Morphin und Heroin verarbeitet werden. Zudem heißt es beim BND: »Nordkoreanische Botschaftsangehörige sollen regelmäßig an dem Rauschgiftschmuggel beteiligt sein.« Solche Hintergrundinformationen, die im Detail wesentlich präziser sind als hier angegeben, können wohl auch die besten Journalisten nicht liefern. Für die Bundesregierung, die ihre Informationen ja mit anderen europäischen Diensten teilt, sind sie aber wesentliche Bestandteile jenes Hintergrundwissens, das in die Entscheidung einfließt, ob und vor allem auch wie Nordkorea – letztlich mit dem Geld der Steuerzahler – geholfen werden sollte. Die Kalkulation der nordkoreanischen Diktatoren scheint jedenfalls aufzugehen: Das Welternährungsprogramm der Vereinten Nationen rief 1997 zu umfangreichen Spenden für Nordkorea auf, und die Vereinigten Staaten wollten im gleichen Jahr 1997 Lebensmittel im Wert von 15 Millionen Dollar zur Verfügung stellen.

Der BND hat in der Vergangenheit den Bau von Mini-U-Booten, die kolumbianische Drogenkartelle in Auftrag gegeben haben und mit denen sie das Rauschgift auf das offene Meer bis zu den Routen internationaler Containerschiffe bringen, ebenso beobachtet wie die »Tests« raffinierter neuer Drogen-Verstecke: So werden nun immer öfter in Lateinamerika Kleidungsstücke mit flüssigem Kokain getränkt oder Getränken verflüssigte Drogen beigemischt. In einem BND-Bericht heißt es: »Selbst ganze Gepäckstücke werden heute aus Kokain hergestellt.« Aus montenegrinischen Häfen bekommt der BND regelmäßig Informationen über dort ankernde italienische Mafia-Yachten, und von mazedonischen Flughäfen erhält er Erkenntnisse über diejenigen Afrikaner, die dort mit gefälschten Pässen als Rauschgiftkuriere unterwegs sind.

Zusammen mit befreundeten Nachrichtendiensten verfügt der BND über Erkenntnisse, nach denen der Wahlkampf des kolumbianischen Präsidenten Samper mit dessen Wissen von der Drogenmafia finanziert wurde. In der kolumbianischen Hauptstadt Bogotá unterhält der BND zum Ärger mancher Abgeordneter keine Residentur. Ein ranghoher BND-Mitarbeiter entgegnete auf die Anfrage eines Bundestagsabgeordneten, warum man den kolumbianischen Drogenhandel nicht vor Ort beobachte. »Mit wem sollen wir denn dort sprechen? Es gibt praktisch niemanden, der dort nicht durch und durch korrupt ist.« Statt dessen klärt der BND Kolumbien mit Hilfe anderer Geheimdienste in gemeinsamen Operationen auf. Andere Beispiele: Der bolivianische Innenminister Carlos Sanchez Berzain erhält angeblich für jede Drogensendung nach Mexiko 500.000 Dollar. General Jose de Jesus Gutierrez Rebollo, oberster mexikanischer Drogenbekämpfer, wurde im Frühjahr 1997 wegen Drogenhandels verhaftet. Das mexikanische Nationalinstitut für die Drogenbekämpfung wurde im Mai 1997 aufgelöst, weil es zu einem »Symbol der Korruption« und »Ineffizienz« geworden war. Auch der Bruder des früheren mexikanischen Präsidenten Salinas, Raul Salinas de Gortari, sowie ranghohe mexikanische Regierungsmitglieder haben Millionen Dollar im Rauschgifthandel verdient. In einem BND-Bericht heißt es dazu: »Die ehemalige Regierung von Präsident Salinas war eng mit einem der mächtigsten Drogenkartelle des Landes, dem Golf-Kartell, verbunden. Der im Januar 1996 verhaftete Chef des Golf-Kartells, Juan Garcia Abrego, soll allein zehn Prozent der mexikanischen Antidrogenagenten kontrolliert haben. Er hatte gute Kontakte bis in hohe mexikanische Regierungskreise sowie in die USA. Seine Bestechungsgelder für Beamte, Bankangestellte, Unternehmer und Händler wurden auf 40 bis 50 Millionen US-Dollar jährlich geschätzt. Nach Erkenntnissen der mexikanischen Staatsanwaltschaft gehören einige Drahtzieher bei der Ermordung führender Mitglieder der Regierungspartei PRI dem Golf-Kartell an.« Die Einzelheiten solcher streng vertraulicher Berichte des BND beeinflussen selbstverständlich die Entscheidung, welche Politiker aus diesen Staaten nach Deutschland eingeladen werden oder wem deutsche Politiker auf Dienstreisen in Lateinamerika eigentlich noch unbefangen die Hand schütteln können. In Peru etwa sollte man die schmutzigen Hände der Drogenfamilien von Abelardo Cachique Rivera alias »El Negro« bzw. »Teniente«, »El Champa«, »El Vampiro« und »Los Nortenos« meiden.

Möchte beispielsweise der persönliche Referent eines deutschen Ministers wissen, welche bulgarischen Transitrouten für den Rauschgiftschmuggel nach Deutschland genutzt werden, wird man ihm aus dem BND antworten: »Während des Bürgerkrieges im ehemaligen Jugoslawien wurden unter teilweiser Umgehung des Kriegsgebietes neben der klassischen Balkanroute Alternativrouten für den Rauschgiftschmuggel von der Türkei nach Europa eingerichtet: Neben den stark frequentierten Landwegen nutzen die Drogenhändler auch Seewege von der Türkei direkt über Griechenland oder Italien nach Westeuropa. Mehr als 60 Prozent des für den westeuropäischen Markt bestimmten Heroins werden nach wie vor über bulgarisches Territorium geschmuggelt. Dies geschieht auf dem Landweg vor allem mittels der zahlreichen LKW-Transporte aus der Türkei, auf dem Seeweg über die Häfen Varna und Burgas sowie auf dem Luftweg über den Flughafen von Sofia. In den Städten Sofia, Malko Tarnovo, Kalotina und Kapitan Andreevo werden die Drogen teilweise umgepackt bzw. umgeladen. Auch die Donauschiffahrt soll verstärkt für den Drogenschmuggel genutzt werden. Die meisten der in den Rauschgifthandel in Bulgarien verwickelten Personen sind Türken. Die übrigen Drogenschmuggler sind vor allem Serben, Kroaten, Bulgaren, Iraner und Araber. Es gibt Hinweise, daß zunehmend auch Tschechen, Slowaken, Polen, Russen und Rumänen in das Transitgeschäft in Bulgarien einsteigen.« Das sind eher allgemein gehaltene Informationen. Nur in begründeten Fällen wird man ihm auch jene Erkenntnisse aus Pullach mitteilen, nach denen die Familie der früheren türkischen Ministerpräsidentin und Außenministerin Ciller nicht nur in den türkischen, sondern auch in den bulgarischen Rauschgifthandel verwickelt sein soll. Wie gefährlich es ist, öffentlich über diese Verwicklungen der Familie Ciller zu berichten, erfuhr im Mai 1997 auch der private türkische Fernsehsender »Flash-TV«. Er hatte ein Interview mit dem polizeilich gesuchten Mafia-Boß Alaattin Cakici ausgestrahlt, in dem dieser Cillers Ehemann Özer stark belastet hatte. Daraufhin drangen 50 »gutgekleidete Herren« in die Redaktionsräume des Fernsehsenders ein und schossen um sich. Der Fernsehsender wurde geschlossen.

In Rumänien ist es kaum anders: Der Bonner Referent eines Ministeriums erhielt aus Pullach auf eine Anfrage zur Rauschgiftroute Rumänien ähnliche Auskünfte: »Über rumänisches Territorium werden nach wie vor große Mengen an Heroin – das für den westeuropäischen Markt bestimmt ist – geschmuggelt, und zwar auf dem Landweg per LKW aus der

Türkei und Bulgarien, auf dem Seeweg über die Schwarz-meerhäfen Constanta und Eforie sowie auf dem Luftweg über den Flughafen Bukarest. In den vergangenen Jahren hat der private Reiseverkehr rumänischer Touristen in die Türkei stark zugenommen, so daß Rauschgiftkuriere, die Heroin und Ko-kain nach Rumänien bringen, sich unter den zahlreichen Rei-senden relativ ungestört bewegen können. Über den Hafen Constanta wird neuerdings vermehrt auch Kokain aus Süd-amerika geschmuggelt. Aus der Kaukasusregion sollen Dro-gen nach Sewastopol (Krim) geschmuggelt werden, um dort auf hoher See von russischen Schiffen auf rumänische Fischer-boote zum Weitertransport über den rumänischen Hafen Mamaia nach Westeuropa verladen zu werden.« Man merkt diesen eher allgemein gehaltenen Berichten die Bemühungen an, vor den Empfängern um jeden Preis zu verschleiern, ob und wo der BND eine Informationsquelle plaziert hat. Zu groß wäre die Gefahr, daß ein Maulwurf im BND diese zumeist in mehreren Dutzend Kopien existierenden Berichte nach außen weitertragen könnte. Falls es aus Sicht der Regierenden einmal wirklich erforderlich erscheint, Namen zu nennen, werden auch zum Thema Rauschgiftlage geheime Berichte ausgelie-fert, die dann aber nur einem sehr kleinen Kreis zur Einsicht vorgelegt werden.

Wenig Erbauliches berichtet der BND über den Rauschgift-handel in Albanien: »Die albanische Mafia steuert den Heroin-handel, den sie auch als Tauschgeschäft gegen Waffen ab-wickelt, von ihren Stützpunkten in Albanien, Mazedonien und vor allem in der serbischen Provinz Kosovo aus. Sie arbeitet im Adriaküstenbereich besonders mit der italienischen und montenegrinischen Mafia zusammen und hat auch in Kroatien und Slowenien gute Verbindungen. Kosovo-Albaner, die einer multikulturellen Bande in Polen (Gruppe Jugoslawien) an-gehören, sollen über enge Kontakte zu kolumbianischen Rauschgiftorganisationen verfügen. In der Tschechischen Republik sollen sie derzeit den Drogenmarkt dominieren. Offi-zielle Stellen rechnen dort mit einem Machtkampf zwischen der russischen Mafia und den Kosovo-Albanern. Die albanische Mafia hat auch in Bulgarien Fuß gefaßt; sie kooperiert mit der georgischen und armenischen Mafia und verfügt über Kontakte zur russischen Mafia. Die albanische Mafia hat in zahlreichen westeuropäischen Ländern die notwendige Vertriebsstruktur; so vor allem in Italien, der Schweiz, den Niederlanden und in Deutschland. Die muslimischen Albaner im Kosovo nutzen ihre weltweiten Verbindungen, um mit illegalen Geschäften ihren Lebensunterhalt, ihre separatistischen Aktivitäten – zum Beispiel Waffenkäufe – oder eine Flucht zu finanzieren. Dabei ist der Heroinschmuggel nach Westeuropa zu einer ihrer Einnahmequellen geworden. Die Drogen werden über Kroatien, Slowenien und/oder mit Schnellbooten über Italien geschmuggelt; Albaner, die in der Schweiz, in Deutschland oder in den USA leben, sorgen für die Verteilung des Rauschgifts auf den Abnehmermärkten der westlichen Industrienationen.«

MEDIKAMENTENDEALS MIT TODESFOLGE

Der BND beobachtet auch Gebiete der organisierten Kriminalität, die heute noch nicht im Bewußtsein der Deutschen verankert sind. Ein Beispiel dafür ist die vor allem in der Dritten Welt operierende Medikamenten-Mafia. Dort werden, mit oft tödlichen Folgen, gefälschte oder minderwertige Arzneimittel auf den Markt gebracht. Allein in Haiti starben im Sommer 1996 vermutlich mehr als 300 Kinder an einem vergifteten fiebersenkenden Mittel. In Bangladesch starben Hunderte Kinder an Nierenversagen, weil Schmerzmittel billiges, aber tödliches Diäthylenglykol enthielten. Die Fälschung von Arzneimitteln durch skrupellose Geschäftemacher ist nach Angaben der Weltgesundheitsorganisation (WHO) ein immer größeres Problem. 1994 erfaßte die WHO rund 5000 gefälschte Arzneimittel, vor allem von Mafia-Organisationen gepanschte Antibiotika, die an die Schiebereien im Wien der Nachkriegszeit erinnern. Fünf bis zehn Prozent aller weltweit gehandelten Arzneimittel gelten inzwischen als gefälscht, gepanscht oder vergiftet. In manchen Ländern, vor allem in Afrika, ist jedes zweite Medikament gefälscht. Lösungsmitteln im Hustensaft oder Frostschutzmitteln im Fiebersirup könnten auch deutsche Urlauber zum Opfer fallen. Auch auf solchen bislang weniger beachteten Gebieten der organisierten Kriminalität könnte der BND deutschen Behörden mit den im Ausland gewonnenen Erkenntnissen helfen.

Eine kriminelle Wachstumsbranche

Vieles spricht nach Auffassung des BND dafür, daß die Aktivitäten der organisierten Kriminalität weltweit – und damit auch in Deutschland – weiter zunehmen werden:

1. Die Profite krimineller Vereinigungen werden weiterhin steigen. Damit aber droht Deutschland neben dem Anwachsen der kriminellen Gewalt auch der Einsatz der »Finanzwaffe« krimineller Gruppen. In vielen Ländern ist schmutziges Geld bereits auf die Finanzmärkte geflossen. Nach Schätzungen westlicher Geheimdienste finanziert sich auch die Bundesregierung bei ihrer alljährlichen Kreditaufnahme schon jetzt zu 20 bis 30 Prozent aus dem organisierten Verbrechen. Das gilt auch für andere europäische Staaten, wird aber von den Regierenden gern verschwiegen oder heruntergespielt. Kriminelle Organisationen halten auch in Deutschland mit wachsender Tendenz einen Teil der Staatsschulden in Form von Obligationen und Bundesschatzbriefen. Dabei spielen nach Geheimdienstangaben ausländische Banken und Strohmänner, die die Depots halten, eine wichtige Rolle. In einem Bericht für die Bundesregierung heißt es dazu: »Die Kooperation mit Geldwäschern ist für undurchsichtig arbeitende Banken ein profitträchtiges Geschäft. Ihnen erwachsen für in Anspruch genommene Dienstleistungen hohe Einnahmen in Form von Gebühren. Auch bei weniger kostenintensiven Dienstleistungen, wie etwa bei der Überweisung, ist es im Falle der Mitwisserschaft des Instituts üblich, bis zu 10% an Provision zu vereinnahmen.« Die Daueremission

Bundesschatzbrief wurde 1969 kreiert. Damals dachte niemand an das organisierte Verbrechen. Doch seit 1993 kommt der Absatz an Bundesschatzbriefen richtig auf Touren. Er erreichte 1996 einen Bruttoabsatz von mehr als 25 Milliarden Mark. Der Umlauf beträgt insgesamt mehr als 100 Milliarden Mark. Die »Welt am Sonntag« schrieb am 16. März 1997 zum Bundesschatzbrief: »Zunehmendes Interesse fand er überall dort, wo vorübergehende Parkmöglichkeiten gesucht wurden. Und dafür eignet sich der Bundesschatzbrief bestens.« Denn von diesem Papier kann sich der Zeichner schon nach einem Jahr wieder trennen. Noch interessanter für die organisierte Kriminalität sind die neuen »BuBills« oder aber Kassenobligationen. Damit aber sind kriminelle Banden zu Gläubigern unseres Staates geworden und beeinflussen mit ihren finanziellen Umschichtungen die makroökonomische Regierungspolitik. Weil in den vergangenen Jahren wie wohl auch in Zukunft immer wieder neue Schulden aufgenommen werden, ist die Bundesregierung auf immer neue Kapitalzuflüsse angewiesen. Nüchtern betrachtet wird sie damit auch immer abhängiger vom Investitionswillen des organisierten Verbrechens in den Standort Deutschland. Im Klartext: Wenn das organisierte Verbrechen nicht weiterhin Milliarden Mark in die deutsche Mark investiert, werden die Zinsen in Deutschland steigen. Das aber kann nicht im Interesse der kreditabhängigen Bundesregierung sein. Der Bundesnachrichtendienst wird hier zukünftig vermehrt den Weg der Kapitalflüsse aus dem Ausland klären müssen, um mögliche Erpreßbarkeiten zukünftiger deutscher Regierungen zu verhindern. Der Bundesfinanzminister kann derzeit vorgeben, von alledem keine Kenntnis zu haben. Ein Gesprächspartner aus einem Bonner Ministerium, der diese Vorgänge mit Wut im Bauch zur Kenntnis nehmen mußte, sagte dazu: »In diesem Zusammenhang fällt auch die Erkenntnis, warum die Bundesregierung sich dagegen sperrt, daß Drogen an Süchtige kon-

trolliert abgegeben werden. Damit würde der Schwarzmarkt für Drogen ebenso wie die damit verbundene
Kriminalität ausgetrocknet. Man braucht auch diese horrenden Summen der kriminellen Hintermänner, denn je
mehr Geld, aus welchen Quellen auch immer, auf den
deutschen Markt drängt, um so niedriger bleiben die
Zinsen.«

2. Vor dem Hintergrund von Massenarbeitslosigkeit und sin-
   kenden Zukunftschancen für Jugendliche werden sich immer mehr Jugendliche kriminellen Gruppen zuwenden.
   Verbrecherorganisationen werden sich in einigen Regionen Europas immer stärker als Ordnungsmacht und Wohl-
   fahrtsträger etablieren können.

3. Die Migrationsbewegungen nach Europa, von denen
   Deutschland mit am stärksten betroffen ist, werden auf
   ethnischer Basis operierenden Verbrecherorganisationen
   immer bessere Einstiegsmöglichkeiten für ihr kriminelles
   Handeln bieten. Jüngste Beispiele dafür sind in Deutschland operierende rumänische Tresorknackerbanden, serbische Einbrecher, polnische Autoschieber, tschechische
   Menschen- und russische Waffenhändlerringe.

4. Weil die Kontrollen an den Staatsgrenzen immer mehr ab-
   gebaut werden, verstärkt sich deren Durchlässigkeit für
   Verbrecherbanden.

5. Technologische Neuerungen auf dem Kommunikations-
   sektor erschweren die nachrichtendienstliche Aufklärung
   der organisierten Kriminalität. So nutzen die Hintermänner schon heute nicht mehr jene Verschlüsselungsverfahren, die man in Bonn zukünftig verbieten lassen möchte.
   Statt dessen haben sie längst die digitalen und kaum nach-
   weisbaren Steganografie-Methoden für sich entdeckt
   (siehe dazu das Kapitel über die Abteilung VI, Technische
   Unterstützung). Beispielhaft werden nachfolgend – in enger Anlehnung an vom BND zur Verfügung gestellte
   Unterlagen – einzelne international tätige OK-Organisa-
   tionen und ihr Umfeld vorgestellt.

GRUPPIERUNGEN AUF DEM GEBIET DER FRÜHEREN SOWJETUNION

Ulrich Schmid, langjähriger Moskau-Korrespondent der »Neuen Zürcher Zeitung«, warnt in seinem Buch »Gnadenlose Bruderschaften« davor, daß sich russische Verbrecherbanden vor allem auch in Deutschland einnisten werden. Machtorgane, Geschäft und Verbrechen seien derart unentwirrbar miteinander verknüpft, daß Rußland kaum aus seiner verfahrenen Lage herauskommen werde und die Verbrecherbanden Deutschland mehr und mehr heimsuchen werden. Und der Ostexperte Wolfgang Leonhard schreibt in seinem Buch »Spiel mit dem Feuer – Rußlands schmerzhafter Weg zur Demokratie«: »In Rußland ist das Verbrechen grenzenlos.« Auch der Bundesnachrichtendienst beobachtet die organisierte »russische« Kriminalität vorrangig, die sich seit dem Zusammenbruch des kommunistischen Systems krakenhaft ausbreitet. In einem vertraulichen Arbeitspapier des Bundesinnenministeriums kamen die Autoren im Frühjahr 1997 zu dem Ergebnis, daß deutsche Ermittlungsbehörden eigentlich auch nicht mit russischen oder ukrainischen Kollegen zusammenarbeiten dürften, denn: »Trotz der staatlicherseits bestehenden Bemühungen um Verbesserung muß davon ausgegangen werden, daß die Sicherheitsbehörden dieser Länder teilweise bis in höchste Ebenen seitens der OK infiltriert sind.«

In einem BND-Bericht heißt es: »Die entsprechenden kriminellen Vereinigungen sind i.d.R. hierarchisch strukturiert und werden diszipliniert geführt. Sie dominieren die – in Rußland weit ausgedehnte – Schattenwirtschaft und korrumpieren die öffentliche Verwaltung. In nicht wenigen Fällen bestehen enge Verbindungen der Mafiagruppen zu Funktionsträgern in Politik und Verwaltung; auch einzelnen Politikern werden immer wieder Kontakte zur OK nachgesagt.«

Einer der vom BND in jüngster Zeit beobachteten Politiker ist angeblich Wladimir Schirinowskij, der Führer der russischen Nationalisten. Ihm wird nachgesagt, besonders enge Kontakte zur Russenmafia zu haben. Sein früherer Stellvertreter

Wengerowskij sagte, ein großer Teil der Listenplätze von Schirinowskijs Partei bei der Parlamentswahl im Jahre 1995 sei gegen Zahlung von Beträgen bis zu einer Million Dollar vergeben worden. Wengerowskij behauptete, die Partei Schirinowskijs sei von der Mafia »durchseucht«.

Eduard Schewardnadse, früherer sowjetischer Außenminister und KGB-Chef Georgiens, habe nach westlichen Geheimdienstangaben 1992 mit finanzieller Hilfe des georgischen Drogenbarons Tengiz Kitovani georgischer Staatspräsident werden können.

Nach Angaben des russischen Innenministeriums kontrollieren die Mafiagruppen schon mehr als die Hälfte der Wirtschaft: 35.000 Betriebe, 47 Börsen und 1500 große Staatsunternehmen. Dieses kriminelle Imperium wird von 323 Paten beherrscht. Nach Angaben des BND zählen zu den Betätigungsfeldern international tätiger russischer Verbrecherbanden vor allem Schutzgelderpressung, der Drogen- und Waffenhandel sowie Geldfälschungsdelikte. Zudem verschiebt die Mafia vor allem staatlich subventionierte Rohstoffe wie Erdöl, Erdgas, Zinn, Bronze, Magnesium und Titan, die unter Weltmarktpreisen im Ausland abgesetzt werden. Korrumpierte Beamte stellen dabei die erforderlichen Ausfuhrdokumente bereit. Zunehmend stehlen russische Banden auch Kraftfahrzeuge in Westeuropa, wobei Berlin ein Drehplatz dieses Handels zu sein scheint. Autodiebstahl zählt zu den klassischen Betätigungsfeldern der russischen Mafia. Allein in Moskau werden täglich rund 80 bis 100 Fahrzeuge gestohlen.

Kurt Schelter (CSU), Staatssekretär im Bundesinnenministerium, vertrat in einem »Focus«-Gespräch im November 1996 die Auffassung, daß in Rußland tätige deutsche Unternehmen zwischen 10 und 20 Prozent ihres Umsatzes »als Schutzgeld« an die russische Mafia zahlen müssen. Er bestätigte Angaben des BND, wonach russische Mafiabanden vermehrt auch mit Produkten der Markenpiraterie und mit Kunstwerken nach Deutschland drängen. Kanzleramtsminister Bohl

(CDU) sieht Deutschland gar als »Ziel eines Generalangriffes der Russenmafia«. Nach seiner Auffassung wird die Aufgabe des Staates, die Bürger zu schützen und die innere Sicherheit zu gewährleisten, schon in wenigen Jahren alle anderen Probleme in unserer Gesellschaft überlagern. Und Gerhard Mueller, Jura-Professor an der Rutgers-Universität in Newark (New Jersey), sieht Deutschland als »Frontstaat« für die kriminellen Ziele der Russenmafia.

Einer der wichtigsten Geschäftszweige der Russenmafia ist weiterhin der Rauschgifthandel. 1995 beschlagnahmte die russische Polizei mehr als 95 Tonnen Drogen. Es wird aber geschätzt, daß nur 5 Prozent der tatsächlich geschmuggelten Menge beschlagnahmt wurden. Russische Beobachter berichteten dem BND, daß an manchen russischen Grenzstationen nicht mehr als 0,1 Prozent des tatsächlich geschmuggelten Rauschgiftes konfisziert werden. Etwa zehn Milliarden Dollar erzielten die russischen Banden 1995 durch den Rauschgifthandel. Für den BND ist die Beobachtung des Rauschgifthandels in Rußland wichtig, weil der größte Teil der Drogen das Land nur im Transit passiert und letztlich für den europäischen Markt bestimmt ist. Doch auch in Rußland selbst steigt der Verbrauch von Drogen stark an. Waren nach Angaben der russischen Nachrichtenagentur Itar-Tass 1981 etwa 200.000 Russen regelmäßige Drogenkonsumenten, so sollen es 1996 nach Angaben des Moskauer Innenministeriums schon etwa zwei Millionen gewesen sein.

Etwa 10 Prozent des für Europa bestimmten Heroins aus dem »Goldenen Halbmond« in Südwestasien werden über den Kaukasus nach Nord- und Westeuropa geschmuggelt. Weitere 20 Prozent des für Europa bestimmten Heroins kommen aus Afghanistan und den zentralasiatischen GUS-Staaten über Kasachstan nach West- und Nordeuropa; ein weiterer Teil gelangt über das Kaspische Meer, Tschetschenien und das Schwarze Meer nach Europa. Allein in Afghanistan wurden 1995 3200 Tonnen Opium – Haupteinnahmequelle der verschiedenen Bürgerkriegsparteien – produziert. Nach Angaben der in Prag erscheinenden Zeitung »Transition« vom 20.September 1996 kostet ein Kilogramm Opium in Afghanistan 100 Dollar und steigt im Wert bei seiner Ankunft in Moskau auf durchschnittlich 8000 Dollar.

In der Ukraine bestehen beste Voraussetzungen für den Anbau von Schlafmohn und Cannabis. Umfangreiche illegale Mohn- und Hanfplantagen, die nach Angaben des BND »ohne Duldung unterer ukrainischer Behörden kaum denkbar sind«, liegen in dem radioaktiv verseuchten Gebiet um Tschernobyl. Größere illegale Anbaugebiete für Schlafmohn gibt es in der weiteren Umgebung von Kiew. Dort gibt es auch Laboratorien für die Heroinproduktion. Die Ukraine ist eingebunden in die Transportrouten für Heroin nach Westeuropa. Auch Kokain aus Südamerika wird mittlerweile über die Ukraine nach Westeuropa geschmuggelt.

Mehrere europäische Geheimdienste weisen in Zusammenhang mit der Rauschgiftproduktion im radioaktiven Gürtel um Tschernobyl auf ein Dilemma ihrer Regierungen hin: Am Rauschgiftgeschäft beteiligte Machthaber der Ukraine sollen die Europäische Union vor die Wahl gestellt haben, entweder für die Sanierung von Tschernobyl weitere Gelder zur Verfügung zu stellen, oder aber mit einem wachsenden Marktanteil verstrahlten Rauschgiftes auf den europäischen Märkten rechnen zu müssen. Natürlich wurde diese Erpressung – so die Geheimdienste – in äußerst moderate und vor allem diplomatische Floskeln eingebunden. Sinngemäß soll es aber geheißen haben, die Ukraine brauche Geld; wenn nicht von der EU, dann eben aus dem Rauschgifthandel.

In den zentralasiatischen GUS-Staaten entstehen gegenwärtig nach BND-Erkenntnissen Drogenkartelle, die den Goldenen Halbmond als bisherige Zentren der Heroinproduktion und des Drogenumschlags übertreffen werden. In Kasachstan, Kirgistan, Tadschikistan, Turkmenistan und Usbekistan könnte es nach Auffassung von Fachleuten in Pullach bis zur Jahrtausendwende Drogenkartelle geben, wie sie bislang vor allem aus Lateinamerika bekannt sind.

Immer stärker fällt Rußland aber auch in Zusammenhang mit der Geldwäsche auf. Die Schwachstellen des russischen Finanz- und Bankensystems werden nach Erkenntnissen des BND auch von westlichen OK-Gruppierungen zunehmend zur Geldwäsche genutzt. Mitte der neunziger Jahre sollen jährlich etwa 20 Milliarden Dollar in Rußland gewaschen worden sein. Die russische OK nutzt die Bemühungen staatlicher Stellen, Investoren anzulocken, gezielt zur Geldwäsche. Etwa 4000 russische Banken und Bankfilialen wurden 1996 nach Angaben des BND von der Russenmafia kontrolliert. Bis 1994 sollen 429 kriminelle Gruppen enttarnt worden seien, die ausschließlich in der Bankbranche tätig waren. Im März 1997 lagerten auf acht russischen Filialbanken in Zypern nach westlichen Geheimdienstangaben allein 20 Milliarden Mark, die zur Geldwäsche allmählich in den deutschen Wirtschaftskreislauf gepumpt werden sollten.

Neben deutschen Banken profitieren gegenwärtig vor allem auch deutsche Speditionen von den in Rußland gewonnenen Erkenntnissen des BND, die sie zum Schutz ihrer Fahrer und ihrer LKW samt Ladung verwenden können. 1996 wurden allein vier finnische und ein niederländischer Lastwagenfahrer kurz vor Moskau ermordet. Die Fracht wurde geraubt. Deutsche Fernfahrer wurden zwar bis Mitte 1997 mehrfach brutal zusammengeschlagen; es gab aber noch keine Tötungsfälle. Immer öfter verkleiden sich Mitglieder russischer Räuberbanden als Polizisten, halten LKW an, verprügeln die Fahrer, stoßen sie in den Straßengraben und flüchten mit dem Lastzug. 1996 wurde in Moskau eine siebenköpfige Bande festgenommen, auf deren Konto elf Morde an Fahrern gehen. Ihnen ging es um die LKW, die sie nach Weißrußland weiterverkauften. Besonders auffällig ist nach Angaben des BND, daß diese Straßenbanden immer gut informiert sind und wissen, was die Lastzüge geladen haben. Nach Angaben eines Sprechers des russischen Innenministeriums wurden bis Ende 1996 schon mehr als 200 Straßenräuber von der Polizei erschossen. Dennoch nimmt die Zahl der Überfälle zu. Allein finnische Spediteure verloren nach BND-Angaben 1996 58 LKW samt Ladung. Neben den Routen Deutschland-Polen-Moskau und Wyborg-Sankt Petersburg-Moskau gelten auch Frachtstrecken zwischen Rußland und Kasachstan als sehr gefährlich. Informationen über Gefahrenquellen und über Möglichkeiten, Raub und Erpressung zu entgehen, sind daher äußerst wertvoll.

Zudem werden nach BND-Angaben immer öfter in Rußland lebende Deutsche Opfer von Schutzgelderpressungen. Alle 72 Stunden, so der russische Justizminister Kowaljew, werde in Rußland ein wichtiger Unternehmer oder Bankier von den Schergen der Mafia ermordet. 2000 Dollar ist in Moskau der Preis für bestellten Mord. Für viele in Rußland tätige deutsche Unternehmen scheint sich die Hoffnung, dort Gewinne zu machen, kaum zu erfüllen, denn es ist fast unmöglich, in Rußland Geschäfte zu machen, ohne die Mafia am Gewinn zu beteiligen. Fast alle ausländischen Geschäftsleute werden genötigt, regelmäßig Schutzgelder abzuführen. Der BND sammelt Erkenntnisse darüber und stellt sie den deutschen Entscheidungsträgern zur Verfügung. Über die Referentenebene gelangen diese Informationen an die politischen Führungsspitzen, die bei den bilateralen Gesprächen mit der russischen Führung dann auch über dieses Thema sprechen – bislang allerdings mit wenig Erfolg, denn die russische Exekutive ist im Vergleich zu ihrem Gegner, der OK, sehr schwach.

Von den rund 8000 verschiedenen größeren russischen Verbrecherbanden sind viele ethnisch organisiert. So gibt es neben rein russischen Gruppierungen auch Armenier, Aserbaidschaner, Dagestaner, Georgier, Inguschen, Tatarstaner und Tschetschenen, die eigene kriminelle Banden führen.

Zu den tschetschenischen Gruppen heißt es 1996 in einem Dossier des BND: »Die tschetschenische Gruppe gehört zu den ersten der ethnischen Gruppierungen in Moskau, die sich zur Ausübung krimineller Tätigkeiten organisierten und hierarchisch strukturierten. Derzeit gehören ihr etwa 3000 Mitglieder an. Seit etwa 1993 zeichnen sich verstärkte Aktivitäten in der Wirtschafts- und Finanzkriminalität ab. Sonstige Betätigungen bestehen in Schutzgelderpressung, Diebstahl und Verschieben von Fahrzeugen, Raub, Drogenhandel und Zuhälterei. Die Tschetschenen-Mafia hat mittlerweile ihre Aktivitäten auch nach Westeuropa ausgedehnt« (BND-Bericht Sonderformen der internationalen organisierten Kriminalität, S. 15).

Allerdings ist in diesem Zusammenhang unklar, inwieweit die russischen Geheimdienste, die dem Moskauer BND-Residenten zumindest teilweise Erkenntnisse über die Tschetschenen zur Verfügung stellen, aus politischen Gründen ein Interesse daran haben, die Tschetschenen-Mafia in ihrer Bedeutung zu erhöhen; es könnte dazu dienen, das brutale militärische Vorgehen auch gegen Zivilisten in Zusammenhang mit den tschetschenischen Separationsbestrebungen besser zu begründen. Wie auch immer, es gibt diese Mafia, und dem BND ist bekannt, daß sie auch in Deutschland Geschäfte macht und dubiose Firmen in Liechtenstein sowie Prager und Budapester Banken für die Geldwäsche nutzt.

Über die rein russischen Gruppierungen berichtet der BND in seinem Dossier 1996: »Die folgenden acht russischen Gruppierungen sind in Moskau bekannt: die Balashikhskaya, Dolgoprudnenskaya, Izmajlovskaya, Lyuberetskaya, Podolskaya, Pushkino-Ivanteevs- Solntsevskaya und die Tanganskaya. Bedeutsam sind wegen ihrer internationalen Kontakte vor allem die folgenden Gruppen:

- Die Balashikhskaya-Gruppe mit etwa 200 Aktiven beschäftigt sich hauptsächlich mit Kfz-, Drogen- und Waffenhandel, Raubüberfällen, Schutzgelderpressung und Diebstahl von Staatseigentum; hinzu kommt die Korrumpierung von Amtspersonen der Verwaltung und der Rechtsorgane. Sie unterhält internationale Verbindungen zu Mafia-Gruppen in Thailand, Deutschland, Frankreich und den USA.
- Die Aktivitäten der Dolgoprudnenskaya-Gruppe, die durch auffällige Brutalität gekennzeichnet sind, konzentrieren sich auf Schutzgelderpressung, Raubüberfälle und Auftragsmorde. Weitere Haupteinnahmequellen sind der Drogenhandel

und die Prostitution. Auf internationaler Ebene werden Kontakte nach Deutschland, Österreich und Hongkong gepflegt. Zu ihrem wichtigsten Standort in Deutschland ist die Hauptstadt Berlin geworden. Hier leben mittlerweile mehr als 60.000 russisch sprechende Menschen, von denen zehn Prozent Kontakte zur Dolgoprudnenskaya-Gruppe haben sollen.

- Die Izmajlovskaya bildeten sich aus Jugendbanden der achtziger Jahre, die mit Diebstählen und Raubüberfällen begannen und allmählich in die Wirtschaftskriminalität einstiegen. Internationale Verbindungen bestehen nach Deutschland, Holland und in die USA.

- Die Lyuberetskaya-Gruppe mit mehr als 150 aktiven Mitgliedern ist spezialisiert auf Diebstahl, Raub, Betrug, Erpressung, Drogen- und Waffenhandel sowie Schutzgelderpressung von Taxiunternehmen, Casinos, Restaurants und Verkaufsständen in »ihren« Moskauer Stadtteilen. Internationale Verbindungen bestehen insbesondere in die USA, nach Israel, Ungarn und nach Deutschland. Durch die Kontakte nach Deutschland wird ein Teil des Exports gestohlener Gebrauchtwagen nach Rußland und in andere GUS-Staaten koordiniert.

- Bereits seit Mitte der achtziger Jahre ist die Podolskaya-Gruppe – mittlerweile eine der größten und reichsten Gruppierungen mit etwa 500 Mitgliedern und über 20 bekannten Autoritäten – in der Region Moskau aktiv. Die Gruppe ist spezialisiert auf Schutzgelderpressung, Kidnapping, Raubüberfälle und Auftragsmorde, letztere insbesondere in den USA. Sie sind gut ausgerüstet mit automatischen Waffen, Granaten und Fahrzeugen. Verbindungen wurden aufgebaut mit Mafia-Bossen in den USA und in Europa (hier insbesondere in Belgien).

- Eine der mächtigsten Banden ist die Pushkino-Ivanteevs-Gruppe. Sie verfügt über gut entwickelte Verbindungen in die USA, nach Deutschland und Thailand und kontrolliert Spielhallen, Casinos, Autosalons mit gestohlenen ausländischen Fahrzeugen, zum Teil den Flughafen Sheremetevo, den Import von Massenbedarfsartikeln sowie Herstellung und Vertrieb von verfälschten alkoholischen Getränken und kunsthandwerklichen Erzeugnissen.

- Die russische Gruppierung Solntsevskaya (»die Sonnigen«) hat sich zu einer der einflußreichsten Organisationen im internationalen Rauschgifthandel entwickelt: Sie bezieht Kokain vom kolumbianischen Cali-Kartell und liefert im Gegenzug Heroin aus den zentralasiatischen Staaten. Mittlerweile hat die Gruppierung nahezu die Monopolstellung über die Einfuhr und Verteilung von südamerikanischem Kokain in Moskau erlangt und ist damit von ihrer Bedeutung her mit kolumbianischen Drogenkartellen vergleichbar. Das importierte Kokain ist nicht ausschließlich für den russischen Markt bestimmt; erste Hinweise deuten darauf hin, daß dieses Kokain auch weiter nach Westeuropa transportiert wird und vermehrt auf den dortigen Drogenmärkten – u. a. in Deutschland und England – auftaucht. Internationale Verbindungen dieser Gruppe bestehen zu Mafiagruppierungen in Deutschland und China; national sind Bestrebungen erkennbar, die Kontakte zu Mafia-Bossen in der Provinz auszubauen. Eine Besonderheit dieser Gruppierung besteht in den ausgezeichneten Kontakten zu den örtlichen Rechtsorganen wie Polizei, Gericht und Staatsanwaltschaft. Des weiteren zeichnet sie sich durch einen hohen Grad an Professionalität bei Auftragsmorden aus.«

War zunächst nur der Kernbereich der früheren Sowjetunion von den neu entstehenden Verbrecherbanden betroffen, so ist deren »Arbeitsgebiet« heute nach Angaben des BND immer mehr grenzüberschreitend. Zunehmend rückt auch Westeuropa in das Blickfeld dieser Gruppen. In einem BND-Bericht aus dem Jahre 1996 heißt es: »So machte erst in jüngster Zeit der polnische Staatsschutz auf den extrem starken Anstieg der Kriminalität aufmerksam und sah durch die Ausbreitung russischer Mafiaorganisationen bereits die Souveränität des Landes gefährdet. Relativ stark ist ferner deren Infiltration in die Tschechische Republik und Ungarn vorangeschritten. Im westeuropäischen Raum werden besonders Deutschland und Österreich zu Brückenköpfen der russischen OK. Der Aufbau von Infrastrukturen russischer Mafiagruppen wurde jedoch auch in Luxemburg und Großbritannien erkannt. Einen weiteren regionalen Schwerpunkt bildet Israel. Vor allem im Zuge der Einwanderung russischer Juden nutzte die russische OK die sich hier bietenden Möglichkeiten. Nicht unbeträchtlich sind auch die Aktivitäten der russischen OK in den Vereinigten Staaten. Die Zahl der in den USA aktiven Mitglieder der Russenmafia beläuft sich nach Angaben des FBI auf rund 4000.«

Vor allem die Woizy (»Frontkämpfer«) der Russenmafia bereiten dem BND Kopfzerbrechen. Zu ihnen gehören sowohl Afgancy, Veteranen des sowjetisch-afghanischen Krieges (1979–1988), als auch ehemalige Angehörige der Omon-Einheiten des Innenministeriums. Sie sorgen für die wegen ihrer Brutalität gefürchtete militärische Ausbildung der Russenmafia.

Ein Beispiel mag verdeutlichen, wie wichtig die Aufklärung der Russenmafia auch für deutsche Unternehmen sein kann: Ukrainische Gruppen betreiben weltweit etwa 52 Firmen, über die sie Kunden für Metallgeschäfte suchen, um dann scheinbar lukrative Verträge abzuschließen. Manche Ukrainer liefern dann aber entweder qualitativ minderwertige Ware oder halten die vertraglich festgelegten Liefermengen nicht ein, fordern aber weiterhin den vereinbarten Geldbetrag. Bei Zahlungsverweigerung deutscher Unternehmen wurden Mitglieder der Russen-Mafia beauftragt, das Geld einzutreiben. Mehrfach schon wurden deutsche Unternehmer in diesem Zusammenhang fast zu Tode geprügelt. Nur aufgrund der Zusammenarbeit von Bundeskriminalamt (im Inland) und BND (im Ausland) konnten einige dieser Fälle aufgeklärt und weitere Firmen gewarnt werden.

Von befreundeten Diensten wird der BND auch über die Tätigkeit der Russenmafia im europäischen Ausland unterrichtet. So ortete die spanische Guardia Civil an der Costa del

Sol neue Investorengruppen, die ihr Geld vorwiegend in Hotels und Nachtclubs anlegen, aber auch ganze Appartmentkomplexe aufkaufen. Hinter diesen Transaktionen steckt nach Angaben des spanischen Geheimdienstes die russische Mafia. Die spanischen Behörden schätzen, daß allein an der Costa del Sol Immobilien im Wert von 6 Milliarden Mark an die Mafia verkauft worden sind. Der Weg in das Immobiliengeschäft wird ihr offenbar leichtgemacht. Der BND berichtete dem spanischen Geheimdienst, daß eine westeuropäische Großbank über sogenannte Abschirmkonten, ohne nach der Herkunft des Geldes zu fragen, die Gelder der Mafia zunächst nach Jersey überwies, für den BND ein weiteres Zeichen dafür, daß auch die Russenmafia sich auf die Erfordernisse des 21. Jahrhunderts vorbereiten will. Die Anlage verbrecherisch erworbener Gelder in Immobilien oder Unternehmen zählt zu den neuen Methoden dieser Banden, mittels derer sie die Finanzquellen auch in Zukunft sprudeln lassen können.

Viele Staatsführungen haben dem Treiben der Russenmafia auf ihrem Territorium allzu lange tatenlos zugesehen. Ein Beispiel dafür bieten die 1971 gegründeten Vereinigten Arabischen Emirate. Etwa 720.000 russischsprachige Menschen strömen Jahr für Jahr in die Emirate; viele von ihnen Prostituierte oder Kuriere der russischen Mafia, die hier Geld waschen läßt. 1997 brachten wöchentlich 27 Linienflüge und 36 Charterflüge etwa 15.000 Besucher aus GUS-Staaten in die Emirate. Nach Angaben der Zeitung »Gulf News« geben sie durchschnittlich 2000 Dollar am Tag aus. Eine stolze Summe, wenn man bedenkt, daß das Monatseinkommen in den GUS-Staaten derzeit nur etwa 40 Mark beträgt. Monat für Monat spülen die »Touristen« aus den Nachfolgestaaten der Sowjetunion zusammen mit den Warenkurieren der Mafia 120 Millionen Dollar in die Kassen der arabischen Händler. Fragen über die Herkunft des Geldes werden nicht gestellt. Immer wieder berichtet die BND-Residentur in Dubai, daß ärmlich gekleidete Russen mit Koffern voller Dollar-Noten auf einen Schlag 120 Land-Rover oder Dutzende Rolex-Uhren und teure Elektronik-Artikel kaufen. Auf der Weltkarte der internationalen Geldwäsche wird Dubai beim Bundesnachrichtendienst heute mit fünf roten Punkten unter den restlichen Emiraten hervorgehoben, und auch die amerikanische CIA verbreitet im Internet ihre Erkenntnisse, nach denen Dubai nicht nur Zielort russischer Geldwäscher, sondern zugleich ein wichtiges Transitland von Heroin-Kurieren ist.

Für den BND interessant ist auch die in der Öffentlichkeit kaum bekannte Umweltkriminalität russischer Verbrecherbanden. Die illegale Müllentsorgung bietet mehrfach hohe Gewinnmargen: Durch Bestechung sichern sich russische Banden zunächst über europäische Mittelsmänner Aufträge, »entsorgen« den Sondermüll dann kostengünstig, aber unsachgemäß in einer GUS-Republik, und verdienen – nach dem Vorbild der italienischen Müll-Mafia – an der Beseitigung der so entstandenen Umweltschäden über Spezialfirmen ein weiteres Mal.

DIE ITALIENISCHEN MAFIA-GRUPPEN

Rund 150.000 Italiener arbeiten nach Angaben des italienischen Statistik-Amtes derzeit für Organisationen der Mafia und setzen dabei rund 30 Billionen Lire oder 31 Milliarden Mark um. Verglichen mit den Schätzungen anderer Fachleute erscheinen die Angaben des Statistik-Amtes eher niedrig. Sie beinhalten auch nicht Korruption bei öffentlichen Aufträgen, Geldwucher und Geldwäsche. Der Verband der italienischen Kleinhändler, Confesercenti, schätzt allein das Volumen der Schutzgelderpressungen auf jährlich 30 Billionen und das Gesamtvolumen der organisierten Kriminalität in Italien auf 100 Billionen Lire. Im italienischen Parlament kursieren Dossiers, in denen es heißt, das Gesamtvolumen betrage jährlich sogar 200 Billionen Lire. Das aber entspräche etwa einem Siebtel des italienischen Bruttosozialprodukts. Allein im Drogenhandel setzt die italienische Mafia pro Kopf etwa 220.000 Mark im Jahr um. Das organisierte Verbrechen besitzt in Italien nach Schätzungen des Handelsverbandes Confcommercio ein

Vermögen von umgerechnet mehr als 400 Milliarden Mark. Dreißig Prozent des italienischen Handels hätten geschäftliche Beziehungen zur Mafia, heißt es in dem Jahresbericht 1997 des Confcommercio. Ein Viertel aller Bewegungen auf den italienischen Bankkonten entziehe sich der Kontrolle. Organisierte Zuhälterei, Mafiamorde, Banküberfälle, Erpressungen und die illegale Entsorgung von Problem- und Giftmüll haben den Ruf der italienischen Mafia in alle Welt getragen. In den Vereinigten Staaten haben die im kriminellen Milieu früher vorherrschenden italienischen Mafia-Gruppen ihren maßgeblichen Einfluß verloren. Dort kontrollieren sie heute »nur« noch 30 Prozent des Drogenhandels.

Der Bundesnachrichtendienst unterrichtet das Kanzleramt und die Ministerien regelmäßig über jene ranghohen italienischen Politiker – so früher beispielsweise über Giulio Andreotti – und Wirtschaftsführer – so über den früheren Handelsminister und Geschäftsmann Vitalone, deren Kontakte zur Mafia Anlaß zur Vorsicht sein sollten. Andreotti, mehrfacher Ministerpräsident und einer der herausragendsten italienischen Nachkriegspolitiker, ist angeklagt, mit der Mafia kollaboriert zu haben und der Auftraggeber politischer Morde gewesen zu sein.

Für viele wenig angenehm – aber dennoch wahr – sind die Beziehungen der Mafia zu katholischen Priestern, vor allem auf Sizilien. Auch darüber unterrichtete der BND die Bundesregierung. Zu Beginn der sechziger Jahre hatte ein Reporter einer norditalienischen Tageszeitung während einer Audienz beim Kardinal von Palermo, Ernesto Ruffini, gefragt: »Eminenz, was ist die Mafia?« Ruffini antwortete: »Mafia? Soweit ich weiß, ist das der Name eines Waschmittels.« Doch Ruffini irrte. Auch in den Reihen der italienischen Kirche gab und gibt es Förderer der Mafia. In inzwischen nicht mehr geheimen BND-Unterlagen wird der im Mai 1974 verhaftete Pater Ustino Coppola nur »Priester der Cosa Nostra« genannt. Er war in Entführungen, Erpressungen und Morde der sizilianischen Mafia verwickelt. Die Mönche von Mazzarino sollen Schutzgelder erpreßt haben. Und der Franziskanerbruder Giacinto galt als Freund der mächtigsten Mafiosi. Er wurde auf dem Höhepunkt des Mafia-Krieges der achtziger Jahre im Kloster ermordet.

Im Februar 1997 wurde bekannt, daß die italienische Mafia auch in den betrügerischen Finanzskandal in Albanien verwickelt war, der zu schweren Unruhen vor allem im Küstenort Vlora geführt hatte. Aus dem in Rom veröffentlichten Jahresbericht des Handelsverbandes ging – wie zuvor schon aus einem für das Kanzleramt erstellten Dossier des BND – hervor, daß die italienische Mafia hinter den zusammengebrochenen dubiosen Anlagefirmen in Albanien steckte, die viele Albaner mit Renditeversprechen von mehr als hundert Prozent um ihre Ersparnisse gebracht hatten. »Wir haben Kenntnis davon, daß die italienische Mafia in den albanischen Finanzskandal verwickelt ist«, sagte auch der oberste italienische Mafiajäger Pieroluigi Vigna. »Auch in Italien sind bereits Ermittlungen im Gange«, teilte Alessandro Pansa mit, Chef einer Sondereinheit der Polizei. Ähnliche Betrügereien wie in Albanien habe es vor einigen Jahren auch in Italien gegeben, sagte Pansa. Dahinter habe seinerzeit die Camorra gesteckt.

Fünf unterschiedliche Organisationen teilen sich nach Angaben des BND den italienischen »Markt« auf:

- Die sizilianische Mafia (Cosa Nostra) mit 186 Clans und insgesamt rund 5000 Mitgliedern. Sie hat nach den Polizeierfolgen der vergangenen Jahre damit begonnen, sich neu zu organisieren. Pieroluigi Vigna, der oberste italienische Mafia-Ermittler, sagte im Januar 1997, die Cosa Nostra sei auf Sizilien dabei, neue, »extrem geheime Strukturen« aufzubauen, um sich so gegen das Eindringen der Polizei und die Aussagen inhaftierter Kronzeugen zu schützen. Oberstes Prinzip der neuen Organisationsform sei es, daß lediglich eine kleine Gruppe führender Köpfe in die Geschäfte eingeweiht würde. In der Kommunikation nach außen würden die »Bosse« wesentlich stärker als früher darauf achten, ihre wahre Identität zu verbergen. Aus Furcht, abgehört zu werden, übten »die neuen Paten« auch größte Zurückhaltung bei Telefongesprächen. Die neuen Strukturen seien eine Reaktion auf die Festnahmen mehrerer Clanführer seit 1993, die vor allem auf die Aussagen ehemaliger Gangster zurückzuführen seien, die die legge d'omertà, das »Gesetz des Schweigens«, gebrochen haben.

- Die ebenfalls auf Sizilien (vorwiegend in der Provinz Agrigento) beheimatete neue Konkurrenzorganisation STIDDE. Sie verfügt nicht über die vertikale Führungsstruktur der Cosa Nostra, versucht aber, deren strenge Führungsgrundsätze nachzuahmen. Die Zahl der Mitglieder ist nicht bekannt.

- Die neapolitanische Camorra (Region Kampanien) mit 126 Clans und insgesamt rund 6200 Mitgliedern. Die Camorra war ursprünglich eine Schutzorganisation krimineller Elemente in den italienischen Gefängnissen, die erst durch die Entlassung von Häftlingen auch außerhalb im Untergrund gegründet wurde. Die Camorra entwickelte sich dann aus einer Häftlingsorganisation zum Staat im Staate. Sie hat im Großraum Neapel mit der Festnahme ihrer führenden Männer in den vergangenen Jahren an Einfluß verloren. In der Stadt gibt es heute rund 30 konkurrierende Clans, die derzeit in einem Bandenkrieg um die Vorherrschaft kämpfen. Sie finden Zulauf vor allem aus den sozialen Problemregionen. Aldo Faroni, Chef der Mobilen Einsatztruppe von Neapel, sagt zu diesem Bandenkrieg: »Heute haben wir es mit Leuten zu tun, die ihre Gegner wie Hunde abschießen. Und sie sind jederzeit bereit, die Fronten zu wechseln und sich auf die Seite des Siegreichen zu schlagen.«

- Die kalabrische Ndrangheta mit 144 Clans und insgesamt 5300 Mitgliedern.

- Die apulische Mafia mit rund 30 Clans und insgesamt 1600 Mitgliedern.

Neben den eigentlichen Mitgliedern gehört zu jeder vorgenannten Gruppe ein Heer von Informanten und Zuträgern, auch in Politik und Wirtschaft. Während die Cosa Nostra mit einer streng zentralistischen Organisationsstruktur arbeitet, begnügt sich die Ndrangheta nach Erkenntnissen des BND mit einer »losen Föderation ansonsten selbständiger Clans«. Die neapolitanische Camorra unterscheidet sich von den anderen süditalienischen Gruppen vor allem durch ihre unternehmerische Ausrichtung. In einem BND-Bericht heißt es: »Ihre Geschäftspolitik ist auf Profitmaximierung ausgerichtet und sie zeigt im Vergleich zu anderen kriminellen Strukturen weniger Interesse an spektakulären Aktivitäten, obwohl auch sie sich – neben Erpressung, Rauschgift- und Waffenhandel, Kreditvergabe zu Wucherzinsen und illegalem Glücksspiel – mit Morden und Entführungen beschäftigt. Die Camorra unterhält ständige Beziehungen zur sizilianischen Mafia, verfügt jedoch auch über logistische Stützpunkte auf der ganzen Welt. Nach hiesigen Informationen plant die Camorra, ihre Aktivitäten nach Osteuropa zu erweitern.« Doch nach neuesten Erkenntnissen führt die Krise im italienischen Baugeschäft dazu, daß die unternehmerisch ausgerichtete Camorra zunehmend auch wieder weniger angesehene Geschäfte wie Zigarettenschmuggel und Schutzgelderpressung betreiben muß. Nach Angaben aus Pullach haben neapolitanische und apulische Banden mit Hilfe chinesischer Triaden und Angehörigen der Russenmafia in Deutschland ein neues Vertriebsnetz für Drogen organisiert.

Im früheren Jugoslawien hat die Mafia offenbar große Summen in den Tourismussektor, in den Immobilienbereich, in Investmentgesellschaften und in Spielkasinos investiert. Sie bereitet sich damit auf die spätere politische Beruhigung der Region vor. Die Cosa Nostra, die Camorra und die Ndrangheta haben zudem in Rumänien Industriebeteiligungen (Textilindustrie) und Immobilien (vorwiegend im Tourismusbereich) erworben, sind im Mediensektor und in Spielkasinos aktiv und haben Banken sowie Wechselstuben gegründet. Der BND schätzt, daß etwa 25 Prozent der mehr als 3000 italienisch-rumänischen Joint-ventures dem Einfluß italienischer Mafiagruppen unterliegen. Über rumänisches Territorium wird auch für den italienischen Markt bestimmtes Heroin geschmuggelt.

LATEINAMERIKANISCHE DROGENKARTELLE

Ein neues Produkt bringt man am wirkungsvollsten als Sonderangebot auf den Markt. Kolumbiens Drogenbosse sind gewitzte Geschäftsleute, und so stellen auch sie ihre Neuheiten zum Kennenlern-Preis vor. Inhalierbares Heroin zählt ebenso zu den »Errungenschaften« ihrer Labors wie flüssiges Marihuana. Beide Drogen bieten dem Konsumenten unschätzbare Vorteile: Inhaliert man das Heroin, macht es angeblich nicht so schnell süchtig, und es haftet ihm auch nicht das Stigma der womöglich aidsverseuchten Spritze an. Flüssiges Marihuana ist transportfreundlicher, weil nicht so sperrig. Der Kunde träufelt die gewünschte Menge auf den Tabak seiner Zigarette und erzielt die gleiche Wirkung wie mit dem herkömmlichen Stoff. Diversifizierung ist das Motto lateinamerikanischer Drogenbosse, und auch vom Bundesnachrichtendienst wird erwartet, daß er die neuesten Erkenntnisse über diese Entwicklungen nach Bonn berichtet, lange bevor der Stoff deutsche Konsumenten erreicht.

In den traditionellen Koka-Anbauländern Peru, Bolivien und Kolumbien nehmen die Koka-Anbauflächen – und mit ihnen die Kokain-Produktion – trotz aller nationalen und internationalen Gegenmaßnahmen jedes Jahr zu: Nach mit Satelliten gewonnenen BND-Erkenntnissen beträgt die Anbaufläche dieser drei Staaten gegenwärtig etwa 620.000 Hektar. Die gesamte Kokain-Produktion der südamerikanischen Kartelle beträgt derzeit nach Angaben der amerikanischen Anti-Drogen-Behörde (DEA) jährlich 740 Tonnen, nach Angaben des BND 1800 Tonnen.

Bevor die Droge Kokain in den achtziger Jahren zum Verkaufsschlager wurde, belieferten die kolumbianischen Drogenkartelle vornehmlich den nordamerikanischen Markt mit Marihuana. Erst Ende der siebziger Jahre wandten sie sich dem lukrativeren Kokainmarkt zu. Die Anbaugebiete der Kokapflanze wurden erweitert, und es entstanden Einnahmequellen in einer bis dahin für die organisierte Kriminalität unbekannten Größenordnung, denn die Kartelle kontrollierten nicht nur die Verarbeitung des Rohstoffes zu Kokain, sondern auch den weltweiten Vertrieb der Droge. Nach Angaben des Bundesnachrichtendienstes konnte die wichtigste kolumbianische Drogenorganisation, das Cali-Kartell, ihren Marktanteil am internationalen Kokainhandel in der Zeit von 1991 bis 1996 von rund 25 Prozent auf 85 Prozent erhöhen; sie stieg damit zu einer der wichtigsten Verbrecherorganisationen der Welt auf. Trotz der Verhaftung der Führungsriege des Kartells im Sommer 1995 floriert auch in Kolumbien das Geschäft mit dem illegalen Drogenanbau weiter, wenngleich sich Teile des Geschäfts auf mexikanische, brasilianische, peruanische und bolivianische Rauschgifthändler verlagert haben.

Der BND schreibt dazu: »Heute stellen die mexikanischen Kartelle – wie das Golf-, Juarez-, Guadalajara-, Tijuana- und Sinaloa-Kartell – eine Art Juniorversion des Cali-Kartells dar. Sie verhandeln direkt mit peruanischen und bolivianischen Lieferanten unter Umgehung der Kolumbianer. Aber auch peruanische Rauschgifthandelsorganisationen (die größte ist die Firma von El Ministro) und bolivianische Drogenclans (wie das Mamore- und das La-Paz-Kartell) steigen immer mehr selbst in die Kokain- und Heroinproduktion ein.« In Kolumbien selbst habe sich die Kartellstruktur ebenfalls verändert: Es habe sich eine Reihe kleinerer Kartelle gebildet. In jüngster Zeit lägen Hinweise auf einen Zusammenschluß dieser Kartelle mit den Resten der Cali- und Medellin-Kartelle sowie der im Drogengeschäft tätigen Guerillagruppe FARC zu einer Art »Superkartell« vor.

Der Trend zu verstärkter Zusammenarbeit der Drogenkartelle ist offensichtlich. Haben sich die einzelnen Gruppierungen bis Mitte der neunziger Jahre noch blutige Bandenkriege um Absatzmärkte geliefert, so teilen sie heutzutage die Einflußgebiete untereinander auf und setzen auf Kooperation – auch weltweit. Mexikanische Organisationen arbeiten eng mit der nordamerikanischen Mafia zusammen. Das Cali-Kartell hat weitreichende Absprachen mit italienischen Mafiagruppierungen über den Kokainhandel getroffen. Russische und polnische Mafiaorganisationen haben schon Anfang der neunziger Jahre Verträge mit dem Cali-Kartell über die Lieferung von Kokain nach Moskau abgeschlossen. Auch zu japanischen und anderen asiatischen Drogenhändlern bestehen Kontakte, die ständig ausgebaut werden. In einigen lateinamerikanischen Ländern (z. B. Paraguay und Brasilien) gibt es Ableger der chinesischen Mafia (Triaden). Für den Rauschgifttransport durch Kuriere nutzen die südamerikanischen Rauschgifthändler häufig die Dienste nigerianischer Gruppierungen.

Der BND beobachtete auch die zunehmende Beteiligung von Guerillaorganisationen am lateinamerikanischen Rauschgifthandel, so der kolumbianischen FARC, die bereits als zweitgrößtes Kartell gilt, der ELN sowie der peruanischen Terrorgruppe Sendero Luminoso (Leuchtender Pfad), die enge Verbindungen zu Rauschgifthändlern unterhält und Produktion und Transport der Drogenherstellung in Peru überwacht.

Nach BND-Angaben stehen heute die wichtigsten lateinamerikanischen Rauschgiftkartelle an der Spitze großer Produktions- und Vertriebsnetzwerke und kontrollieren zahlreiche Kleinbauern in den Anden, die »insgesamt mehrere 100.000 Hektar zum Koka-Anbau nutzen«. Etwa 20.000 Hektar Koka- und Mohnpflanzungen sind seit 1994 in Kolumbien auf Druck der Vereinigten Staaten mit aus der Luft versprühten Herbiziden zerstört worden. Dennoch ist die Produktion nach BND-Angaben »unverändert hoch, da die Ausrottungskampagne nur eine geografische Verlagerung zur Folge hat. Die Nachfrage auf dem Weltmarkt hält unvermindert an. Darum wird auch in Südamerika niemand freiwillig aus dem Geschäft aussteigen.«

Die Rauschgiftkartelle besitzen Laboratorien und Produktionsanlagen, die jährlich rund 1800 Tonnen Kokain hervorbringen. Nur ein geringer Teil der Einnahmen wird nach Angaben des BND in den Andenstaaten investiert. Der Hauptteil der illegalen Einnahmen fließt in die Vereinigten Staaten und – in den letzten Jahren verstärkt – auch nach Europa. Die lateinamerikanischen Rauschgiftkartelle arbeiten mit anderen internationalen Verbrecherorganisationen zusammen, so der italienischen Mafia und asiatischen Gruppen. Der Bundesnachrichtendienst versucht gemeinsam mit befreundeten Diensten die Strategien der Drogenkartelle auszukundschaften, um zumindest auf dem europäischen Markt diesen Verbrecherorganisationen besser begegnen zu können. Zugleich berichtet er über die Verstrickung von Politikern der Region, wie Präsident Samper, der seinen Wahlkampf mit Drogengeldern finanziert haben soll.

Immer wieder werden Deutsche in Lateinamerika von Guerillagruppen als Geiseln genommen. Der Bundesnachrichtendienst bemühte sich in diesem Zusammenhang in der Vergangenheit, das Schicksal verschleppter Deutscher aufzuklären und zu deren Freilassung beizutragen. Aufsehen erregte 1996/97 der »Fall Mauss«. Bei einer Fragestunde im Bundestag bestätigte der für die Koordinierung der Geheimdienste im Kanzleramt zuständige Staatsminister Schmidbauer, daß der deutsche Privatagent Mauss 1996 in einem Entführungsfall für das dänische Unternehmen FLS in Kolumbien tätig war. Damals waren vier Ingenieure der Firma, unter ihnen der Deutsche Karl Dresser, von der ELN verschleppt worden. Nach Auffassung von Beobachtern wurden zwischen drei und fünf Millionen Dollar (rund 4,8 bis acht Millionen Mark) Lösegeld an die ELN gezahlt. Schmidbauer teilte mit, der Bundesregierung lägen über Zeitungsartikel hinaus keine zusätzlichen Erkenntnisse über Lösegeldzahlungen vor. Mauss sei in diesem Fall nicht auf Initiative der Bundesregierung tätig geworden. Schmidbauer verteidigte seine Kontakte zu Werner Mauss. Er sagte, er würde in jedem Fall wieder zu unkonventionellen Mitteln greifen, wenn es, wie bei der Befreiung der Deutschen Brigitte Schoene aus der Hand kolumbianischer Guerilleros, um Menschenleben gehe. Schmidbauer bestätigte, daß die deutsche Botschaft in Bogota Mauss mit falschen Pässen und Empfehlungsschreiben ausgestattet habe. Mauss sei gebeten worden, bei der Befreiung zu helfen. Angesichts der erhöhten Gefährdung bei der Befreiung von Geiseln sei dieses mit dem Auswärtigen Amt abgestimmte Vorgehen gerechtfertigt gewesen, sagte Schmidbauer. Der Geheimdienstkoordinator bestätigte auch, daß Mauss und seine Frau bei Gesprächen anwesend waren, in denen es um die Vorbereitung von Friedensgesprächen zwischen der Guerilla und der kolumbianischen Regierung ging. Dabei seien die kolumbianischen Vertreter nicht über Mauss' »humanitäre Bemühungen« informiert worden. Bundeskanzler Helmut Kohl sei allgemein über Bemühungen zur Befreiung von Geiseln und über die Sondierungsgespräche informiert worden, die zu Friedensverhandlungen führen sollten, sagte Schmidbauer. Er wies Darstellungen zurück, daß er auch in angebliche Vermittlungsbemühungen zwischen der kolumbianischen Regierung und der Drogenmafia des Landes eingeschaltet gewesen sei.

DIE CHINESISCHEN TRIADEN

Die Triaden zählen in Asien zu den mächtigsten kriminellen Organisationen. Doch auch außerhalb Asiens wächst der Einfluß jener asiatischen Gruppen, die im Einzelfalle bis zu 40.000 Mitglieder zählen können. Der BND vertritt die Auffassung, daß im Jahr 1996 etwa 300.000 Menschen für die Triaden gearbeitet haben. Schwerpunkte ihrer Tätigkeiten sind Hongkong mit der Sun Yee On und der 14K, Taiwan mit der United Bamboo Gang und China mit der Big Circle Gang. Auch in den Vereinigten Staaten und in Europa gibt es Ableger der Triaden, die sich dort vor allem auf den Drogenhandel, das Glücksspiel und den Menschenhandel konzentrieren. Als Zentrum der Geldwäsche nutzen die Triaden vor allem Hongkong, Singapur, Taipeh und Manila.

Ursprünglich waren die Triaden nur im Nachtleben verwurzelt, vor allem in Hongkong und in Macao. Doch in den vergangenen Jahren haben diese Geheimbünde auch in Deutschland vielfältige Versuche unternommen, Schutzgelder von asiatischen Restaurantbetreibern zu erpressen und im

Waffenhandel Fuß zu fassen. Während die Triaden zunächst von Hongkong aus auch im Mutterland der britischen Kronkolonie Fuß faßten, sind sie heute weltweit tätig. 1983 etwa gab es Bandenkriege zwischen Triaden aus Hongkong und Singapur um die Kontrolle von Teilbereichen des europäischen Drogenhandels, die sich vorwiegend auf niederländischem Boden abspielten. Auch gibt es Belege dafür, daß die Hongkonger Triaden mit der japanischen Yakuza und der nordamerikanischen Mafia zusammenarbeiten. Seitdem 1984 der Vertrag über die Rückgabe der Kronkolonie Hongkong an China unterzeichnet wurde, beobachten Geheimdienste in Hongkong den Exodus von Mitgliedern der Triaden. Viele von ihnen zogen in die Chinatowns der großen Städte des Westens. In allen Chinesenvierteln amerikanischer Großstädte üben die Triaden heute beherrschenden Einfluß aus.

Für den Bundesnachrichtendienst wird es immer wichtiger, Einblick in die Struktur und die Mitgliederschaft der Triaden zu nehmen. Denn die Verluste, die sie der deutschen Wirtschaft alljährlich bereiten, steigen sprunghaft. Ein Beispiel dafür bot die Aufklärung der Herkunft von 300.000 von den Triaden gefälschten Hologrammen; mit solchen Hologrammen sollten Kreditkarten der Firmen Master-Card und Visa eigentlich fälschungssicherer gemacht werden. Mit den gefälschten Kreditkarten haben die Triaden einen Schaden, so wird geschätzt, von mehr als einer Milliarde Mark angerichtet.

Nur in wenigen Fällen werden gemeinsame europäische Geheimdienst-Aktionen gegen die chinesischen Triaden bekannt, so beispielsweise im April 1997, als ein britischer Marinesoldat in Portsmouth angeklagt wurde. Er mußte sich vor Gericht verantworten, weil er in Hongkong bei einer Aktion gegen einen Autoschmugglerring der Triaden mit seiner Dienstwaffe auf eine der vielen Ratten gefeuert hatte. Damit hatte er nach Auffassung der Anklage seine an der Aktion beteiligten europäischen Kollegen gefährdet.

Die japanische Yakuza

Die hierarchisch organisierte Yakuza zählt zu den größten und ältesten Verbrecherorganisationen der Welt. Sie besteht aus 3300 zum Teil rivalisierenden Gruppen mit 91.000 Mitgliedern. Rund 40 Prozent von ihnen gehören zur »Yamaguchi-gumi«, der größten und gewalttätigsten Verbrechergruppe Japans mit Hauptsitz in Kobe. Japan hat zum Gangstertum traditionell eine andere Haltung als etwa die Europäer. In der Erkenntnis, Verbrechen lasse sich nicht aus der Welt schaffen, haben die Herrschenden im Lande es stets zu kanalisieren versucht. Verbotene Glücksspiele, Geldverleih zu Wucherzinsen und Prostitution waren die üblichen Ventile, die den Figuren am Rande der Gesellschaft als Tätigkeitsfelder zugestanden wurden.

Die drei größten Yakuza-Familien, Yamaguchi-gumi, Inagawa-kai und Sumiyoshi-rengo setzen nach BND-Erkenntnissen jährlich mehr als 13 Milliarden Dollar um. Vor allem auf dem Gebiet des Menschenschmuggels und der Prostitution arbeiten sie auch mit chinesischen Triaden zusammen. Traditionell gute Kontakte der japanischen Syndikate zu Spitzenpolitikern erleichtern ihnen überdies das Eindringen in legale Wirtschaftsbereiche. Die Geschäftsbeziehungen der größten japanischen Unternehmen zur Unterwelt sind bekannt. Immer wieder gibt es Auftragsmorde auch in den Vorstandsetagen bekannter japanischer Weltkonzerne.

Im November 1994 klingelte es abends um neun Uhr an der Türe von Juntaro Suzuki, einem Vorstandsmitglied des Fotokonzerns Fuji. Sekunden, nachdem er geöffnet hatte, sank er, von einem Samurai-Schwert an der Halsschlagader getroffen, zu Boden. Der Mord an dem japanischen Top-Manager – er wollte angeblich die Beziehungen des Fuji-Konzerns zur Yakuza aufkündigen – ließ alle japanischen Geschäftsleute erzittern.

Bis 1992 noch konnte man die Telefonnummern der großen Yakuza-Syndikate im Branchenverzeichnis der japanischen Telefonbücher finden. Die Gangster geizten auch nicht mit Visitenkarten, auf denen ihr Rang innerhalb der Hierarchie angegeben wurde. Doch mit dem Anti-Mafia-Gesetz traten 1992 Veränderungen ein. Der Druck auf japanische Unternehmen wuchs, die Beziehungen zur Yakuza zu lösen. Und die japanische Mafia fand sich darin bestärkt, eigene Unternehmen zu gründen. Heute können die Yakuza-Familien nicht mehr so frei operieren wie früher. Dennoch werden sie von den großen Unternehmen weiterhin als diejenigen geschätzt, die zwar über Leichen gehen, dann aber auch »das Aas wegschaffen«.

Die Yakuza arbeitet mit anderen großen internationalen Verbrecherorganisationen zusammen. Es gibt nach Angaben des BND Querverbindungen zu kolumbianischen Drogenkartellen sowie zu nordamerikanischen und chinesischen Gruppen.

GELDWÄSCHE

Der Begriff Geldwäsche wird in einer UN-Konvention als der Versuch definiert, »Vermögenswerte mit den Mitteln des Finanzmarktes systematisch zu tarnen, um sie dem Zugriff der Strafverfolgungsorgane zu entziehen«. In einem Mitteilungsblatt der Bundesregierung zum 1993 eingeführten Geldwäschegesetz heißt es: »Liebe Bürgerinnen und Bürger, international arbeitende Verbrecherorganisationen erzielen weltweit jährlich Milliardengewinne ... Diese kriminellen Gewinne werden zu einem großen Teil in den legalen Wirtschaftskreislauf eingeschleust. Mit dieser sogenannten Geldwäsche versucht das organisierte Verbrechen seine Gewinne zu sichern – und nimmt so gefährlichen Einfluß auf die legale Wirtschaft. Hier lauern ernste Gefahren für den Wirtschaftsstandort Deutschland und für unsere Gesellschaft insgesamt.« Doch das Geldwäschegesetz scheint die Akteure nicht besonders beeindruckt zu haben. Am 3. Januar 1997 schrieb die Zeitung »Die Welt«, das Bundeskriminalamt schätze die Höhe der gewaschenen Gelder auf »jährlich 50 bis 60 Milliarden DM, der Bundesnachrichtendienst rechnet mit einer dreistelligen Mil-

liardensumme«. In einem Geldwäsche-Bericht des Staatsministers Schmidbauer hieß es 1993: »Schätzungen zufolge
beträgt der Jahresumsatz der organisierten Kriminalität mit
ihren vielfältigen Erscheinungsformen weltweit über 500 Milliarden US-Dollar.« Der Bericht schätzt, daß davon weltweit
250 Milliarden Dollar der Geldwäsche unterzogen werden
müssen und fährt fort: »Von dieser Summe absorbieren die
westlichen Industrieländer mit 80 Prozent den größten Teil.«
Etwa 200 Milliarden Dollar, 340 Milliarden Mark, alle drei Jahre
eine Billion Mark, werden demnach alljährlich in den westlichen Industriestaaten »gewaschen«, eine schier unglaubliche
Summe.

Vor diesem Hintergrund meint auch das »Handelsblatt«:
»Das Geldwäschegesetz greift nicht.« Zwar konnte 1996 ein
niederländischer Wechselstubenbesitzer verhaftet werden,
der 120 Millionen Mark Drogengelder in Deutschland gewaschen hatte, doch wird der Nichtbankenbereich nicht kontrolliert. Viele Straftäter nutzen Wechselstuben, Versteigerer,
Spielbanken, Immobilien-, Münz- und Edelmetallhändler, weil
diese nicht der Kontrolle des Bundesaufsichtsamtes für das
Kreditwesen unterliegen. Zwar sind auch sie nach dem Gesetz
verpflichtet, bei Bargeldannahmen ab 20.000 Mark ihre Kunden zu identifizieren. Doch eine Aufsicht über die Einhaltung
dieser Aufzeichnungsvorschrift gibt es nicht. Zudem ist die Eröffnung etwa einer Wechselstube kinderleicht: Man benötigt
lediglich einen Gewerbeschein.

Damit die Herkunft von Geld nicht mehr nachvollzogen
werden kann, wird es auch mit Hilfe von »Kreuzundquer-
überweisungen« verschickt. Es landet meist auf dem Konto
einer ausländischen Scheinfirma. Diese ausländische Scheinfirma bezahlt dann Rechnungen einer weiteren Scheinfirma
in Deutschland. Die Rechnungen sind aber nur fingiert – sie
enthalten nicht-erbrachte Leistungen. Die deutsche Firma
macht somit satte Gewinne, die sie wiederum legal versteuert. Diese legal versteuerten Gewinne der Scheinfirma können
dann ohne Probleme in den Wirtschaftskreislauf wandern:

übrig bleibt am Ende der Waschstraße sauberes, »weißes« Geld. Auch Auktionen sind bei Geldwäschern beliebt. Ihr Vorteil ist das verdeckte Bieten. Der Käufer muß nicht persönlich in Erscheinung treten – er kann via Telefon oder Strohmann ersteigern. Hohe Zinsen bringen dem Käufer auch festverzinsliche Tafelpapiere, die als Zertifikat gekauft werden. Der Kapitalfluß ist dabei kaum nachvollziehbar. Einfach ist es für Besitzer von Spielhallen, schwarzes Geld zu waschen. Obwohl ihre Läden meist leer sind, sprudeln die Gewinne – dank fiktiver Spieler. Dem BND obliegt es daher, Geldströme, die aus dem kriminellen Milieu nach Deutschland zur Geldwäsche geschleust werden sollen, schon im Ausland aufzuklären und die Bundesregierung darüber rechtzeitig zu unterrichten.

Aufsehen erregte 1992 ein spektakulärer Fahndungserfolg mehrerer Ermittlungsbehörden, bei der vor allem kolumbianische Banken überprüft und in den Vereinigten Staaten, Kolumbien, Italien und Spanien mehr als 500 Bankkonten eingefroren wurden. In einem Bericht des Staatsministers Schmidbauer vom 31. März 1993 zur Geldwäsche heißt es: »Zu den über 200 festgenommenen Personen gehört der kolumbianische Staatsbürger Rodrigo Polania Camargo. Bei ihm handelt es sich um einen auf das Studium der Geldwäsche spezialisierten Angestellten der kolumbianischen Bankenaufsicht, der Seminarvorträge zum Thema der Geldwäsche hielt und der fast in eine von der Regierung bestellte Expertenrunde zur Bekämpfung der Geldwäsche aufgenommen worden wäre. Polania soll auch für die Verteilung von Bestechungsgeldern an kolumbianische Militärs verantwortlich gewesen sein.«

Solcherlei Vorkommnisse sind keine Einzelfälle. Das Hin- und Herüberweisen der Gelder erschwert die Aufklärung und macht sie in vielen Fällen unmöglich. In dem Bericht Schmidbauers heißt es: »Weltweite Vernetzungen erschweren die Aufklärung der organisierten Wirtschaftskriminalität immer mehr. So ergaben Recherchen italienischer Behörden im Falle des der Geldwäsche überführten Giuseppe Lottusi, daß zur

Bezahlung einer Lieferung von 600 kg Kokain aus Kolumbien u. a. Bargeld per Lastwagen nach Mailand und von dort in die Schweiz gebracht wurde. Dort wurde das Geld zunächst deponiert und anschließend für Geschäfte an der Börse und im Immobilienbereich verwendet. Für diese Operation hatte Lottusi sowohl in Italien als auch auf den englischen Kanalinseln und in Luxemburg mehrere Scheinfirmen gegründet. Schließlich wurden die Erlöse an eine Finanzgesellschaft in Los Angeles überwiesen und von dort auf Konten in Panama weitergeleitet.«

Die Geldbeträge werden häufig mit Hilfe des elektronischen Zahlungsverkehrs auf wechselnde Nummernkonten in Ländern mit Bankgeheimnis überwiesen. In dem Bericht Schmidbauers heißt es: »Bei den einzelnen Transfers der illegalen Beträge vermischen sich diese mit anderen Milliardensummen, die von Banken täglich auf dem Globus legal hin- und hertransferiert werden. Allein auf den Devisenmärkten bewegen sie rund um die Uhr 1000.000.000.000 US-$ (1 Billion) elektronisch per Knopfdruck.«

Das kriminell erwirtschaftete Kapital soll dann nach umfangreicher Verschleierung seiner Herkunft so in die Wirtschaft zurückkanalisiert werden, daß der Eindruck entsteht, es sei auf dem Wege rechtmäßiger und nachvollziehbarer Tätigkeit entstanden. Allein in Frankfurt/Main werden im Drogenhandel jährlich mehr als 100 Millionen Mark umgesetzt. Nur manchmal stößt die Polizei bei Rauschgiftermittlungen auf Sachverhalte, die den Verdacht der Geldwäsche rechtfertigen. Im Verfahren gegen einen in Frankfurt tätigen marokkanischen Dealer fand die Polizei 1994 heraus, daß in den letzten drei Jahren von Frankfurter Postämtern mehr als eine Million Mark nach Marokko überwiesen wurden. Wegen Geldwäsche – die mit Haft bis zu fünf Jahren bestraft werden kann – könnte der Mann jedoch nur belangt werden, wenn die Einzahlungen über einen Strohmann gelaufen sind. Andernfalls bleibt das Waschen von Verbrechenserlösen straflos.

Die Zeitschrift »Focus« berichtete über einen weiteren Fall: An einem Morgen im Oktober 1994 packten zwei Herren mehrere Notenbündel auf den Tresen einer kleinen Bank in Lahr. Die Angestellten des schwarzwälder Kreditinstituts zählten 200.000 Dollar, alles kleine Scheine. Sie wollten das Geld nur kurzfristig deponieren, behaupteten die beiden Einzahler, die russische Ausweise vorlegten. Als sie am Nachmittag noch einmal mit 600.000 Mark auftauchten, wartete die Polizei. Sie hätten das Geld mit dem Export von Autos verdient, behaupteten die Russen. Straftaten konnten ihnen nicht nachgewiesen werden. »Obwohl das zum Himmel stinkt«, wie ein Fahnder frustriert erzählt, mußten die beiden Dunkelmänner freigelassen und ihr Geld auf Verfügung des Richters freigegeben werden. Solche Enttäuschungen sind Polizei-Alltag. Etwa 1100 Fälle von Geldwäsche-Verdacht haben die Banken 1993 angezeigt. Nur zweimal aber konnten im gleichen Zeitraum die Täter auch überführt werden. Das führt zu Ärger bei den Banken und Frust bei den Fahndern.

Die Gangster sind ihren Verfolgern immer einen Schritt voraus. Mal nutzen sie ein kleines, unauffälliges Postamt in Hamburg-St. Georg für Millionen-Transfers in die Türkei. Mal fallen den Fahndern gewaltige Summen auf, die plötzlich von türkischen Erntehelfern im Hamburger Obstanbaugebiet »Altes Land« an den Bosporus geschickt werden. Die italienische Mafia läßt ihre kriminellen Profite gern durch die Bücher ihrer Pizzerien laufen, die sie zu diesem Zweck betreibt. In einem Bericht der in Paris ansässigen Sondereinheit gegen Geldwäsche, der Financial Action Task Force on Money Laundering (FATF), heißt es, es gebe keinen Zweifel daran, daß »Geldwäscher sich von der Bedeutung des deutschen Bankwesens, der Stabilität und der Rolle der Mark auf den internationalen Finanzmärkten angezogen fühlen«.

Reporter der ARD bewiesen 1994, daß es trotz des Geldwäschegesetzes in Deutschland immer noch ohne Risiko möglich ist, illegal erworbene Gelder aus Drogenhandel, Waffengeschäften, Entführungen, Erpressungen oder Steuerhinterziehungen auf legale Konten zu schleusen und reinzuwaschen. Die Banken störte es dabei offenkundig kaum, daß es sich zum Teil um registriertes, also eindeutig kriminell erworbenes Geld handelte. Filialleiter renommierter deutscher Geldinstitute, an die sich die Journalisten über Mittelsmänner wandten, erklärten sich bereit, hohe Beträge in italienischer Währung aus ungeklärten Quellen in Mark umzutauschen, ohne daß sie zuvor die gesetzlich vorgeschriebenen Recherchen über die Herkunft des Geldes angestellt hätten. Und ein Berliner Politiker fragte nach ARD-Angaben das Team, ob man nicht hundert Millionen Dollar aus zweifelhaften russischen und ukrainischen Quellen diskret in Mark umtauschen könne. Ein Teil des Geldes befand sich schon in Deutschland, ein weiterer Teil noch in Rußland, der Rest in der Schweiz.

Damit die Geldwäscher zukünftig dem deutschen Gesetzgeber und den Ermittlungsbehörden nicht immer einen Schritt voraus sind, müßte auch der über ein Netz gut ausgestatteter Auslandsresidenturen verfügende BND, in Zusammenarbeit mit dem BKA, stärker in die Vorfeld-Aufklärung der kriminellen Praktiken der Geldwäscher einbezogen werden.

Die internationale Staatengemeinschaft müßte dafür Sorge tragen, daß diese Tätigkeit Krimineller immer weniger lohnend wird. Staatsminister Schmidbauer berichtete 1993: »Erzielen zum Beispiel Großkonzerne im regulären Geschäftsleben durchschnittlich nur 2 DM Gewinn aus 100 DM Umsatz, ist diese Gewinn-Umsatz-Relation bei den Verbrecherholdings mit 50 DM 25mal so hoch. Dieser Vergleich gewinnt insofern größere Bedeutung, als diesen Gruppen mit ihren aus Straftaten erzielten enormen Gewinnen der Einstieg auch in legale Wirtschaftsbereiche immer leichter möglich wird. Hier sind sie schnell in der Lage, Konkurrenten in bestimmten Marktsegmenten, unter anderem durch Preisunterbietung, ruinösen Wettbewerbsverhältnissen auszusetzen und sie aus dem Markt zu verdrängen. Mit der Anhäufung wirtschaftlicher Macht steigt auch ihr politischer Einfluß.« Deutlicher als mit diesem keinesfalls unrealistischen Krisenszenario kann man die von BND und BKA zu bekämpfende Gefahr wohl kaum beschreiben. Niemand vermag heute verläßlich zu sagen, wieviel Geld die organisierte Kriminalität schon in Deutschland »gewaschen« und danach zum Beispiel in Form von Aktien angelegt hat. Fachleute vertreten die Auffassung, daß ein plötzlicher Abzug von Milliarden-Investitionen dieser Gruppen wahrscheinlich ganze Industriebereiche in Deutschland lahmlegen würde.

Ausländerextremismus

Künftig soll der BND auch ausländische Extremisten stärker ins Visier nehmen. Sie nutzen Deutschland als Aktionsfeld, Operationsbasis und Ruheraum. Mehr als 55.000 Ausländer in Deutschland sind nach Angaben des Bundesamtes für Verfassungsschutz Mitglieder extremistischer Organisationen. Offiziell heißt es dazu aus Köln: »Sie bedrohen nach wie vor die innere Sicherheit der Bundesrepublik erheblich.« Anhänger der verbotenen Arbeiterpartei Kurdistans (PKK) lieferten sich in der Vergangenheit mehrfach blutige Straßenschlachten mit deutschen Polizisten und terrorisierten die in Deutschland lebenden Türken mit Brandanschlägen. Im Februar 1997 wurde zum erstenmal bekannt, daß kurdische Asylbewerber – im Auftrag ihres Führers Öcalan – auch Deutsche um Geld erpressen und mit Mord bedrohen. Ein pensionierter Mitarbeiter des Deutschen Roten Kreuzes, der kurdischen Asylbewerbern in seiner Freizeit die deutsche Sprache beigebracht hatte, wurde Opfer seiner Hilfsbereitschaft. Seine früheren Schützlinge forderten nach der Rückkehr von einem Aufenthalt in einem PKK-Lager im Libanon 10.000 Mark von dem Deutschen. Sie berichteten, sie hätten jetzt den Auftrag, für die PKK Geld zu sammeln. Falls der Deutsche nicht zahle, werde er getötet. In dem Haus des Deutschen warteten daraufhin Bundeskriminalamt, Polizei und der BND, der die Verbindungen der Kurden in den Libanon rekonstruierte, auf den nächsten Anruf der Erpresser. Allein im Großraum München wurden auf diese Weise von kurdischen Asylbewerbern im Frühjahr 1997 mindestens 20 Deutsche, die ihren Erpressern in der Vergangenheit geholfen hatten, mit dem Tode bedroht. Viele meldeten sich aus Furcht nicht bei der Polizei. Und im April 1997 hob die Polizei in Zusammenarbeit mit dem BND im sächsischen Städtchen Grimma-Bahren in einem Asylbewerberheim ein PKK-Ausbildungs- und Schulungszentrum aus. Zwanzig Asylbewerber wurden festgenommen.

Wie ernst man den Ausländerextremismus in Deutschland nehmen sollte, zeigt ein BND-Bericht vom April 1998. Darin heißt es, Flüchtlinge aus dem Kosovo würden nach den Plänen extremistischer kosovo-albanischer Untergrund-Organisationen gezielt in die Bundesrepublik eingeschleust, um unter dem Schutz des liberalen Ausländerrechts einen Hauptstützpunkt für Terrorgruppen aufzubauen. In dem BND-Bericht heißt es, Asylbewerber aus dem Kosovo würden schon in ihrer Heimat mit Handzetteln darauf vorbereitet, wie sie sich bei den deutschen Behörden verhalten müßten, um Asyl zu bekommen. Die Antragsteller – so der BND – müßten behaupten, Mitglieder der »Kosovo-Befreiungsarmee« (UCK) oder der »Volksbewegung des Kosovo« (LPK) zu sein, die in Jugoslawien verfolgt werden. Die Asyl-Aktion ist nach BND-Angaben ausschließlich auf Deutschland beschränkt. Als Gegenleistung werde von den Asylbewerbern dann verlangt, daß sie sich während ihres Aufenthaltes in Deutschland tatsächlich der UCK oder der LPK anschließen und diesen bei der Geldbeschaffung (zum Beispiel durch Hütchenspiel oder Raub) helfen. Der BND warnt: »Damit könnte Deutschland zum Hauptstützpunkt von UCK und LPK im Ausland werden.« Diese beiden extremistischen albanischen Gruppierungen befürworten den bewaffneten Kampf mit terroristischen Mitteln, um die Unabhängigkeit des Kosovo von Serbien zu erzielen. Seit Jahresbeginn 1996 haben sie immer wieder blutige Terroranschläge verübt. In Deutschland leben mindestens 130.000 Kosovo-Albaner, die von der Abschiebung bedroht sind. Weitere 150.000 Kosovo-Albaner haben eine Aufenthaltsgenehmigung.

Zwischen den Anhängern verschiedener Organisationen aus dem früheren Jugoslawien gibt es in Deutschland ebenso Auseinandersetzungen wie zwischen der Vielzahl oppositioneller und regimetreuer Gruppen aus der Islamischen Republik Iran. Weil sich viele ausländische Organisationen, die in Deutschland bislang noch keine spektakulären Anschläge verübt haben, in einer gefährlichen Radikalisierung befinden, haben das Kölner Bundesamt für Verfassungsschutz (BfV) die Absichten dieser Gruppen im Inland und der Bundesnachrichtendienst deren Wurzeln im Ausland in einer am 25. November 1995 erarbeiteten Studie zusammengetragen.

In dieser Studie heißt es: »Erhebliche Kontingente ausländischer Bürger in allen europäischen Staaten bringen es mit sich, daß die zum Teil gravierenden Probleme der Herkunftsländer auf die innenpolitische Lage der Gastgeberstaaten ausstrahlen ... Dies bedeutet eine zunehmende Gefährdung europäischer und damit auch deutscher Sicherheitsinteressen. In Deutschland stieg die Zahl der Gewalttaten ausländischer Extremisten/Terroristen allein in den letzten drei Jahren im Durchschnitt jährlich um etwa 36 Prozent« (Bundesamt für Verfassungsschutz/Bundesnachrichtendienst, Deutschland im Blickpunkt extremistischer und terroristischer Ausländergruppierungen, 1995, S. 1 f.).

KURDENGEBIETE

Das Schicksal der Kurden, ihre politischen und wirtschaftlichen Schwierigkeiten, standen in den vergangenen Jahren immer wieder im Blickpunkt der Öffentlichkeit. Etwa 25 Millionen Kurden leben in der Türkei, in Syrien, im Irak, in Iran und in Teilen der früheren Sowjetunion. In Deutschland leben rund 480.000 Kurden.

Eine der aktivsten Gruppen der Kurden ist die 1978 von Abdullah Öcalan gegründete und seit November 1993 in Deutschland verbotene »Arbeiterpartei Kurdistans« (PKK).

Seit August 1984 kämpft sie mit terroristischen Mitteln gegen die Türkei. Ihr Programm ist eine Mischung aus sozialistischem und rassistisch-nationalistischem Gedankengut. Nach Angaben des BND verhindert Öcalan, der in Damaskus lebt, durch regelmäßigen Personalaustausch, daß andere Funktionäre neben ihm stabile Machtpositionen erhalten können. Militärischer Arm der PKK ist die 9000 Mann starke Volksbefreiungsarmee Kurdistans (ARGK). Sie verübt Bombenanschläge und Überfälle auf Polizeistationen und erpreßt von der Bevölkerung Ostanatoliens ebenso wie von in der Bundesrepublik lebenden Kurden und, seit Anfang 1997, auch von Deutschen »Spendengelder«. Angeblich finanziert sie sich auch durch Drogenhandel. In Deutschland läßt die PKK unbehelligt ihre Anhänger in ihrem Sinne politisch schulen und Finanzierungskampagnen für ihre Terroranschläge durchführen. Seit mehreren Jahren beobachten BND und BfV alle Institutionen der PKK im In- und Ausland.

Unvergessen sind die kurdischen Ausschreitungen in zahlreichen deutschen Städten im Frühjahr 1994. Den Augsburger Polizeioberrat Walter Böhm verblüffte damals am meisten, wie gut die Kurden organisiert waren. »Kaum hatten wir den ersten Bus gestoppt, da rannten die Kurden wie auf Kommando mitten auf die Autobahn. Einige Funktionäre mit Funktelefonen alarmierten nachfolgende Busse, und die stellten sich sofort quer«, berichtete Böhm der Zeitschrift »Focus«. Die Taktik der Kurdenführung ging auf: Binnen Minuten waren die Autobahn sowie Zubringer- und Ausfallstraßen rund um Augsburg an fünf bis sieben Stellen dicht. Tausende von Autofahrern, die in eine dieser Verkehrsfallen gerieten (und bis zu sieben Stunden zwischen brennenden Barrikaden festsaßen), fühlten sich als Geiseln ausländischer Mitbürger in Deutschland. Unter der Flagge der verbotenen PKK lieferten kurdische Aktivisten der Polizei eine Schlacht mit Steinen, Latten und herausgerissenen Verkehrszeichen. Sie besprühten die Beamten mit Benzin und warfen mit Glutstücken aus den entzündeten Feuern. Vor diesem Hintergrund verwundert es kaum, daß zu den aktuellen Aufträgen des BND auch gehört, aus den Kurdengebieten Informationen über neue Aktionen der PKK in Deutschland zusammenzutragen, um die Gewalt radikaler Kurden in deutschen Städten künftig schon im Vorfeld besser bekämpfen zu können.

TÜRKEI

Die seit 1983 in Deutschland verbotene »Devrimci Sol« ist eine marxistisch-leninistische Gruppe. Mit der bewaffneten Revolution zielt sie auf die Zerschlagung des türkischen Staates; sie will ein sozialistisches Gesellschaftssystem errichten. Seit ihrer Gründung 1978 ist die Gruppe in der Türkei terroristisch tätig. 1993 spaltete sich die Dev Sol in die »Revolutionäre Volksbefreiungspartei-Front« (DHKP-C) und die »Türkische Volksbefreiungspartei-Revolutionäre Linke« (THKP-C). Beide Gruppierungen verfügen in Deutschland derzeit über mehr als 1000 Mitglieder. Die Gruppen finanzieren sich vor allem durch in Europa eingetriebene Spendengelder. In Deutschland werden immer wieder Türken Opfer der Flügelkämpfe der Dev-Sol-Gruppen. In dem BND/BfV-Bericht heißt es dazu: »Die vorhandene Gewaltbereitschaft, die hohe kriminelle Energie sowie der wahrscheinlich hohe Bewaffnungsgrad können zu weiteren schweren Straftaten führen« (BND/BfV-Bericht, S. 17).

Die »Türkische Kommunistische Partei (Marxisten-Leninisten)« (TKP/ML) wurde 1972 gegründet und vertritt eine Ideologie, die den Marxismus-Leninismus und die Ideen Mao Tse-tungs vermischt. Sie will in der Türkei gewaltsam eine kommunistische Gesellschaftsordnung errichten. In Deutschland tritt nach BND/BfV-Angaben nur das »Auslandsbüro«, das für die Steuerung der Organisation verantwortlich ist, als Unterzeichner von Flugblättern in Erscheinung. Die mit ihr in Deutschland zusammenarbeitenden Dachverbände »Konföderation der Arbeiter aus der Türkei in Europa« (ATIK) und die »Föderation der Arbeiter aus der Türkei in Deutschland e. V.« (ATIF) haben in Deutschland etwa 1900 Mitglieder. Diese

Gruppe finanziert sich in Deutschland durch Erpressung von Geldern. Ein Beispiel für das besonders brutale Vorgehen dieser Gruppe bei der Geldbeschaffung war ein Überfall auf einen illegalen Spielclub in Germersheim am 31. Dezember 1994, bei dem drei der vier Täter erschossen wurden. Nach Angaben ermittelnder Polizeidienststellen waren die an dem Überfall beteiligten Türken für mindestens zwei weitere Überfälle auf Spielclubs verantwortlich. Auch Brandanschläge auf türkische Einrichtungen gehören zum Repertoire dieser Gruppe, so ein Anschlag auf ein Büro der Turkish Airlines in Ludwigsburg im Dezember 1994 und eine Serie weiterer Brandanschläge auf türkische Einrichtungen 1995, bei denen zunächst immer rechtsextreme Deutsche als Urheber vermutet worden waren. Nach BND/BfV-Angaben ist die »innere Sicherheit Deutschlands nach wie vor durch gewalttätige Aktionen der Organisation bedroht« (BND/BfV-Bericht, S. 20).

Die »Föderation der türkisch-demokratischen Idealistenvereine in Europa e. V.« (ADÜTDF) ist eine 1978 in Frankfurt/Main gegründete rechtsgerichtete Abwehrföderation gegen türkische Marxisten. Mehr als 100 deutsche Vereine mit mindestens 6000 Mitgliedern gehören dieser Organisation in Deutschland an. Hinweise auf gewalttätige Aktionen dieser Gruppen liegen nicht vor, doch steigt die Gefahr der gewalttätigen Konfrontation zwischen türkischen Kommunisten und rechtsgerichteten Gruppen in Deutschland.

Die »Vereinigung der neuen Weltsicht in Europa e. V.« wurde 1985 in Köln gegründet und nennt sich jetzt »Islamische Gemeinschaft Milli Görüs e. V.« (IGMG). Sie ist die Auslandsorganisation des türkischen Politikers Erbakan und zielt auf Beseitigung der laizistischen Staatsordnung der Türkei, die sie durch ein streng islamistisches Regime ersetzen will. Alleinige Grundlage der verfassungsmäßigen Ordnung soll nach ihrer Auffassung der Koran sein. Der Verein übertreibt, wenn er behauptet, 200.000 in Deutschland lebende Türken seien Mitglieder. Nach Angaben des BfV sind es nur 26.000 (BND/BfV-Bericht, S. 23). Sein Endziel, das er gewaltlos verfolgt, ist eine rein muslimische Weltordnung. Damit beeinträchtigt er nach Auffassung von BND und BfV die »auswärtigen Belange Deutschlands« (ebenda, S. 24).

Radikaler ist demgegenüber der »Verband der islamischen Vereine und Gemeinden e. V. Köln« (ICCB), der von dem im Mai 1995 verstorbenen und als »Chomeini von Köln« bekannten Cemaleddin Kaplan geleitet wurde. Dieser Verband hält die Juden, den Kapitalismus und die Demokratie für alle Übel der Welt verantwortlich und setzt kompromißlos auf die Weltherrschaft des Islam. In den BND/BfV-Bericht heißt es dazu: »Bereits jetzt beeinträchtigt der ICCB mit seiner Agitation gegen die Türkei und Israel erheblich auswärtige Belange Deutschlands« (ebenda, S. 26).

ALGERIEN

Das Ende der seit 1992 andauernden Gewalt in Algerien ist nicht absehbar. Autonome Gruppen dürften auch nach einem Kompromiß der politischen Kräfte ihren bewaffneten Kampf fortsetzen. Wichtigste Gruppierungen dieses Kampfes aus dem Untergrund sind die »Islamische Heilsfront« (FIS) und die »Bewaffnete Islamische Gruppe« (GIA). Die sunnitisch-extremistische FIS wurde im März 1989 gegründet. Sie will ein islamistisches Staatswesen errichten und ermordet innenpolitische Gegner ebenso wie Ausländer. In Deutschland, wo etwa 200 gewaltbereite Anhänger von FIS und GIA leben, gibt es außer einem informellen Kreis algerischer Aktivisten keine legale Vertretung der FIS oder der GIA. Rabah Kebir, ranghöchster FIS-Vertreter in Deutschland, darf sich hier seit März 1994 nicht mehr politisch äußern. Gewaltbereite Algerier sind in Deutschland nach BND/BfV-Angaben in den illegalen Waffenhandel verstrickt. Das Auffinden einer Werkstatt in Leipzig, in der Kalaschnikow-Gewehre (Dekowaffen) zu schußfähigen Waffen umgearbeitet wurden, führte im Januar 1995 zu einem Ermittlungsverfahren des Generalbundesanwaltes wegen des Verdachts der Bildung einer terroristischen Vereinigung. Nach Angaben des Werkstattinhabers waren die

Waffen für die FIS bestimmt. Bei einem der Verhafteten wurde neben einer Vielzahl ausländischer Pässe ein Sprengzünder gefunden. Es wird daher befürchtet, daß radikale Algerier möglicherweise auch in Deutschland Anschläge verüben wollen (ebenda, S. 30).

ÄGYPTEN

Die Ende der sechziger Jahre gegründete »Gamaat Islamiyya« und der 1975 gegründete »Dschihad Islami« (Islamischer Heiliger Krieg) zählen zu den gewalttätigsten ägyptischen Terrorgruppen. Der »Dschihad Islami« ermordete 1981 den ägyptischen Präsidenten Sadat, während die »Gamaat Islamiyya« ausländische Touristen tötet und 1993 den Anschlag auf das World Trade Center verübte. Beide Gruppen haben offenbar auch Unterstützer in Deutschland, das ihnen – wie auch andere europäische Staaten – als logistisches Hinterland dient.

ISRAEL/PALÄSTINA

Die terroristischen Aktionen verschiedener Organisationen im Nahen Osten konzentrieren sich auf den Kampf gegen die Existenz des Staates Israel. Der 1991 eingeleitete Friedensprozeß zwischen Israel und den Palästinensern wird auch weiterhin von Anschlägen extremistischer Gruppen begleitet werden. Zu den wichtigsten radikalen Gruppen, die auch in Deutschland über eine größere Zahl von Anhängern verfügen, zählen die Islamistische Widerstandsbewegung (Hamas) und die Hizb Allah (Partei Gottes) oder Hizbullah. Die aus der Muslimbruderschaft abgespaltene Hamas verübt seit 1987 Anschläge. Ihr Ziel ist die Errichtung eines islamistischen palästinensischen Staates auf dem gesamten Gebiet Palästinas und die Zerstörung Israels. Sie kämpft mit terroristischen Mitteln gegen Israel und politisch gegen den Alleinvertretungsanspruch des PLO-Führers und Autonomieratsvorsitzenden Arafat. Zwanzig Prozent aller Palästinenser sollen die Hamas unterstützen.

Im Gegensatz zu israelischen Behauptungen finanziert sich die Hamas nicht überwiegend aus iranischen Geldquellen. In einem BND-Bericht für das Kanzleramt hieß es am 8. März 1996, der »Einfluß von Drittstaaten auf die operative Planung der Hamas« sei bislang »nicht zu erkennen«. Zwar habe die Hamas ein Büro in Teheran und es gebe auch eine wachsende Zusammenarbeit zwischen der »Hamas-Diaspora« und Teheran. »Die sunnitische Hamas bleibt aber auf Distanz zum schiitischen Revolutionsregime und bemüht sich um ein eigenständiges politisches Profil.« Im Vergleich mit dem Dschihad »gesteht die Hamas Teheran auch keine religiös-ideologische Vorbildfunktion zu«. Die Hamas finanziere sich vor allem durch Spenden, die sie zum Großteil von Privatpersonen aus Saudi-Arabien und den Golf-Staaten erhalte. Von ihrem geschätzten Jahresbudget in Höhe von 70 Millionen Dollar habe die Hamas 1995 nur rund 5 Millionen Dollar aus iranischen Quellen erhalten, heißt es in dem Bericht. Abschließend heißt es in dem wenige Tage nach einem blutigen Hamas-Anschlag in Tel Aviv erstellten BND-Bericht: »Die Aufforderung an die Weltgemeinschaft, gegen die Hamas-Infrastruktur im Ausland vorzugehen, und die Betonung der Rolle Irans als Drahtzieher von Terrorakten zählen inzwischen zu den traditionellen israelischen Reaktionsmustern nach einer Serie von Attentaten.«

In Deutschland ist die Hamas durch den »Islamischen Bund Palästina« (IBP) vertreten. Die Zahl der Hamas-Sympathisanten wird in Deutschland auf etwa 250 geschätzt. Derzeit lehnt sie Anschläge gegen oder in Drittstaaten ab.

Die Hizbullah wurde 1982 auf iranische Initiative und mit maßgeblicher Unterstützung Teherans im Libanon gegründet. Erklärtes Ziel ist der Kampf gegen Israel und gegen jüdische Einrichtungen weltweit. Die Hizbullah verfügt inzwischen über ein weltweites Netzwerk von Aktivisten und Sympathisanten. In Deutschland tritt sie – mit rund 600 Anhängern – unter der Bezeichnung Islamischer Widerstand auf. Es waren Mitglieder der Hizbullah, die in Deutschland im September

1992 im Berliner Restaurant Mykonos vier iranisch-kurdische Oppositionelle ermordeten. Einer der größten – und bislang geheimgehaltenen – Erfolge des BND war es, die Hintermänner des Mykonos-Anschlages zu enttarnen. Mit Hilfe einer ranghohen iranischen Quelle konnte der BND den Ermittlern jene Beweise an die Hand geben, die dann zur Anklage und zum Urteil führten. In diesem Zusammenhang wurde auch der Washingtoner Repräsentant des Bundesnachrichtendienstes fünf Stunden lang als Zeuge vor dem Berliner Gericht vernommen. Der BND-Mann, der die Teheraner Führung nach ihrer Auffassung mehrfach »reingelegt« hatte, mußte im April 1997 seine Washingtoner Villa vorübergehend mit einem Domizil in der Karibik vertauschen, weil Sicherheitskräfte offenbar Hinweise darauf hatten, daß er das Ziel iranischer Racheakte werden könnte. Doch nicht nur in Teheran gibt es Gruppen, die mit dem Mann noch eine Rechnung zu begleichen haben.

In einem BND/BfV-Bericht heißt es über die Hizbullah: »Aufgrund der internationalen Präsenz der Hizb Allah dürfte die potentielle Schlagkraft der Organisation auch außerhalb der Region hoch sein« (ebenda, S. 38). Ebenso wie die Hamas finanziert sich auch die Hizbullah überwiegend durch Spenden reicher Geschäftsleute aus den Golf-Staaten.

In Zukunft könnten vor allem in Deutschland lebende Anhänger iranischer Oppositionsgruppen die Sicherheit in Deutschland gefährden. Die Volksmudschahedin und der Nationale Widerstandsrat Iran haben ihren Sitz in Köln und verfügen im Irak über militärische Basen, von denen aus sie mit Gewalt die Mullahs in Iran bekämpfen. BfV und BND sehen »Sicherheitsrisiken« für den Fall, daß sich die innenpolitische Auseinandersetzung in Iran verschärfen wird (ebenda, S. 40).

DER BALKAN

Unter dem Aspekt der Bedrohung deutscher Sicherheitsinteressen ist nicht zuletzt aufgrund der geographischen Nähe sowie des erheblichen Flüchtlingspotentials vor allem das frühere Jugoslawien zu nennen. Nach Angaben von BfV und

BND ist die Sicherheitslage im Bundesgebiet »eng verknüpft mit der Frage, ob es der internationalen Staatengemeinschaft gelingt, die Konfliktparteien zu einem dauerhaften Frieden zu führen.« In Deutschland leben etwa eine Million Menschen aus den Nachfolgestaaten des ehemaligen Vielvölkerstaates Jugoslawien.

In einer BND-Einschätzung heißt es: »Die Gefahr, daß es zu militanten Einzelaktionen kommt, ist somit weiterhin gegeben. Vor allem deshalb, weil sich eine Vielzahl von ihnen serbischen, kroatischen, bosnisch-muslimischen, kosovo-albanischen und mazedonischen Vereinigungen angeschlossen hat, die – soweit erkennbar – zwar nicht extremistisch sind, jedoch in Einzelfällen gewaltorientierte Potentiale bilden könnten. Am ehesten müssen Gewaltaktionen weiterhin durch fanatisierte (serbische) Kleinstgruppen oder Einzelpersonen erwartet werden, die möglicherweise aus der Krisenregion kommen.« Der Bericht fährt fort: »Durch die Friedensvereinbarung von Dayton werden sich allerdings viele als Verlierer bzw. ohne Zukunftsperspektiven sehen; besonders solche Personen, für die es keine berufliche Verwendung mehr gibt. Das birgt die Gefahr in sich, daß vor allem Kräfte, die bisher durch den Krieg gebunden waren, zur Durchsetzung politischer, aber auch rein krimineller Ziele zu Mitteln der Gewalt greifen.« Der Bericht erwähnt nicht, daß 1996 jeder zweite nichtdeutsche Tatverdächtige in Deutschland aus dem früheren Jugoslawien stammte.

Regionalstudien des BND

Niemand vermag heute mit Sicherheit zu sagen, zwischen welchen Staaten der Welt in einem Jahr Krieg ausbrechen wird. Auch die Regionalstudien des BND können nicht mit letzter Sicherheit darüber Auskunft geben. In ihnen runden nachrichtendienstliche Hinweise die allgemein zugänglichen Informationen zu einem klaren Bild ab. Oftmals folgt die Bundesregierung bei wichtigen Entscheidungen Empfehlungen, die auch in den BND-Regionalstudien enthalten sind. Ein Beispiel dafür bietet die BND-Studie »Nahost/Nordafrika: Wasser – Konfliktpotential oder Kooperationselement?« aus dem Jahr 1996.

Die Bedeutung des Wassers im Nahen Osten wurde den Teilnehmern des Dreier-Gipfeltreffens von Al Bakura, am Zusammenfluß von Jordan und Jarmuk, im Juni 1995 vor Augen geführt. Als Bundeskanzler Kohl dort den früheren israelischen Ministerpräsidenten Rabin und den jordanischen König Hussein traf, waren entlang der neu geteerten Straße einige hundert von den Jordaniern soeben neu gepflanzte Palmen schon wieder vertrocknet: Eigentlich hätte es eine Palmen-Allee zur Erinnerung an das historische Treffen werden sollen; nun wurde der Weg ungewollt zu einem Mahnmal für die ungelöste Wasserfrage im Nahen Osten.

»Der nächste Krieg im Nahen Osten wird um das Wasser geführt werden.« Diese Prophezeihung des jordanischen Kronprinzen Hassan teilen auch viele Nahostfachleute. Doch nicht so der BND. In der Zusammenfassung der BND-Wasserstudie heißt es: »Der häufig in zahlreichen Medien heraufbeschworene Wasserkrieg im Nahen Osten wird von uns für wenig wahrscheinlich gehalten.« Offenkundig ist die Bundesregierung dieser vertraulichen Studie gefolgt, die der internationalen Staatengemeinschaft dennoch die »Finanzierung gemeinsamer Wasserprojekte« im Nahen Osten vorschlägt, denn Kanzler Kohl besichtigte in Al Bakura eine grenzüberschreitende jordanisch-israelische Anlage, zu der zwei Staudämme und eine Entsalzungsanlage gehören, die mit finanzieller Unterstützung Deutschlands und der Europäischen Union gebaut werden.

Vom Nil-Becken über das Jordan-Becken und das Wassersystem von Euphrat und Tigris sammelt der BND kontinuierlich Erkenntnisse über die Wasserversorgung, die auf den ersten Blick keinen unmittelbaren Bezug zu Deutschland haben. Dennoch interessiert es die Bundesregierung, wenn der

BND in Zusammenhang mit der Wasserfrage im Nahen Osten in seinem jüngsten Bericht schreibt: »Seit Anfang 1996 gibt es nachrichtendienstlichen Hinweisen zufolge Geheimverhandlungen zwischen der Türkei und Irak, möglicherweise, um einen Keil zwischen Syrien und Irak zu treiben.« Doch wie schnell die Auseinandersetzungen um das Wasser im Nahen Osten auch deutsche Interessen (und Arbeitsplätze) berühren können, machte die syrische Regierung im Frühjahr 1996 deutlich, als Präsident Assad mit Sanktionen gegen die am Bau der türkischen Staudämme beteiligten Firmen (u. a. das deutsche Bauunternehmen Philipp Holzmann) drohte und die arabische Welt zu gemeinsamen Maßnahmen gegen solche Firmen aufrief (s. BND-Bericht Wasser – Konfliktpotential oder Kooperationselement? S. 9).

Wesentlich aufschlußreicher für den Leser aber sind jene Passagen, die die israelische Politik kritisch beleuchten. Während die Weltöffentlichkeit beinahe täglich mit Informationen über die Angriffe schiitischer Hizbullah-Kämpfer auf den Norden Israels gefüttert wird, enthüllen Geheimdienste das eigentliche Ziel dieses Kleinkrieges. So erzielten die israelischen Geheimdienste anhaltenden Erfolg mit einer simplen Sprachschöpfung: Nach dem Libanon-Feldzug Israels 1982 beanspruchte Israel einen libanesischen Grenzstreifen als »Sicherheitszone« gegen schiitische Kämpfer der Hizbullah. Der Begriff »Sicherheitszone« sollte dabei aller Welt implizieren, daß Israel mit seinem Vorgehen einzig das ehrenwerte Ziel verfolgte, sich vor Angriffen schiitischer Kämpfer zu schützen. In Wirklichkeit hat Israel ein Interesse daran, den Kleinkrieg mit der Hizbullah stetig zu schüren und nicht zu beenden, müßte man sich dann doch aus der »Sicherheitszone« zurückziehen und damit auch das vorrangige Interesse an dem besetzten Streifen, das Wasser des Litani-Flusses, aufgeben. Während dieses brisante Thema in der BND-Regionalstudie und Verschlußsache unter Punkt »4.4.3 Der zionistische Traum vom Litani« nur gestreift wird, gibt es andere Unterlagen, die einen deutlicheren Ton anschlagen. Diese Wasseradern seien für Israel »von nationaler Bedeutung« heißt es da. Eine andere Information des BND lautet: »Pläne, den Litani in das israelische Wasserversorgungssystem miteinzubeziehen, gibt es seit Beginn der zionistischen Bewegung. Auch libanesische Vorwürfe, die Israel des Wasserdiebstahls bezichtigen, sind an der Tagesordnung. Die räumliche Nähe des Litani zum Hisbani (einer der Quellflüsse des Jordan) bietet dafür zumindest eine ideale Möglichkeit; Israel bestreitet dies. Beide Standpunkte sind bisher nicht beweisbar. Bekannt ist allerdings, daß ein Großteil der libanesischen hydrologischen Unterlagen über den Litani seit dem Libanonfeldzug 1982 verschwunden ist.«

Das Vorgehen Israels gegenüber den Palästinensern ist nach BND-Informationen ähnlich motiviert: »Jüngsten nachrichtendienstlichen Erkenntnissen zufolge könnte Israel den Palästinensern im Rahmen der Gespräche über den final status der palästinensischen Gebiete die Verwaltung und Entwicklung des östlichen Mountain-Aquifers der Westbank anbieten. Dieses Angebot ist für Israel kaum schmerzhaft, da das Grundwasser aus diesem Teil der Westbank ohnehin in Richtung Jordan abfließt. Für die Palästinenser ist es jedoch inakzeptabel, da das Wasserpotential dieses östlichen Aquifers mengenmäßig bei weitem nicht ausreicht, um den palästinensischen Wasserbedarf zu decken. Nach hiesiger Bewertung beabsichtigt Israel damit vor allem, das Problem abzuschieben und zu einem palästinensisch-jordanischen werden zu lassen.« Dies berichtete der BND-Resident in Israel seinem Dienstherrn.

Interessant ist auch der Hintergrundbericht über den Golan und die Wasserfrage: »Eine andere Entwicklung droht allerdings, libanesische Wasservorkommen zur Verhandlungsmasse zwischen Israel und Syrien werden zu lassen: die Golanfrage. Nachrichtendienstlichen Hinweisen zufolge hat der syrische Präsident Assad im Sommer 1996 gegenüber einer US-Delegation signalisiert, Syrien werde im Falle des Abschlusses eines Friedensvertrages mit Israel den auf den

Golanhöhen entspringenden Fluß Banias nicht gegen israelische Interessen nutzen. Man werde die Durchflußrate des Banias nicht reduzieren, plane keine Ableitung des Wassers und werde nicht zur Verschmutzung des Flusses beitragen. Syrien sei an einer großzügigen Regelung in der Frage des Golan-Wassers interessiert, die Israel begünstige. Eine konkrete Erörterung dieser Frage scheitert allerdings bisher an der Weigerung Netanjahus, über den Golan zu verhandeln.«

Der BND schlägt sodann Israel und Syrien eine Lösung ihrer Wasserkrise vor: »Eine mögliche Entwicklung könnte wie folgt aussehen: Syrien gesteht Israel die Nutzung der rund 120 Mio. cbm pro Jahr aus dem Banias zu, wobei Israel auf geringe Wassermengen für den lokalen syrischen Bedarf verzichtet. Für diesen geringen Verzicht könnte Israel dann eine Kompensation aus dem Litani mittels einer Umleitung in den Hisbani reklamieren. Der Ausgleich aus dem Litani dürfte vermutlich den Verzicht von Baniaswasser mengenmäßig übersteigen, da Israel mit der vorzüglichen Wasserqualität des Banias argumentieren könnte. Eine derartige Lösung brächte für Israel den Gewinn zusätzlicher Wasserressourcen, Syrien hätte den Vorteil, bei der Behandlung grenzüberschreitender Flüsse ein als Oberanlieger vorbildliches Verhalten gezeigt zu haben, was bei dieser Argumentation gegenüber der Türkei nützlich wäre. Ungefragt bleibt dabei Libanon. Dieses könnte für diesen Wasserverlust in Form zusätzlicher Gelder der internationalen Staatengemeinschaft für den Wiederaufbau entschädigt werden.«

Abschließend heißt es: »Die israelisch-arabischen Kriege können generell auch unter hydrostrategischen Aspekten betrachtet werden. So wurde zum Beispiel 1973 auf israelischer Seite bei der Besetzung des Golan darauf gedrungen, daß die Wasserscheide zwischen Syrien und Israel innerhalb des von Israel besetzten Gebiets liegt. Das Wasser ist sicherlich mit ein Hauptgrund für das Festhalten Israels an den besetzten Gebieten ... «

Industriespionage

In der Münchner Siemens-Zentrale herrschte Katerstimmung. Der 18. April 1994 wird wohl als schwarzer Tag in die Firmengeschichte eingehen. Damals hatte sich die südkoreanische Regierung beim Bau der ersten Hochgeschwindigkeitsstrecke des Landes endgültig gegen den deutschen ICE entschieden. Die staatliche Gesellschaft für das Bahnprojekt teilte mit, der Zuschlag sei dem Konsortium GEC-Alsthom und damit dem französischen TGV-Konzept erteilt worden. Die Siemens AG hatte sich nach der ablehnenden Vorentscheidung im August 1993 noch einmal massiv für den ICE eingesetzt. Auch konnte sich die deutsche Firmengruppe wegen schwieriger Verhandlungen mit den Franzosen bis zuletzt Chancen ausrechnen.

Hatten nicht die deutschen Anbieter Ende 1993 ihre Preisvorstellung noch einmal um etwa zehn Prozent auf rund 3,6 Milliarden Mark gesenkt, während der Preis für den TGV bei 4 Milliarden Mark lag? Warum um alles in der Welt hatte man den Auftrag nicht erhalten? Es dauerte einige Zeit, bis der Siemens AG klar wurde, warum sie den Milliardenauftrag an die Franzosen verloren hatte. Der französische Geheimdienst Direction Générale de la Sécurité Extérieure (DGSE) hatte die Kommunikation der Siemens-Manager mit den Südkoreanern überwacht und alle Erkenntnisse schnellstens an das französische Konsortium weitergeleitet; ein eindeutiger, bislang öffentlich nicht bekannter Fall von Industriespionage, der für Deutschland den Verlust zahlreicher Arbeitsplätze bedeutete. Inzwischen brüstet sich der französische Auslandsdienst mit solcherlei Erfolgen. Sein früherer Chef, Alexandre de Marenches, beliebt damit anzugeben, die DGSE habe durch erfolgreiche Wirtschaftsspionage seinen Haushalt »voll wieder eingespielt«. Nahezu jedes Mittel ist der DGSE recht, um die gewünschten Informationen zu besorgen: das Abhören von Telefongesprächen und Einbrüche in Hotels und Geschäftsräume ebenso wie die Verwanzung der Ersten Klasse der Air-

France-Flugzeuge (s. dazu: Spiegel-Spezial, Die Welt der Agenten, 1996, S. 83). Dafür mußte man sich inzwischen öffentlich entschuldigen. De Marenches schreibt in seinen Memoiren auch, 1971 habe er die französische Regierung über die bevorstehende Abwertung des Dollars durch die Nixon-Administration unterrichtet. Dort hatte man einen ranghohen Spion plaziert. Paris verließ sich auf diese Informationen, spekulierte mit großen Summen gegen den Dollar und gewann dabei viel Geld. Solche Art von Spionage soll offenbar die Budgets der Geheimen vor Kürzungen retten.

Wie sehr die französischen Geheimdienste an allen erdenklichen Informationen interessiert sind, zeigte auch die erst im April 1997 bekanntgewordene »Abhöraffäre Mitterrand«. Der frühere französische Staatspräsident Mitterrand hatte mehrere Jahre lang tausende Politiker, Journalisten – unter ihnen den Feuilleton-Korrespondenten der »Frankfurter Allgemeinen Zeitung« in Paris, Joseph Hanimann – und Wirtschaftsvertreter systematisch abhören lassen. Seine Nachfolger versuchten dieses Vorgehen mit dem Mantel des angeblichen »Verteidigungsgeheimnisses« zu vertuschen. Das französische Volk jedenfalls hat genug von den Lauschangriffen: 92 Prozent bezeichneten die illegalen Aktionen der achtziger Jahre in einer Umfrage als »große« oder »sehr große« Gefahr für die Demokratie. In Frankreich werden alljährlich 16.000 Telefonate mit Genehmigung der Behörden abgehört. Hinzu kommen nach Angaben der staatlichen Kontrollkommission CNCIS rund 100.000 weitere illegal und aus privaten Büros »wild angezapfte« Gespräche.

Daß Information eine Waffe ist, hat die DGSE längst erkannt. Im Oktober 1997 eröffneten ehemalige Mitarbeiter der DGSE in Paris eine »Schule für den Wirtschaftskrieg«. Nahe der Ecole Militaire, an der schon Napoleon das Kriegshandwerk erlernte, sollen französische Manager in die Kunst der Wirtschaftsspionage eingeführt werden. Ganz nebenbei wird dort auch der Kontakt zwischen französischer Industrie und Geheimdienst gepflegt. Geistiger Vater der »Schule für den

Wirtschaftskrieg« ist der frühere Direktor der Pariser Geheimdienstschule Jean Pichot-Duclos. Er sagte zur Eröffnung, französischen Unternehmen fehle im internationalen Wettbewerb der offensive Charakter. Das wolle man ändern.

Wie auch immer: Die Siemens-Manager konnte es wohl kaum trösten, daß die Südkoreaner 30 Monate nach der Vergabe des Auftrages an TGV kleinlaut an deutsche Firmen herantraten: Sie hatten bei ihrer überhasteten Planung Regeln der Baukunst außer Acht gelassen und Sicherheitsvorschriften mißachtet. So brach das vorgesehene Terrain für die Streckenführung an einigen Stellen ein. Und erst nachträglich stellten die Koreaner fest, daß unter einem Tunnel 22 ehemalige Bergwerksstollen verlaufen. In ihrer Not wandten sich die Koreaner deshalb an die Deutschen. Vierzig deutsche Ingenieure, unter ihnen Fachleute der Bahn AG, übernahmen nun die Bauaufsicht, damit die Koreaner für französische Hochgeschwindigkeitszüge taugliche Brücken bauen können; aus Siemens-Sicht wohl ein Treppenwitz der Weltgeschichte.

Auch andere deutsche Unternehmen, so die Volkswagen AG, sind das Ziel ausländischer Industriespione. Auf einem Testgelände bei Wolfsburg sollen mit einem versteckten Aufnahmegerät Fotos von neuen Prototypen gemacht worden sein (Deutsche Presseagentur, 3. September 1996). Die Wärme der vorbeifahrenden Autos löste eine Infrarot-Lichtschranke aus. Über Funk wurde das jeweilige Foto dann aus der Kamera an den Empfänger übermittelt. Technisch ist das kein Problem, und zudem läuft es noch ohne Risiko.

In Frankfurt versteckten sich amerikanische Industriespione in der Vergangenheit in einem Büro hinter der Samsung-Reklame gegenüber dem Hauptbahnhof. Seit ihrer Enttarnung sind sie dort ausgezogen und nutzen nun den Schutz des amerikanischen Konsulates in der Siesmayerstraße nahe dem Palmengarten. Während das Ziel amerikanischer Spione im Großraum Frankfurt deutsche Unternehmen wie die Hoechst AG sind (dort sollen sie etwa einen neu entwickelten Ozonfilter und einen Flachbildschirm kopiert haben), interessierten sich die zwei für Frankfurt zuständigen britischen Spione in der Vergangenheit vor allem für die Wirtschaftspolitik der Bundesbank. Industriespionage zählt anders als bei den Amerikanern nicht zu ihren vorrangigen Aufgaben.

Der Bundesverband deutscher Sicherheits-Unternehmensberater fordert schon seit langem härtere Strafen für Industriespione. Klaus-Dieter Matschke, der Präsident dieses Verbandes, sagte dem Saarländischen Rundfunk, die höchste ihm bekannte Strafe, die in Deutschland verhängt worden sei, seien 300.000 Mark gewesen. Im Gegensatz dazu drohten Industriespionen in den Vereinigten Staaten Höchststrafen bis zu 125 Jahren Haft. Doch Deutschland wird für Industriespionage von Seiten seiner westlichen Bündnispartner immer weniger lohnend, fällt es doch auf dem internationalen Markt für Know-how und bei Eigenentwicklungen unaufhaltsam zurück.

Für die Abwehr von Industriespionen ist in Deutschland das Bundesamt für Verfassungsschutz zuständig. Doch die Methoden der Industriespione sind ausgefeilt. Es wäre wünschenswert, wenn zukünftig BfV und BND, dem als einzigem Geheimdienst der Welt Industriespionage (im Gegensatz zur Wirtschaftsspionage, die wirtschafts- und finanzpolitische Strategien und Pläne von Regierungen ausspäht) untersagt ist, auch auf diesem Gebiet noch enger zusammenarbeiten würden.

Welche Methoden nutzen ausländische Geheimdienste im Orwellschen Zeitalter, um deutsche Unternehmen auszuspionieren? Und warum werden die zahlreichen Fälle, in denen »befreundete Staaten« deutsche Unternehmen ausspionieren, in der Öffentlichkeit nie bekannt, obwohl sie mitursächlich für den Niedergang der deutschen Wirtschaft sind? Offenbar ist das Zeitalter des Kalten Krieges vom Zeitalter des Handelskrieges abgelöst worden. Das Wiener Hotel »Marriot« jedenfalls beschritt einen ungewöhnlichen Weg, als es Mitte April 1997 mitteilte, daß bei Renovierungsarbeiten in mehreren Zimmern Wanzen und Abhörgeräte eines ausländischen Geheimdienstes gefunden worden waren. Normalerweise hält man solche Zufallsfunde geheim. Auch das Wiener »Hilton«-Hotel wurde aktiv und ließ alle Zimmer auf Wanzen untersuchen. Wien, Sitz mehrerer UN-Organisationen und der Organisation für Sicherheit und Zusammenarbeit in Europa, ist ebenso wie Deutschland das Ziel internationaler Wirtschaftsspione.

Die Bank von England ist einer der besten Kunden britischer Geheimdienstberichte. Britische Dienste fangen die Faxe deutscher Unternehmen ab und hören Telefongespräche mit. Und seitdem Rolls-Royce im Volkswagen-Konzern einen deutschen Partner gefunden hat, gehört auch die Konzernzentrale von VW zu den vorrangigen Aufklärungszielen. London läßt Deutschland wie auch Frankreich vor allem ausspionieren, weil man die dabei gewonnenen Informationen angeblich für die Zusammenarbeit in der EU benötigt. Vor allem, wenn es um Rüstungsaufträge geht, läßt Großbritannien die Bündnispartner gnadenlos auskundschaften. 600.000 Arbeitsplätze sind im Königreich vom Waffenexport abhängig. So verwundert es kaum, daß sich die Geheimagenten Ihrer Majestät in allen Konkurrenzbetrieben Ausschreibungsunterlagen anzueignen suchen. Der bekannteste Fall dafür war der Verkauf des Kampfjets MRCA »Tornado« an den saudischen König Fahd. Zehn Milliarden Dollar kassierte die britische Rüstungsindustrie mit diesem Auftrag im Jahre 1985, und erst später wurde bekannt, daß alle britischen Geheimdienste Überstunden machen mußten, um die französischen und amerikanischen Konkurrenzangebote auszuspähen.

Zum ersten Mal wurde im Frühjahr 1997 ein amerikanischer CIA-Agent in Deutschland nicht nur als Industriespion enttarnt, sondern auch in die Heimat zurückgeschickt. Der amerikanische Diplomat hatte versucht, einen ranghohen Beamten des Bundeswirtschaftsministeriums anzuwerben. Über den Bonner Beamten wollte die CIA den Stand der deutschen Hochtechnologie ausspionieren. Der »Spiegel« schrieb über den Fall: »Was da ablief, war für die Agentenjäger des BfV ein Fall aus dem Lehrbuch: Späher einer fremden Macht wollten einen deutschen Spitzenbeamten anwerben.« Doch der Beamte unterrichtete nicht die CIA, sondern den für die Aufklärung solcher Fälle zuständigen Verfassungsschutz. Mit Rücksicht auf die guten Beziehungen zu den Vereinigten Staaten wurde die Affäre auf der Dienstebene zwischen den Nachrichtendiensten geregelt. Eine formelle Einbestellung des amerikanischen Botschafters und die Erklärung des amerikanischen Agenten zur unerwünschten Person wurden so vermieden. Der Agent verließ Deutschland freiwillig und kam der Ausweisung zuvor. Der Rauswurf des CIA-Mannes bot die Chance, das Spionieren unter Freunden nicht länger als Tabu behandeln zu müssen. Im »Spiegel« hieß es: »Sechseinhalb Jahre nach der Wiedervereinigung und dem Ende der Sonderrechte alliierter Streitkräfte sind die Deutschen auf konspirativem Gebiet immer noch nicht Herren im eigenen Haus. Nach wie vor agiert manch westlicher Dienst – die Amerikaner vornweg – hier ungehemmt wie auf dem eigenen Hinterhof ... Über 1000 Lauschtechniker und 100 gelernte US-Agenten tummeln sich nach Schätzungen von Sicherheitsexperten noch auf deutschem Boden. Allein in der amerikanischen Residenz am Rhein werden 20 Nachrichtendienstler vermutet. Die Späher der befreundeten Macht sitzen in Konsulaten, alliierten Oberkommandos und Kasernen. Sie versuchen, Agenten in Deutschland anzuwerben, sie zapfen ohne Rücksprache neue Quellen an, und wer immer zwischen Alpen und Ostsee zum Telefonhörer greift, muß gewärtig sein, daß auch die NSA aufgeschaltet ist – Vorsicht, Freund hört mit ... Während Briten und Franzosen die Souveränität Deutschlands einigermaßen respektieren, gebärden sich die Amerikaner, deren Ziehkind der BND war, wie eine Siegermacht. Sie pochen auf Zusatzabkommen zur nachrichtendienstlichen Zusammenarbeit mit den alliierten Entsendestreitkräften. Danach müssen die Deutschen die Erfordernisse der militärischen Sicherheit bei den hiesigen Nato-Kontingenten berücksichtigen. Da bleibt reichlich Spielraum für die Heimlichtuerei auf deutschem Boden.«

Einige Tage nach dem Bekanntwerden dieses Falles behaupteten amerikanische Regierungsquellen in der »Washington Post«, in Wirklichkeit habe der CIA-Mann gar nicht Industriespionage betrieben, sondern Informationen über ein Drittland, »wahrscheinlich Iran«, zu sammeln versucht. Im Kanzleramt sagte man mir dazu: »Bis 1990 haben die Amerikaner Deutschland nachrichtendienstlich intensiv ausspioniert, wirtschaftlich, politisch und militärisch. Sie beriefen sich dabei auf das Nato-Truppenstatut. Schon damals mußten wir beide Augen ganz fest zudrücken, weil Industriespionage keinesfalls vom Nato-Truppenstatut gedeckt war und auch andere Arten der Spionage gegen deutsche Einrichtungen in Wahrheit wohl kaum dem Ziel dienten, alliierte Soldaten zu schützen. Seit 1990 können sich die Amerikaner nur schwer daran gewöhnen, daß sie jetzt keine Vorrechte mehr in Deutschland haben. Sie glauben immer noch, sie hätten hier einen Hinterhof vor sich, in dem sie tun und lassen können, was sie wollen. In Zukunft werden wir ihnen wohl öfter und deutlicher bei solchen Aktivitäten auf die Finger klopfen müssen. Es ist lächerlich, wenn die Amerikaner behaupten, der zurückgekehrte CIA-Mann sei gar kein Industriespion gewesen. Noch mehr Munition, als wir gegen ihn in der Hand hatten, konnte man gar nicht haben.«

Stanley Kober, Außenpolitikexperte am Cato Institute in Washington, sagt zur amerikanischen Industriespionage, diese habe »bereits zu einer Reihe häßlicher Zwischenfälle geführt. Während der UN-Inspektion im Irak hatte es die CIA auf deutsches Atom-Know-how abgesehen. Die als UN-Kontrolleure getarnten Agenten beschafften sich Pläne für den Bau von Gas-Ultra-Zentrifugen zur Urananreicherung.« Bei Handelsgesprächen zwischen den Vereinigten Staaten und Japan im gleichen Jahr, 1995, wurden Späher der CIA auf die japanischen Delegierten angesetzt. Die Japaner reagierten empört. Auch in Indien wollten Mitarbeiter der CIA 1996 ihre

Kollegen vom Staatsgeheimdienst zur Mitarbeit überreden. Statt brisanter Geheimnisse erhielten sie aus Neu Delhi jedoch die Weisung, ihre Koffer zu packen. 1993 hatte das Pentagon zu einem Boykott der Internationalen Flugausstellung in Paris aufgerufen, nachdem die CIA amerikanische Firmen davor gewarnt hatte, sie würden in der französischen Hauptstadt »gnadenlos« ausspioniert. 1995 wies Frankreich vier amerikanische Diplomaten mit dem Vorwurf aus, sie hätten Telekommunikationsunternehmen bespitzelt. »Die einfachste und beste Möglichkeit, französische Unternehmen wettbewerbsfähig zu erhalten, ist, Informationen von Konkurrenten zu stehlen«, schreibt der britische Geheimdienstfachmann Stephen Dorril. Wohl deshalb wurden der Etat der französischen DGSE um 10 Prozent und die Zahl der Mitarbeiter um 1000 Mann erhöht. Auch der amerikanische Geheimdienstetat ist abermals gestiegen und beträgt im Fiskaljahr 1997/98 26,7 Milliarden Dollar (fast 50 Milliarden Mark).

Während in den offiziellen Berichten des Bundesamtes für Verfassungsschutz die Spionageversuche osteuropäischer Staaten und anderer Länder alljährlich aufgelistet werden, gibt es zu den Bemühungen »befreundeter Staaten« keine offiziellen Mitteilungen. Welche Fortschritte die Amerikaner bei der Observation industrieller Ziele gemacht haben, verdeutlicht ein BND-Papier: Danach hörte die NSA eine Telefonkonferenz eines europäischen Technologiekonzerns über neue Mikrochips ab. In einer Studie »Verstärkung der wirtschaftlichen Wettbewerbsfähigkeit der USA durch Nachrichtendienste« warnt der BND die Bundesregierung davor, daß Washington den Kampf um Weltmarktanteile »mit aller Entschlossenheit« führt. Angeblich beschäftigt die CIA inzwischen mehrere hundert sogenannte NOCs (No Official Cover), Agenten ohne offiziellen Schutz, die als Manager multinational operierender amerikanischer Konzerne im Ausland Industriespionage betreiben.

Doch nicht nur die Amerikaner, Briten und Franzosen, sondern auch die Russen betreiben Industriespionage in Deutschland. Die Bundesanwaltschaft ermittelte im Frühjahr 1997 gegen ein noch nicht enttarntes russisches Agentennetz des früheren sowjetischen Geheimdienstes KGB. Moskaus Maulwürfe stecken nicht nur in Parteien und Sicherheitsbehörden, sondern auch in Wirtschaftsverbänden und Industriebetrieben. Frauke Scheuten, Sprecherin des Generalbundesanwalts Nehm, bestätigte die Ermittlungen. Der russische Präsident Jelzin soll persönlich ein Dekret unterzeichnet haben, nach dem die 75.000 russischen Inlandsspione über alle Gespräche mit Ausländern einen Bericht anfertigen müssen. Rußlands Agenten dürfen ohne richterliche Genehmigung in Gebäude ausländischer Firmenniederlassungen eindringen und sie durchsuchen. Im April 1994 befahl Jelzin seinen 15.000 Auslandsspionen, die Beschaffung von Informationen aus dem Westen zu intensivieren. Im Gegenzug sicherte er zu, daß keiner der Geheimdienstler arbeitslos werde.

In einer Studie des baden-württembergischen Landesamtes für Verfassungsschutz zum Thema »Wirtschaftsspionage«, Stand November 1994, heißt es: »Im Jahr 1993 waren die russischen Dienste für die Mehrzahl aller Spionageaktivitäten in Baden-Württemberg verantwortlich.« Derzeit ist diese Erkenntnis wohl für das gesamte Bundesgebiet gültig (Landesamt für Verfassungsschutz Baden-Württemberg: Wirtschaftsspionage – Informationsschutz, Stand November 1994, S. 7).

Die zunehmende Häufung von Berichten über russische Industriespionage in Deutschland führte zu der Anfrage eines Bonner Ministeriums, welche Folgen diese russische Tätigkeit mittelfristig haben werde. Die Antwort aus Pullach wirkte beruhigend: Die Auswerter teilten mit, die Wirksamkeit der russischen Technologie-Spionage werde in Deutschland überschätzt, da Moskau westlichen Unternehmen zwar stapelweise betriebsinterne Geheimnisse entreißen lasse, diese aber »nicht umsetzen« könne. Das russische Umfeld von Ignoranz, Unfähigkeit und Schlendrian habe in der Mehrzahl aller dem BND bekannt gewordenen Fälle dazu geführt, daß im Westen gestohlenes Know-how im Sande versickert sei. Rußland brauche jeweils Jahre, um eine nicht-militärische Neuerung umzusetzen. Bis die im Westen geraubten technologischen Erkenntnisse dort in ein Produkt mündeten, sei dieses im Westen schon längst technisch veraltet.

DAS BUNDESAMT FÜR SICHERHEIT IN DER INFORMATIONSTECHNIK

Diplom-Mathematiker Dr. Heinrich Kersten leitete bis zum Sommer 1997 im Bonner Bundesamt für Sicherheit in der Informationstechnik (BSI), einem weitläufig mit dem BND verflochtenen Amt, die Abteilung »Wissenschaftliche Grundlagen und Zertifizierung«. In der Kessenicher Straße 216 in Bonn-Dottendorf zeigt sich die Außenstelle des BSI schon von außen gut gesichert: Metallgitter und Personenkontrollen bieten einen ersten Hinweis darauf, daß hier brisante Geheimnisse gehütet werden. Das aus der BND-Zentrale für Chiffrierwesen in Bonn-Mehlem hervorgegangene BSI verfügt über Erkenntnisse, die man in westlichen Hauptstädten ungern hört. Kersten hebt hervor: »Die Technologie hat heute einen Stand erreicht, der jede Art von Spionage erheblich leichter macht als die frühere klassische Spionage. Und es würde mich wundern, wenn die Geheimdienste diese technischen Möglichkeiten nicht auch anwenden würden.«

Von der elektronischen BMW-Wegfahrsperre bis zu Chipkarten-Lesegeräten testet das BSI Produkte auf die Sicherheit ihrer Codes. Da die Sicherheit der elektronischen BMW-Wegfahrsperre mit »niedrig« bewertet wurde, wirbt der bayerische Fahrzeugbauer heute ebensowenig mit dem BSI-Zertifikat wie die Hersteller moderner Telefonanlagen mit Freisprecheinrichtung und Konferenzschaltung, denen das BSI generell keine guten Noten erteilt. Ihre Telefonanlagen können mit geringstem technischem Aufwand von jedem Ort der Welt aus abgehört werden. Die Freisprecheinrichtung kann nach Angaben von Kersten über den eingebauten Chip ebenso wie die Konferenzschaltung von jedem Ort der Welt aus freigeschaltet werden, ohne daß es jemand bemerken würde. Heute ist niemand mehr darauf angewiesen, Wanzen in modern ausgestatteten Büroräumen zu plazieren. Spione können sich vielmehr gemütlich im Sessel zurücklehnen, einen Cognac trinken und auf einem Bildschirm oder vor einem Lautsprecher verfolgen, was in 3000 Kilometer Entfernung vor sich geht, ohne den ausspionierten Raum jemals betreten zu haben. Dieser Hinweis des BSI hat dazu geführt, daß auf dem Pullacher BND-Gelände nicht ein Telefonapparat mit Freisprecheinrichtung oder Konferenzschaltung steht. Zudem warnt das BSI – neben dem BND – vor allem auch Unternehmen vor der »Abstrahlung« ihrer vertraulichen Daten über Computer, Drucker und Telefonleitungen, die Industriespione ohne größeren Aufwand an sich reißen könnten. Diese »bloßstellend« genannte Abstrahlung kann nach BSI-Angaben einen Raum auf unterschiedliche Weise verlassen:

- in Form von elektromagnetischen Wellen, die sich wie Rundfunkwellen durch den freien Raum ausbreiten;
- als leitungsgebundene Abstrahlung entlang metallischer Leiter (Kabel, Klimakanäle und Heizungsrohre);
- durch Überkoppeln von einem Datenkabel in parallel hierzu verlegte Kabel. Auf dem Parallelkabel breitet sich dann die Abstrahlung aus und kann von diesem noch in großer Entfernung abgegriffen werden;
- in Form von akustischer Überkopplung auf andere Geräte (sogenannte Mikrofonie). Die Schallwandlung in elektrische Signale erfolgt dabei durch schallempfindliche Geräteteile, die unter bestimmten Voraussetzungen ähnlich wie ein Mikrofon arbeiten können. Die weitere Ausbreitung erfolgt dann entlang metallischer Leiter oder auch in Form elektromagnetischer Raumstrahlung.

Bloßstellende Abstrahlung kann auch durch eine äußere Manipulation von Geräten verursacht werden. Wird zum Beispiel ein Gerät mit Hochfrequenzenergie bestrahlt, können die im Gerät ablaufenden elektrischen Vorgänge die eingestrahlten Wellen so beeinflussen, daß diese nun die verarbeitete Information mit sich tragen.

In allen Fällen hat die Installation, also die Verkabelung der Geräte untereinander und mit dem Stromversorgungsnetz, einen wesentlichen Einfluß auf die Ausbreitung und damit auf die Reichweite der Abstrahlung.

Was der zur Verschwiegenheit verpflichtete ehemalige Bundesbeamte Kersten nur in Andeutungen anspricht, ist die Industriespionage befreundeter Staaten in Deutschland. Kersten sagt: »Viele Unternehmen glauben sich mit Firewalls, also Filtern, die registrieren, wer in den Rechner will, schützen zu können. Das ist aber ein Märchen. Man kann davon ausgehen, das alle deutschen Unternehmen von ausländischen Konkurrenten bespitzelt werden. So wie die deutschen Unternehmen in den fünfziger und sechziger Jahren von den Alliierten im Telefonverkehr systematisch überwacht wurden, so sind es heute die Applets.« Applets sind kleine Java-Programme, die unerwünschte Programmierungen enthalten können. Kersten: »Man hat den Eindruck, daß Java, das ebenso wie die Applet-Technik massiv vom amerikanischen Verteidigungsministerium finanziell unterstützt wurde, nur entwickelt wurde, um den Computeranwender bis in den privaten Bereich hinein bespitzeln zu können.«

In der Hacker-Szene gilt es längst als ausgemacht, daß Industriespion Lopez, als er von General Motors zum Volkswagen-Konzern wechselte, nicht etwa kistenweise Aktenordner aus seinem früheren Büro schleppte, sondern mit Hilfe der Applet-Technik online die zuvor manipulierten Daten nach Wolfsburg schaffte.

ELEKTRONISCHE KRIEGFÜHRUNG

Kersten sorgt sich auch auf anderem Gebiet um die Wettbewerbsfähigkeit von Unternehmen: »Heute ist es ohne weiteres möglich, Konkurrenten für mehrere Tage mit elektronischer Kriegsführung lahmzulegen. Banken, die darauf angewiesen sind, online Geld um den Globus zu transferieren, könnten so in den Ruin getrieben werden.« Doch das ist nur ein Teil der Wahrheit. Die Nachrichtendienste interessiert es weniger, ob die Kreditkartenlesegeräte des Esso- oder Shell-Tankstellennetzes möglicherweise von einem Konkurrenten elektronisch blockiert werden können. Interessanter ist für sie der Hinweis, daß die Vereinigten Staaten die Kriegsmaschinerie und die Nachrichtenverbindungen vieler Staaten der Welt elektronisch lahmlegen könnten. Washington, einer der größten Rüstungslieferanten der Welt, soll seit 1994 in die Elektronik aller für den Export bestimmten Rüstungsgüter Programme eingebaut haben, die im Bedarfsfall aktiviert werden und das Waffensystem kriegführender Staaten zum zahnlosen Tiger machen könnten. Wenn das Pentagon es will, startet nirgendwo in der Welt mehr ein Kampfflugzeug des Typs F-16. Mittels Satelliten kann die Flugzeugelektronik lahmgelegt werden. Auch amerikanische Kampfpanzer könnten so auf Knopfdruck den Dienst verweigern. Und dank eines eingebauten Global-Positioning-Chips müssen amerikanische Agenten heute nicht länger Waffenhändlern nachjagen, um zu erfahren, welchen Weg die verkauften Rüstungsgüter letztlich nehmen. Bis auf wenige Meter genau kann man heute mit Hilfe dieses auch Autofahrern bekannten Systems die Position eines Objektes bestimmen. Privatleute schätzen das Navigationssystem als Travel-Pilot, Geheimdienste, die es von den Militärs übernommen haben, als kostengünstigen Agentenersatz.

Auch Sabotage-Trupps in Form von streng geheimen Gladio-Einheiten braucht man zum Lahmlegen fremder Armeen schon lange nicht mehr. Selbst wenn man die lahmzulegenden Waffensysteme nicht selbst gebaut hat, genügt ein Griff in die elektronische Zauberkiste: Notfalls, so heißt es in Pullach, könne man das Rüstungsgut immer noch durch elektromagnetische Wellen unbrauchbar machen. Kersten, ein Fachmann, der es wissen muß, sagt dazu: »Die eigentlichen Spione treten mehr und mehr in den Hintergrund. Die elektronische Aufklärung wird mehr und mehr das Spionagemittel der Zukunft.« Wie zum Beweis der Richtigkeit seiner Äußerung leuchtete bei seinen Ausführungen die rote Lampe des

»Dekanal-Filters« in seinem Arbeitszimmer, eines Geräts in Zigarettenschachtelgröße, das mit der Telefonleitung gekoppelt wird und anzeigt, ob das Telefon von außen abgehört wird. Seit Monaten wurde das Arbeitszimmer von Kersten von außen über die Freisprecheinrichtung seines Telefons abgehört. Er sieht es gelassen und erstellt in der Zwischenzeit Protokolle jener Zeitabschnitte, in denen das rote Lämpchen leuchtet. Deutsche Dienststellen scheinen darin nicht involviert zu sein.

Helmut Szimkus: Geständnis eines Spions

Selten sind die Fälle, in denen ein Spion seine Geschichte enthüllt. Einer von ihnen ist der Offenbacher Helmut Szimkus. Im Juli 1994 erreichte Staatsminister Schmidbauer nach langen Verhandlungen seine Freilassung aus iranischer Haft. Zunächst hieß es, er habe unschuldig in Iran im Gefängnis gesessen. Doch wenige Tage nach seiner Freilassung berichtete Szimkus mir über seine Erlebnisse. Die Amerikaner, seine Auftraggeber, kümmerten sich nicht um ihren »verbrannten« Agenten. Über das Gespräch mit Szimkus berichtete ich am 3. August 1994 in der »Frankfurter Allgemeinen Zeitung« unter der Überschrift »Ich spionierte für Amerika und den Irak. Ein Geständnis von Helmut Szimkus«: »Sein Äußeres ist seine größte Waffe. Wer die Fernsehauftritte des vor einem Monat aus iranischer Haft entlassenen Deutschen Helmut Szimkus verfolgte, mußte wohl den Eindruck gewinnen, dieser habe unschuldig mehr als fünf Jahre im berüchtigten Teheraner Evin-Gefängnis zubringen müssen. Deutsche Fachleute aber schmunzelten. Sie wußten um den Hintergrund des Mannes, der auf Außenstehende manchmal fast etwas unbedarft wirken mag, viele aber vortrefflich zum Narren gehalten hat.«

In Wahrheit, so berichtete Szimkus, arbeitete er »seit 1980 für die Amerikaner. Ich bin in die Geschichte reingeraten in

Zusammenhang mit der Geiselnahme in der amerikanischen Botschaft in Teheran.« Der 1934 in Erfurt geborene Mann, der zwischen 1955 und 1964 in der DDR wegen Spionage inhaftiert war, arbeitete damals als Monteur im Nahen Osten. Seit dem Beginn der Geiselnahme hätten die Amerikaner Interesse an allen Informationen aus der Islamischen Republik Iran gehabt, die ihnen für deren Befreiung nützlich hätten sein können. Szimkus, der in Teheran eine Wohnung hatte, bot sich ihnen nach eigenen Angaben »aus humanitären Gründen an, um den Geiseln zu helfen«. Zunächst habe man ihm kleinere Aufgaben der Informationsbeschaffung gestellt. Er habe aktuelle Erkenntnisse über die Umgebung des Aufenthaltsortes der Geiseln geliefert und in Erfahrung zu bringen versucht, auf welchem Wege die Befreiung erfolgreich sein könnte. Ungeprüft mochten die Amerikaner seine Informationen dann doch nicht verwenden. Ein deutschsprachiger Amerikaner, getarnt mit einem österreichischen Paß, sei wenige Wochen vor der gescheiterten Geiselbefreiung zusammen mit Szimkus nach Teheran gereist. Nach Angaben von Szimkus wohnte der Amerikaner im Hotel Boulevard. Eigentlich, so Szimkus, hätten die Amerikaner zu dieser Zeit den Plan gehabt, auf dem Teheraner Flughafen zu landen und mit einem Überaschungsangriff die Geiseln zu befreien. Szimkus habe über Radarstationen informiert und gemeinsam mit dem »Österreicher« nach anderen Wegen der Geiselbefreiung gesucht.

Zwar scheiterte das Kommandounternehmen im April 1980 nach dem Zusammenstoß zweier Flugzeuge, aber mit Szimkus scheinen die Amerikaner zufrieden gewesen zu sein. Seither habe er immer neue Aufträge erhalten. In dem von 1980 bis 1988 währenden irakisch-iranischen Krieg seien es vor allem die russischen Waffenlieferungen an Iran gewesen, die man von dem Maschinenfachmann Szimkus erkunden ließ. Zu dieser Zeit habe er sich noch frei in Iran bewegen können und sei in den Kriegsjahren als Monteur sogar begehrt gewesen. Er habe eine Wohnung in Teheran gehabt, sei mit einer Iranerin verheiratet gewesen, und zu seinen Freunden hätten iranische Generale und Fabrikdirektoren gehört. »Ich mußte nicht an die Front, um zu wissen, was los war. Ich mußte nur genau hinhören«, sagt er zurückblickend.

Im Jahre 1985, so berichtet Szimkus, der von Deutschland aus auch Bagdad besucht hatte, traten dann neben den Amerikanern auch die Iraker an den nach eigener Auskunft fließend Kurdisch, Farsi (Persisch) und afghanische Dialekte sprechenden Deutschen heran. Weil Washington für einige Zeit Satellitenaufnahmen von der irakisch-iranischen Front Saddam Hussein nicht mehr zur Verfügung gestellt habe, wollte Bagdad wissen, an welchem Grenzabschnitt im Süden des Landes der nächste iranische Angriff erfolgen würde. »Ich habe mich von den Irakern aber nicht mißbrauchen lassen«, behauptet Szimkus heute, obwohl der irakische Geheimdienstchef angeblich auch zu seinem Freundeskreis gezählt und ihn mit Handschlag am Flughafen begrüßt habe. Mit einem kurdischen Schmuggler sei er 1985 zunächst von der irakischen Stadt Suleimanijeh in die iranische, von Kurden bewohnte Stadt Sanandadsch gegangen. Der Schmuggler habe Alkohol und Elektrogeräte nach Iran geliefert und auf dem Rückweg iranische Schuhe und Textilien mitnehmen wollen. Szimkus habe sich von ihm getrennt und sei in die 640 Kilometer entfernte südiranische Stadt Ahwas gereist. Diese liege nur eine Autostunde von der damals umkämpften Hafenstadt Khorramschahr am Schatt al Arab entfernt.

Während er dort, zur Tarnung, eine Sauerstoffanlage repariert habe und, hauptsächlich, nachrichtendienstliche Erkenntnisse beschaffte, hätten die Iraner einige hundert Kilometer nördlich den kurdischen Schmuggler verhaftet. Der habe zwar den wahren Namen von Szimkus nicht gekannt, aber gewußt, daß dieser eine Wohnung in Teheran hatte. Der Kurde sei später als angeblicher Drogenschmuggler in Iran gehenkt worden. »Die Iraner waren mir zum ersten Mal auf den Fersen. Sie würden irgendwann meine Wohnung in Teheran finden. Und ich hatte ein Funkgerät dabei«, sagt Szimkus.

Dieses habe er weggeworfen »und nur die Kristalle den Irakern zurückgegeben. Mein Fehler war, daß ich das Gerät nicht ganz vernichtet habe.« Die Kristalle bestimmten bei den damals noch gebräuchlichen Geräten die Funkfrequenz. Ohne sie war das Gerät für die Iraner, die es inzwischen gefunden hatten, zwar aus nachrichtendienstlicher Sicht wertlos, bot aber dennoch zumindest einen Hinweis auf den feindlichen Agenten. Szimkus, der nach der Verhaftung des kurdischen Schmugglers seine Enttarnung und Hinrichtung fürchten mußte, ließ sich »umgehend« von seiner Frau in Teheran scheiden, räumte seine Wohnung, floh nach Pakistan und von dort nach Deutschland. Zuvor habe er aber noch Informationen über den Bau neuer Pontonbrücken in Iran sammeln können, die seinen Auftraggebern später nützlich gewesen sein sollen.

Im selben Jahr habe Szimkus den Amerikanern mitgeteilt, daß er nicht mehr für sie arbeiten wolle. Doch nach seiner Enttarnung konnte der Spion, dem man in deutschen Sicherheitskreisen heute »großes Geschick und gute Tarnung« nachsagt, nicht mehr legal nach Iran einreisen. Die Amerikaner, mit denen er sich nie in einer Botschaft oder einem Konsulat, sondern zumeist »in der Nähe von Wiesbaden« getroffen habe, hätten Rat gewußt: Sie hätten ihm »aus alter Freundschaft« 1988 ein Einreisevisum gefälscht. Dieses muß gut gewesen sein, denn sein Reisepaß liegt, ebenso wie Scheidungsurkunde und Führerschein, noch heute bei den Behörden in Teheran, ohne daß bislang jemand auf die Fälschung aufmerksam geworden wäre.

Einreisen konnte Szimkus, der Maschinen verkaufen wollte, 1989 in Teheran ohne Schwierigkeiten – unter welchem Decknamen auch immer. Erst nachdem er die Paßkontrolle bei der Ausreise am 13. Januar schon hinter sich gelassen habe, sei er im Transitbereich verhaftet worden. Nicht wegen Spionage, sondern als »Gegner der Islamischen Revolution« wurde Szimkus dann nach eigenen Angaben zum Tode verurteilt. Sein weiterer Weg ist bekannt. Zunächst verhörten und folterten ihn die Mitarbeiter des Geheimdienstes Eleteat. Im Trakt des Geheimdienstes Eleteat im Teheraner Evin-Gefängnis morden, vergewaltigen und quälen nach Angaben von Szimkus die Geheimdienstmitarbeiter ihre Opfer, ohne daß sie sich gegenüber jemandem verantworten müßten. Das eigentliche Gefängnis sei gar nicht so schlimm, sagt Szimkus. Es gebe ein Schwimmbad, das jedem Häftling für 20 Pfennig Eintritt zur Verfügung stehe. Von acht bis achtzehn Uhr könne man im großen Innenhof spazierengehen. Man könne kochen, Mal-, Schreib- und handwerkliche Kurse besuchen oder Sport treiben. Wenn man sich »ordentlich« benehme, sei es »eigentlich ganz erträglich«. Nur in den getrennt vom eigentlichen Evin-Gefängnis untergebrachten Räumen des Geheimdienstes sei »alles anders«. Dort seien »Primitive und Perverse am Werk, die nichts anderes als das Foltern gelernt haben. Der Inhaftierte wird dort schuldig gemacht und muß sein Geständnis unterschreiben, wenn er überleben will«, sagt Szimkus. Er sagt, seine Zähne seien ihm – anders als in Deutschland berichtet – nicht ausgeschlagen worden, sondern im Laufe der mehr als fünf Jahre dauernden einseitigen Ernährung »nach und nach ausgefallen«. Er glaubt, daß der frühere iranische Staatspräsident Rafsandschani und Außenminister Welajati »wohl keine Kenntnis« von den Praktiken des iranischen Geheimdienstes haben, »die den Ruf des ganzen Landes ruinieren«. Wenn man die Folterer zur Rechenschaft ziehe, werde sich auch das Bild Irans im Ausland bessern.

Es war der für die Koordinierung der Geheimdienste zuständige Staatsminister Schmidbauer, der Szimkus zur Freilassung verhalf. Am 14. Juni 1994 überbrachte der iranische Außenminister Welajati offiziell in Bonn die Botschaft der Begnadigung und baldigen Freilassung des Deutschen. Am 3. Juli sollte Szimkus Schmidbauer in Teheran übergeben werden. Die Iraner stahlen letzterem freilich die »Schau«. Schmidbauer, der zusammen mit dem CDU-Bundestagsabgeordneten Gerster und dem FDP-Politiker Hirsch Szimkus medienwirksam abholen wollte, landete am Morgen des 2. Juli auf dem Flughafen von Teheran in der Minute, als Szimkus sich schon an Bord einer startbereiten Lufthansa-Maschine befand.

Auf dem Rollfeld fuhren beide Flugzeuge aneinander vorbei, ohne daß Schmidbauer eine Gelegenheit gehabt hätte, Szimkus – wie zuvor mit den Iranern vereinbart – in Empfang zu nehmen. Der Lufthansa-Pilot funkte an das acht Passagiere fassende Flugzeug des Bundesnachrichtendienstes nur noch die Nachricht: »Wir haben Szimkus an Bord – und Starterlaubnis.« Die Iraner hatten den Deutschen drei Tage früher freigelassen, um die Gegner seiner Begnadigung in der iranischen Führung nicht durch den Auftritt Schmidbauers weiter zu verärgern. So mußte der deutsche Botschafter in Teheran dem die wiedererlangte Freiheit genießenden Szimkus anraten, sich »bestimmter Äußerungen über seine Vergangenheit doch besser zu enthalten«. Einer der ersten Wege nach seiner Landung in Frankfurt führte Szimkus dann zum Sozialamt der Stadt Offenbach, denn »die Amerikaner haben sich nicht bei mir gemeldet und mir kein Geld angeboten«.

Schmidbauer sucht nun auch für befreundete Länder die Freilassung ihrer Staatsbürger aus iranischer Haft zu erreichen. So wartet im Evin-Gefängnis – neben anderen – der aus der texanischen Stadt San Antonio stammende Amerikaner Milton Meyer noch immer auf das Ende seiner längst abgelaufenen offiziellen Haftzeit. Der mit einer Iranerin, der Schwester des früheren Geheimdienstchefs des Schahs, verheiratete Mann, betrieb seit 22 Jahren in Teheran die »Mandy-Ticket-Agentur« (benannt nach dem Namen seiner Tochter Mandy). Er wurde wegen angeblicher Bestechung und Spionage zu 21 Monaten Haft verurteilt und ebenso wie Szimkus gefoltert. Szimkus verbrachte nach eigenen Angaben mehrere Monate in einer Zelle mit Milton Meyer. Nach der Freilassung von Szimkus sollen die Haftbedingungen für Meyer »aus Verärgerung über die Folterberichte aus dem Evin-Gefängnis« verschlechtert worden sein, behaupten Sicherheitskreise.

Epilog

Wer in der Vergangenheit die öffentliche »Pleiten-, Pech- und Pannenberichterstattung« über den BND verfolgt hat, konnte den Eindruck gewinnen, der BND sei eine überflüssige Sammlungsbewegung typischer Bürokraten, die eifrig Formblätter sortieren und vor allem wissen, wofür sie nicht zuständig sind. Doch damit täte man der Mehrheit seiner 6000 Mitarbeiter bitter Unrecht. Natürlich gibt es auch Versager unter den deutschen Geheimagenten. Auch in Pullach arbeiten Menschen, die fehlbar sind. Doch der größte Teil von ihnen wird zu Unrecht gescholten und angepöbelt. Deutsche Auslandsagenten haben wesentlichen Anteil an der jüngeren Geschichte unseres Landes. Sie haben Erkenntnisse geliefert, die politische Entscheidungen maßgeblich beeinflußten.

Die in diesem Buch präsentierten BND-Studien und Einzelheiten aus Geheimdossiers repräsentieren nur einen winzigen Ausschnitt aus dem geballten Wissen des deutschen Auslandsgeheimdienstes. Die einen haben ob dieser Veröffentlichung schon bei der ersten Auflage die Hände über dem Kopf zusammengeschlagen, weil sie Geheimnisse ausgeplaudert wähnten. Anderen wiederum war es nicht genug. Sie drängen weiterhin darauf, daß auch die mit »streng geheim« gestempelten Dossiers möglichst allabendlich im Fernsehen verlesen werden. Es gilt, einen Mittelweg zwischen zu großer Offenheit und Geheimniskrämerei zu finden. Doch Gegner und Befürworter des deutschen Auslandsnachrichtendienstes sollten sich bemühen, einander zu verstehen.

Der BND leistet mehr, als man ihm zutraut. Seine Leistungen können nicht nur an spektakulären Einzelerfolgen gemessen werden. Diese sind zwar wichtig, würden aber wohl kaum genügen, den hohen finanziellen Aufwand zu rechtfertigen. Entscheidend sind vielmehr die langfristige Beobachtung und Beurteilung von Vorgängen in aller Welt, die es ermöglichen, Entwicklungen unabhängig von journalistischen oder parteipolitischen Interessen zu verfolgen.

Vor diesem Hintergrund war es für Ministerien und Kanzleramt – nicht aber für die deutsche Öffentlichkeit – in der Vergangenheit lohnend, einen Auslandsgeheimdienst zu haben: Die Dossiers des BND über Stärke, Ausrüstung und Dislozierung der Streitkräfte der Warschauer-Pakt-Staaten waren unverzichtbare Diskussionsgrundlage aller deutschen Abrüstungsdelegationen. Im Oktober 1986 sagte der BND die grundsätzliche Wende in der sowjetischen Außenpolitik voraus. Im Juni 1988 – ein Vierteljahr vor dem Ereignis – sagte der BND die Absetzung Gromykos als Staatspräsident im Nachgang zur 19. Parteikonferenz der KPdSU voraus, im Herbst 1988 auch die Durchsetzung der Parlamentsreform in der Sowjetunion. Wichtig war auch die im Januar 1990 erfolgte Vorhersage der prinzipiellen Bereitschaft Gorbatschows, der deutschen Wiedervereinigung zuzustimmen, wobei von Pullach hervorgehoben wurde, daß Moskau die Neutralitätsforderung gegenüber dem wiedervereinigten Deutschland nicht mehr erheben würde. Im August 1991 folgte die Voraussage des Putsches gegen Gorbatschow wegen des Versuches einer Föderalisierung der Sowjetunion. Der BND berichtete auch rechtzeitig, daß die Armee den Staatsstreich nicht unterstützte und das strategische Nuklearpotential nicht in den Händen der Putschisten, sondern unter der Kontrolle des Generalstabs war. Trotz nach außen hin zustimmender Absichtserklärungen Jelzins sagte der BND im Dezember 1992 dessen Ablehnung einer Wolga-Republik für die Deutschen voraus. Und auch beim Oktoberputsch gegen Jelzin trafen die Feststellungen des BND zu, der berichtet hatte, die Armee unterstütze Jelzin, verweigere den Putschisten die Gefolgschaft, und die Nuklearwaffen seien weiterhin unter Kontrolle Jelzins und der Armee.

Sternstunden des BND waren auch die Beschaffung von sowjetischem Wehrmaterial und dessen Auswertung. Weil man die Waffen des potentiellen Gegners und ihre Schwachstellen kannte, konnten in mehreren Fällen im Verteidigungsministerium Entwicklungsgelder für neue Waffensysteme eingespart werden. Hier machte sich der BND also im wahrsten Sinne des Wortes »bezahlt«. Er beschaffte unter anderem Teile der Kampfpanzer T-72 und T-80. Vieles von dem Material gelangte nach dem Fall der Mauer aus russischen Kasernen in Ostdeutschland nach Pullach. Eine 1991 in Berlin gegründete Spezialtruppe des BND (dienstinternes Kürzel 12 A) hatte den Auftrag, sich die Filetstücke aus dem Warenlager der russischen Armee zu sichern. Dabei erhielt der BND auch immer wieder Beschaffungsaufträge vom amerikanischen Geheimdienst. Das vom BND beigebrachte Rüstungsmaterial wurde auch Israel zur Verfügung gestellt. Davon haben unter anderem die westlichen Streitkräfte im Krieg zur Befreiung Kuwaits profitiert. So etwa bekommt man die Geschichte zumindest in Pullach präsentiert. Verschwiegen werden dabei allerdings die gewaltigen BND-Pannen in Zusammenhang mit den Aktionen. In Wirklichkeit hat es eine Reihe von peinlichen Vorfällen gegeben. So gingen russische Kommandeure mehrfach nur zum Schein auf die BND-Offerten ein, lockten die BND-Agenten in eine Privatwohnung »zur Geldübergabe« und fesselten sie dort mit Handschellen an einen Stuhl. Anschließend wurden die deutschen Agenten mehrere Tage lang festgehalten. In der Nähe der Wohnung wartende BND-Mitarbeiter wurden begreiflicherweise immer nervöser und riefen irgendwann ihre Zentrale an, die das Kanzleramt einschaltete. Von dort aus mußte Gorbatschows Büro angerufen und unter großen Zugeständnissen die Freilassung der BND-Agenten erbeten werden. Derartige Fälle sollen sich öfter ereignet haben, obwohl Pullach nach dem ersten Fall hätte vorgewarnt sein müssen.

Auch der Umbruch in den Staaten Ost- und Südosteuropas wurde vom BND in seinen Entwicklungen prognostiziert. Schon Mitte der achtziger Jahre berichtete der BND über den bevorstehenden Zerfall Jugoslawiens und die dort entstehenden Konfliktpotentiale. Mitte bis Ende August 1994 gab es zwei Berichte, in denen auf die Gefährdung des EU-Administrators in Mostar, Hans Koschnick, hingewiesen wurde. Einen

Monat später, am 11. September 1994, feuerte dann ein Extremist aus den Reihen der bosnischen Kroaten eine Panzerfaust auf die Hotel-Unterkunft Koschnicks in Mostar ab. Heute liefert der BND regelmäßig Erkenntnisse über die bosnische und serbische Chemiewaffenproduktion, die bislang noch von keiner Zeitung auch nur erwähnt wurden.

Wer den BND abschaffen will, muß wissen, daß nicht nur unsere französischen Nachbarn ihren Auslandsgeheimdienst aufrüsten. Während die Europäische Union angeblich immer enger zusammenwächst und die nationalstaatlichen Interessen angeblich verschwinden, verstärken die Nachbarn Deutschlands ihre Spionageanstrengungen auch in Deutschland und nicht nur auf wirtschaftlichem Gebiet. Man sollte den BND also entweder in einem gemeinsamen europäischen Auslandsnachrichtendienst aufgehen lassen (woran heute niemand denkt), oder aber ihn ebensolange behalten wie unsere Nachbarn ihre Dienste. Der frühere BND-Präsident und jetzige Bundesaußenminister Kinkel bestätigte dem Autor jedenfalls am 7. Mai 1997 auf dem Rückflug von Luxor in einem längeren Gespräch, daß es in der Europäischen Union bislang weder eine Diskussion über die Verschmelzung noch über die Auflösung der europäischen Geheimdienste gegeben hat. Kinkel hat ebenso wie andere Mitglieder der Bundesregierung in den vergangenen Jahren reichlich von der Arbeit des BND profitiert. Schon immer haben sich Menschen nach dem Ideal eines perfekten und guten Staatswesens gesehnt. Wenn es diese Welt je geben wird, werden gewiß auch die Geheimdienste überflüssig. Doch ebenso wie es im Interesse aller eine Verkehrsüberwachung geben muß, ist auch die Überwachung aus dem Ausland kommender Gefahrenquellen wichtig.

Aufgrund der rasanten technischen Entwicklung wird der BND immer mehr Geld verschlingen. Allein für das Haushaltsjahr 1998 wurden ihm 1,8 Prozent Mehrausgaben zugestanden. Ohne immer höheren finanziellen Einsatz wäre der deutsche Auslandsgeheimdienst von vornherein zum Scheitern verurteilt. Amerikanische Ingenieure haben längst Mi-

kroflugzeuge entwickelt, die feindliche Truppen, Industriebetriebe, Diplomaten, Journalisten, Kriminelle, aber auch un-
treue Eheleute ausspionieren sollen. Die sogenannten »Micro
Air Vehicles« (MAVs) wurden mit Unterstützung des Militärs
vom kalifornischen Luftfahrtingenieur Stephen Morris entwickelt. Forschern des Massachusetts Institute of Technology
gelang es unlängst, eine Fernsehkamera auf einem Mikrochip
unterzubringen. Spätestens im Jahre 2002 werden die ersten
Mikroflugzeuge – keine 15 Zentimeter lang und mindestens
60 Stundenkilometer schnell – bei amerikanischen Militärs
und Geheimdiensten im Einsatz sein. Das kostet Geld, viel
Geld. Will der BND den technischen Anschluß nicht verpas-
sen, muß auch er in derartige Forschungsarbeiten investieren.
Ein Lichtblick bietet sich dabei: Wissenschaftler des Mainzer
Instituts für Mikrotechnik haben den kleinsten Hubschrauber
der Welt gebaut. Er ist voll einsatzfähig, wiegt aber nur
0,5 Gramm und paßt in eine Erdnußschale. An solchen Entwicklungen dürfte auch der BND interessiert sein, wenn er seine neuen Aufgabenfelder erfolgreich ins Visier nehmen will.

Chemiewaffen, biologische Waffen, Schmuggel von Nuklearmaterial, Rauschgifthandel, Geldwäsche und organisierte Kriminalität sind nicht nur leere Worthülsen. Eine in der
Öffentlichkeit bislang kaum zur Kenntnis genommene Bedrohung ist die Weiterverbreitung von Milzbranderregern (Anthrax), von Pesterregern und von chemischen Substanzen wie
VX, die Terroristen in die Lage versetzen, jede Regierung der
Welt zu erpressen. Heute genügt eine Sprayflasche mit Anthrax, um ein ganzes Volk in Panik zu versetzen. Derartige
Attacken schon im Vorfeld aufzuklären, ist eine der neuen
Herausforderungen für den BND. Doch Anschläge wie jener
auf die Tokyoter U-Bahn belegen, daß es absolute Sicherheit
nicht gibt. Es ist nur eine Frage der Zeit, bis auch Europa und
Deutschland das Ziel dieser gemeingefährlichen Waffen werden wird. Einen ersten Vorgeschmack auf derartige Risiken
bekamen die Briten im März 1998, als behauptet wurde, der
irakische Diktator Saddam Hussein habe London mit der Ent-

sendung von Terroristen gedroht, die biologische Waffenkulturen in britischen Städten freisetzen sollten. Die Geschichte entbehrt trotz ihres Ernstes nicht der Ironie, hatte die britische Regierung doch noch bis zum Dezember 1996 offizielle Ausfuhrdokumente für jene Nährlösungen ausgefertigt, die in den Irak geliefert wurden. Das aber hat man heute scheinbar ebenso vergessen wie den Ursprung der irakischen B-Waffen-Kulturen, die heute angeblich die Welt bedrohen. Die ersten biologischen Waffenkulturen sind im Irak ja nicht in sternenklarer Nacht vom Himmel gefallen, sondern Mitte der achtziger Jahre offiziell von den Vereinigten Staaten – mit Ausfuhrgenehmigung – geliefert worden. Damals galt Saddam Hussein als Freund des Westens.

Auch auf dem Gebiet der ehemaligen Sowjetunion wird fleißig weiter an der biologischen Waffenproduktion gearbeitet. Im staatlichen Forschungszentrum für Mikrobiologie in Obolensk nahe Moskau – so der BND – verschleiert man die geheimen Programme mit dem Hinweis darauf, daß man nur die Wirksamkeit eigener Anthrax-Impfstoffe verbessern wolle. Und auf der »Insel der Wiedergeburt« im Aral-See sollen östliche B-Waffen-Fachleute nach BND-Angaben längst genetisch manipulierte Erreger getestet haben. Diese verbinden die gefährlichsten Eigenschaften verschiedener Erreger. Seit 1989 soll man in Moskau sogar über Anthrax-Pulver verfügen. Doch nicht genug: Ein Jahr später – so der BND – war man in Moskau in der Lage, auch das Marburg-Virus, einen nahen Verwandten des heimtückischen Ebola-Virus, zu einem einsatzfähigen Pulver aufzubereiten. Doch russische Biologen, die an solchen Geheimprojekten arbeiten, verdienen heute oft weniger als russische Bauarbeiter. Im BND fürchtet man daher, daß sie die Formeln zur Herstellung der tödlichen Pulver an unberechenbare Staaten wie den Irak verkaufen könnten. Niemand wird verhindern können, daß sich Überläufer mit einem Reagenzglas voll tödlicher Bakterien nach Teheran, Bagdad oder ins libysche Tripoli absetzen werden, wo sie dann nur noch Nährlösungen benötigen, um aus kleinsten Beständen biologischer Kulturen jene Waffen herzustellen, mit denen ganze Landstriche verseucht werden könnten.

Es gibt immer wieder Beispiele dafür, daß militärische Waffenlieferungen von heute schon morgen die eigene Sicherheit bedrohen. Beispiel dafür ist auch Israel, das seit den siebziger Jahren Südafrika bei der Entwicklung von Atomwaffen geholfen hatte. 1998 wurde bekannt, daß südafrikanische Atomwissenschaftler iranische Atomtechniker beraten. Israel aber betrachtet die Islamische Republik Iran als Bedrohung. Ähnliche Gefahren drohen in absehbarer Zeit auch der deutschen Bevölkerung. Deshalb wird der BND nicht müde, hervorzuheben, daß modernste Raketensysteme Schurken in aller Welt in die Lage versetzen, auch Ziele in Deutschland anzugreifen.

Beim BND ist man auch besorgt darüber, daß Moskauer Agenten der Einbruch in das geheime Nachrichtensystem der Nato geglückt ist. Es ist eines der größten Spionageprobleme der vergangenen Jahrzehnte. Spätestens seit 1989 tricksen die Russen das als unüberwindbar geltende analoge Sprachverschlüsselungssystem STU (Secure Telephone Unit) aus. Wenn der amerikanische Präsident vom Weißen Haus aus das Nato-Hauptquartier in Brüssel anruft, dann können die Russen mithören. Und auch der russische Präsident erfährt sehr schnell, ob deutsche Politiker bei Gesprächen mit dem Weißen Haus Scherze auf seine Kosten gemacht haben. Deutsche Sicherheitsbehörden nutzen nach wie vor das geknackte Programm. Doch der BND ist diesem Problem gegenüber machtlos, da es innerhalb der Nato (mit Milliardenaufwand) gelöst werden müßte. Im November 1997 wurde auch bekannt, daß Rußland den diplomatischen Code des Auswärtigen Amtes geknackt hat. Die Kommunikation des Auswärtigen Amtes mit den Botschaften können die Russen im Klartext verfolgen. In Novosibirsk sagte der Gouverneur, Witali Mucha, bei einem diplomatischen Empfang im deutschen Konsulat öffentlich: »Glauben Sie vielleicht, daß ich nicht weiß, was Ihre

Generalkonsulin über mich nach Bonn berichtet?« Der örtliche Fernsehsender hatte diese und weitere Aussagen mitgeschnitten und gesendet. Der letzte russische Politiker, der öffentlich aus Diplomatenpost zitiert hatte, war 1964 der damalige Parteichef Chruschtschow gewesen. Er hatte sich damit gebrüstet, er lese regelmäßig den Briefverkehr zwischen dem amerikanischen Präsidenten und dem amerikanischen Botschafter in Moskau. Doch um solche Schlichen weiß man auch in Pullach. Mehr Sorgen bereiten deutschen Auslandsagenten die Kriminellen der Welt.

Viele Sparten der Kriminalität haben seit dem Zusammenbruch der UdSSR und der mit ihr verbündeten Staaten ungeahnten Aufschwung genommen. Neben den klassischen Aufgaben deutscher Geheimagenten liegt in der Beobachtung dieser Szene die künftige und leider auch langfristige Daseinsberechtigung des BND. Gewiß könnte es dabei Überschneidungen mit den Aufgabenbereichen von BfV, BKA und MAD geben. Doch je mehr Erkenntnisse politische Entscheidungsträger auf diesen Gebieten erhalten, desto besser. Und auch über die Industriespionage, die Jahr für Jahr in Deutschland Tausende Arbeitsplätze vernichtet, sollte endlich einmal offen gesprochen werden. Daß nur der, der nichts tut, keinen Fehler macht, ist eine Binsenweisheit; deshalb wird es Pannen und »Enthüllungen« über den BND wohl auch weiterhin geben, wie es auch, und das auf unabsehbare Zeit, die »Dienste« geben wird.

Hans-Georg Wieck, von 1985 bis 1990 Präsident des Bundesnachrichtendienstes, schrieb am 6. April 1998 in der Tageszeitung »Die Welt«: »Nachrichten über Fehlschläge der Nachrichtendienste reißen nicht ab. Die Geheimdienste befreundeter Länder beschuldigen sich gegenseitig, im Land des Verbündeten geheime Operationen durchzuführen … Man fragt sich: Sind die Dienste außer Kontrolle geraten? Zweifel an ihrer Effizienz werden in fast allen Ländern immer wieder öffentlich geäußert. In den USA ist es eine gute Übung der Präsidenten wie auch des Kongresses geworden, von Zeit zu

Zeit unabhängige Kommissionen mit dem Auftrag zu berufen, die Aufgaben der Nachrichtendienste, ihre Effizienz sowie die Gewährleistung hinreichender politischer und parlamentarischer Aufsicht zu überprüfen. Auch die gesetzlichen und administrativen Rahmenbedingungen für den Einsatz nachrichtendienstlicher Mittel stehen auf dem Prüfstand. In Deutschland ... gibt es keine sachliche Diskussion darüber, wie die Arbeit der Nachrichtendienste effizienter und wie die Zusammenarbeit zwischen Auftraggeber und Bedarfsdecker produktiver als bisher gestaltet werden kann ... Was ist in einer solchen Lage in Deutschland zu tun? Auch Deutschland sollte sich zur Aufbereitung der Materie des Mittels einer unabhängigen Kommission bedienen. Ihr Auftrag: Bestandsaufnahme von Bedarf und Bedarfsdeckung sowie der eingesetzten finanziellen und technischen Mittel; Vorschläge für Modernisierung der Dienste angesichts veränderter internationaler Strukturen. Dabei sind einige Vorgaben zu machen: Die Dienste gehören an den Sitz der Bundesregierung. Und noch wichtiger: Sie müssen entpolitisiert und statt dessen professionalisiert werden. Das ist in Deutschland auf Bundesebene beim Verfassungsschutz besser gelungen als beim BND.«

Noch gibt es Anlaß zur Hoffnung, daß auch in Deutschland die Diskussion um die Zukunft des Auslandsgeheimdienstes BND entpolitisiert werden kann und der immer mehr Steuergelder verschlingende Dienst in einem Sinne reformiert werden kann, der dem unabhängigen Informationsbedürfnis jeder Bundesregierung eine verläßliche und von Skandalen freie Basis bietet.

KAPITEL 4

GASTBEITRÄGE

HERIBERT HELLENBROICH

Wirtschaftsspionage – eine Aufgabe des BND?

1. STELLENWERT DER WIRTSCHAFTS- UND INDUSTRIESPIONAGE

Schon früh, in den ersten Aufbaujahren der Bundesrepublik Deutschland, sah sich die Bundesregierung veranlaßt, eine Behörde einzurichten, die unter anderem die Aufgabe hatte, gegnerische Spionageaktivitäten abzuwehren. 1950, unter leisem Druck der Alliierten, wurde das Bundesamt für Verfassungsschutz mit Sitz in Köln errichtet. In erster Linie sollte es linksextremistische Bestrebungen – den Kommunismus –, aber auch rechtsextremistische Aktivitäten mit nachrichtendienstlichen Mitteln beobachten und darüber der Bundesregierung berichten. Eine gleichzeitig eingerichtete Abteilung »Spionageabwehr« hatte sich damals den nur in Ansätzen erkennbaren Angriffen gegnerischer Nachrichtendienste zu widmen.

Zunächst konzentrierte sich die Abwehr auf die gegnerische militärische Aufklärung, auch und gerade im Interesse der Alliierten, die die Sicherheit ihrer Stationierungsstreitkräfte zu gewährleisten hatten. Die Diskussionen über eine Wiederbewaffnung Deutschlands, die Bestrebungen, sich westlichen Verteidigungsbündnissen (»Europäische Verteidigungsgemeinschaft«) anzuschließen, weckten Befürchtungen der Warschauer-Pakt-Staaten, insbesondere der Sowjetunion, und verstärkten deren militärische Aufklärungsaktivitäten. Der Schwerpunkt verlagerte sich dann doch sehr schnell auf die Abwehr politischer Spionage. Mit der wachsenden Rolle der Bundesrepublik Deutschland als wichtiger europäischer Bündnispartner der Vereinigten Staaten verstärkte sich der gegnerische Drang nach geschützten politischen Informationen. Bis heute steht die politische Aufklärung an erster Stelle

414

aller gegen die Bundesrepublik gerichteten Spionageaktivitäten, bis Ende der siebziger Jahre gefolgt von militärischer Aufklärung. Erst an dritter Stelle fand sich die Wirtschafts- und
Wissenschaftsspionage anderer Staaten gegen die Bundesrepublik Deutschland.

Die Lage änderte sich schlagartig 1979. Der Übertritt eines
zum Aufklärungsdienst der DDR gehörenden Offiziers, Werner Stiller, Oberleutnant in der Hauptverwaltung Aufklärung
des Ministeriums für Staatssicherheit, offenbarte das volle
Ausmaß der gegen die Bundesrepublik Deutschland seit Jahren betriebenen Wirtschafts- und Wissenschaftsspionage. Die
deutschen Abwehrbehörden, aber auch befreundete ausländische Nachrichtendienste hatten das planmäßige Vorgehen,
die Strukturen und den Umfang der gegnerischen Wirtschaftsspionage unterschätzt. Erst mit dem Übertritt Stillers
wurde bekannt, daß die DDR bereits 1970 einen besonderen
»Sektor Wissenschaft und Technik«, bestehend aus insgesamt
vier Abteilungen, aufgebaut hatte, um Wirtschaft und Wissenschaft in der Bundesrepublik auszuspähen. Dies bewies
nicht nur die überragende Bedeutung der Wirtschaftsspionage für die DDR, sondern setzte gleichzeitig voraus, daß entsprechende Aufklärungserfolge gegeben sein mußten, die
eine solche den Rahmen sprengende organisatorische Verstärkung rechtfertigen konnten. Gleichzeitig wurde bekannt, daß
bereits zehn Jahre früher das sowjetische KGB wegen der hohen Einschätzung des wissenschaftlich-technischen Sektors
die dafür zuständige Abteilung in den Rang einer »Verwaltung« erhoben hatte.

An der Rangfolge »Politik – Wirtschaft/Wissenschaft –
Militär« hat sich bis heute nichts geändert. Das Bundesamt
für Verfassungsschutz berichtet seit 1984 in dieser Reihenfolge über die Aktivitäten gegnerischer Nachrichtendienste.

2. ZIELE DER WIRTSCHAFTSSPIONAGE

Die Bundesrepublik Deutschland gehört seit Jahrzehnten zu
den führenden Industrie- und Handelsnationen der Welt. Dies

ist vor allem das Ergebnis von Forschung und Entwicklung und darauf fußender Herstellungsverfahren, mithin Folge der Leistungen deutscher Ingenieure und Facharbeiter. Wenn auch in jüngster Zeit das Siegel »Made in Germany« zu verblassen droht, behauptet dennoch die Bundesrepublik ihre führende Position hinter den Vereinigten Staaten und Japan. Immerhin wendet die Bundesrepublik rund drei Prozent ihres Sozialproduktes für Forschung und Entwicklung auf und befindet sich hierin mit Japan und Amerika auf einer Ebene.

Märkte können nur erobert und gehalten werden, wenn ein Vorsprung in Leistung und Preis besteht. Der eigene Vorsprung verschwindet, wenn es dem Konkurrenten gelingt, entweder selbst bessere Produkte auf den Markt zu bringen oder die Entwicklungsergebnisse seines Mitbewerbers zu »übernehmen«. Dies kann durchaus legal geschehen durch Lizenzen und Patente, die jedoch ihrerseits Geld kosten, aber eben auch durch den Versuch, an die geschützten Informationen illegal, durch den Einsatz von »Spionen«, heranzukommen.

Bei der von staatlichen Organen betriebenen Wirtschaftsspionage – diese ist hier in erster Linie von Interesse – ist zunächst aber nicht das einzelne Produkt, sondern das Gesamtbild des Wettbewerbers von Bedeutung: Wie ist seine Volkswirtschaft strukturiert, auf welchen Feldern hat er Vorsprung (»Schlüsseltechnologien«), wo könnte der Nutzen sein für die eigene Forschung und Entwicklung, auf welche Weise können moderne Herstellungsverfahren übernommen werden. Nach Beschaffung dieser Grunddaten entwickelt der Wettbewerber eine Strategie, gezielt auf einzelne Produkte »zuzugehen«.

Unschwer läßt sich darstellen, welche »Schlüsseltechnologien« die Bundesrepublik bieten kann: Zu nennen ist die Mikroelektronik (»4 Megabit SRAM und 16 Megabit DRAM«), die Optoelektronik (»Laser«), die Nanometer-Optik (Herstellen von Linsen und Spiegeln mit der Genauigkeit von Millionstel Millimeter), die Chemie (neue Werkstoffe wie Keramik oder Kohlefaser), Luft- und Raumfahrttechnik, Kernkrafttechnologie. Mit diesen Produktlinien, nur beispielhaft aufgezählt, ist ein gewisser Entwicklungs- oder Innovationsschritt verbunden, der nicht sogleich von allen Wettbewerbern nachvollzogen werden kann.

Das ruft die gegnerische Wirtschaftsspionage auf den Plan, die genau auf den eben skizzierten Feldern der bundesdeutschen Wirtschaft und Industrie ansetzt und damit Vorteile für das eigene Land zu gewinnen sucht. In bemerkenswerter Klarheit hat dies der jetzige russische Außenminister Jewgeni Primakow bei der Übernahme seines Amtes als Chef der russischen Aufklärung im Jahre 1991 formuliert: »Die Aufklärung muß für günstige Bedingungen für die Entwicklung der Wirtschaft und des wissenschaftlich-technischen Fortschritts im Lande sorgen.« (Tass-Interview vom 30.9.1995).

3. TRÄGER DER WIRTSCHAFTSSPIONAGE

Jeder Staat dieser Welt, von wenigen Ausnahmen abgesehen, unterhält Nachrichtendienste, die »auf dem geheimen Meldeweg« Informationen aus dem Ausland beschaffen und im Interesse ihres Landes auswerten. Je bedeutender die geopolitische Rolle eines Staates, desto höher die Zahl und der Umfang seiner nachrichtendienstlichen Behörden. Ein bemerkenswerter struktureller Unterschied bestand seinerzeit zwischen den kommunistischen Diktaturen und den westlichen Demokratien. Eine Diktatur bündelt grundsätzlich Aufklärung und Abwehr unter einem Dach, während die Demokratien ihren Aufklärungsdienst scharf von ihrer inländischen Abwehr trennen, so auch in der Bundesrepublik, wo der BND Auslandsaufklärung betreibt und das Bundesamt für Verfassungsschutz Abwehrarbeit leistet.

Selbstverständlich unterhält jeder Aufklärungsdienst eine eigene Organisationseinheit für die Wirtschaftsspionage. Dies können je nach Stellenwert kleine Referate sein, angegliedert an andere Abteilungen, oder aber auch eigene Abteilungen bis hin zu »Hauptabteilungen« oder »Sektoren«. Als Beispiel soll hier die Organisation der Wirtschaftsspionage der DDR herangezogen werden: In ähnlicher Form haben alle Nachrichtendienste vergleichbarer Größe ihre Wirtschaftsspionage organisiert.

1970 wurde ein »Sektor Wissenschaft und Technik« (SWT) gebildet, der aus drei operativen Abteilungen (»Beschaffung«) und einer Auswertungsabteilung bestand. In dieser Abteilung (Abteilung V) wurden die Aufträge formuliert, die beschafften Informationen bewertet und an die Industrie- und Forschungszentren der DDR weitergeleitet. Die erste der drei operativen Abteilungen (Abteilung XIII) war für die Ausspähung von Kernkrafttechnik, Biologie, Chemie und Medizin zuständig, die Abteilung XIV für Mikroelektronik, Elektrotechnik und Beschaffung von Embargogütern, die Abteilung XV für Metall-, Maschinen und Kraftfahrzeugbau sowie für die Rüstungsindustrie im weitesten Sinne. Die Abteilungen waren in Referate untergliedert, die jeweils Spezialgebiete bearbeiteten, wie das Referat 3 der Abteilung XV die Luft- und Raumfahrt der Bundesrepublik.

Heute haben sich die Nachrichtendienste der Russischen Föderation stetig fortentwickelt und gehören zu den großen Spionageapparaten der Welt. Insbesondere die Position der russischen Inlandsnachrichtendienste ist weiter aufgewertet worden. Mit mindestens sieben Nachrichten- und Sicherheitsdiensten, die mit unterschiedlicher Gewichtung fast alle im In- und Ausland operieren, gehört Moskau heute wiederum zu den großen Spionagezentralen der Welt (vgl. Verfassungsschutzbericht 1995, herausgegeben vom Bundesministerium des Innern). Vergleichbar ist die Situation der Vereinigten Staaten: Sie sind die Führungsmacht der freien Welt und wissen den Wert weltweit beschaffter Informationen zu schätzen. Über einen bisher von keinem anderen Staat erreichten technischen Standard verfügt beispielsweise die National Security Agency (NSA), die unter anderem den weltweiten Funkverkehr beobachtet, oder das National Reconaissance Office, das für den Einsatz und Funktion der Aufklärungssatelliten verantwortlich ist.

4. Methoden der Wirtschafts- und Wissenschaftsspionage

Nachrichtendienste haben von ihrer Struktur her die Aufgabe, »auf dem geheimen Meldewege« Informationen zu beschaffen. Dies bedeutet nun nicht, jedermann zugängliche Erkenntnisse unberücksichtigt zu lassen. Im Gegenteil: Das Sammeln offener »Informationen« bringt, wenn systematisch betrieben, beträchtlichen Erkenntnisgewinn und hat zudem den Vorteil, nicht mit Risiken verbunden zu sein. Deswegen beschäftigen sich die Nachrichtendienste zu einem großen Teil mit der offenen Nachrichtenbeschaffung. Sie fällt um so ergiebiger aus, je demokratischer und liberaler das Zielland ist – schottet sich dieses ab, ist die geheime Nachrichtenbeschaffung unumgänglich.

Die Möglichkeiten einer offenen Nachrichtenbeschaffung sind vielfältig. Es beginnt mit der Ausbildung an qualifizierten Forschungseinrichtungen des Ziellandes, im Aufbau gemeinsamer Unternehmungen (»Joint Venture«), setzt sich fort über die systematische Auswertung der Fachliteratur, die mit Hilfe moderner Kommunikationsmittel weltweit, schnell und zuverlässig abgefragt werden kann, über die Auswertung von Patenten und Lizenzen bis hin zu wissenschaftlichen Kongressen. Erwähnenswert ist, daß bei der Ausschreibung großer Industrieprojekte vom Anbieter verlangt wird, außerordentlich detaillierte Angaben über seine Leistungsfähigkeit, über seine Herstellungsverfahren, über seinen Entwicklungsstandard abzugeben, was bereitwillig geschieht – man will ja den Auftrag.

An der Grenze zwischen offener und geheimer Nachrichtenbeschaffung liegt die »Abschöpfung«. Der eine Gesprächspartner, »im Hauptberuf Wissenschaftler«, ist gesteuert von einem Nachrichtendienst, ohne jedoch diesen Hintergrund in irgendeiner Form erkennen zu lassen. Der andere – gutgläubig – führt das Fachgespräch mit seinem Kollegen und verweist auf seine großen wissenschaftlichen Erfolge, die er dann auch im einzelnen zu belegen versteht: Die Schutzbedürftigkeit seiner Informationen hat dabei für ihn nur sekundäre Bedeutung.

Ist eine Information nicht frei zugänglich, beginnt die Anwendung nachrichtendienstlicher Mittel: die Aufzeichnung des Fernmeldeverkehrs, die Beobachtung durch Satelliten, das Abhören in Betriebsstätten, Labors oder Wohnungen und schließlich der Einsatz des »Agenten«. Letzteres ist der Schwerpunkt jeder nachrichtendienstlichen Aktivität. Verschiedene Vorgehensweisen sind denkbar.

Es gibt die Möglichkeit, in das auszuspähende Objekt den Mann/die Frau seines Vertrauens »einzuschleusen«. Der Agent kann dabei unter seiner wahren Identität, aber auch unter falschen Personalien auftreten. Letzteres haben beispielsweise die Nachrichtendienste der DDR über die Jahre hinweg erfolgreich praktiziert, indem sie DDR-Bürger mit den Personalien ausgewanderter Bundesbürger ausgestattet haben. In einem geteilten Land ist dies relativ einfach. Lediglich die genaue Kenntnis des Einwohnermeldewesens ist erforderlich.

Die andere Möglichkeit besteht darin, einen im Objekt bereits tätigen Mitarbeiter als Agenten zu »werben«. Bei der politischen Spionage haben gegnerische Dienste große Erfolge damit gehabt, Sekretärinnen aus den bundesdeutschen Ministerien, Behörden und Parteizentralen unter Einsatz eines »Romeo« (gutaussehender DDR-Bürger mit Personalien eines Bundesbürgers) als geheime Mitarbeiter zu gewinnen.

Bei der Ausspähung von Wirtschaft und Wissenschaft ist dieser Ansatzpunkt selten. Nachrichtendienste haben die Erfahrung machen müssen, daß der Agent, sofern er im Betrieb untergeordnete Funktionen ausübt, nicht in der Lage ist, die von ihm gelieferten Dokumente zu erläutern, Widersprüche aufzuklären oder die Erkenntnisse zu kommentieren (bei der politischen Spionage sprechen die Dokumente aus sich selbst!). Also muß an den Mitarbeiter herangegangen werden, der an verantwortlicher Stelle im Betrieb, beispielsweise in der Abteilung »Forschung und Entwicklung«, arbeitet und damit in der Lage ist, die hochkomplizierten Formeln und Berechnungen zu erklären. Die Führungsspitze des Unternehmens scheidet als Ziel der Werbung aus: Hier hat man die Erfahrung machen müssen, daß die Identifikation mit dem Unternehmen jeden Werbungsversuch als aussichtslos erscheinen läßt.

Beim mittleren Management jedoch kommt neben den Zugangsmöglichkeiten ein wesentlicher Umstand hinzu, der die Werbung außerordentlich erleichtert: nicht selten finden sich dort Mitarbeiter, die sich in ihrer wissenschaftlich-technischen Arbeit von ihrem Arbeitgeber nicht genügend anerkannt fühlen. Hier hakt der Nachrichtendienst ein: Er überzeugt den zu Werbenden, daß er dessen Leistungen zu würdigen und selbstverständlich angemessen zu honorieren versteht.

Wie schon angedeutet, spielt bei der Spionage auf diesem Sektor das »Dokument« die entscheidende Rolle. Die zu beschaffenden Informationen sind so kompliziert, daß beim bloß mündlichen Bericht zu viele Fehler und Lücken entstehen würden. Neben der Übergabe an den Führungsoffizier kommt bei der Übermittlung der Dokumente vor allem der »Tote Briefkasten« in Betracht, also ein Versteck, das relativ gefahrlos beschickt beziehungsweise geleert werden kann.

5. Umfang der Wirtschaftsspionage

Das Ausmaß der von den Nachrichtendiensten betriebenen Wirtschaftsspionage ist schwer zu ermitteln. Weder gibt es verläßliche Zahlen über den Schaden, den Wirtschaftsspionage anrichtet, noch über den Gewinn, den ein einzelnes Land mit der Wirtschaftsaufklärung erzielt.

Dennoch seien hier einige Anhaltspunkte genannt. Generalbundesanwalt Nehm erklärte im November 1995, der durch Wirtschaftsspionage verursachte Schaden in Deutschland sei schwer zu beziffern, doch die vor Jahren geschätzte Summe von 8 Milliarden DM jährlich halte er »für viel zu gering« (Frankfurter Rundschau vom 10. 11. 1995). Mitte des Jahres 1996 erhob der Generalbundesanwalt Anklage gegen einen

Diplom-Volkswirt aus dem Großraum München, der unter Ausnutzung seiner Berufstätigkeit in der Elektronik- und Computerbranche embargobehinderte Waren, Geräte und Unterlagen aus dem Elektronikbereich an den Nachrichtendienst der DDR geliefert hatte. Er lieferte Waren im Gesamtwert von 9,3 Millionen DM, wobei er pro Auftrag einen Agentenlohn von 10.000,- bis 30.000,- DM erhielt – die Tätigkeit eines einzigen Agenten! (Pressemitteilung des Generalbundesanwalts vom 26.6.1995)

Nach Öffnung der sowjetischen Staats- und Parteiarchive wurde ein interner Bericht des damaligen KGB-Chefs Krjutschkow aus dem Jahre 1990 bekannt, wonach es seinem Dienst in diesem Jahr gelungen sei, 27.700 technische Dokumente und 11600 Prototypen im Westen zu beschaffen, was der sowjetischen Wirtschaft einen Gewinn von mehr als 290.322.000,- Mark eingebracht habe (Frankfurter Allgemeine Zeitung vom 4.5.1995).

6. DER BND ALS TRÄGER DER WIRTSCHAFTS-SPIONAGE IM AUSLAND

Dem BND sind von Gesetzes wegen Aufgaben zugewiesen (Gesetz zur Fortentwicklung der Datenverarbeitung und des Datenschutzes vom 20. 12. 1990, Artikel 4). Danach hat er »zur Gewinnung von Erkenntnissen über das Ausland, die von außen- und sicherheitspolitischer Bedeutung für die Bundesrepublik Deutschland sind«, die erforderlichen Informationen zu sammeln. Daß Erkenntnisse über die wirtschaftliche Stabilität eines Landes und über seine Technologie, Kenntnisse über Standard und Umfang der Rüstungsindustrie oder auch Informationen über die Fähigkeit zur Herstellung atomarer, biologischer oder chemischer Waffen von hoher außen- und sicherheitspolitischer Bedeutung sind, unterliegt keinem Zweifel. Da weder das BND-Gesetz noch andere Gesetze Einschränkungen enthalten, ist somit vom Gesetz her dem BND das Tätigwerden auf dem Gebiet der Wirtschaft erlaubt.

Einschränkungen sind aber aus Gründen der Zweckmäßigkeit oder auch nur der Opportunität geboten. Das Sammeln von Nachrichten in einem Land, das terroristische Aktivitäten gegen andere Staaten steuert, ist anders zu bewerten als das Tätigwerden gegen einen befreundeten Staat: Hier sind enge Grenzen gezogen. In der Regel ist es nicht notwendig, wegen des ohnehin offenen Austausches von Informationen auf allen Ebenen des Staates beispielsweise politische Aufklärung gegen ein befreundetes Land zu betreiben. Erst recht gilt dies für die militärische Spionage, da man beispielsweise in militärischen Bündnissystemen in vielfältiger Weise zusammenarbeitet und genaue Kenntnisse über die militärischen Kräfteverhältnisse des in Freundschaft verbundenen Landes hat.

Etwas anderes gilt für die Wirtschaftsspionage. Auch unter befreundeten Staaten können auf wirtschaftlichem Gebiet durchaus deutliche Interessengegensätze bestehen. Ein Beispiel aus jüngster Zeit ist das deutsch-amerikanische Verhältnis im Hinblick auf Iran. Einerseits werfen die USA der Bundesregierung vor, sich zu sehr auf das dortige Regime einzulassen, andererseits gehören die USA selbst zu den größten Handelspartnern Irans. Der frühere Bundeswirtschaftsminister Möllemann hat nach einem Besuch Irans Mitte Januar 1997 auf die dortige »starke Personalpräsenz« der Amerikaner hingewiesen und auf die »geschäftlichen Umwege, die Firmen aus Amerika über britische und norwegische Unternehmen« einschlügen. Der »erhobene Zeigefinger Amerikas gegenüber Deutschland im Verhältnis zu Iran« beeindrucke ihn, Möllemann, nicht (Frankfurter Allgemeine Zeitung vom 29.1.1997). So habe er von der Absicht Irans erfahren, zehn bis zwölf europäische Airbusflugzeuge mit einem Auftragsvolumen von 1,2 Milliarden Dollar zu erwerben, die Vereinigten Staaten seien aber gegen das Geschäft.

Dort, wo Interessengegensätze bestehen, verliert man sehr schnell an Boden, wenn man von vorneherein auf Aufklärung verzichtet. Deswegen ist ein souveräner, den Interessen seiner Bürger verpflichteter Staat befugt, notfalls auch gegen befreundete Staaten mit den Mitteln eines Nachrichtendienstes zu arbeiten. Die mit Deutschland verbundenen Staaten vertreten die gleiche Auffassung. Unmißverständlich hat der frühere Chef des amerikanischen Aufklärungsdienstes CIA, Robert Gates, im April 1992 formuliert, ohne irgendeine Einschränkung gegenüber verbündeten Nationen vorzunehmen: Man liefere der Regierung Analysen der globalen wirtschaftlichen Entwicklungen, ferner Informationen über die Position anderer Länder bei den internationalen Verhandlungen (!) sowie Aufklärungen darüber, mit welchen Methoden diese Wettbewerbsvorteile zu erzielen versuchten (Frankfurter Allgemeine Zeitung vom 24. 8. 1992).

Diese Auffassung ist nicht nur Programm, sondern wird in die Tat umgesetzt. Im Frühjahr 1995 forderte die französische Regierung die Vereinigten Staaten auf, fünf spionageverdächtige Amerikaner – vier mit Diplomatenstatus, einer von ihnen Chef der CIA in Paris – aus Frankreich abzuberufen. Sie hätten wissenschaftlich-technische Spionage gegen Frankreich betrieben »bis hin zum verdeckten Einsatz von Agenten«. Nach einiger Aufregung auf französischer Seite wurde die Angelegenheit schließlich unter den betroffenen Geheimdiensten, wie immer in solchen Fällen, erledigt.

GAD SHIMRON

Die Zusammenarbeit zwischen BND und Mossad

Es ist nicht klar, was der wachsame Zollbeamte in Hamburg zu finden dachte, als er sich am 27. Oktober 1991 entschloß, unter die Plane der »landwirtschaftlichen Geräte« zu schauen, die auf ihre Verschiffung auf dem israelischen Frachter »Palmach 2« warteten. Er hatte sich wohl kaum vorgestellt, dort hochentwickeltes militärisches Gerät, von Abschußeinrichtungen für Flugabwehrraketen bis zu geheimen elektronischen Systemen aus dem Ostblock, zu finden. Gewiß hatte er auch nicht erwartet, daß sein zufälliger Blick unter die Plane Geschäfte zwischen dem BND und dem israelischen Geheimdienst Mossad enthüllen würde. »Die Israelis haben es gewünscht, also haben wir es auch transferiert«, so erklärten Mitarbeiter des BND, warum sie nicht zögerten, deutsche Gesetze über Waffenlieferungen zu umgehen und Israel zu beliefern, ohne die notwendigen Papiere und ohne Genehmigung der politisch Zuständigen.

»Nach der Wiedervereinigung Deutschlands hatten wir Berge von diesem Material. Für die Israelis war es besonders wichtig, diese Waffensysteme zu erhalten und zu überprüfen, also hatten wir einige Lieferungen vorbereitet. Diese Lieferung, die in Hamburg entdeckt wurde, war nicht die einzige«, gaben Sprecher des BND zu. Die Mitteilung des BND-Präsidenten, Konrad Porzner, er sei nicht informiert gewesen, und es habe sich hierbei um eine Initiative der mittleren Ebene der Organisation gehandelt, machte das Ganze eigentlich noch obskurer. Die Affäre um die »landwirtschaftlichen Geräte« fand große Aufmerksamkeit in deutschen Zeitungen. In Israel ist sie im Strudel der laufenden Ereignisse dagegen schnell aus den Zeitungen verschwunden. Ein Grund hierfür war die Friedenskonferenz von Madrid, die drei Tage nach Entdeckung der Waffen begann. Die Phase der Vorverhandlungen hatte die Titelseiten gefüllt. Hinzu kommt, daß man sich in Israel bereits daran gewöhnt hat, Nachrichten über enge Kooperation zwischen den beiden Nachrichtendiensten zu hören, so daß sogar diese Geschichte nur kurzlebig war.

Die Affäre um die Waffenlieferungen des BND bezeugt, daß es im Laufe von einigen Jahrzehnten einen erstaunlichen Wandel gegeben hat im Verhältnis zwischen Deutschland und Israel und zwar nicht nur, was den Nachrichtendienst betrifft. Diese Art der Zusammenarbeit, die Anfang der neunziger Jahre beinahe selbstverständlich schien, wäre 40 Jahre zuvor unvorstellbar gewesen. Eine Zusammenarbeit der Israelis mit dem deutschen Nachrichtendienst, mit denjenigen, die der deutschen Kriegsmaschinerie halfen, Europa zu erobern, stand nicht zur Debatte. Deutschland und alles, was damit verbunden war, galt in den Augen der Israelis als »unrein«. Wie tief dieser Haß war, zeigt der Stempel, der in den ersten Jahren des Staates Israel in die Pässe gedruckt wurde: »Authorized to travel to all countries except Germany«. Aber bereits Anfang der fünfziger Jahre, noch bevor man erste diplomatische Kontakte aufgenommen hatte und über die Wiedergutmachung zu verhandeln begann, wurden die ersten Samen der Zusammenarbeit gelegt. Den Umständen entsprechend geschah dies eher indirekt, meistens durch Washington.

Die Vereinigten Staaten gerieten in den Kalten Krieg ohne jegliche Infrastruktur für das Sammeln von Nachrichten hinter dem Eisernen Vorhang. Zwar hatte die CIA ein riesiges Budget zur Verfügung, aber Geld allein garantierte noch nicht den Informationsfluß. Sogar grundlegende Informationen über den Alltag im Ostblock fehlten den Amerikanern, zum Beispiel wie eine Lebensmittelkarte in Minsk aussieht oder welche Dokumente ein Elektronikingenieur aus Sofia braucht, um zur Weiterbildung nach Leningrad reisen zu dürfen. Diese Informationen wurden den Amerikanern durch zwei kleine effektive Nachrichtendienste geliefert: den Nachrichtendienst des General Gehlen und die israelischen Nachrichtendienste. Gehlen und seine Leute beschafften Informationen mit Hilfe der Reste ihrer Nachrichtennetze, die sie während des Krieges benutzt hatten; insbesondere auch aus Befragungen deutscher Soldaten, die aus der Gefangenschaft im Osten zurückkehrten.

Demgegenüber sammelten sich in Israel die Informationen über die Sowjetunion und ihre Satelliten-Staaten als Nebenprodukt von Befragungen des Schabak (Inlandsgeheimdienst) unter Einwanderern aus Osteuropa, um Spione des KGB und anderer östlicher Dienste ausfindig zu machen. »Es gab Zeiten, in denen ein Viertel der Informationen, die die Amerikaner über den Alltag hinter dem Eisernen Vorhang erhielten, aus israelischen Quellen stammte«, erinnert sich Teddy Kollek, der damals einer der führenden Diplomaten an der israelischen Botschaft in Washington war. Kollek institutionalisierte gemeinsam mit Memy de-Shalit, dem Vertreter des Mossad in der amerikanischen Hauptstadt, den Kontakt des israelischen Nachrichtendienstes zur CIA. Es gelang ihnen, Kontakt zu James Jesus Angleton herzustellen, einem der leitenden Mitarbeiter der CIA. Dieser war sehr beeindruckt von der Qualität der Nachrichten über die kommunistische Welt, die seine neuen Freunde ihm übermittelten. Ähnliche Informationen flossen den Amerikanern von Gehlen und seinen Leuten zu. Es war nur eine Frage der Zeit, bis Angleton und seine Kollegen aus der Führungsriege der CIA sich entschieden, daß man diese beiden Informationsquellen verbinden sollte. Die Kluft, die damals noch im Verhältnis zwischen Juden und Deutschen existierte, hat anscheinend die Amerikaner nicht besonders gestört.

»Wenn ich mich richtig erinnere, haben wir den Kontakt mit den Deutschen nicht initiiert«, sagt David Kimche, der später Stellvertreter des Mossad-Chefs und Direktor des Auswärtigen Amtes wurde. Er war mehrere Jahre lang mit der Kontaktpflege zu fremden Nachrichtendiensten, inklusive BND, betraut. »Ich glaube, daß dies eine amerikanische Initiative war. Zu diesem Zeitpunkt waren wir nicht besonders darüber erfreut, mit den Deutschen zu sprechen. Wir wußten, daß bei Gehlen viele Nazis dienten, ehemalige Wehrmachtsangehörige, aber auch solche, die in der SS und in anderen Nazi-Organisationen aktiv gewesen waren, die plötzlich eine Wandlung durchgemacht hatten und zu Verfechtern von Freiheit und Demokratie geworden waren. Sogar Gehlens Hauptquartier in Pullach, in der Nähe von München, war mit einer verfluchten Vergangenheit für uns belastet. Ursprünglich war es doch ein SS-Lager.«

»Ich habe keinen Zweifel, daß Gehlen von den Amerikanern und später von der politischen Ebene in Bonn befohlen wurde, uns nach besten Möglichkeiten zu helfen«, sagte mir einer der führenden Mitarbeiter des israelischen Geheimdienstes in den fünfziger und sechziger Jahren, der darauf bestand, anonym zu bleiben.«Ich glaube, daß er Schuldgefühle hatte, weil er Teil der größten Vernichtungsmaschinerie der Geschichte gewesen war, und dies beflügelte seine Entscheidung, uns zu helfen. Zu Gehlens Gunsten muß ich sagen, daß in mehreren Fällen die Unterstützung, die er und seine Leute uns anboten, viel weiter ging, als es in der Zusammenarbeit der Geheimdienste sonst üblich ist.«

Gehlen selbst schrieb in seinen Memoiren, daß er begann, den verschiedenen Zweigen des israelischen Geheimdienstes zu helfen (erst 1963 wurde die Aktivierung der Agenten im Ausland ausschließlich dem Mossad übertragen. Bis dahin hat auch der Militär-Nachrichtendienst Netze in Europa und den arabischen Staaten unterhalten), nachdem er sich davon überzeugt hatte, daß Israel eine zentrale Rolle im Kampf gegen den Kommunismus spielte.

Israels Stellung verstärkte sich einige Jahre später, im Frühling 1956, als alle westlichen Nachrichtendienste mit der Suche nach dem Inhalt des mysteriösen Vortrags von Nikita Chruschtschow auf dem XX. Parteitag der Kommunistischen Partei beschäftigt waren, in dem Chruschtschow, der neue Führer der kommunistischen Welt, Stalin und sein Schreckensregime verurteilt hatte. Die CIA war bereit, jedem eine Million Dollar zu bezahlen, der ihr die Rede beschaffen würde – und zur Überraschung aller Spione der westlichen Welt war es der israelische Nachrichtendienst, der das Manuskript beschaffen konnte.

Anders als man in Pullach und in Langley (dem Hauptquartier der CIA) dachte, hatte Isser Harel (der Chef des Mossad und Schabak) keine Spionagenetze hinter dem Eisernen Vorhang. Der Text der Rede kam aus Tel Aviv, weil eine der führenden Frauen der Kommunistischen Partei Polens unbedingt mit einem jungen Journalisten namens Victor Greifsky ins Bett gehen wollte. Sie brüstete sich in seiner Gegenwart damit, daß sie eine Kopie des berühmten Referats besitze, und verschaffte ihm einen Einblick. Sie wußte nicht, daß Greifsky, der als orthodoxer Kommunist galt, sich inzwischen von den

Illusionen des Marxismus befreit hatte und sich auf seine Flucht von Polen nach Israel vorbereitete. Er verschaffte sich eine Kopie, die er dann einem israelischen Diplomaten in Warschau übergab. Dieser leitete sie dann nach Tel Aviv weiter. Als die Israelis Angleton unterrichteten, daß sie ein Exemplar hätten, glaubten die Amerikaner, es handele sich entweder um einen Witz, oder das Dokument sei gefälscht. Erst nachdem es sorgfältig geprüft und mit dem, was in Pullach und beim MI-6, der Zentrale des britischen Geheimdienstes, bereits bekannt war, verglichen worden war, kamen die Amerikaner zu dem Schluß, daß es sich hierbei um ein authentisches Dokument handelte. Diese ganze Geschichte wurde lange geheim gehalten. Unter den Geheimdiensten, die wußten, wer den Text in den Westen gebracht hatte, gewann der israelische Geheimdienst an Ehre und Prestige, was ihm zu weiteren Kontakten verhalf.

Der ehemalige Agent, der seinen Namen nicht nennen möchte, gab zu, daß die erste Begegnung mit Gehlen für ihn äußerst unangenehm war. »Ich hatte Schwierigkeiten, Gehlen die Hand zu drücken. Seine Ernennung zum General erhielt er von Hitler, nicht von Adenauer. Er war für mich unheimlich. Ich konnte meinen Freund, Amos Manor, den Chef der Sicherheitsdienste, nicht vergessen, der Auschwitz überlebt hatte. Was würden all die Mitarbeiter des Mossad, die Familienmitglieder verloren hatten und die eintätowierte Nummern trugen, zu diesem Kontakt mit den Deutschen sagen? Sogar die üblichen Begrüßungsfloskeln wären mit Erinnerungen an diese schreckliche Zeit verbunden. Man mußte jedoch trennen zwischen Gefühlen und Realitäten. Gehlen sprach über uns mit Hochachtung. Er bot seine Hilfe an und angesichts des damaligen Überlebenskampfes des Staates Israel war es für uns ein willkommenes Angebot.«

Dieses Angebot gab den israelischen Geheimdiensten einen operativen Vorsprung. Viele der damaligen Mitarbeiter stammten aus Zentraleuropa (Deutschland, Tschechoslowakei und Österreich). Ihre Muttersprache war Deutsch, und die deutsche Kultur gehörte zu ihrem Leben. Einige der ersten Agenten Israels in den arabischen Ländern arbeiteten unter dem Deckmantel einer ausgeliehenen deutschen Identität. Jetzt, durch Gehlens Unterstützung, konnte man die Agenten mit einer noch besseren Tarnung auf ihre Missionen in arabische Staaten senden. Ein deutscher Geschäftsmann mit Nazi-Hintergrund zum Beispiel war verständlicherweise nicht der prädestinierte israelische Spion. Die ägyptische Abwehr, der Muchabarat, war der erste, der diese Zusammenarbeit zwischen Pullach und Tel Aviv entdeckte. Ägypten war damals der größte Feind Israels und Ziel israelischer Geheimaktivitäten. Diese Aktivitäten beinhalteten auch den kläglich fehlgeschlagenen Versuch des israelischen militärischen Geheimdienstes, Mitte der fünfziger Jahre den Abzug der Briten vom Suez-Kanal zu stoppen. Damals sah man in diesem Schritt eine Gefahr für Israel. Die Idee war einfach, aber auch nicht besonders einfallsreich. Es sollten Bomben in britischen oder amerikanischen Einrichtungen in Kairo und Alexandria deponiert werden und somit Spannungen zwischen dem Westen und Ägypten provoziert werden. Als Chef der Operation wurde Abraham Seidenberg gewählt, ein gebürtiger Österreicher, der die Identität eines deutschen Geschäftsmannes namens Paul Frank annahm. Er benutzte ein Netz von jüdischen Aktivisten, denen jedoch jeglicher Enthusiasmus und auch Fähigkeiten fehlten. Nach mehreren, kaum erfolgreichen Aktionen wurden diese Leute 1954 gefaßt. Der einzige, der sich retten konnte, war Frank. Jahre nach diesem Ereignis entdeckte David Kimche während einer geheimen Mission durch Zufall, daß Frank verdächtige Kontakte zum ägyptischen Geheimdienst hatte. Frank (Seidenberg) wurde nach Israel gelockt, dort verhaftet und vor ein Militärgericht gestellt, das ihn zu einer längeren Strafe verurteilte. Die anderen Mitglieder des Netzes wurden in Ägypten gefoltert und haben den ägyptischen Behörden alles erzählt. So entdeckten die Ägypter die Existenz eines weiteren israelischen Spions. Dieser hatte keine Beziehungen zum Frank-Netz, wurde aber von seinen

Verbindungsleuten instruiert, Gelder wie auch anderes Material an einen der Mitglieder des Frank-Netzes zu übergeben. Dieser Schritt war ein klarer Verstoß gegen jegliche Normen der Geheimdienstarbeit. Die Frau, die das Material erhielt, kannte den Mann nicht und konnte sich nur an die Automarke, an einen Teil des Nummernschildes und an sein Aussehen erinnern. Dies gab sie in ihrem Verhör preis. Es reichte, um den Verdächtigen zu finden. Es war ein deutscher Geschäftsmann namens Max Bennet, der 1952 als Vertreter für Prothesen nach Ägypten gekommen war. Er war ein gebildeter Mensch, kannte Goethe und Heine auswendig und konnte ganze Symphonien von Beethoven nachpfeifen. Bennet hatte enge Kontakte zur deutschen Gemeinde in Kairo, in deren Reihen einige ehemalige Nazis waren. Es gelang ihm relativ schnell, sich im ägyptischen Geschäftsleben zu etablieren. Er wurde zum Ford-Vertreter ernannt. Unter seinen Freunden befand sich auch Colonel Nagib, der an der Spitze jener Gruppe von Offizieren stand, die König Faruk entmachtete.

Sein Deckmantel war perfekt. Er war tatsächlich ein deutscher Staatsbürger, nur war sein richtiger Name Meir Binnet, und er war Major im militärischen Nachrichtendienst der israelischen Armee. Binnet wurde 1917 in Ungarn geboren. Seine Eltern stammten aus Köln und waren aufgrund der Tätigkeit des Vaters für die deutsche Armee nach Budapest übergesiedelt. Binnet kam 1935 nach Palästina und war in der Hagana mit der illegalen Einwanderung von Juden nach Palästina befaßt. Nach der Staatsgründung wurde er Mitarbeiter im militärischen Nachrichtendienst und wurde nach Teheran gesandt. Von dort aus dirigierte er ein Spionagenetz, das in Israel tätig war.

»Vor dem Beginn der Mission in Ägypten wurde er 1952 nach Deutschland geschickt, um seine Legende besser zu verankern«, erzählte seine Witwe Jane in einem Interview, das sie vor einigen Jahren gab. Mit Gehlens Unterstützung, der die Dokumente beschaffte, wurde aus Binnet Bennet und aus Meir Max.

Bennet war ein brillanter Agent. Jedoch konnten ihm seine Qualitäten durch die Dummheit seiner Betreuer nicht helfen. Er wurde verhaftet und monatelang gefoltert. Wenn seine Verhaftung nicht mit der Frank-Geschichte zu tun gehabt hätte, wäre die Beweisführung den Ägyptern möglicherweise nicht gelungen, und die Tatsache, daß er Israeli war, wäre geheim geblieben. Diese Verbindung jedoch und der Umstand, daß er beschnitten war, überzeugte die Ägypter von seiner israelischen Staatsangehörigkeit.

Am 11. März 1954 begann der Prozeß. Binnet verstand, daß sein Schicksal besiegelt war. Am 24. Dezember 1954 erhängte er sich in seiner Zelle. Der Prozeß wurde fortgesetzt. Zwei Mitglieder der Frank-Gruppe wurden zum Tode verurteilt und gehängt. Die anderen verbüßten lange Haftstrafen. Es war eine herbe Niederlage für den israelischen Geheimdienst. Die Zerschlagung des Netzes hat die israelische Staatsspitze zerrüttet. Der Verteidigungsminister und der Chef des militärischen Nachrichtendienstes stritten um die Frage, »wer den Befehl gab«. Die Zensur verbot die Veröffentlichung der Affäre, die im Laufe der Jahre noch weiterbrodelte und für Unruhe sorgte. Es wurden Untersuchungskommissionen gebildet; gegenseitige Beschuldigungen wurden laut, und es war letztlich diese Geschichte und ihre Verzweigungen, die später dazu beitrug, daß der israelische Ministerpräsident Ben Gurion mit seinen engsten Mitarbeitern die Mapai-Partei verließ.

In den Jahren, in denen Ben Gurion Ministerpräsident war, pflegte er die inoffiziellen und offiziellen Kontakte zu Deutschland. Er war überzeugt vom »anderen Deutschland« unter Konrad Adenauer und war sogar trotz erheblichen Widerstands bereit, das sogenannte »Wiedergutmachungs-Abkommen« zwischen den beiden Staaten zu unterzeichnen, ein Abkommen, das der israelischen Wirtschaft den Durchbruch ermöglichte. Ben Gurion war gleichzeitig Verteidigungsminister, und sein Stellvertreter Peres pflegte mit Franz Josef Strauß einen engen Kontakt in Sicherheitsfragen, die zumeist geheim blieben. Die ergiebige Zusammenarbeit der Geheimdienste blieb vollkommen geheim.

»Als ich als Chef des Mossad zu Isser Harel kam, habe ich bereits sehr enge und gut funktionierende Kontakte zu den deutschen Diensten vorgefunden.« Die Aussage stammt von Meir Amit, dem ehemaligen Mossad-Chef, der Anfang der sechziger Jahre noch an der Spitze des militärischen Nachrichtendienstes stand. Amit ersetzte im März 1963 Harel, der aufgrund eines Disputs mit Ben Gurion über die Wege zur Bekämpfung deutscher Wissenschaftler, die in Ägypten an der Entwicklung von Raketen arbeiteten, gegangen war.

Harel glaubte, daß die deutschen Wissenschaftler mit Wolfgang Pilz an der Spitze die Existenz Israels aufs Spiel setzten, und forderte ihre Bekämpfung mit allen Mitteln. Unter dem Decknamen »Damokles« wurde eine Aktion eingeleitet, um Informationen über ihre Aktivitäten zu sammeln. Zugleich versuchte man, sie – auch durch Gewalt – zur Rückkehr nach Deutschland zu veranlassen. Bei dieser Aktion wurden Mossad-Leute in verschiedenen Laboren in Deutschland tätig. Zvi Malchin, der später durch seinen Einsatz bei der Eichmann-Entführung in Argentinien bekannt wurde, erzählt in seinen Memoiren, wie er in Pilz' Labor in Köln eindrang und Hunderte Dokumente fotografierte, die Beweise über den Umfang des Raketen-Programms in Ägypten lieferten. Sein Hauptproblem am besagten Abend war die Auseinandersetzung mit einem großen, aggressiven Dobermann.

»Wir hatten ohne Ende in Deutschland gearbeitet und mein Eindruck war, daß dies mit Wissen der Behörde geschah«, sagte mir einer der Veteranen des Mossad. »Es ist mir nicht bekannt, ob der BND oder der Bundesverfassungsschutz im Bilde waren. Dies wurde normalerweise über uns beschlossen. Man hat uns zu verstehen gegeben, daß es sich hierbei um ein mehr oder weniger gemeinsames Unternehmen handelte.«

Isser Harel war überzeugt, daß die Sicherheit des Staates Israel durch das Raketen-Projekt gefährdet sei. Er beschloß daher, den Kampf gegen die Wissenschaftler aufzunehmen.

Das führte ihn auf einen Konfrontationskurs mit Ben Gurion und beendete seine Karriere. Isser hatte befohlen, Drohbriefe und Briefe mit Sprengsätzen an die in Ägypten arbeitenden Wissenschaftler zu senden. Ein Teil der Post wurde direkt von Kairo aus geschickt, von einem der besten Spione Israels dort – Wolfgang Lotz, der »berittene Spion«.

Lotz wurde 1921 in Mannheim geboren. Seine Mutter war Jüdin, eine Theaterkünstlerin, die den christlichen Direktor des Theaters heiratete. Nach der Machtergreifung Hitlers beschloß der Vater, daß seine jüdische Frau und sein Sohn eher ein Hindernis seien und reichte die Scheidung ein. Zusammen mit seiner Mutter zog Lotz nach Palästina, wo er seinen Namen in Zeev Gur-Arie änderte. Er wurde in die britische Armee aufgenommen und wegen seiner deutschen Sprachekenntnisse zu einer Kommandoeinheit delegiert, die in der Wüste hinter den Linien Rommels operierte.

1948 wurde er in die israelische Armee aufgenommen. Er diente als Offizier beim militärischen Nachrichtendienst. Ende 1958 wurde Gur-Arie nach Deutschland gesandt, um seine Legende zu untermauern.

Im Dezember 1960 landete der deutsche Geschäftsmann Lotz in Kairo. Zu dieser Zeit hatten die Ägypter gerade ein israelisches Spionagenetz unter der Leitung eines amerikanischen Geschäftsmannes aufgedeckt. Niemand verdächtigte Lotz, der sich als ehemaliger Nazi-Offizier präsentierte und sogar auf eine SS-Zugehörigkeit aufmerksam machte. Lotz gründete ein Gestüt am Rande von Kairo und empfing dort die Elite des Staates. Schnell stand er im Zentrum der Schickeria-Kreise von Kairo. Mehr als vier Jahre hat Lotz erfolgreich operiert und viele Informationen nach Tel Aviv übermittelt. Lotz wurde im Februar 1965 durch die Ägypter enttarnt und gemeinsam mit seiner Frau Waltraud der Spionage für Israel beschuldigt. Die Nachfrage von ägyptischer Seite über Lotz in Deutschland bestätigte, was Lotz den Ägyptern gesagt hatte: »Er ist ein deutscher Staatsbürger und diente als Offizier während des Zweiten Weltkrieges.«

»Der BND war im Bilde«, sagte mir ein ehemaliger Mitarbeiter des Mossad. »Die Ägypter schätzten Lotz als Israeli ein, sie konnten sich noch gut an den Fall Bennet erinnern.« Lotz hatte aber nicht nur eine gute Tarnung, sondern auch viel Glück. Im Gegensatz zu Bennet war er nicht beschnitten. Die deutschen Behörden sorgten zusammen mit dem BND dafür, daß seine Legende nicht enttarnt wurde. Darüber hinaus appellierten höhere Beamte im BND an die Ägypter, Lotz gut zu behandeln, ein Umstand, der die Ägypter sehr beeindruckte. Die Deutschen waren sogar bestrebt, ein Austausch-Geschäft zu organisieren. »Der BND war sehr aktiv und versuchte, uns zu helfen, auch in der Sache Eli Cohen, unseres Mannes in Damaskus, der zu dieser Zeit in syrische Hände fiel. Im Gegensatz zu den Ägyptern waren die Syrer leider nicht bereit zu hören.« Die Ehre des damaligen Chefs des Nachrichtendienstes, General Hachmad Suidani, war aufgrund des Erfolgs von Cohen bei der syrischen Spitze angeschlagen. Cohen wurde im Stadtzentrum von Damaskus gehängt. Lotz und seine Frau dagegen wurden als Deutsche im Zuge des Gefangenenaustauschs nach dem Sechstagekrieg 1967 freigelassen. Erst nach der Freilassung wurde Lotz' Identität als israelischer Spion entdeckt.

Während der sechziger Jahre wurde die Zusammenarbeit zwischen dem BND und dem Mossad weiter ausgebaut. Informationen über die Qualitäten des neuesten Kampfflugzeugs des Warschauer Pakts, der MIG-21, wurden an die Bundesluftwaffe weitergegeben. Dies geschah, nachdem es dem Mossad gelungen war, einen irakischen Piloten von der Desertion mit seinem Flugzeug nach Israel zu überzeugen. Während des Sechstagekrieges hoffte die israelische Armee, sowjetische Waffen zu erbeuten, die identisch waren mit den Beständen in Ost-Europa. Deutsche Spezialisten wurden zur Begutachtung eingeladen. Einige Proben wurden nach Deutschland geschickt. Am 26. Dezember 1969 gelang es einer israelischen Kommandoeinheit, eine komplette Radarstation in Ägypten zu entwenden. Es war eine P-12-Station, damals eine der am weitesten entwickelten Radarstationen im Warschauer Pakt. Zwei Hubschrauber transportierten sie nach Israel. Die Aktion blieb geheim, bis der englische »Observer« die Geschichte aufdeckte. Nicht nur Experten der israelischen Armee prüften die Station. Auch Experten des BND wurden eingeladen, die Radarstation, die es auch in der NVA gab, zu begutachten. »Alle Geheimdienste der Welt tauschen Informationen aus«, erzählt Meir Amit. »Wir hatten gute Kontakte zu den Amerikanern und zu den Briten. Mit den Franzosen gab es ein ständiges Auf und Ab. Mit den Deutschen wurden die Beziehungen besonders eng.« Was als eine auf Umwegen durch Washington ins Leben gerufene Zusammenarbeit begann und beeinflußt wurde durch deutsche Schuldgefühle, etablierte sich im Laufe der Jahre zu einem hochentwickelten Kontakt. Der gemeinsame Feind Ende der sechziger Jahre hieß: internationaler Terrorismus. Das Massaker an den israelischen Sportlern in München 1972 zeigte der westlichen Welt und insbesondere Deutschland, daß Terror keine Grenzen kennt. Dies verstanden die Geheimdienste bereits nach dem Bekanntwerden der engen Kontakte zwischen den verschiedenen Terrororganisationen. Wenn junge Deutsche, die dem radikalen linken Spektrum angehörten, ihre Ausbildung in einem Trainingscamp einer palästinensischen Terrororganisation erhielten, war es nur selbstverständlich, daß die Geheimdienste der beiden Staaten ihre Zusammenarbeit verstärkten.

Die deutschen Geheimdienste bekämpften eine kleine Gruppe, die sich der Unterstützung eines äußerst begrenzten Kreises von Sympathisanten erfreuen konnte. Die israelischen demgegenüber waren konfrontiert mit mehreren palästinensischen Organisationen, die untereinander zerstritten waren. Einig waren sie sich nur in ihrem Haß auf Israel. Obwohl ihre Ziele unterschiedlich waren, bestand eine deutliche Ähnlichkeit im Vorgehen: Eindringen in Botschaften, Bombenanschläge, Flugzeugentführungen und Entführungen von führenden Personen aus Gesellschaft und Politik.

Die Zusammenarbeit zwischen Nachrichtendiensten bestand auch in den Jahren, in denen die Beziehungen auf diplomatischer Ebene abkühlten. Als beispielsweise Menachem Begin israelischer Ministerpräsident war, beeinflußte dies die Kooperation nicht. »Im Gegenteil, gerade in Zeiten von politischem Frost erreicht die Nachrichtendienst-Romanze hohe Intensität«, sagte mir einer der ehemaligen führenden Mitarbeiter des israelischen Dienstes. »In der Regel geschieht es mit Wissen und mit dem Segen der politischen Ebene. Begin und sein Nachfolger Schamir waren sicherlich nicht ausgesprochene Freunde Deutschlands. Trotzdem wurde die Zusammenarbeit auf der Sicherheitsebene in keiner Weise negativ berührt.«

Gegen Ende der achtziger Jahre wuchs der Strom der Nachrichten über die Aufrüstung Iraks mit ABC-Waffen. Deutsche Firmen halfen bei der Lieferung von Materialien und technischem Wissen. Das offizielle Deutschland wollte bis zum Golfkrieg nicht an die Bedrohung der freien Welt durch den Irak glauben. Sogar der israelische Verteidigungsminister Moshe Arens, der Kohl im September 1990 traf – einen Monat nach der irakischen Invasion in Kuwait –, konnte trotz der Präsentation von Dokumenten des israelischen Nachrichtendienstes die Bonner Haltung nicht verändern. Dabei stammte ein Teil der Fakten, die Arens präsentierte, ursprünglich aus offiziellen deutschen Quellen. Innerhalb der deutschen Nachrichtendienste gab es Teile, die die israelische Position unterstützten, und wahrscheinlich hat der BND dem Mossad bei der Sammlung von Informationen über die Kontakte deutscher Firmen zu Vertretern von Saddam Hussein ebenfalls geholfen.

»Wir arbeiten wie ein Staubsauger im Äther«, brüstete sich Gerhard Güllich vom BND in einem Interview im »Spiegel« (15/1993). Er bemerkte auch, daß das deutsche Abhörgesetz restriktiv nur im Bezug auf die deutsche Quelle des Gesprächs ist. »Das ist richtig«, erzählte mir ein Freund, der im militärischen Abhördienst tätig war. »Das deutsche Gesetz verbietet die Nutzung von derartigem Material aufgrund des Datenschutzgesetzes. Bei einem Gespräch zum Beispiel, das zwischen dem Direktor einer Motorenfabrik in Deutschland und einem Ministerium im Irak stattfindet, gilt alles, was der Deutsche sagt, als nicht verwendbares Material. Seine Worte sollten aus dem Protokoll gestrichen werden. Doch bevor derartiges Material vernichtet wird, könnte man guten Freunden einen Einblick verschaffen, oder? Dies geschah relativ oft.«

So oder so, Tatsache war, daß der israelische Geheimdienst detaillierte Angaben über deutsche Firmen besaß, die mit Saddam Husseins Plänen in Verbindung standen, den Irak zu einer Hegemonialmacht auf dem Gebiet der nicht-konventionellen Waffen zu machen. Die Erkenntnis der irakischen Bedrohung kam in Deutschland, das zu dieser Zeit mit der Wiedervereinigung beschäftigt war, reichlich spät. »Wir befinden uns in einer besonderen Epoche, in der der Irak mit seiner terroristischen Führungsspitze die Existenz Israels bedroht.« Diese deutlichen Worte sagte Kanzler Kohl in den späten Nachtstunden am 28. Januar 1991 in seinem Büro. Ihm gegenüber saßen Botschafter Benny Navon und eine israelische Delegation, die von General Dani Yaton geleitet wurde. Die Delegation kam direkt aus Tel Aviv, das zu diesem Zeitpunkt unter Beschuß von irakischen Scud-Raketen stand, die mittels deutscher Technologie verbessert worden waren. An diesem Treffen nahmen auch Außenminister Genscher, Verteidigungsminister Stoltenberg, General Naumann sowie neben Beratern ein Vertreter des BND teil. Am Ende des Gesprächs versprach der Kanzler die Lieferung von Militärgerät an Israel. Das wichtigste Resultat dieses nächtlichen Geheimtreffens war seine Entscheidung für den Bau und die beinahe vollständige Finanzierung von zwei neuen U-Booten für die israelische Marine in den Werften von Kiel und Emden.

Seither sind sechs Jahre vergangen. Das erste U-Boot (in der Zwischenzeit erhöhte man in Deutschland auf drei U-Boote) ist bereits auf Manövern in der Nordsee, als letzte Vorstufe zur Integration in die israelische Marine. Der ehemalige Kommandant der Marine, Ami Eilon, der den Bau der U-Boote aus der Nähe verfolgte, wurde vor einem Jahr zum Chef des Geheimdienstes ernannt und bekämpft jetzt radikale Palästinenser, die den Friedensprozeß zum Entgleisen bringen wollen. Ähnlich wie in der Vergangenheit, arbeitet er auch hier mit den Nachrichtendiensten Deutschlands zusammen.

Dani Yaton ist seit einem halben Jahr beim Mossad der Leiter für Nachrichten und spezielle Aufgaben. Er pflegt ein enges Verhältnis zum BND.

Gelegentlich kommt auch der Staatsminister im Kanzleramt, Schmidbauer, in die nahöstliche Region, um Geheimgespräche über Ron Arad zu führen. Jedesmal wenn er in Israel ist, trifft er die Spitzen der Nachrichtendienste, inklusive Eilon und Yaton. Die Zusammenarbeit geht weit über eine normale Kooperation zwischen befreundeten Geheimdiensten hinaus. Man darf bezweifeln, daß sich im Rahmen dieses intensiven Austausches auf beiden Seiten noch jemand an den Anfang vor fünfzig Jahren erinnert, als die Vermittlung Dritter notwendig war.

EXKURS

Im Laufe meiner Arbeit als Korrespondent der »Maariv« in Bonn beschäftigten mich die iranischen Anstrengungen, mit Hilfe europäischer Firmen nicht-konventionelle Waffen zu entwickeln. Ich deckte unter anderem die Beziehungen einer schweizerischen High-Tech-Firma zum Iran auf. Dies führte später zu einer Debatte im Schweizer Parlament. Vor diesem Hintergrund bat ich um ein Gespräch mit einem führenden Mitarbeiter der Nachrichtendienste Deutschlands. Bereits vorher, während meiner letzten Tätigkeit als Mossad-Mitarbeiter, kam ich mit deutschen Kollegen in Berührung. Ich wußte von der effizienten Arbeit des BND und des Verfassungsschutzes und wollte mich nun aus erster Hand über die Aktivitäten bezüglich Iran informieren.

Das Gespräch war fade und langweilig. Ich erhielt nur banale, trockene Antworten. Plötzlich kam die Sekretärin ins

Zimmer und reichte meinem Gesprächspartner eine Akte. Er bat um Entschuldigung, warf einen Blick hinein, blickte prüfend zu mir und schmunzelte. »Herr Shimron«, sagte er, »ich glaube, wir haben bis jetzt Zeit vergeudet. Schalten Sie das Aufnahmegerät aus, und ich werde Ihnen erzählen, was wir machen. Nur bitte nicht zitieren.« In der verbleibenden halben Stunde hörte ich einen äußerst interessanten Bericht, durch den ich neue Einzelheiten erfuhr. Bis heute weiß ich nicht, was in der hereingereichten Akte stand. Ich vermute, es handelte sich um die Akte des Mossad-Mannes Gad Shimron.

Tel Aviv, Februar 1997

Gad Shimron, Jahrgang 1950, ist leitender Mitarbeiter der Tageszeitung »Maariv«. Er war von 1993 bis 1996 als Korrespondent der Zeitung in Bonn. Er diente als Offizier im militärischen Nachrichtendienst und wurde nach Abschluß des Studiums der Sinologie und Geschichte an der Universität in Jerusalem vom israelischen Mossad rekrutiert für spezielle Missionen in verschiedenen Orten der Welt. Er ist Autor des Buches »Mossad und Mythos«, das im August 1996 im Verlag Keter in Jerusalem veröffentlicht wurde (in Hebräisch).

ANHANG

DIE BND-PRÄSIDENTEN

1.4.1956	– 30.4.1968	Reinhard Gehlen
1.5.1968	– 31.12.1978	Gerhard Wessel
1.1.1979	– 26.12.1982	Klaus Kinkel
27.12.1982	– 31.7.1985	Eberhard Blum
1.8.1985	– 27.8.1985	Heribert Hellenbroich
4.9.1985	– 2.10.1990	Hans-Georg Wieck
3.10.1990	– 31.3.1996	Konrad Porzner
1.4.1996	– 14.5.1996	Gerhard Güllich (vorübergehende Leitung)
seit 15. 5. 1996		Hansjörg Geiger

ABKÜRZUNGSVERZEICHNIS DER GEHEIMDIENSTNAMEN

BfV   Bundesamt für Verfassungsschutz
BND   Bundesnachrichtendienst, Pullach
CIA   Central Intelligence Agency, Langley, USA
CSIS   Canadian Security Intelligence Service
DIA   Defense Intelligence Agency, Bolling Air-Force-Base, Washington, D.C., USA
DGSE   Direction Générale de Securité Extérieure, Paris
FSK   Federalnaya sluzhbakontrrazvedky (russischer Auslandsgeheimdienst)
GCHQ   Government Communications Headquarters (technischer britischer Geheimdienst, Cheltenham)
GRU   Glavnoye Razvedyvatelnoye Upravlenie (russischer Geheimdienst)
KGB   Komitet Gosudarstvennoy Bezopasnosti, Moskau (mit dem Zerfall der Sowjetunion aufgelöst)
MAD   Militärischer Abschirmdienst
MfS   Ministerium für Staatssicherheit, Ost-Berlin (mit dem Zerfall der DDR aufgelöst)
MI5   Military Intelligence Department 5, London
MI6   Military Intelligence Department 6, London

Mossad	israelischer Auslandsgeheimdienst
NRO	National Reconnaissance Office, USA
NSA	National Security Agency, Fort George Meade, USA
SAS	Special Air Service

INTERNET-LINKS ZUR GEHEIMDIENSTWELT

Australien:
gopher://gopher1.qut.edu.au:70/11/.more/subj/Jslaw/jslawi

China:
//members.aol.com/mehampton/chinasec.html

Griechenland:
http://www.strategy.gr/

Israel Mossad:
http://www.Phoenix.ca:80/mossad/
http://www.awpi.com/IntelWeb/Israel/Mossad/index.html

James Bond:
http://www.mcs.net/~klast/www/bond.html

Japan:
http://ac3.aimcom.co.jp/~mascomix/spy/

Jordanien:
http://www.arab.net/gid/welcome.html
http://irisl.arts.odu.edu:443/wpage/arabs.htm

Kanada CSIS:
http://www.csis-scrs.gc.ca/

Niederlande:
http://www.minbiza.nl/bvd/

Pakistan ISI:
http://expert.cc.purdue/edu/~khattak/isi.html

Rußland KGB:
http://www.soviet.com

Südkorea:
http:www.Kimsoft.com/Kcia.htm

UK GCHQ:
http://www.gchq.gov.uk/

MI5 und MI6:
http://www.cc.umist.ac.uk/sk/index.html
http://www.pair.com/spook/security/security.htm

SAS:
http://www.cc.umist.ac.uk/sk/sas.html

USA allgemein:
http://www.odci.gov/ic/

CIA:
http://www.odci.gov/cia

DIA:
http://www.dia.mil/

Federation of American Scientists:
http://wwwfas.org/index.html
http://www.fas.org/irp/intelwww.html

IWR:
http://www.awpi.com/IntelWeb/

NRO:
http://www.nro.odci.gov/

NSA:
http://www.nsa.gov:8080/

Geheimdienste allgemein:
http://www.awpi.com/IntelWeb/countries.html
http://www.loyola.edu/dept/politics/intel.html
http://www.kimsoft.com/kim-spy.htm

Kosten der US-Geheimdienste:
http://www.fas.org/irp/commission/budget.html

Public Intelligence Agency:
http://www.Amintel.com/

Rüstungsindustrie und Geheimdienste:
http://www.privacy.org/pi/reports/bigbro/

Spionagefotos:
http://www.fas.org/irp/imint/index.html
http://www.digitalglobe.com

Steganografie in Deutsch für Windows 95:
http://www.demcom.com/deutsch/steganos/

weitere Links:
http://dspace.dial.pipex.com/town/plaza/hd27/pers/-
intell.htm
http://www.thecodex.com/c_links.html
http://www.btg.com/janes/welcome.html
http://www.indigo-net.com/intel.html

Gesetz über den Bundesnachrichtendienst (BND-Gesetz – BNDG) in der Fassung der Bekanntmachung vom 20. Dezember 1990 (BGBl. I S. 2979)

§ 1
Organisation und Aufgaben
(1) Der Bundesnachrichtendienst ist eine Bundesoberbehörde im Geschäftsbereich des Chefs des Bundeskanzleramtes. Einer polizeilichen Dienststelle darf er nicht angegliedert werden.

(2) Der Bundesnachrichtendienst sammelt zur Gewinnung von Erkenntnissen über das Ausland, die von außen- und sicherheitspolitischer Bedeutung für die Bundesrepublik Deutschland sind, die erforderlichen Informationen und wertet sie aus. Werden dafür im Geltungsbereich dieses Gesetzes Informationen einschließlich personenbezogener Daten erhoben, so richtet sich ihre Erhebung, Verarbeitung und Nutzung nach den §§ 2 bis 6 und 8 bis 11.

§ 2
Befugnisse
(1) Der Bundesnachrichtendienst darf die erforderlichen Informationen einschließlich personenbezogener Daten erheben, verarbeiten und nutzen, soweit nicht die anzuwendenden Bestimmungen des Bundesdatenschutzgesetzes oder besondere Regelungen in diesem Gesetz entgegenstehen,

1. zum Schutz seiner Mitarbeiter, Einrichtungen, Gegenstände und Quellen gegen sicherheitsgefährdende oder geheimdienstliche Tätigkeiten,
2. für die Sicherheitsüberprüfung von Personen, die für ihn tätig sind oder tätig werden sollen,

3. für die Überprüfung der für die Aufgabenerfüllung notwendigen Nachrichtenzugänge und

4. über Vorgänge im Ausland, die von außen- und sicherheitspolitischer Bedeutung für die Bundesrepublik Deutschland sind, wenn sie nur auf diese Weise zu erlangen sind und für ihre Erhebung keine andere Behörde zuständig ist.

(2) Werden personenbezogene Daten beim Betroffenen mit seiner Kenntnis erhoben, so ist der Erhebungszweck anzugeben. Der Betroffene ist auf die Freiwilligkeit seiner Angaben und bei einer Sicherheitsüberprüfung nach Absatz 1 Nr. 2 auf eine dienst- und arbeitsrechtliche oder sonstige vertragliche Mitwirkungspflicht hinzuweisen. Bei Sicherheitsüberprüfungen ist das SÜG Sicherheitsüberprüfungsgesetz vom 20. 4. 94 (BGBl. I S. 867) anzuwenden.

(3) Polizeiliche Befugnisse oder Weisungsbefugnisse stehen dem Bundesnachrichtendienst nicht zu. Er darf die Polizei auch nicht im Wege der Amtshilfe um Maßnahmen ersuchen, zu denen er selbst nicht befugt ist.

(4) Von mehreren geeigneten Maßnahmen hat der Bundesnachrichtendienst diejenige zu wählen, die den Betroffenen voraussichtlich am wenigsten beeinträchtigt. Eine Maßnahme darf keinen Nachteil herbei führen, der erkennbar außer Verhältnis zu dem beabsichtigten Erfolg steht.

§ 3
Besondere Formen der Datenerhebung

Der Bundesnachrichtendienst darf zur heimlichen Beschaffung von Informationen einschließlich personenbezogener Daten die Mittel gemäß § 8 Abs. 2 des Bundesverfassungsschutzgesetzes anwenden, wenn Tatsachen die Annahme rechtfertigen, daß dies zur Erfüllung seiner Aufgaben erforderlich ist. § 9 des Bundesverfassungsschutzgesetzes ist entsprechend anzuwenden.

§ 4
Speicherung, Veränderung und Nutzung personenbezogener Daten

(1) Der Bundesnachrichtendienst darf personenbezogene Daten nach § 10 des Bundesverfassungsschutzgesetzes speichern, verändern und nutzen, soweit es zur Erfüllung seiner Aufgaben erforderlich ist.

(2) Die Speicherung, Veränderung und Nutzung personenbezogener Daten über Minderjährige ist nur unter den Voraussetzungen des § 11 des Bundesverfassungsschutzgesetzes zulässig.

§ 5
Berichtigung, Löschung und Sperrung personenbezogener Daten

(1) Der Bundesnachrichtendienst hat die in Dateien gespeicherten personenbezogenen Daten zu berichtigen, zu löschen und zu sperren nach § 12 des Bundesverfassungsschutzgesetzes.

(2) Der Bundesnachrichtendienst hat personenbezogene Daten in Akten zu berichtigen und zu sperren nach § 13 des Bundesverfassungsschutzgesetzes.

§ 6
Dateianordnungen

Der Bundesnachrichtendienst hat für jede automatisierte Datei mit personenbezogenen Daten eine Dateianordnung nach § 14 des Bundesverfassungsschutzgesetzes zu treffen, die der Zustimmung des Chefs des Bundeskanzleramtes bedarf. § 14 Abs. 2 und 3 des Bundesverfassungsschutzgesetzes ist anzuwenden.

§ 7
Auskunft an den Betroffenen

Der Bundesnachrichtendienst erteilt dem Betroffenen auf Antrag Auskunft über zu seiner Person nach § 4 gespeicherte

Daten entsprechend § 15 des Bundesverfassungsschutzgesetzes. An die Stelle des dort genannten Bundesministers des Innern tritt der Chef des Bundeskanzleramtes.

§ 8
Übermittlung von Informationen an den Bundesnachrichtendienst

(1) Die Behörden des Bundes und der bundesunmittelbaren juristischen Personen des öffentlichen Rechts dürfen von sich aus dem Bundesnachrichtendienst die ihnen bekanntgewordenen Informationen einschließlich personenbezogener Daten übermitteln, wenn tatsächliche Anhaltspunkte dafür bestehen, daß die Übermittlung für seine Eigensicherung nach § 2 Abs. 1 Nr. 1 erforderlich ist.

(2) Die Staatsanwaltschaften und, vorbehaltlich der staatsanwaltschaftlichen Sachleitungsbefugnis, die Polizeien sowie der Zoll, soweit er Aufgaben nach dem Bundesgrenzschutzgesetz wahrnimmt, übermitteln dem Bundesnachrichtendienst von sich aus die ihnen bekanntgewordenen Informationen einschließlich personenbezogener Daten, wenn tatsächliche Anhaltspunkte dafür bestehen, daß die Übermittlung für seine Eigensicherung nach § 2 Abs. 1 Nr. 1 erforderlich ist.

(3) Der Bundesnachrichtendienst darf nach § 18 Abs. 3 des Bundesverfassungsschutzgesetzes jede Behörde um die Übermittlung der zur Erfüllung seiner Aufgaben erforderlichen Informationen einschließlich personenbezogener Daten ersuchen und nach § 18 Abs. 4 des Bundesverfassungsschutzgesetzes amtlich geführte Register einsehen, soweit es zur Erfüllung seiner Aufgaben erforderlich ist. § 17 Abs. 1 und § 18 Abs. 5 des Bundesverfassungsschutzgesetzes sind anzuwenden.

(4) Für die Übermittlung personenbezogener Daten, die auf Grund einer Maßnahme nach § 100a der Strafprozeßordnung bekanntgeworden sind, ist § 18 Abs. 6 des Bundesverfassungsschutzgesetzes entsprechend anzuwenden.

§ 9
Übermittlung von Informationen durch den Bundesnachrichtendienst

(1) Der Bundesnachrichtendienst darf Informationen einschließlich personenbezogener Daten an inländische Behörden übermitteln, wenn dies zur Erfüllung seiner Aufgaben erforderlich ist oder wenn der Empfänger die Daten für Zwecke der öffentlichen Sicherheit benötigt. Der Empfänger darf die übermittelten Daten, soweit gesetzlich nichts anderes bestimmt ist, nur zu dem Zweck verwenden, zu dem sie ihm übermittelt wurden.

(2) Für die Übermittlung von Informationen einschließlich personenbezogener Daten an andere Stellen ist § 19 Abs. 2 bis 4 des Bundesverfassungsschutzgesetzes entsprechend anzuwenden; dabei ist die Übermittlung nach Absatz 4 dieser Vorschrift nur zulässig, wenn sie zur Wahrung außen- und sicherheitspolitischer Belange der Bundesrepublik Deutschland erforderlich ist und der Chef des Bundeskanzleramtes seine Zustimmung erteilt hat.

(3) Der Bundesnachrichtendienst übermittelt Informationen einschließlich personenbezogener Daten an die Staatsanwaltschaften, die Polizeien und den Militärischen Abschirmdienst entsprechend § 20 des Bundesverfassungsschutzgesetzes.

§ 10
Verfahrensregeln für die Übermittlung von Informationen

Für die Übermittlung von Informationen nach §§ 8 und 9 sind die §§ 23 bis 26 des Bundesverfassungsschutzgesetzes entsprechend anzuwenden.

§ 11
Geltung des Bundesdatenschutzgesetzes

Bei der Erfüllung der Aufgaben des Bundesnachrichtendienstes sind die §§ 10 und 13 bis 20 des Bundesdatenschutzgesetzes in der Fassung des Gesetzes zur Fortentwicklung der

Datenverarbeitung und des Datenschutzes nicht anzuwenden.

§ 12
Berichtspflicht
Der Bundesnachrichtendienst unterrichtet den Chef des Bundeskanzleramtes über seine Tätigkeit. Über die Erkenntnisse aus seiner Tätigkeit unterrichtet er darüber hinaus auch unmittelbar die Bundesminister im Rahmen ihrer Zuständigkeiten; hierbei ist auch die Übermittlung personenbezogener Daten zulässig.

Inkrafttreten
Dieses Gesetz tritt mit Ausnahme des Artikels 1 am Tage nach der Verkündung in Kraft; gleichzeitig tritt das Gesetz über die Zusammenarbeit des Bundes und der Länder in Angelegenheiten des Verfassungsschutzes vom 27. September 1950 (BGBl. I S. 682), geändert durch das Gesetz vom 7. August 1972 (BGBl. I S. 1382), außer Kraft.

LITERATUR

Arnett, Peter: Unter Einsatz meines Lebens. München 1994

Aust, Stefan: Mauss. Ein deutscher Agent. Hamburg 1988

Bärwolf, Adalbert: Die Geheimfabrik. Amerikas Sieg im technologischen Krieg. München 1994

Baker, James A.: Drei Jahre, die die Welt veränderten. Erinnerungen. Berlin 1996

Betser, Muki: Soldat in geheimem Auftrag. Israels führender Antiterrorspezialist berichtet über seine spektakulärsten Einsätze. Hamburg 1996

Black, Ian/Morris, Benny: Mossad. Die Geschichte der israelischen Geheimdienste. Heidelberg 1994

Blum, Eberhard: Reinhard Gehlen – A Portrait, in: Foreign Intelligence Literary Scene, Volume 10, Nr. 5, National Intelligence Study Center, Washington D. C. 1990

Bundesamt für Sicherheit in der Informationstechnik: Kulturelle Beherrschbarkeit digitaler Signaturen. Bonn 1997

Charmley, John: Churchill. Das Ende einer Legende. Berlin 1995

Cookridge, E. H.: Gehlen – The Spy of the Century. London 1971

Dan, Ben: Der Spion aus der Wüste. Bayreuth 1967

Dietl, Wilhelm: Staatsaffäre – Hinter den Kulissen der Geheimdienste. Stuttgart 1997

Dorril, Stephen: The Silent Conspiracy. Inside the Intelligence Services in the 1990s. London 1993

Eichner, Klaus/Dobbert, Andreas: Headquarters Germany Berlin 1997

Eisenberg, Dennis: Mossad. Die Leibwache Davids. Katwijk aan Zee 1980

Eppler, John W.: Rommel ruft Kairo. Aus dem Tagebuch eines Spions. Gütersloh 1959

Felfe, Heinz: Im Dienst des Gegners. 10 Jahre Moskaus Mann im BND. Hamburg 1986

Fischer-Fabian, Alexander S.: Der Traum vom Frieden der Völker. Bergisch Gladbach 1994

Gall, Lothar (Hrsg.): Die großen Deutschen unserer Epoche. Berlin 1995

Gehlen, Reinhard: Der Dienst. Erinnerungen 1942–1971. Wiesbaden 1971

Graudenz, Karlheinz: Die deutschen Kolonien. Augsburg 1994

Gröpl, Christoph: Die Nachrichtendienste im Regelwerk der deutschen Sicherheitsverwaltung. Berlin 1993

Haase, Dieter: Mein Name ist Haase, ich weiß zuviel. Celle 1993

Hartmann, Gerhard (Hrsg.): Die Kaiser. 1200 Jahre europäische Geschichte. Graz 1996

Heikal, Mohammed: Sadat. Düsseldorf 1984

Higgins, Adrian: The Secret Gardens of Georgetown. Boston 1994

Hildebrand, Klaus: Das vergangene Reich. Deutsche Außenpolitik von Bismarck bis Hitler. Stuttgart 1995

Hopkirk, Peter: Östlich von Konstantinopel. Kaiser Wilhelms Heiliger Krieg um die Macht im Orient. München 1996

Hourani, Albert: Die Geschichte der arabischen Völker. Frankfurt 1992

Hutchison, Robert: Die heilige Mafia des Papstes. München 1996

Igel, Regine: Andreotti. Politik zwischen Geheimdienst und Mafia. München 1997

Johnson, Loch K.: Secret Agencies. U.S. Intelligence in a Hostile World. New Haven and London 1996

Keith Melton, H.: Der perfekte Spion. Die Welt der Geheimdienste. München 1996

Kissinger, Henry A.: Memoiren 1968-1973. München 1979

Ders.: Memoiren 1973-1974. München 1982

Kessler, Ronald: Inside the CIA. New York 1994

Knightley, Phillip: Die Spionage im 20. Jahrhundert. Erfolge und Niederlagen der großen Geheimdienste. Frankfurt/Berlin 1992

Knopp, Guido: Top Spione – Verräter im Geheimen Krieg. München 1994

Knyschewski, Pawel Nikolaewitsch: Moskaus Beute. München 1995

Koch, Egmont R.: Das geheime Kartell. BND, Schalck, Stasi & Co. Hamburg 1992

Koch, Egmont R./Sperber, Jochen: Die Datenmafia. Geheimdienste, Konzerne, Syndikate. Reinbek bei Hamburg 1995

Köhler, Henning: Adenauer. Eine politische Biographie. Berlin 1994

Koppe, Holger/Koch, Egmont, R.: Bomben-Geschäfte. Tödliche Waffen für die Dritte Welt. München 1991

Krockow, Christian Graf von: Die preußischen Brüder. Stuttgart 1996

Landesamt für Verfassungsschutz Baden-Württemberg: Wirtschaftsspionage – Informationsschutz, Stand November 1994

Lawrence, T. E.: Die sieben Säulen der Weisheit. München 1978

Lerch, Wolfgang Günter: Der Golfkrieg. München 1988

Lindlau, Dagobert: Der Lohnkiller. München 1996

Ders.: Der Mob – Recherchen zum organisierten Verbrechen. München 1989

Littmann, Jonathan: Watchman – Schatten ohne Gesicht. München 1998

Lloyd, Mark: The Guinness Book of Espionage. London 1994

Lotz, Wolfgang: Fünftausend für Lotz – Der Bericht des israelischen Meisterspions Wolfgang Lotz. Frankfurt 1975

Markov, Georgi: The Truth that Killed. London 1983

Markwardt, Waldemar: Erlebter BND. Kritisches Plädoyer eines Insiders. Berlin 1996

McArthur, John R.: Die Schlacht der Lügen. Wie die USA den Golfkrieg verkauften. München 1993

McAuley Palmer, John: General von Steuben. Frankfurt 1984

Möchel, Kid: Der geheime Krieg der Agenten. Hamburg 1997

Morozow, Michael: Der Georgier. Stalins Weg und Herrschaft. München 1980

Morrow, Robert D.: First Hand Knowledge: How I Participated in the CIA-Murder of President Kennedy. New York 1992

Niemetz, Alexander: Die Kokain-Mafia. München 1990

Nixon, Richard: Memoiren. Köln 1978

Ostrovsky, Victor: Im Dienste des Mossad. Hamburg 1994

Piekalkiewicz, Janusz: Weltgeschichte der Spionage. Augsburg 1993

Porzner, Konrad: Der Bundesnachrichtendienst im Gefüge der öffentlichen Verwaltung, in: Die Verwaltung, Zeitschrift für Verwaltungswissenschaft. Berlin 1993

Powell, Colin: Mein Weg. München 1996

Reese, Mary Ellen: Der deutsche Geheimdienst. Organisation Gehlen. Berlin 1990

Richelson, Jeffrey.: The U.S. Intelligence Community. Boulder 1995

Rieger, Thomas: Der Bundesnachrichtendienst im demokratischen Rechtsstaat. Ellwangen 1986

Röhl, John C. G.: Kaiser, Hof und Staat. München 1995

Romanow, Prinz Roman: Am Hofe des letzten Zaren. München 1995

Rühl, Lothar: Aufstieg und Niedergang des russischen Reiches. Stuttgart 1992

Schmidt-Eenboom, Erich: Schnüffler ohne Nase. Der BND. Düsseldorf 1993

Ders.: Der Schattenkrieger. Klaus Kinkel und der BND. Düsseldorf 1995

Schweizer, Peter: Diebstahl bei Freunden. Wie die Geheimdienste der Japaner und Deutschen die US-Wirtschaft ausspionieren. Reinbek bei Hamburg 1993

Shimomura, Tsutomu: Data Zone. Die Hackerjagd im Internet. München 1996

Spector, Leonard S.: Nuclear Ambitions. Boulder/Colorado 1990

Spiegel-Spezial: Die Welt der Agenten, Nr. 1/1996

Spiegel-Spezial: Der digitale Mensch, Nr. 3/1997

Spoto, Donald: The Decline and Fall of the House of Windsor. New York 1995

Steltzer, Hans-Georg: Die Deutschen und ihr Kolonialreich. Frankfurt 1984

Stoll, Siegfried: Bankraub Online. Feldkirchen 1996

Sudoplatow, Pawel Anatoljewitsch: Der Handlanger der Macht. Enthüllungen eines KGB-Generals. Düsseldorf 1994

Tivnan, Edward: The Lobby. New York 1987

Troy, Thomas F.: Wild Bill and Intrepid, Donovan, Stephenson and the Origin of CIA. New Haven und London 1996

Ulfkotte, Udo: Nahostpolitik der Großmächte 1948 bis 1979. Frankfurt 1984

Ders.: Der Nahost-Konflikt nach der Libanon-Invasion, in: Beiträge zur Konfliktforschung, Heft 1, Köln 1995

Ders.: Krisenherd Nahost. Frankfurt 1986

Ders.: Amerikanische und sowjetische Politik in Nah- und Mittelost 1967 bis 1980. Rheinfelden 1988

Ders.: Der Friedensprozeß im Nahen Osten, in: Bundesakademie für Sicherheitspolitik, Schriftenreihe zur Sicherheitspolitik, Heft 10, Hamburg 1995

Uthmann, Jörg von: Die Diplomaten. München 1988

Venohr, Wolfgang: Der große König. Friedrich II. im siebenjährigen Krieg. Bergisch Gladbach 1995

Volkman, Ernest: Espionage – The greatest spy operations of the 20th century. New York 1995

Wessel, Gerhard: BND – Der geheime Auslandsnachrichtendienst der Bundesrepublik Deutschland. Sonderdruck aus: Beiträge zur Konfliktforschung, 15. Jahrgang, Heft 2, Köln 1985

Wieck, Hans-Georg: Demokratie und Geheimdienste. München 1995

Wolfrum, Rüdiger: Handbuch Vereinte Nationen. München 1991

Wright, Peter: Spy Catcher. The Candid Autobiography of a Senior Intelligence Officer. New York 1987

Wusowski, Cornelia: Die Familie Bonaparte. München 1993

Zalbertus, Andre: Russland Explosiv. Köln 1994

Ziegler, Uwe: Die Hanse. Eine Kulturgeschichte von Handel und Wandel. Bern 1996

Zolling, Hermann/Höhne, Heinz: Pullach intern. Hamburg 1971

DANK

Bundesaußenminister Klaus Kinkel, Bundeswirtschaftsminister Günter Rexrodt, dem ermordeten israelischen Ministerpräsidenten Yitzhak Rabin, Kanzleramtsminister Bernd Schmidbauer, BND-Präsident Hansjörg Geiger, dem iranischen Parlamentspräsidenten Nateq-Nuri, dem früheren iranischen Außenminister Ali Akbar Welajati, den Geschäftsführern der Frankfurter Allgemeine Zeitung, Jochen Becker und Klaus Rudloff, dem Geschäftsführer des Nah- und Mittelost-Vereins, Otto Plassmann, dem Verkaufsdirektor der United Airlines Deutschland, Fritz Oldenburg, dem Münchner Rechtsanwalt Jörn Fervers, Spiegel-Chefredakteur Stefan Aust, den Focus-Redakteuren Wilhelm Dietl und Josef Hufelschulte, ARD-Korrespondent Jörg Kaminski, ZDF-Korrespondent Ulrich Tilgner, dem diplomatischen Korrespondenten der Deutschen Presseagentur, Klaus Behring, Chris Hedges von der New York Times, Shell-Pressesprecher Rainer Winzenried, Heinrich Kersten, der vom Bonner BSI nach der ersten Auflage dieses Buches zu debis wechselte, dem unerschrockenen Herausgeber der Fachzeitschrift »CD Sicherheits-Management« Helmut Brückmann, dem Geheimdienst-Kritiker Erich Schmidt-Eenboom, ARD-Mitarbeiter Joachim Horn, Günter Voigts aus Dubai, dem Bad Sodener Rechtsanwalt Harald Roth, ABB-Manager Wolfgang Pfeifer, dem Washingtoner Professor John Duke Anthony, BASF-Manager Jochen La Piere, John McArthur von Harpers Magazine in New York, Karl-Adolf Jensen, dem Raketenfachmann Professor Robert Schmucker, den stets um Aufrichtigkeit bemühten Mitarbeitern des Kanzleramtes, den deutschen Botschaftern, ebenso jenen zahlreichen Gesprächspartnern – wie dem jetzt in New York lebenden früheren CIA-Verbindungsmann in München und einem jetzt für die russische Nachrichtenagentur Itar-Tass arbeitenden ehemaligen KGB-Oberst – sowie vielen Auslandsresidenten und Agenten des BND, deren Namensnennung aus Gründen des Quellenschutzes nicht möglich ist, danke ich für alle Gespräche, die ich in den vergangenen Jahren mit ihnen geführt habe, sowie für die freundliche Unterstützung.

Der Autor ist jederzeit dankbar für ergänzende Anregungen, Hinweise und Hintergrundgespräche mit Fachleuten – vor allem auch aus dem Bereich der Industriespionage. Alle Informationen werden vertraulich behandelt. Zuschriften an Dr. Udo Ulfkotte, Politische Redaktion, Frankfurter Allgemeine Zeitung, Hellerhofstr. 2–4, 60327 Frankfurt.

REGISTER

461